조선 기록문화의 역사와 구조 2

기록에서 사회로

필자

황재문(黃載文, Hwang, Jae-moon) 서울대학교 규장각한국학연구원 조교수
이영경(李玲景, Lee, Yeong-gyeong) 서울대학교 규장각한국학연구원 HK연구교수
박현순(朴賢淳, Park, Hyun-soon) 서울대학교 규장각한국학연구원 조교수
김시덕(金時德, Kim, Shi-duck) 서울대학교 규장각한국학연구원 HK교수
정호훈(鄭豪薰, Jeong, Ho-hun) 서울대학교 규장각한국학연구원 조교수
문중양(文重亮, Moon, Joong-yang) 서울대학교 국사학과 교수
윤대원(尹大遠, Yun, Dae-won) 서울대학교 규장각한국학연구원 HK연구교수
안승택(安勝澤, Ahn, Seung-taik) 서울대학교 규장각한국학연구원 HK연구교수

조선 기록문화의 역사와 구조 2 기록에서 사회로

초판 인쇄 2014년 5월 15일 **초판 발행** 2014년 5월 25일
글쓴이 황재문·이영경·박현순·김시덕·정호훈·문중양·윤대원·안승택
펴낸이 박성모 **펴낸곳** 소명출판 **출판등록** 제13-522호
주소 서울시 서초구 서초동 1621-18 란빌딩 1층
전화 02-585-7840 **팩스** 02-585-7848 **전자우편** somyong@korea.com **홈페이지** www.somyong.co.kr

값 24,000원
ISBN 978-89-5626-990-0 93910
ⓒ 황재문·이영경·박현순·김시덕·정호훈·문중양·윤대원·안승택, 2014

이 저서는 2008년 정부(교육과학기술부)의 재원으로 한국연구재단의 지원을 받아 수행된 연구임
(NRF-2008-361-A00007)

규장각학술총서
04

조선 기록문화의 역사와 구조 2
기록에서 사회로

The History and Structure of Choson's Cultures of Documentation II
From Records to Reality

황재문 · 이영경 · 박현순 · 김시덕 · 정호훈 · 문중양 · 윤대원 · 안승택

소명출판

　20세기 한국문화는 근대화 과정을 거치면서 큰 변화를 겪었으며, 부분적으로는 과거의 전통과 단절된 듯한 면모를 지니게 되었다. 21세기 한국학의 과제는 서구의 근대를 기준으로 삼은 20세기적 이해를 넘어서서 한국 문화의 원리를 제대로 해명하고 이론화하는 것이라고 할 수 있다. 이것은 좁게는 한국의 문화적 자산을 발굴하고 계승하는 길을 발견함으로써 미래에 대한 새로운 전망을 제시하는 것이며, 넓게는 한국의 역사적 경험을 바탕으로 하여 보편적이면서도 새로운 이론적 틀을 마련하여 다원적인 현대 문화의 한 축을 마련하는 것이다.

　한 국가의 문화로부터 인류 보편의 문화 발전에 기여하는 길을 찾아나가는 학문적 경로는 여러 가지가 존재할 수 있다. 오늘날 다양한 분과학문이 각각의 몫을 다하면서 사회 발전에 기여하고 있는 현상이 이를 증명한다. 그렇지만 이를 위한 튼튼한 기초를 마련하기 위해서는 과거의 문화적 자산 속에 축적된 사회적 경험을 면밀히 검토하여 종합하고 현재화할 수 있어야 할 것이다. 규장각한국학연구원 인문한국 사업단에서 '조선의 기록문화와 법고창신의 한국학'이라는 아젠다를 통하여 실천하고자 하는 학문적 지향점은 바로 여기에 있다. 즉 한국의 과거 기록문화로부터 현재적 의미를 지닌 인문정신을 발견하고 그 전통을 정당하게 계승함으로써 통합 학문적 한국학으로서의 법고창신(法古創新)의 한국학을 수립하고자 하는 것이다.

기록문화는 과거와 현재를 아우르고 서로 떨어진 공간들을 매개하는 종합적인 성격을 지닌다. 여기에는 과거에 만들어진 기록물 뿐 아니라 기록이 생성되는 사회의 문화적 맥락, 그리고 기록을 통해 형성되어 시간과 공간을 횡단하여 이어지는 사유와 경험까지 포함된다. 동아시아에서는 기록이라는 행위가 특별히 중시되었으니, 그 결과로 국가의 공식적인 제도로부터 개인의 사적 영역에 이르기까지 다양한 층위의 기록문화가 형성되었고 때로는 변모하면서 오늘날까지도 이어지고 있다. 이러한 다층적인 기록문화의 속성과 내용을 면밀하게 검토함으로써, 우리의 과거를 성찰하고 현재와 미래를 조망하는 데 필수적인 자료를 얻을 수 있으리라고 기대할 수 있다.

　　이를 위해서는 우선 기록이 생산되고 전승되는 맥락 속에서 중층적인 기록 상호 간의 관계를 종합적으로 고찰함으로써 개별적인 '기록'들을 재평가하고 재해석하는 태도와 방법론을 갖추어야 할 것이다. 이를 기반으로 하여 또 이러한 과정을 통하여, 서구중심주의 또는 근대주의적 관점을 넘어설 수 있는 학문의 길을 개척하고 끊임없이 현실과 교류하는 연구 영역과 연구 주제를 개발해갈 수 있을 것이다.

　　법고창신의 한국학이란 때로는 자명해 보이지만 동시에 유동적일 수밖에 없는, 한국학의 미래상을 일컫는 말이다. 물론 현재 시점에서의 지향점이나 구체적인 상은 분명히 존재한다. 기록이 지닌 중층성과 다면성, 전통성과 외래성, 연속성과 단절성 등에 대한 다양한 재해석의 가능성을 열어둠으로써 자유로운 소통을 가능하게 하는 것이 그 출발점이다. 나아가서는 기록문화에 내재된 우리의 경험을 절대화하기보다는 객관화함으로써 보편성을 획득하도록 할 것이며, 분과학문 체계의 장점을 보존하면서도 통합학문적 시각을 유지하는 한국학을 개척해야 할 것이다. 이로부터 새로운 연구영역과 주제, 그리고 방법론을 마련하여 한국학이 세계 인문학의 패러다임을 이끌어낼 수 있는 길을 개척할 수 있어야 할 것이다. 규장각한국학연구원 인문한국 사업단에서는 이러한 장기적인 전망과 목표 하에 우리의 기록문화를 대상으로 한 연구를 다양한 방식으로 펼쳐가고 있다.

이번에 세상에 내놓는 두 권의 공동연구서는 이러한 과정의 산물이며, 따라서 한국학의 새로운 길을 개척하겠다는 학문적 모색의 첫 번째 보고서라고 할 수 있다. 한국의 기록문화로부터 한국학의 법고창신을 위한 길을 찾고자 하기에, 우선 기록문화의 탐구에 초점을 맞춘 성과들을 모으고 책이름을 "조선 기록문화의 역사와 구조"라고 붙였다. 또 개별적인 기록이 생성되고 전승되기까지의 과정, 즉 기록문화의 구조와 특성에 대해 면밀하게 검토한 성과들을 1권에 모았으며, 개별적인 기록이 지닌 복합적인 면모를 입체적으로 분석함으로써 과거 사회의 역사와 문화를 해명한 성과들을 2권에 모았다. 여기에 수록된 글은 규장각한국학연구원 인문한국 사업단의 구성원들이 지금껏 발표한 연구 성과 가운데 일부이며, 처음 발표한 이후 새로 발견한 사실이나 가다듬은 논리를 반영하여 보완한 것이다.

1권인 '지식에서 기록으로'에서는 주로 서적의 수용, 편찬, 활용의 문제를 중심으로 지식·정보의 수용과 활용, 기록과 편찬, 자료와 지식의 재구성 등 기록문화의 다층적인 전개 양상을 검토하였다. 이 책에서 다루고 있는 서적은 중국에서 수입된 『역대군감(歷代君鑑)』·『역대신감(歷代臣鑑)』, 조선 정부가 편찬한 한글 교화서, 정조 대에 편찬된 중국도서 해제집인 『규장총목(奎章總目)』, 수교 모음집인 『수교등록(受教謄錄)』, 토지대장인 양안(量案), 점책(占冊)인 당사주(唐四柱), 유서(類書)의 전통을 이은 백과사전인『만국사물기원역사(萬國事物紀原歷史)』등이니, 각기 고유하면서도 상이한 문화적 맥락에서 형성된 기록문화의 단면들을 내포한 것이라 할 수 있다. 마지막에는 경성제국대학의 고서(古書) 수집 문제를 검토한 글을 수록하였는데, 이는 일제강점기의 고서(古書) 유통 및 수집, 관리체계 형성 등 과거 기록문화의 물리적 계승 과정을 담고 있다.

2권인 '기록에서 사회로'에서는 자료의 입체적 해석 또는 재해석에 기반을 두고 연구 주제와 방법론을 지향한 연구 성과들을 수록하였다. 이 책에서 다루고 있는 주제는 고려 충신의 설화, 중세의 온도 표현, 전근대의 주택 상속, 일본 문헌에서 찾은 임진왜란 담론, 군주학(君主學) 학습서의 형성 배경, 하늘과 땅에 대한 사유, 우기(雨期), 변란과 사회적 관계망의 관계 등 다방면에 걸쳐 있다. 이 가운데는 이미 널리 알려진 자료를 새로운 시각에서 비교하고 대조한 연구 성과도 있으며, 새롭게 발굴한 자료를 바탕으로 과거 문화의 이면을 탐색한 연구 성과도 있다. 법고창신의 한국학 수립을 위한 연구 주제 탐색 과정의 산물이기에 연구 대상이나 문제의식의 폭은 비교적 넓지만, 기록문화의 특성에 대한 이해와 기록물에 대한 정밀한 검토에서부터 연구의 출발점과 지향점을 취하고 있다는 점에서는 공통점을 지니고 있다.

이번에 간행하는 두 권의 공동 연구서는 완성이라기보다는 시작의 의미를 지니고 있다. 향후 한국의 기록문화를 해명하고 새로운 한국학의 길을 제시할 수 있는 공동의 연구라는 관점에서 더 진전된 성과를 세상에 내놓을 것을 기약하면서, 우선 그 첫 번째 걸음을 내디딘다.

2014년 5월
서울대학교 규장각한국학연구원 인문한국 사업단

조선에서의 두문동(杜門洞) 이야기의 발굴과 수용

황재문

머리말

고려가 망하고 조선이 건국한 일은 우리 역사에서 큰 사건이었음에 틀림없다. 비록 전란과 같은 극단적인 일이 없었다 할지라도, 500년을 이어온 왕조의 종말은 사회적으로 큰 충격을 주었을 것이다. 따라서 당시에 여러 형태의 저항이나 그에 따른 비극적 사건이 있었으리라고 예상할 수 있는데, 정몽주의 죽음과 관련된 사건을 제외하면 오늘날 전국적으로 이야기되는 예는 거의 찾아보기 어렵다. 뒤이어 건국한 조선이 500년 이상 지속되는 과정에서 고려 또는 고려 유민들의 저항과 관련한 사건을 말하는 일이 금기시되었기 때문일 수도 있겠지만, 정확한 이유는 알 수 없다.

그런데 고려의 도읍이었던 개성 지역에서의 구비전승에 초점을 맞추면, 조선의 창업에 저항한 인물들의 이야기는 존재했으며 그것도 지속적으로 전승되었음을 확인할 수 있다. 개성 지역의 읍지(邑誌)를 비롯한 각종 기록에 이른바 '두문동 72현' 이야기의 흔적이 남아 있기 때문이다. 고려가 망한 후에 조선의 신하가 되기를 거부한 72명의 인물이 두문동 등에 은거했다는 것이 그 대략적인 내용인데,[1] 그 사적은 18세기 중반 이후 관련 가문에서 편찬하거나 간행한 수십 종의 문집 및 실기류 문헌에도 수록되었다.[2]

두문동 72현의 이야기가 개성 지역에서만 전승된 것은 아니었다. 많은 수는 아니지만, 조선 후기의 시나 산문에서 두문동에 대한 언급을 발견할 수 있기 때문에 그렇게 말할 수 있다. 이들 시문에서 두문동을 언급한 이유나 맥락은 조금씩 차이가 있지만, 고려의 마지막을 장식한 충신들의 절의를 두문동을 통해 찾아내고 있다는 점은 크게 다르지 않은 듯하다.

개성 지역에서 주로 전승되던 이야기가 어떻게 개성 이외의 지역으

1　두문동 72현의 구성원과 은거의 과정, 그리고 은거 이후의 삶에 대해서는 이견이 존재한다. 조선시대에도 문헌에 따라 차이가 보이며, 오늘날에도 이에 대해 확립된 정설은 없는 것으로 보인다. 두문동 72현에 대해 논의한 선행연구로는 다음을 참고할 수 있다(홍명희, 「杜門洞史蹟」, 『현대평론』 2, 1927; 김정자, 「소위 '杜門洞 72賢'의 정치성향」, 『釜大史學』 15·16, 1991; 김정자, 「두문동 72현의 선정인물에 대한 검토」, 『釜大史學』 22, 1998; 구본욱, 「두문동 72현과 송은 구홍의 절의정신」, 『퇴계학과 한국문화』 37, 2005).

2　김정자, 앞의 글, 1998, 102쪽의 〈표 1〉에는 27종의 관련 문집 목록을 제시하고 수록 내용을 비교하였다. 이에 따르면, 18세기에 간행된 『포은집』(1769), 『철감록』(1774) 등이 이른 시기의 문헌이며, 20세기 이후에 간행된 사례도 적지 않다. 김정자의 목록에는 포함되지 않았지만, 규장각한국학연구원에 소장된 『惕若齋先生實紀』(古 923.251-G429c)의 경우에는 1971년에 간행되었다.

로 전파될 수 있었을까. 또 다양한 문헌에 일화로 수용될 수 있었을까. 일반적인 설화의 경우에는 수용자의 기호와 같은 요소들이 관련될 수 있겠지만, 두문동 관련 일화의 경우에는 국왕의 관심이 중요한 원인 가운데 하나였으리라고 예상해볼 수 있다. 조선 국왕 영조가 개성을 방문하여 관심을 표명한 이후에, 두문동에 대한 언급이 집중적으로 나타나기 때문이다. 이런 현상이 나타난 맥락에 대해서는 이하에서 상세히 살펴보겠지만, 일반적인 설화의 전승과는 어느 정도 구별될 만한 면모가 있음은 우선 지적해 둘 수 있을 것이다.

본고에서는 두 가지 측면에서 두문동 72현의 일화와 이를 수용한 작품을 검토하고자 한다.[3] 첫째는 두문동 관련 일화가 재발견된 배경을 검토하고 당시에 소개된 일화의 내용을 점검하는 것이다. 둘째는 두문동 관련 일화를 다룬 작품에서의 형상화 양상을 살피고, 그 맥락과 의미를 분석하는 것이다. 이를 통해 조선 왕조의 성립에 저항한 고려 유민의 이야기가 재발견되고 문학 작품에 수용된 과정을 종합적으로 검토해보고자 한다.

---

3 본고는 두문동 72현의 실체나 진실에 대해 밝히고자 하는 것은 아니다. 이 또한 의미 있는 연구 과제이겠지만 본고의 목표와는 거리가 있다. 또 이를 위해서는 문헌자료의 사실성 여부에 대한 본격적인 점검이 필요하다. 구본욱, 앞의 글, 2005, 334~340쪽에서는 문헌 편찬 과정에서의 의도적인 오류의 사례를 제시한 바 있다.

1. 두문동 재발견의 경과

"두문동 72현"이라는 용어는 조선 후기에 와서 확립된 개념이다.[4] 실록을 비롯한 공식적인 자료에서 확인되는 바로는, 관련 일화 자체의 발굴은 영조 대 이후의 일이라고 말할 수 있다. 두문동의 이야기가 전국적으로 알려지게 된 단서가 영조의 개성 방문에서 마련되기 때문이다. 1740년(영조 16)에 영조는 제릉(齊陵)과 후릉(厚陵)을 참배하기 위해 개성을 향했는데, 이때 부조현(不朝峴)이라는 곳에 이르렀다. 『조선왕조실록』에서는 9월 1일의 일로 기록하고 있다. 다음은 1882년에 간행된 개성 읍지인 『중경지(中京誌)』의 기록이다.

대가(大駕)가 제릉을 향하다가 부조현을 지나는데, 그러한 이름을 붙인 뜻이 무엇인지 물으셨다. 모시던 신하가 아뢰기를, "태종께서 과거를 베푸셨는데 — 옛 읍지에는 '태조께서 과거를 베풀었다'고 하였고, 『국조보감』에도 그렇게 되어 있다 —, 이 고을의 고려조 대족 50여 가문이 과거에 응하려고 하지 않았습니다. 그런 까닭에 이런 이름이 붙게 된 것입니다"라 하였다. 상께서 말씀하시기를, "말세에는 군신 간의 의리도 땅을 쓴 듯이 사라진다고 한다. 부조현의 이름 지은 뜻을 들으니, 비록 백대 이후에라도 사람을 엄숙하게 만들 것이로다"라 하시고, 친히 '부조현'의 세 글자를 써서 그 터에 비를 세우도록 하였다. — 비석을 살펴보니, '고려충신 부조현 (高麗忠臣不朝峴)'의 일곱 글자는 어필이 아닌데, 『국조보감』에는 그렇게 되어 있다. 무엇 때문인지는 알 수 없다 — 한 구절을 친히 지으시고, 대가

---

4 김정자, 앞의 글, 1991, 355쪽.

를 따르던 신하들에게 연구(聯句)를 지어 올리게 하셨다.[5]

영조는 '부조현(不朝峴)', 즉 '조회하지 않은 고개'라는 지명을 접하고, 그 유래에 대해 물어보았다. 그랬더니 시신(侍臣) 가운데 한 사람이 조선 국왕이 베푼 과거에 응하지 않으려는 고려의 "큰 가문[大族]"들로부터 유래한 것이라고 답했다. 조선의 신하가 되기를 거부한 인물들의 행적을 듣고서, 영조는 나라가 망해가는 때에도 군신 간의 의리를 지킨 데 대해 칭송했다. 이어서 '부조현(不朝峴)'이라는 어필을 내려 비석을 세우게 하고, 다시 신하들과 함께 시를 지었다고 했다.[6]

한편 영조의 명에 따라 세운 부조현의 비석에는 당시 개성유수였던 김약로(金若魯)가 쓴 비문이 새겨졌다.[7] 김약로의 비문에는 개성을 방문한 영조의 활동과 부조현과 선죽교를 찾아 비석을 세운 뜻을 기록하였는데, 여기에서는 영조가 고을의 부로(父老)들로부터 부조현의 유래를 들었다고 기록했다.

『승정원일기』에는 보다 자세한 상황이 기록되어 있다. 영조가 노정기에 있는 '부조현'의 위치와 그 이름을 붙인 뜻을 물었는데, 승지는 답변을 하지 못하고 주서 이회원(李會元)이 『송경지(松都誌)』에서 본 내용을 아뢰었다는 것이다. 이에 영조가 부조현을 직접 찾아가도록 명하였

5   「國朝紀事」, 『中京誌』 권1, 『경기도읍지』 7, 서울대 규장각, 2000, 80~81쪽. "大駕向齊陵, 過不朝峴, 問命名之義. 侍臣對曰, 太宗設科[舊誌云太祖設科, 而國朝寶鑑云然. 未詳], 本都, 前朝大族五十餘家, 不肯赴擧, 故名也. 上曰, 末世君臣之義, 掃地矣. 聞不朝峴之名, 雖百世之下, 猶令人凜然. 親書不朝峴三字, 碑于其墟[按碑面, 高麗忠臣不朝峴七字, 實非親書, 而國朝寶鑑云然. 未知何故. 御製詩一句, 命隨駕諸臣, 聯句以進."
6   『중경지』에서는 『국조보감』 등의 기록을 참고하되 사실과 다른 두 부분에 대해서는 주석을 붙여서 밝혀두었다. '태조'를 '태종'이라고 기록한 오류는 실록에서도 발견된다.
7   「古蹟」, 『中京誌』 권7, 『경기도읍지』 7, 539~541쪽.

고, 7언 1구를 내리면서 "어가를 부조현에 멈추고서 옛 일을 생각하다[駐駕不朝峴感古事]"라는 제목으로 시를 짓도록 한 것이다. 이회원의 답변 가운데는 "그들이 살던 마을에 부조현, 두문동이라고 이름을 붙였다고 한다"는 부분이 포함되어 있는데, '두문동'을 함께 말했다는 점에서 『중경지』와는 차이가 있다.[8]

세 가지 기록을 비교해 보면, 영조가 부조현과 두문동에 대한 고사를 듣게 된 과정에는 약간의 차이가 보인다. 그렇지만 영조가 여러 신하들 앞에서 부조현에 얽힌 고려 충신들의 일화와 교훈을 공개적으로 언급하고 있다는 점은 공통적이다. 사실 영조는 개성 방문 이전에 개성의 고적에 대해서 알아본 바 있으며, 그 과정에서 두문동의 존재에 대해 인식하고 있었다.[9] 주위에서 모시던 신하나 개성의 노인들에게 듣거나 노정기를 보고 질문을 하는 것과 같은 우연적인 상황처럼 서술되어 있지만, 특별한 의도를 갖고 공개적인 발언을 한 것일 가능성도 배제하기는 어렵다.

한편 영조가 짓도록 한 시는 『승정원일기』와 『조선왕조실록』에는 실려 있지 않지만, 『중경지』를 비롯한 후대의 읍지에는 수록되었다. 영조가 읊은 첫 구절 즉 "고려 충신 대대로 계승하기를 힘쓰니[勝國忠臣

8 　『승정원일기』, 영조 16년 9월 1일조. "又下敎曰, 路程記中所謂不朝峴, 在何處, 而命名何義耶. 承旨以未及聞知仰對. 注書李會元曰, 臣適見松都誌, 有云太宗朝設科于本都, 而勝國大族七十餘家, 不赴擧, 名其所居之洞曰不朝峴 · 杜門洞云矣. 上曰, 聞來不覺起敬, 使本府人先往于峴底, 待駕至後以告事, 分付. 上至不朝峴, 命駐駕, 招承史下敎曰, 末世君君臣臣之義, 掃地盡矣. 今聞不朝峴命名之義, 雖累百載之後, 令人澟然如覩. 仍命承旨, 書御製七言半句. 遂下敎曰, 隨駕承史玉堂聯此句和進, 而以世字叶韻, 題以駐駕不朝峴感古事, 而勅侍臣, 可也."

9 　『승정원일기』, 영조 16년 8월 1일조. "上曰, 松都有古跡耶. 雖矮屋有前朝時家舍乎. 若魯曰, 似無之矣. 寅明曰, 有杜門洞古跡矣. 上曰, 在於何處乎. 寅明曰, 在於府內, 前朝國亡後, 人皆杜門而死, 故因名焉矣."

勉繼世"를 포함하면,[10] 그 내용은 다음과 같다.

고려 충신 대대로 계승하기 힘쓰니

흥망성쇠에 본보기가 뚜렷하네.

땅은 뛰어난 인물 덕에 아직 이름이 전하고

마을은 깊은 산에 막혀서 자취가 희미하네.

덕을 쌓은 주나라는 800년 왕업을 열었고

어리석고 어두운 진나라는 사직을 잃었네.

그윽한 두문동엔 좋은 풍속 남았고

황량한 선죽교는 낮에도 어둑하네.

인륜이 어찌 당시에만 떠받쳐야 하겠는가,

아름다운 절개 지금도 드러나야 하리라.

어리석은 마음은 좋은 신하 되기만 기원하고

성덕 갖춘 임금은 태평성대 이루기만 생각하네.

일곱 글자 옥돌에 새기고 돌아오시는 길

아아, 기리는 말씀을 후세에 전하셨네.

勝國忠臣勉繼世, 分明鑑戒在興替.

地因人重名猶傳, 里隔山深跡自翳.

積累周開八百年, 狂昏秦失萬千計.

杜門洞邃餘風聲, 善竹橋荒尙晝曀.

奚但彝倫當日扶, 須看懿節至今揭.

愚衷只願爲良臣, 聖德宜思鑄盛際.

七字鑱珉還輦途, 猗歟褒綍詔來裔.[11]

---

10 『조선왕조실록』, 영조 44년 11월 9일조 기사에는 "勝國忠臣勉季世"로 되어 있다.

참여한 사람은 민형수, 김상로, 조명겸, 한사득, 송교명, 이회원, 김한철, 권서동, 홍익삼, 김상적, 정휘량, 남태제의 12명이다.[12] 영조의 명에 따라 조선의 관료들이 부조현의 옛일에 대해 생각하고 느낀 바를 함께 표현했던 것이다. 『송도지』의 내용을 아뢰었던 이회원을 제외하면, 다른 사람들은 두문동의 고사에 대해 자세히 알지 못했을 가능성이 높다. 그렇다면 이 연구를 짓게 된 전후의 과정이야말로 두문동의 일화가 세상에 널리 알려지는 계기가 되었을 것이라고 짐작할 수 있다.

시의 내용을 살펴보면, 나라의 흥망과 신하의 자세 사이의 관계에 주목한 것임을 짐작할 수 있다. 망국의 순간에도 군신의 의리를 저버리지 않았던 고려의 충신들을 본보기로 삼아서, 신하로서의 본분을 다하도록 해야 한다는 것이다. 이를 위해 주나라와 진나라를 대비시켜 나라의 흥망에 대한 교훈을 삼았고, 두문동과 선죽교를 통해 고려 충신의 자취를 찾았다.

영조는 이후에도 두문동에 대해 여러 차례 관심을 표했다. 1745년(영조 21)에는 김약로를 불러 장사치가 되었다는 두문동 후손들을 등용할 방도에 대해 물었고,[13] 1749년(영조 25)에는 왕세자에게 두문동 인물들의 행적이 백이나 숙제와 다를 바 없다고 언급하기도 했다.[14]

1751년(영조 27)에는 두문동의 충신 72인에게 제사를 지내도록 명하고 친히 제문을 내리는데, 이는 서종급(徐宗伋)이 올린 장계로 인한 것이었다. 영조는 9월 27일에 서종급을 불러들여서 두문동 충신의 후손

---

11 「題詠」, 『중경지』 권7, 570~571쪽.
12 마지막 두 구는 남태제가 지었으며, 다른 사람은 각기 1구씩을 지어서 올렸다.
13 『승정원일기』, 영조 21년 7월 12일조.
14 『승정원일기』, 영조 25년 2월 17일조. "上謂王世子曰, 高麗忠臣, 與夷齊之心無異. 勝國之時, 世祿之臣, 多有立節者矣."

이 남아 있는지를 묻고, 다시 어필을 내려서 두문동에 비석을 세우도록 하였다. 영조는 어필을 직접 새기게 되면 비각을 만들어야 하므로 백성들에게 해가 되지는 않을까 근심하는 등으로 이 문제에 대해 깊은 관심을 기울였다.[15] 영조가 내린 어필은 "勝國忠臣今焉在, 特竪其洞表其節(고려의 충신은 지금 어디 있는가, 특별히 그 마을에 세워 그 정절을 밝힌다)"의 14자였다. 이로써 부조현에 이어 두문동의 터에도 영조의 어필이 남게 되었던 것이다. 이후에도 10월 11일에는 제사에 대한 택일을 하여 보냈고,[16] 12월 4일과 7일에는 비석의 음기(陰記) 등과 관련된 사항을 논하였다.[17]

1751년의 두문동 비 건립 및 제사와 관련된 기사에서는 "72충(忠)"이라는 언급이 나타나기 시작한다. '72'라는 숫자는 공자의 제자 72현에서 온 것으로 추정되는데,[18] 구체적인 사람의 수를 나타내는 말이 아닐 가능성도 있다. 실제 이 무렵의 기록에는 조의생(曺義生), 임선미(林先味), 그리고 이름이 밝혀져 있지 않은 맹씨(孟氏)의 세 사람만이 언급된다. 이들의 자손을 찾아서 등용하라는 명령을 거듭 내렸고 실제로 등용되는 이도 있었지만, 아직은 '두문동 72현'은 72명의 인물이라기보다는 고려의 충신을 대표하는 하나의 집단으로서의 의미가 더 강하였던

---

15 『승정원일기』, 영조 27년 9월 27일조. "上覽松都狀啓畢, 因命留守入侍. 留守徐宗伋入侍. 上曰, 杜門洞七十二忠, 予甚嘉之. 其子孫有幾人耶. 宗伋曰, 七十二人中子孫, 只有林·曹兩姓而已. 其餘皆不知矣. (…중략…) 上曰, 當於杜門立表, 以記實其忠節, 可也. 而卿未乎. 宗伋曰, 不可私自主張, 故敢稟耳. 上曰, 卿須親往杜門, 看檢立表後, 刻以杜門洞中高麗諸忠臣之靈, 則好矣. 因賜御筆十四字句, 以卿手書刻之, 勿庸御筆, 可也. 若庸御筆, 則必爲碑閣矣. 此亦有弊也. 泰耆曰, 不然, 以御筆刻之, 然後松都之人, 亦必感動矣. 上曰, 依爲之."

16 『승정원일기』, 영조 27년 10월 11일조.

17 『승정원일기』, 영조 27년 12월 4일조 및 12월 7일조.

18 김정자, 앞의 글, 1998, 101쪽; 구본욱, 앞의 글, 2005, 323~325쪽.

것으로 보인다.

정조 이후에는 두문동 관련 인물의 배향 및 추숭을 위한 논의가 이어졌다. 그 단초가 된 것은 1783년에 개성유수 서유방(徐有防)이 올린 상소이다. 서두 부분은 다음과 같다.

충절을 포상하고 절의를 권장함은 나라의 큰 정사입니다. 무릇 고려의 사람으로서 의로움을 지켜 죽음을 맞이한 이들은 모두 열성조의 포장(褒奬)하는 은전을 입었습니다. 그런 까닭에 원사에 배향하고 정려를 세우는 일이 곳곳에 있게 되었습니다. 특별히 두문동 태학생 72인은 우뚝한 충절이 진실로 정몽주나 길재 같은 현인들의 성취에 부끄러울 바 없습니다. 그런데도 72인 가운데 성명이 전해지고 있는 사람은 조의생, 임선미와 맹가의 세 사람 뿐입니다. 맹가는 성만 전하고 이름은 전하지 않았습니다. (…중략…) 이 고을에는 숭절사(崇節祠)가 있습니다. 고 부사 송상현, 고 부사 김연광, 부원수 유극량은 이 고장에서 나고 자라서 임진년에 순절한 사람들인데, 조정에서 사액하여 제향을 차리게 한 곳입니다. 신의 생각에는, 지금 새 서원을 창립할 것 없이 숭절사에 세 사람까지 아울러 향사하게 한다면, 절의를 지킨 사람들이 모두 모여 있게 되어 진실로 사체에 합당하게 될 것입니다. 해조(該曹)에 명하여 품처하게 하시기 바랍니다.[19]

---

19 『조선왕조실록』, 정조 7년 7월 14일조. "開城府留守徐有防上疏曰, 褒忠奬節, 有國大政. 凡係前朝人秉義立殣之地, 皆蒙列聖朝褒奬之典, 故院祠之亨, 棹楔之擧, 在在相望. 獨杜門洞太學生七十二人, 卓卓忠節, 實無愧於鄭夢周 · 吉再諸賢之成就, 而七十二人中, 傳其名者, 有曺義生 · 林先味 · 孟姓三人, 而孟則傳姓而不傳名. (…중략…) 本府有崇節祠. 故府使宋象賢, 府使金鍊光, 副元帥劉克良, 生長此土, 節死壬辰之人, 而朝家賜額設祭之處也. 臣意, 則今不必創立新院, 就此一祠, 並享三人, 則節義咸萃, 事面允當, 乞命該曹稟處焉."

두문동의 72인 가운데 이름이 알려져 있는 세 사람을 숭절사에 배향하도록 청한 것이 주요 내용이다. 숭절사는 임진란 때 절의를 지킨 송상현, 김연광, 유극량의 세 사람을 모신 곳인데, 여기에 고려 말에 절의를 지킨 두문동의 인물들을 함께 모시자는 것이다. 정조는 상소한 바대로 시행하라는 비답을 내렸는데, 7월 26일에는 이를 고쳐 학궁(學宮)의 곁에 별도의 사우를 세우도록 하교한다. 이를 근거로 건립된 것이 표절사(表節祠)인데, 이후 순조대에 성사제(成思齊, 1808), 박문수(朴門壽, 1810), 민안부(閔安富), 김충한(金冲漢, 1822)을 추가되어 모두 7인의 두문동 인물들을 여기에 배향하게 된다.[20]

여기서 주목할 만한 부분은 "두문동 태학생 72인(杜門洞太學生七十二人)"으로 표현했다는 점이다. 앞서 살펴본 영조대 기록에서의 "고려조 대족 50여 가문[前朝大族五十餘家]"이나 "두문동의 72충신[杜門洞七十二忠]" 등과 비교하면, 이 표현은 해당 인물들에 대해 보다 구체적인 정보를 담고 있다고 말할 수 있다. 이는 개성부의 인사들로부터 관련 정보를 들을 수 있었던 개성유수가 발언했기 때문으로 이해할 수도 있지만, 한편으로는 두문동에 관한 이해가 깊어지고 구체화되었던 상황을 반영하는 것으로 해석할 수 있다.

한편, 어필 비각을 중건하도록 한 고종대의 논의 정도를 제외하면,[21] 순조대 이후에는 두문동에 대한 국가적인 관심이 약화된 듯이 보인다. 반면 표절사의 건립과 두문동 72현 중 7인의 배향 이후에 관련 가문들의 활동은 활발해진 듯하다. 문집 및 실기류의 편찬이 집중적으로 이 시기에 이루어진 것은,[22] 이러한 상황을 잘 보여주는 것이라 할 수 있

20 　구본욱, 앞의 글, 2005, 345~346쪽.
21 　『조선왕조실록』, 광무 7년 5월 6일조 및 19일조.

다. 어떤 의미에서는 국왕에 의해서 재발견되고 확산된 두문동 이야기가 관련 가문의 영역으로 환원되는 것으로 해석할 수도 있을 것이다.

　두문동 72현의 추모 사업은 근대 이후에도 이어졌다. 1929년에는 관련 가문 자손들이 모여 두문동에 모충원(慕忠院)을 설립하려는 계획을 진행하였다. 이용직, 민병석 등 70여 인을 발기인으로 하고 기부금을 모금하고자 하였으나, 이용직이 발기인에 참여한 일이 없다고 부정하고 총독부에서도 허가하지 않았다.[23] 1932년에는 '개성 유지'들을 중심으로 두문동 사원(杜門洞祠院)의 건립이 추진되었는데, 기부금품의 모금과 관련된 기사들이 지속적으로 신문에 실렸다.[24] 1933년에 기공하여 1934년에 준공된 이 사원에는, 두문동 72현 55인과 고려 말의 충신 64인 등 총 119위를 봉안하였다.[25] 관련 가문과 지역의 시각에서 두문동의 충신들에 대한 발굴 및 추모 사업을 진행한 것이겠는데, 국왕이 직접 사회적인 논의를 이끈 영조대의 상황과는 다른 차원의 것이라고 해야 할 것이다.

2. 읍지에 수용된 두문동 일화의 면모

　1740년 영조에 의해 이루어진 두문동 관련 사적의 공론화는, 개성 지역에서 전승되던 관련 일화를 재조명한 것이라고 할 수 있다. '부조

22　김정자, 앞의 글, 1998, 102쪽, 〈표 1〉.
23　『동아일보』, 1929.7.3 · 7 · 11.20.
24　『동아일보』, 1932.2.13 · 4.20 · 5.10 · 7.10 · 19 · 8.24 · 9.4 · 11.2 · 27; 1933.3.19.
25　구본욱, 앞의 글, 2005, 348~349쪽.

현'이나 '두문동'과 같은 지명이 남아 있고, 지명과 관련하여 구전되는 설화들이 있었기 때문에, 이러한 재조명이 가능했을 것이다. 관심을 구전 설화에 둔다면, 『조선왕조실록』이나 『승정원일기』 등에서 기록한 내용은 원래의 설화와는 차이가 있을 가능성이 있음에도 유의할 필요가 있다.

원래의 설화가 어떤 것이었는지를 짐작하기 위해서는 개성의 읍지를 살펴볼 필요가 있다. 영조에게 부조현과 두문동의 유래를 설명한 이들이 읍지에 자세하다거나 읍지에서 이러 저러한 내용을 보았다는 말을 덧붙인 것을 보면, 읍지에 당시 사람들이 보았던 자료가 포함되어 있을 가능성이 높기 때문이다.

개성의 읍지는 유수로 부임한 이들에 의해 여러 차례 편찬되었는데, 이 과정은 『중경지』 서두에 실린 서발문에서 살펴볼 수 있다.[26] 이를 통해 10차례 정도의 읍지 편찬 또는 증보가 이루어졌고 이 가운데 가장 앞선 시기의 것이 1648년에 김육이 편찬한 읍지임을 확인할 수 있다.

김육은 개성 사람 조신준의 『송경잡기(松都雜記)』를 보고 다시 『동국여지승람』을 참고하면서 읍지를 펴냈다고 했는데,[27] "음풍영월(吟風咏月)하는 글이나 잡스럽고 무용한 말"은 수록하지 않았다고 밝혔다. 일사문고본 『송도지(松都志)』가 이 책일 가능성이 높은데,[28] '인물' 조의

---

26 『중경지』 서두에 실린 서발은 다음과 같다(김육, 「中京舊誌序」, 1648; 이돈, 「舊誌跋」, 1700; 엄집, 「舊誌跋」, 1705; 오수채, 「續誌跋」, 1757; 정창순, 「小識」, 1782; 서유방, 「補遺序」, 1783; 윤돈, 「補遺跋」(서유방 수정본의 발문), 1785; 김문순, 「續誌序」, 1802; 김이재, 「原續合誌序」, 1824; 서희순, 「原續合誌跋」(김이재 수정본의 간행 발문), 1830; 조병기, 「中京誌舊序」, 1855; 조경하, 「續誌跋」, 1881).

27 「中京舊誌序」, 『中京誌』, 『경기도읍지』 7, 7쪽. "靑長淵臣俊, 年近八耄, 一鄕之遺老也. 有松都雜記, 參考古史, 間以諧俗, 余取觀之. 且摭勝覽所載, 作爲此書."

28 김육의 글이 발문으로 수록되어 있으며, 도서청구기호는 '一蓑 古 915.12-So58j'이다. 서울대학교 규장각한국학연구원에 소장되어 있고, 한국인문과학원 편, 『조선시

서술 가운데 두문동에 대한 기록이 보인다.

① 조선이 개국한 뒤에 도읍을 옮겨 남쪽으로 가니 사람들이 기꺼이 따르려 하지 않았다. 마을 전체가 종신토록 나오지 않기도 했는데, 이를 일러 '두문동'이라 한다. 태조가 친히 가서 과거를 베풀고 정성을 다하여 깨우치며 장차 거두어 쓰고자 하였는데, 한 사람도 과장에 들어가지 않았다. 마침내 과거를 보지 못하게 하고 등용하지 않았는데, 70여 년이 지난 뒤인 성종 때에 이르러서야 비로소 정거(停擧)가 풀렸다.[29]

'고적'이나 '산천' 조에 싣지 않은 것은 두문동이나 그와 연관된 지역이 터만 남아 있기 때문일 것이다. '인물' 조의 개별항목으로 다루지 않은 것은 그 이름이 제대로 밝혀지지 않았기 때문일 것이다. '인물' 조에서는 개성에 뛰어난 인물이 많았음에도 과거를 치를 수 없게 된 사정 때문에 등용되지 못했다는 점을 강조하는 의미로 서술되어 있을 따름이다. 요컨대 두문동에 개성 또는 고려의 충절을 대표하는 상징성을 부여하지는 않은 것이라 할 수 있다.

서술된 내용은 둘로 나눌 수 있다. 첫째는 조선 왕조를 따르지 않으려는 개성 사람들이 두문동이라는 마을에 들어가서 종신토록 나오지 않았다는 것이며, 둘째는 태조가 베푼 과거에 한 사람도 응하지 않아서 개성 사람 전체가 과거에 응시할 자격을 잃는 처벌을 받았다는 것이다. 적어도 문면으로는 두 사건이 별도의 것으로 처리된 듯이 보인

___

대 사찬읍지』 2에 영인되었다.

29 『松都志』, 『조선시대 사찬읍지』 2, 한국인문과학원, 1989, 48쪽. "我朝開國之後, 鼎遷而南, 人不肯從, 至於擧一洞, 終身不出, 稱之以杜門洞. 太祖親御設科, 至誠開諭, 將滌除收用, 而無一人入試場. 遂停擧禁錮, 七十餘年, 至成宗朝, 始爲解停."

다. 이처럼 사건의 전후 관계가 자세하지는 않지만, 이 기사는 가장 이른 시기의 기록이라는 점에서 의미가 있다. 또한 이는 17세기 중반 이전에 개성 지역에서는 두문동과 관련된 이야기들이 구전되고 있었다는 증거가 될 수 있다.

그렇다면 김육은 무엇을 근거로 이와 같은 서술을 할 수 있었을까. 김육이 직접 밝히지는 않았지만, 서문에 주의하면 조신준의 『송도잡기』로부터 정보를 얻었을 가능성이 높아 보인다. 조신준(曺臣俊, 1573~?)은 조의생의 후손으로, 임진란 이후에 개성에 대한 문헌들이 사라진 점을 안타깝게 여겨 스스로 책을 썼다고 한다.[30] 『송도잡기』는 현재 남아 있지 않지만, 후대의 읍지 가운데는 조신준의 글이 실린 예가 있어서 참고할 수 있다. 1782년에 간행한 간행된 것으로 알려진 『송도지(松都誌)』와 1882년에 간행된 『중경지』에는 '두문동' 항목 가운데 별도의 제목 없이 "曺臣俊論略曰" 이하로 서술한 부분이 있는데,[31] 이 가운데 두문동 이야기와 관련된 부분이 있다.

② 우리 고을은 고려의 오백년 옛 도읍으로 도덕과 예법으로 길렀으니, 염치가 있는 곳이면 비록 베어 죽임을 당한다 하더라도 그 지킨 바를 바꾸지 않는다. 휘가 의생인 분은 나의 팔대조인데, 고려 말에 임선미, 맹씨성을 가진 분 등 70여 인과 더불어 서교에 은거하였다. 나라가 바뀌자 문을 닫고 절의를 지켰는데, 화를 입음에 미쳐서는 모두가 앞 다투어 목을 늘였다. 지

---

30 김택영, 『重編韓代崧陽耆舊傳』 권1, 『김택영전집』 5, 아세아문화사, 556쪽.

31 『송도지(松都誌)』는 규장각한국학연구원에 소장되어 있으며 도서번호는 '奎4983'이다. 이 책은 정창순이 간행하였는데, 1757년 유수 오수채가 편찬한 續誌와 그 이전의 읍지를 합친 것으로 알려져 있다. 여기서 다루는 조신준의 글은 속지 부분에 실려 있다.

금까지 두문동이라고 부른다. 비록 우리 조선이 참으로 어질고 은혜로우나 한결같은 법을 적용하여 베어 없애고 등용하지 않는 일을 하지 않을 수는 없다. 100년간 과거를 막은 것은 망한 나라의 원망하는 백성들을 보통 사람과 같이 대할 수 없었기 때문이다. (…중략…) 건국 초기에 법으로 몰아서 죽이고 금하고 누르는 것은 형세이다. 그렇지만 이미 평정된 이후에 그 마음을 논한다면, 신하가 되어서 충절을 본받는 이가 진실로 가상히 여겨 장려할 만한 것이다. (…중략…) 우리 태조께서 친히 과거를 베풀어서 지성으로 깨우쳐 흠결을 씻고 거두어 쓰고자 하셨으되, 한 사람도 과장에 들어가 시험을 치르지 않았다. 그 몸은 욕되게 할 수 있으나 그 마음은 굽힐 수 없고, 그 이름은 천하게 할 수 있으나 그 뜻은 꺾을 수 없었던 것이다.[32]

조신준은 조선 건국 직후의 상황이 망국민들을 가혹하게 대하지 않을 수 없었던 것이었다고 판단하였다. 또 고려의 인물들의 입장에서는 마음[心]과 뜻[志]을 지켜야 하기에 은거하거나 죽임을 당할지언정 과거를 치르는 것과 같은 행동은 할 수 없었다고 보았다. 결국 조신준이 말하고자 한 바는 이미 나라가 안정된 지금에 와서는 건국 초와 같은 처벌이 필요하지 않다는 것이다.

두문동과 관련된 언급을 정리해보면, 크게 셋으로 나눌 수 있다. 첫째는 조의생, 임선미, 맹씨의 세 사람을 비롯한 70여 인이 서교에 은거

---

32 「山川」, 『松都誌』 권2, 『조선시대 사찬읍지』 2, 한국인문과학원, 1989, 228~229쪽.
"本府爲麗氏舊都五百年, 休養生息道德齊禮, 其廉耻之所在, 則雖斬伐誅戮, 而猶不罷[能變易其所守. 若其諱義生卽余八代祖, 麗末與林先味・孟姓等七十餘人, 隱於西郊, 逮夫鼎遷, 閉門守節, 及其被禍, 莫不延頸爭先, 至今稱之以杜門洞. 雖以我朝之深仁厚澤, 不得不齊之, 以一切之法芟夷禁錮, 百年停擧, 使讐民子孫, 不得夷於平人. … 立國之初, 驅之以法, 殺死禁抑之者, 勢也. 旣定之後, 尙論其心跡, 則爲臣效忠者, 固可嘉獎之不已也. … 我太祖親臨設科, 至誠開誘, 爲滌瑕收用之計, 而無一人入門就試, 其身可辱, 而其心不可屈, 其名可賤, 而其志不可挫."

하며 문을 닫고 절의를 지켰다는 것이며, 둘째는 이들이 기꺼이 칼날을 기다리면서 죽임을 당하였다는 것이며, 셋째는 태조가 베푼 과거에 한 사람도 응하지 않았다는 것이다. 은거 지역이나 은거 인원 등의 구체적인 서술이 나타난다는 것을 제외하면, ①과 견주어볼 때 가장 큰 차이는 은거한 인물들이 죽임을 당했다는 부분이다. 앞을 다투어 목을 늘여서 칼날을 받았다고 했으니, 두문동에 은거했던 이들이 참혹하게 몰살당했다는 의미로 해석할 수 있다.

조신준의 글이 김육의 읍지 편찬 이전에 작성되었을 가능성이 높다는 점을 고려한다면, 김육이 읍지를 편찬하면서 두문동의 인물들이 죽임을 당했다는 이야기는 누락시킨 것으로 볼 수 있다. 정확한 이유는 알 수 없지만, 구전되는 이야기의 한 부분은 제외하고 문헌에 정착시킨 셈이다. 앞서 살펴보았던 영조 대 이후 국가의 기록에서도 두문동 인물들의 죽음이 서술되지 않은 점을 고려하면, 김육이 취한 방식은 이후에도 지속된 것으로 볼 수 있다.

영조가 개성을 방문한 1740년 이전의 글로는, 조원명(趙遠命, 1675~1749)의 「두문동기적비문(杜門洞記蹟碑文)」도 남아 있다. 이는 조원명이 개성 유수로 있던 1728년에서 1730년 사이의 글로 추정되는데, 현재 『송도지(松都誌)』와 『중경지』를 비롯한 읍지들에 수록되어 전한다. "두문동 72현"의 높은 절의에 대해 들었지만 터가 어디인지를 알지 못했는데, 그 후손들을 통해 두문동의 자리를 찾아서 비를 세워 표한다는 것이 그 내용이다. "72현"이라는 구체적인 숫자를 명기했고 조의생과 임선미의 후손에 대해 언급하였다는 점이 특징적이라고 할 수 있다. 이 글에서 언급한 두문동의 일화는 다음과 같다.

③ 우리 조선이 천명을 받은 초기에 일혼 두 분이 기꺼이 귀화하지 않고 골짜기 밖에 문을 설치하여 닫아두고 열지 않았다. 과거를 보라는 명이 내리자, 채비를 갖추어 밖으로 나서면서 "나는 장사하러 가겠다"고 하였으며, 앞 다투어 피하여 달아나서 '살신성인(殺身成仁)'에 이르게 되었다. 뒷사람들이 그 고개를 일러 '부조'라거나 '괘관'이라 하였고, 그 마을을 일러 '두문'이라 하였다.[33]

①, ②와 견주어보면, 과거를 피한 상황을 구체적으로 묘사한 점에 차이가 있다. 즉 두문동에 은거한 72인의 인물들이 "장사하러 가겠다[吾將行商]"는 말로 과거를 회피하였다는 것이다.[34] 또 은거의 상황과 과거 보기를 피한 상황을 직접 연관 짓고 있다는 점도 중요한 차이점일 수 있다. "72현"이나 "부조현", "괘관현" 등이 직접 언급된 점도 함께 차이점으로 거론할 수 있다.

이야기의 구조에서는 두문동 인물들의 죽음을 모호하게 처리한 점을 큰 차이로 들 수 있다. "살신성인"에 이르렀다는 표현이 어떤 상황을 지칭하는지는 불분명하다. 벼슬길에 나가서 자신의 포부를 펴지 않았다는 뜻으로 이해할 수도 있고, 자신의 목숨을 버렸다는 의미로 풀이할 수도 있다. ②에서 "화를 입음에 미쳐서는 모두가 앞 다투어 목을 늘였다[及其被禍, 莫不延頸爭先]"고 한 것과 같은 참혹한 상황을 떠올리기

---

33 「山川」, 『松都誌』 권2, 『조선시대 사찬읍지』 2, 224쪽. "我朝受命初, 七十二子者, 不肯歸化, 設門於谷外, 閉而不開. 令赴擧, 則執鞭而出曰, 吾將行商, 爭先走避, 以至殺身成仁. 後之人, 名其峴曰不朝, 曰掛冠, 名其洞曰杜門."

34 앞에서 살핀 『승정원일기』, 영조 21년 7월 12일조의 기사 및 『조선왕조실록』에 실린 「영조대왕행장」, 『국조보감』 권63의 영조 21년조에는 영조가 두문동의 후예들이 장사치가 되었다는 소문에 대해 언급하고 있는데, 그러한 소문이 조원명이 서술한 내용과 연관된 것일 가능성도 있다.

는 어렵다. 조선의 관리였던 조원명도 조선 건국 후에 두문동의 인물들을 죽였다는 내용을 받아들이기가 어려웠을 것인데, "살신성인"은 이러한 생각을 담은 표현은 아닌가 추정된다.

1744년 글로 추정되는 개성유수 오광운(吳光運, 1689~1745)의 「두문동기(杜門洞記)」에서는 두문동 인물들의 죽음에 대한 소문들을 직접 다루면서 그 진위를 논했다.[35] 오광운은 임선미의 후손을 만나보고 나서 이 글을 썼는데, 그 가승(家乘)에 실린 바가 세상에서 전하는 것과 거의 같았다고 했다. 두문동의 일화와 관련된 대목은 다음과 같다.

④ 우리 태조가 천명을 얻으시고 장차 망국의 백성을 다른 곳으로 옮기고자 하였는데, 태학생 등이 따르지 않았다. 너그럽고 인자하신 태조는 그들에게 죄를 더하지 않으시고, 친히 이 고을에 오셔서 과장(科場)을 설치하시고 그들을 불렀다. 태학생들은 또 따르지 않았고, 함께 같은 마을로 들어가 문을 닫고 함께 죽었다. 혹은 불에 타 죽었다고도 하고 혹은 도륙당해 죽었다고도 하는데, 성대(聖代)에 어찌 이런 일이 있었겠는가. 필시 말을 전한 이가 망령되었을 것이다. 요컨대 문을 닫아걸고 세상에 나오지 않은 채 죽었다고 한다면 옳은 말일 것이다.[36]

우선 이야기의 내용을 살펴보자. 여기서도 은거와 과거 회피의 요소

---

35 오광운은 『海東樂府』를 지으면서 두문동을 다룬 시 1수도 포함시켰다. 전문은 다음과 같다. "渠知杜門死, 不知開門生. 相枕白骨箇箇香, 長與日月爭光晶. 落花芳草深深洞, 到此春風亦不情."

36 「山川」, 『松都誌』 권2, 『조선시대 사찬읍지』 2, 224~225쪽. "我太祖誕膺天命, 將遷殷頑於洛邑, 太學生等不從. 太祖寬仁, 不加之罪, 親蹕是都, 設禮闈以招之, 生等又不從, 相携入一洞, 杜門同死焉. 或曰焚死, 或曰戮死. 聖代豈有是耶. 必傳之者妄, 而要之乎杜門而死則是也."

가 모두 포함되어 있지만, 그 선후관계가 달라졌다. 즉 원래 개성을 떠나지 않고 머물렀던 태학생들에게 과거를 보였는데 아무도 응하지 않았고, 이들이 모두 한 마을로 들어가서 세상에 나오지 않고 죽었다는 것이다. 과거 회피가 앞선 사건이고 은거가 그 결과로 이어진 사건이라는 것이다. 72인이 모두 태학생의 신분이었다는 기술은, 이러한 구도와 잘 호응된다. 태조가 과거를 베풀기 이전에 고려의 관료 신분이었다고 한다면, 과거에 응하지 않더라도 문제 삼기 어려울 것이기 때문이다.

오광운은 두문동 72현이 죽임을 당했다는 소문에 대해서는 망령된 것이라고 했다. ②에서 살핀 바와 같이 두문동 72현이 참혹한 죽음을 맞이했다는 소문은 개성 일대에 퍼져 있었을 것인데, 오광운은 그러한 소문을 보다 구체적으로 제시했다. 불에 타 죽거나 도륙당해 죽는다는 것은, 조선의 창업과 정책에 반대한 이들에 대한 집단적인 살해를 의미한다. 조선 왕조의 신하로서 오광운이 사실로 받아들이기에는 부담스러운 소문이었을 것이다. 홍명희가 논평한 바와 같이 오광운이 교묘하게 사실을 부인하고 왜곡한 것일 수도 있겠지만,[37] 어디까지가 사실일지를 판단하는 것은 실제 쉽지 않은 일이다.[38] 다만 두문동 72현의 최후에 대해서 이러한 일화도 하나의 유형으로서 퍼져 있었을 것임은 여기서 짐작할 수 있다.

②에서 언급하고 ④에서 부정한 바와 같은 두문동 72현의 참혹한 죽

37　홍명희, 앞의 글, 1927, 150~151쪽.

38　김택영은 두문동 태학생들의 행동을 "권당(捲堂)"에 비견하면서 나름의 견해를 제시한 바 있다. 그는 임선미 등 이름이 전하는 세 사람이 끝까지 뜻을 굽히지 않다가 죽임을 당하였던 것이 와전되었다고 해석했는데, 72현 모두가 죽임을 당한 것은 아니지만 죽임 자체는 있었다는 뜻이 된다(김택영, 「林先味・曺義生・孟氏」, 『崧陽耆舊傳』(서울대 규장각한국학연구원 소장본, 奎4156) 권1, 15a~15b).

음을 다룬 예는 흔치 않지만, 고려 백성들의 은거나 죽음에 대한 기록은 더 찾아볼 수 있다.[39] 다음은 『송도지(松都誌)』에서 '두문동' 항목 끝에 붙인 사례 가운데 일부를 뽑은 것이다.

⑤

ㄱ. 보봉산의 북쪽 10리 쯤 되는 곳에 '두문동'이라고 일컬어지는 곳이 또 있다. 세상에 전하기를 왕조가 바뀐 이후에 고려의 무신 48명이 이곳에 숨어 들어와서 깨끗하게 몸을 씻고 함께 죽기를 맹세했다고 하는데, 지금도 세신정(洗身井)이나 회맹대(會盟臺)와 같은 명칭이 남아 있다. 이들의 이름은 전하지 않는다.

ㄴ. 성거산 아래에 팔판시동이 있다. 고려의 신하 8인이 함께 이곳에 숨었는데, 먼저 자신들의 처자를 죽이고서 땔감을 쌓아놓고 스스로 불 질러 죽었다고 한다. 이는 세속의 노래에 전하는 바인데, 그 이름과 장소는 전하지 않는다(혹은 두문동 안에 있다고도 한다).

ㄷ. (차간의동으로부터) 서쪽으로 5리쯤 되는 곳에 궁녀동이 있다. 곧 고려 때 궁녀들이 자정(自靖)했던 곳이라고 전한다.[40]

⑤ㄱ은 동쪽에 있는 또 하나의 두문동이라는 의미에서 '동두문동'이

---

39 과거를 거부한 인물들이 넘어갔다는 고개인 '부조현(不朝峴)'이나 부조현을 넘어 달아나던 사람들이 갓을 걸어두었다는 '괘관현(掛冠峴)'에 얽힌 지명 설화도 읍지류에서는 나타나는데, 이는 두문동 72현 관련 일화 전체의 맥락에서 본다면 '과거 회피'에서 '두문동 은거'를 연결짓는 요소로 볼 수 있을 것이다.

40 「山川」, 『松都誌』 권2, 『조선시대 사찬읍지』 2, 230~232쪽. "寶鳳山北十里許, 又有所謂杜門洞, 俗傳革世後, 麗臣四十八將, 遯入此洞, 洗身澡潔, 誓以同死, 至今有洗身井·會盟臺之稱, 而姓名不傳. 聖居山下, 有八判寺洞, 麗臣八人, 共匿此洞, 先殺妻子, 積柴自焚死, 此出於謠俗所傳, 而姓名及處所, 俱不傳[或云在杜門洞中]. (…중략…) 西距五里, 有宮女洞, 卽麗時宮女自靖處云."

라고도 흔히 일컬어지던 장소에 대해 서술하였다.[41] "함께 죽기를 맹세했다[誓以同死]"고 했는데, 이들이 어떤 죽음을 맞이했는지는 드러나 있지 않다. ⑤ㄴ는 8명의 관리가 함께 자결한 고사가 전하는 팔판시동에 대해 서술하였다. 자신의 손으로 먼저 처자를 죽이고, 이어서 스스로 분신하여 자결하였다고 했다. 함께 은거하게 된 경위는 드러나 있지 않지만, 최후의 장면을 장엄하게 처리한 일화라고 할 만하다. ⑤ㄷ은 궁녀동의 유래를 서술하였는데, "자정(自靖)"의 의미가 분명하지는 않지만 자결을 뜻하는 것으로 해석할 만하다. 고려의 멸망과 함께 궁녀들도 자신의 목숨을 버렸다는 의미가 될 수 있다.

⑤의 세 가지 일화는 고려 충신들의 죽음으로 해석할 만한 여지가 있는데, 비록 함께 죽음을 맞이한다고 하더라도 스스로 죽음을 택한다는 공통점을 지닌다. ②에서처럼 타의에 의해 살해당했다는 내용은 없다. 읍지의 기록이 원래의 일화를 변개한 것인지는 불분명하지만, 그 결과가 장엄한 죽음을 형상화하는 데 이르렀다는 점은 지적할 수 있다.[42]

읍지에서 볼 수 있는 두문동 관련 일화들이 원래의 모습을 지니고 있는지 단정하기는 어렵다. 그렇지만 이상에서 살핀 바에 의한다면, 두문동 72현을 비롯한 고려의 충신들이 살해당했다는 내용은 약화되거나 배제되는 형태로 변개되었을 가능성이 있음은 짐작할 수 있다. 실제로 살해당한 것인지 아니면 은거한 채로 삶을 마쳤는지는 확인하기 어렵지만, 적어도 살해당했다는 설화가 존재하고 전승되었음에도

---

41 김택영, 「武士四十八人」, 『崧陽耆舊傳』(奎4156) 권1, 17a~17b에서는 이에 대해 서술하면서 위치가 잘못 기술되었음을 지적하였다.

42 충신의 죽음을 그린 이야기에서 살해보다는 자결의 요소가 더 극적일 수 있다. 살해당한 것으로 알려진 정몽주의 일화에서도 자결에 가까운 요소가 포함되기도 한다. 자신의 죽음을 예감하면서 살해당할 곳으로 갔다고 설정하는 사례가 그 예가 된다.

불구하고 배제되거나 축소되었다고 할 수 있는 것이다. 읍지 이외의 문헌에 수록된 두문동 72현의 일화에 대해서도 이러한 해석이 가능한 것으로 판단되는데,[43] 이를 통해 형성되는 것은 "조선 왕조에서 받아들여질 만한 고려 충신의 형상"이라고 정리할 수 있을 것이다.

3. 한시에 수용된 두문동 일화의 변모 양상

두문동과 관련된 일화는 시의 소재로도 활용되었다. 두문동 재조명의 계기가 된 1740년 이후의 것이 다수이지만, 그보다 앞선 시기의 작품으로 알려진 예도 있다. 옥진휘(玉晉輝, 1572~?)는 오언시와 칠언시 1수씩을 남겼는데, 다음은 그 가운데 칠언시이다.

옛 나라 성 서쪽 마을 하나 있으니
옛 사람 살던 터 지금까지 남았네.
출관하는 노자가 어찌 운수를 헤아렸겠나,
바다로 떠난 전횡 또한 논하지 마오.
수양산 속은 은나라의 세월이요
심양강 굽이는 진나라의 천하라.

---

43 정도의 차이는 있지만, 안정복의 『동사강목』, 이긍익의 『연려실기술』, 이익의 『성호사설』, 성대중의 『청성잡기』 등에 수록된 두문동 72현 관련 일화에서 이러한 면모를 찾아볼 수 있다. 다만 관련가문에서 펴낸 문집 가운데는 살해의 요소가 나타나기도 하는데, 이에 대한 해석은 별도의 글에서 다루고자 한다.

몇 번이나 군자들을 탄식하게 하였던가.

맑은 향기에 예 올리고 구원에 조문하네.

故國城西別一村, 昔人遺址至今存.

出關老子何須數, 入海田橫且莫論.

雷首山中殷日月, 潯陽江曲晉乾坤.

幾敎君子興長喟, 揖罷淸芬弔九原.[44]

　　개성 서쪽의 두문동 유적이 아직도 남아있다는 말로부터 시상을 일
으켜서, 과거의 인물들을 떠올려 두문동의 유래를 더듬어갔다. 함련에
서는 태어나 살던 곳을 떠나야 했던 노자와 전횡을 언급하고, 경련에
서는 은거 생활을 했던 백이와 숙제, 그리고 심양삼은(潯陽三隱)의 모습
을 떠올렸다. 이들의 삶에서 포착할 수 있는 상징적 의미에는 차이가
있지만, 여기서는 각각의 차이보다는 공통점에 주목한 것이다. 그렇다
면 옥진휘는 삶의 터전을 버리고 은거했던 점에 주목하여 두문동의 은
사들을 그려내었다고 할 수 있을 것이다. 오언시에서는 "여러 현인들
신선처럼 쉬던 곳이요, 성군이 용처럼 날아오르던 때라(羣賢龜息處, 聖主
龍飛辰)"는 표현으로 두문동의 과거를 묘사하기도 했는데, 이 또한 은거
에 초점을 맞춘 것이라고 해석할 수 있다.
　　옥진휘는 여러 고사를 들어서 두문동을 말하였지만, 이 가운데 백이
와 숙제의 고사는 후대의 작품에서도 자주 활용되었다. 다음은 채제공

44　「題詠」, 『中京誌』 권7, 『경기도읍지』 7, 582쪽. 『松都誌』에는 '山川' 조에 수록되어
　　있다. 홍명희는 칠언시를 '西杜門洞律詩'라는 제목으로 언급한 바 있는데, 읍지에서
　　는 별도의 제목을 붙이지 않았다. 읍지에 함께 수록된 오언시는 다음과 같다. "忽得
　　名洞義, 杜門盖有因. 羣賢龜息處, 聖主龍飛辰. 曆數歸周武, 綱常繫晉臣. 閑愁驢背客,
　　過山式芳塵."

(蔡濟恭, 1720~1799)의 「두문동가(杜門洞歌)」이다.

　　그윽히 우리 마을은 깊고

　　고요히 우리 문은 닫혔네.

　　문 앞에 큰 길 있으니

　　한강 굽이로 흘러간다 하네.

　　한강 가 삼각산 아래

　　크게 선 새 궁궐 높기도 하구나.

　　그 아래 집은 천 채 또 만 채

　　벼슬아치 남으로 가서 배례하네.

　　성인이 위에 있어 해와 달은 빛나는데

　　물고기 비늘처럼 빽빽하게 권세를 다투네.

　　내 벼슬을 싫어함이 아니요,

　　내 흥망에 어두움도 아니라.

　　모름지기 내 좋은 것 좇으며 살아야지,

　　손잡고 함께 떠나 세상살이 마치려네.

　　어찌 서울 큰 거리 화려한 집에 사는 것이

　　허술한 집에서 문 닫고 지냄만 못함이 없겠나.

　　백 년 동안 깊숙한 문을 나서지 않았고

　　자손은 흩어 보내 장사치를 만들었네.

　　이제 두문동은 보이지 않건만

　　푸른 산엔 해마다 봄 고사리 푸르네.

　　幽幽我洞邃, 寂寂我門閉.

　　門前有大路, 云走漢水汭.

漢水之上三角下, 新闢大起何迢遞.

其下千家復萬家, 衣冠南去拜玉砌.

聖人在上日月華, 魚鱗雜襲爭權勢.

我非惡簪笏, 我非昧興替.

人生且須從吾好, 携手同車聊卒歲.

豈無朱門入天衢, 不如閉却吾門繩爲樞.

百年門深不出脚, 分遣子孫爲賈客.

不見至今杜門洞, 青山歲歲春薇綠.⁴⁵

채제공은 1764년(영조 40)에 개성 유수를 지냈다. 이미 영조가 두문동에 대해 깊은 관심을 표한 이후에 그곳의 수령이 된 셈이다. 그렇다면 「두문동가」는 두문동에 대한 다양한 설화를 접하면서 쓴 작품일 가능성이 높다. 마지막 부분을 제외하면, 두문동에 은거한 누군가의 시선에 따라 작품이 전개된다. 때문에 두문동에 은거하게 된 이들의 심정은 직접적으로 드러난다. 물론 이는 채제공이 짐작한 바의 것이겠지만, 유적을 둘러보고 일화를 듣거나 읽어가면서 얻은 감상일 것이다.

처음 두 구에서 깊숙한 골짜기에 자리 잡은 두문동의 모습을 제시한 뒤에, 3~10구에서는 고려가 망하고 조선이 건국한 시점의 개성과 서울의 상황을 대비시킨다. 새로운 도읍으로 옮기라는 명이 내렸을 때 개성의 고려 백성들은 고민에 빠지게 된다. 서울로 가는 길이 바로 앞에 있고, 그 길을 따라가면 화려한 도회의 큰 집에 살거나 때로는 뛰어난 임금을 모시고 벼슬을 할 수도 있다. 몸은 개성에 있지만, 머릿속의 상상은 한강과 삼각산을 배경으로 자리 잡은 새로운 도읍에 가 있는

45 「杜門洞歌」, 『樊巖先生集』 권10, 『한국문집총간』 235, 199쪽.

것이다.

11~18구에서는 갈등을 벗어나서 결심을 하기에 이른다. 세상 돌아가는 이치야 뻔해서 어떤 길이 자신에게 이로울지 알고 있지만, 그렇다고 마음 편히 사는 삶을 포기할 수는 없다는 것이다. 그래서 뜻이 맞는 이들과 함께 깊은 산속에 은거하기로 하고 정든 집을 나섰고, 그곳에서 함께 평생을 마치기로 결심한다. 자신들은 백 년 동안 집 밖으로 나가지 않고, 자손들은 벼슬길에 대한 관심을 끊어버린다. 자신뿐 아니라 후손들까지 세상의 정치와 단절시키는 삶을 기대한 것이다.

마지막의 두 구에서는 다시 현실의 두문동 터로 돌아온다. 이미 300여 년도 더 지난 시점에서 두문동은 마을의 모습은 사라지고 터만 남았다. 대신 눈에 보이는 것은 봄마다 새롭게 돋아나는 고사리뿐이다. 고사리는 수양산으로 들어간 백이와 숙제가 캐먹던 것이다. 따라서 마지막 부분에서 제시한 고사리는 두문동의 인물들과 백이·숙제를 연관지어 생각하게 만드는 장치가 된다. 여기서 채제공은 백이, 숙제의 고사를 끌어옴으로써 두문동의 이미지를 완성하는 것이다.

시에서 묘사된 바를 앞서 살펴본 두문동 72현의 일화와 견주어본다면, 은거의 이미지가 강화된 만큼 저항의 이미지는 약해졌다고 지적할 수 있다. 태조가 베푼 과거를 회피한 일도 함께 거론하지 않았다. 두문동 인물들의 생애를 은거로 종신한 것으로 그렸으니, 집단적으로 살해당했다는 등의 소문은 고려하지 않은 셈이다.

채제공이 두문동 인물들의 자손에 대해 언급한 점은 주목할 만한데, 이는 은거의 이미지를 보다 강렬하게 하는 효과가 있기 때문이다. 변종운(卞鍾運, 1790~1866)의 「두문동(杜門洞)」에도 자손에 대한 언급이 등장한다.

두문동 안에는 풀이 무성한데

서풍의 석양빛은 오로지 처연하네.

그때 함께 돌아간 이 일흔 사람 선비요,

외로운 절개 우러른 지 오백 년이라.

만약 백이, 숙제가 자손을 남겼더라도

대대로 수양산에서 고사리 캐지는 않았으리라.

杜門洞裡草芊芊, 西風殘照一愴然.

當時同歸七十士, 孤節景仰五百年.

假使夷齊遺子孫, 未必世世採薇首陽巔.[46]

　　변종운은 고려 충신들이 은거한 두문동을 백이와 숙제가 은거한 수양산과 대비시키되, 그 차이점 또한 있음을 지적했다. 채제공은 후손들이 장사치가 되었다고 했는데, 변종운은 대대로 고사리를 캐면서 두문동에 은거했다고 했다. 백이와 숙제의 고사가 아름답지만 대대로 은거한 두문동의 고사는 그보다 더 아름답다는 의미가 여기에는 담겨 있을 것이다. 변종운 또한 은거의 관점에서 두문동을 평가한 셈인데, 채제공의 경우와 마찬가지로 살해나 저항의 요소는 담지 않았다고 할 수 있다.

　　이광사(李匡師, 1705~1777)는 유배시절 동안 『동국악부(東國樂府)』 30편을 지어 우리 역사를 시에 담은 바 있는데, 아들인 이영익(李令翊, 1740~?)이 같은 제목으로 시를 지어 화답한 바 있다.[47] 여기에 두문동이 포함되어 있으니, 부자가 모두 두문동에 대한 작품을 남긴 셈이다.[48]

46　「杜門洞」, 『歠齋詩鈔』 권1, 『한국문집총간』 303, 12쪽.

47　신장섭, 「동국악부를 통한 圓嶠와 信齋의 역사 인식 고찰」, 『우리문학연구』 22, 2007 참조. 신장섭은 이광사와 이영익의 역사 인식상의 차이에 대해서도 논하였는데, 「두문동」의 경우에는 그러한 차이를 논하기는 어려운 듯하다.

이광사와 이영익의 작품에는 "고려가 망하자 문을 닫아걸고 절개를 지킨 마을이 있었다. 그 이름은 두문동이다[高麗之亡, 有一洞杜門守節. 名曰杜門洞]"는 주석이 붙어 있다. 다음은 이광사의 「두문동(杜門洞)」이다.

> 문은 비록 닫혔으나
> 대의는 만고에 밝도다.
> 옛적으로는 수양산이요,
> 당세로는 선죽교로다.
> 門雖杜, 大義萬古昭.
> 古時首陽山, 當世善竹橋.[49]

동국악부의 다른 작품에 비해 길이는 짧지만, 이광사는 강렬하게 두문동의 의미를 표현했다고 할 만하다. 대의를 환히 밝혔다는 점에 두문동의 의미가 있음을 내세우고, 그와 비견할 만한 것으로는 과거의 백이, 숙제와 같은 시대의 정몽주가 있다고 했다. 두문동 인물들의 심정이나 상황 등과 같은 것은 거론하지 않았는데, 어떤 면에서는 두문동의 의미를 난초에 비유한 이영익의 5언 10운의 시보다 더 선명한 이미지를 보여준다고 해도 좋을 듯하다.[50]

두문동을 선죽교와 대비시킨 사례는 이미 영조가 여러 신하들과 함

---

48 이광사의 아들인 이긍익(1736~1806) 또한 『연려실기술』에 두문동에 대한 기사를 남겼다.

49 「杜門洞」, 『圓嶠集選』 권1, 『한국문집총간』 221, 441쪽.

50 「杜門洞」, 『信齋集』, 『한국문집총간』 252, 412쪽. 시의 전문은 다음과 같다. "鬱鬱巖下蘭, 甚與陽春疏. 雖有滿谷香, 寂寥無所須. 有客爲之悲, 謂蘭一何愚. 蘭爲物性芳, 每被君子譽. 上薦后妃佩, 下充王公裾. 蘭心獨辛苦, 不與人意如. 採佩豈不好, 本性或移渝. 移渝逐彫萎, 蓬蒿或不殊. 芳香我自有, 鬱鬱何損予. 請客且歸去, 歸去莫停車.'"

께 읊은 시에서도 찾아볼 수 있는 바인데, 다른 작품에서도 이러한 대비는 이어진다.

> 서녘으로 송악산 하늘에 맞닿은 곳
> 오백 년 전 왕씨의 조정 있던 곳
> 운이 다하니 산천은 고요해졌고
> 가을 맞으니 초목 또한 쓸쓸하네.
> 오가는 이 어지러이 두문동을 말하고
> 마을 늙은이 아직도 선죽교를 전하네.
> 그대 가거든 너무 슬퍼하지 말게나,
> 아침 풍물은 전날 밤과 다르리니.
> 西望松嶽接雲霄, 五百年前王氏朝.
> 運去山川從寂寂, 秋來草木亦蕭蕭.
> 行人漫說杜門洞, 故老猶傳善竹橋.
> 此去君休悲感劇, 今朝風物異前宵.[51]

임헌회(任憲晦, 1811~1876)의 「임단 길에서, 송경으로 가는 회수 이종직을 보내며 짓다[臨湍途中, 送李晦授鍾直之松京]」이다. 개성을 찾아가는 이에게 준 증별시인데, 그 속에서 고려의 옛 도읍으로서의 개성의 이미지를 그려내고 있다. 경련에서 제시한 두문동과 선죽교는 단순한 풍경이 아니며 전하고자 하는 사연의 중심이다. 고려의 옛 도읍에서 아직도 구전된다고 여길 만큼, 고려말년의 상황이나 기상을 대변하는 요소로 받아들이고 있는 셈이다. 정몽주가 마지막 흔적을 남긴 선죽교가

---

51 「臨湍途中, 送李晦授鍾直之松京」, 『鼓山先生文集』 권1, 『한국문집총간』 314, 12쪽.

지닌 상징성은 대단한 것이었으므로, 두문동이 그와 같이 언급될 만한 것으로 제시되고 있다는 점에서 의미를 찾을 수 있을 것이다.[52]

고려를 회고하는 작품에서 선죽교와 함께 두문동이 언급된다는 것은 어떤 의미를 지닐 수 있는가. 둘 모두 망국의 순간에 있었던 사건이며, 충절이라는 대의에 들어맞는 사건이라고 할 수 있다. 유가적인 세계관에서 절의를 형상화하는 데 적절한 소재인 셈이다. 다만 이때의 충절은 저항의 이미지와는 거리가 있는 것으로 보인다. 단정하기는 어렵지만, 이때 두문동의 참혹한 죽음 같은 소문은 고려되지 않았을 가능성이 높아 보인다. 아마도 의도적으로 배제했다기보다는 문헌이나 구전을 통한 전승이 약화되거나 단절되었을 것이다.

한편 두문동을 소재로 한 시 가운데는 두문동에 대한 부가적인 일화를 포함하는 예도 보인다. 읍지에서의 일화 수용을 다루면서 언급했던 동두문동 이야기를 다룬 김택영의 「동두문동가(東杜門洞歌)」가 그 대표적인 사례이다. 그런데 「동두문동가」는 김택영이 서(序)에서 밝히듯이 『중경지』를 바탕으로 한 것이어서, 섬세한 인물 묘사가 있음에도 불구하고 일화의 전반적인 내용이 읍지에 실린 것과 크게 다르지는 않다.

다만 유한준(兪漢寯, 1732~1811)의 1775년 작인 「광한부(廣韓賦)」의 경우에는 앞서 살펴본 일화들과는 다른 내용을 다루었다. 이 작품은 시구 아래에 주석을 달았는데, 문제가 될 만한 부분은 그 주석에 포함되어 있다. 「광한부」에서 두문동에 대한 구절은 "저 두문동의 사람들은 함께 자취 감추어 삶을 마쳤네[彼杜門之洞人, 亦屛跡而終世]"인데, 그 아래

---

52 여기에 해당하는 예로 이만용(1792~?)의 「滿月臺」와 변종운(1790~1866)의 「松都懷古」도 들 수 있다. 이들 작품에서는 망국의 도읍 개성을 형상화하는 데 두문동을 중요한 소재로 활용하였다.

에 붙인 주석에서는 "왕조가 바뀐 뒤에 여러 왕씨(王氏)들이 서로 이끌고 송경의 깊은 골짜기로 들어가서 평생을 마쳤다. 뒷사람들이 이곳에 두문동이라는 이름을 붙였다[革命後, 諸王氏相率入松京深谷中, 以終其身. 後人名之曰杜門洞]"[53]라고 기술했다.

"여러 왕씨[諸王氏]"라면 망한 나라 고려의 왕족이라는 뜻이 된다. 고려의 신하 또는 고려의 태학생이 은거한 것이 아니라, 왕족들이 함께 깊은 산속으로 들어갔다는 것이다. 이렇게 되면 은거는 대의를 지키기 위한 것이라기보다는 목숨을 건지기 위한 것이 된다. 피난의 의미가 있는 것이다. 이에 주의한다면, 시의 본문 또한 망국의 설움 정도의 뜻으로 해석된다. 유한준이 두문동의 유래를 이처럼 인식하게 된 이유는 무엇인지 불분명하지만, 두문동 그리고 고려 망국의 시점에 대한 또 다른 이해 방식을 여기서 찾아볼 수 있다.

두문동의 여성들을 다룬 작품도 보이는데, 이 또한 읍지에서는 보이지 않는 내용을 다룬 것이다. 여기에 해당하는 작품으로는, 이광사와 이영익이 동국악부에서 읊은 「여대립(女戴笠)」과 성해응(成海應, 1760~1839)의 「여대립행(女戴笠行)」이 전한다. 이 작품들은 각기 서를 붙였는데, 이영익의 서문은 이광사의 것과 같다.

⑥ 고려가 망하자 대대로 벼슬한 거족들은 종의 신분으로 떨어졌다. 그 집안의 여성들은 모두 대나무 삿갓을 쓰고 다녔기 때문에, 그 얼굴을 볼 수 없었다. 지금도 그 유풍이 남아 있다.[54]

---

53 「廣韓賦」, 『自著』 권1, 『한국문집총간』 249, 11쪽.
54 「女戴笠」, 『圓嶠集選』 권1, 『한국문집총간』 221, 440쪽. "松都之亡, 簪纓世族, 降在皁隷. 其女子皆戴箬笠行路, 不得見其面. 至今遺風尙在."

⑦ 고려왕조가 이미 바뀌자, 우리 태조께서 한양으로 도읍을 옮기셨다. 고려에서 벼슬하던 가문들을 이끌고 한양으로 오고자 하였지만, 일흔 두 집이 기꺼이 따르려하지 않았다. 이들은 서로 이끌고 두문동으로 들어갔는데, 울타리를 둘러치되 문은 만들지 않았다. 이들은 구리 그릇을 만들어서 먹고 살았다. 매번 그릇이 완성되면 가격을 써서 울타리 밖에 던져두었는데, 살 사람은 바로 값을 치르고 갖고 가곤 했다. 부녀자들은 대나무 삿갓을 쓰고 하늘을 보지 않았다. 그 마을은 송도 서쪽 6리쯤에 있었다.[55]

⑥에서는 고려에서 대대로 벼슬하던 이들이 종의 신분으로 떨어졌다고 했고, ⑦에서는 태조가 고려에서 벼슬하던 이들을 한양으로 이주시키려 했는데 72호의 집이 따르지 않았다고 했다. ⑥이 망국의 일반적 상황을 묘사한 것이라면, ⑦은 앞서 다룬 ①과 ④와 유사한 상황을 묘사한 것으로 보인다. 72명이 72호의 집으로 바뀐 것은, 태학생이 아닌 벼슬아치가 은거한 것으로 이해했기 때문일 것이다. 72명의 벼슬아치가 자신들의 가족을 이끌고 함께 은거한다면, 곧 72호의 집이 두문동으로 들어갔다는 서술이 성립될 수 있기 때문이다.

또 ⑦에서는 은거한 사람들이 구리 그릇을 만들어 팔아서 은거 생활을 이어갔다고 했고, ⑥과 ⑦에서는 모두 두문동에 은거한 여성들이 대나무 삿갓을 쓰고 다녔다고 했다. 전자는 두문동 72현의 자손들이 상인이 되었다는 소문으로부터 유래한 것으로 추정된다. 후자의 경우는, 맥락에 차이는 있지만 읍지에서도 유사한 내용을 찾을 수 있다.

---

[55] 「女戴笠行」, 『研經齋全集』 권1, 『한국문집총간』 273, 15쪽. "麗朝旣革, 我太祖移都漢陽, 將與衣冠舊族偕來. 其七十二家不肯也, 相率入杜門洞, 設籬環之而不設門. 鍊銅器自食, 每器成, 書價投籬外. 買者卽償而取去. 婦女戴竹笠不見天. 洞在松都西六里."

여인들 가운데는 정숙하며 지조를 지키는 이들이 많다. 비록 여항의 지체 낮은 이라도 개가하는 것을 부끄럽게 여긴다. 출입할 때는 반드시 대로 만든 삿갓을 쓰는데, 손으로 잡고 끈을 달지 않는다. 피해야 할 사람이 있으면, 삿갓을 기울여서 얼굴을 가린다. 말을 주고받을 때는 '댁'이라고 칭한다. 머리에는 기름을 바르지 않고 얼굴에는 지분을 바르지 않으니, 소박함이 칭송할 만하다. 정절 또한 특출하니, 이런 까닭에 여자 홀로 사는 집이 매우 많다.[56]

개성의 풍속을 서술한 부분인데, 절개를 지키는 여성이 많음을 칭송한 것이 그 핵심에 해당한다. 세부적인 양상으로는 다른 사람을 대할 때 행실을 조심하고 외모를 꾸미는 데는 관심을 두지 않는다는 점을 들었다. 이러한 맥락에서 여성이 출입할 때 삿갓을 쓰는 풍속이 있음을 말하였다. 여기서는 그러한 풍속의 유래에 대해서는 언급하지 않았으며, 특정한 계층이나 집단의 풍속으로 한정짓지도 않았다. ⑥과 ⑦에서는 그것이 두문동의 은거로부터 유래한 것이며, 따라서 원래는 두문동에 한정된 풍속이었다고 했다. 여성이 삿갓을 쓰는 풍속에 대해 보다 적극적인 해석을 한 셈이다.[57]

이제 두문동의 여성들을 시에서는 실제 어떻게 그려내었는지 살펴보기로 하자. 다음은 성해응의 「여대립행(女戴笠行)」이다.

---

56 「風俗」,『松都誌』권2,『조선시대 사찬읍지』2, 179쪽. "女人多以貞潔自守, 雖閭里下賤, 恥於改嫁, 出入必戴簞笠, 手執不纓, 人有當避, 則傾而遮之, 相語之際, 稱號以宅, 髮不膏沐, 面不脂粉, 朴素可嘉, 貞節亦奇, 以此獨女之戶甚多."

57 『동사강목』에서는 두문동의 유래를 서술한 뒤에 여성들은 출입할 때 얼굴을 가렸다고 기록하고 있다. 대나무삿갓이 거론되지 않았다는 점을 제외하면, 이광사나 성해응이 서에서 서술한 바와 유사하다.

촘촘한 대나무삿갓 쓴 사람

이르길 고려 여자라 하네.

긴 갓은 얼굴 덮으니

스스로 해를 가렸네.

여인께 묻노니 어찌하여

일흔 두 집은

긴 울타리로 안팎을 갈라서

말소리조차 들리지 않고

이웃집끼리만

소곤소곤 고초를 호소하는가.

예전에 우리 집은 벼슬을 살아

더할 바 없는 큰 가문이었지요.

장부는 나라의 권력을 잡고

젊은이는 궁궐에서 시위했지요.

아녀자는 규중 규범을 지키고

언제나 부모(傅姆)가 인도했었죠.

진주와 비취로 맘껏 꾸미고

얇은 비단 옷을 입었지요.

어쩌다가 하루아침에 천한 몸이 되어

몸이 노비의 거처에 떨어졌는지.

얼핏 들으니 정몽주 공께선 돌아가셨고

궁궐엔 기장만 자란다고 하네요.

또 듣건대 우리 고려의 왕씨들은

섬에서 나란히 죽었다지요.

우리를 한양으로 몰아간다 하는데

한양은 어떤 곳이던가요.

듣건대 집안 어르신께선

죽더라도 떠나지 않겠다 하시니

여자가 무엇을 알겠습니까만

또한 힘껏 막고자 할 따름이지요.

죽이거나 유배시키지 않고

들판에서 늙어갈 수 있게 되었으니

다만 새 왕조의 덕을 읊조리지만

맑은 이슬 같은 눈물 떨어지지요.

戩戩戴竹臺, 云是高麗女. 簷長覆其面, 自與天日阻.

借問娘底爲, 七十二家許. 長籬隔內外, 不得聞言語.

但知東西宮, 呢呢訴苦楚. 吾家昔仕宦, 門戶無與巨.

丈夫操國成, 少者侍禁簾. 婦女守閨則, 動必須傅姆.

粧餙厭珠翠, 被服薄羅紵. 胡爲一朝賤, 降身充皁圉.

側聞鄭公死, 宮闕生禾黍. 又聞我諸王, 駢首死島嶼.

驅我詣漢陽, 漢陽是何處. 聞說家丈人, 抵死不欲去.

女心何所識, 亦欲事力拒. 不被誅與謫, 得以老田墅.

只誦新朝德, 有似零露湑.[58]

1~10구에서는 고려 여자라 일컫는 여성을 만나 마을의 유래를 묻는 장면을 그렸다. 촘촘한 대나무삿갓으로 얼굴을 가린 여성은 하늘의 해를 보지 않겠다는 결심을 하고 있다. 무엇 때문인지 밝혀서 말하지

---

58 「女戴笠行」,『研經齋全集』권1,『한국문집총간』273, 15쪽.

는 않았지만, 이미 조선이 건국하고 나서 '고려 여자'라고 말하는 데 그 답은 담겨 있는 셈이다. 그가 사는 마을의 일흔 두 집은 말소리조차 울타리 밖으로 새어나오지 않는다.

11구 이하에서는 여성의 대답이 이어진다. 과거, 즉 고려 시대에는 대대로 벼슬을 살던 가문이어서, 남녀 모두 높은 지위를 누렸다고 했다. 그러다가 어느 날 갑자기 천한 신세가 되었다고 했는데, 그 이유는 알지 못한다고 했다. 여성의 발언으로 설정했기 때문에 이유에 대한 답을 피해갈 수 있었을 것이다. 들려오는 소문으로는 정몽주와 여러 왕씨들은 죽임을 당했고 궁궐은 황폐해졌으며 자신들은 한양으로 옮겨 살아야 할 것이라고 한다. 집안에서는 죽을지언정 개성을 떠나지 않겠다고 했고, 다행히 죽임을 당하지 않은 채 은거해서 살 수 있게 되었다는 것이다.

고려 여성의 목소리를 통해 성해응이 그려낸 두문동은, 충절의 고결함보다는 망국의 한에 초점이 놓인 것처럼 보인다. 여성화자 스스로의 판단에 의해서가 아니라 가문의 어르신[家丈人]의 뜻에 따라, 한양으로 옮기지 않고 들판에 남는 선택을 했기 때문이다. 또한 과거에 응하지 않은 태학생의 일화가 아닌 대대로 벼슬한 고려 명문거족의 운명이 두문동의 이름 아래 그려졌기 때문이기도 하다. 이때 두문동의 일화는 백이, 숙제나 정몽주에 비견된 작품들과는 달리 은거나 충절의 의미는 약해진 형태로 수용된 것이라 할 수 있을 것이다.

이상에서 살펴본 바에 의하면, 한시 작품에서는 은거를 통해 충절의 이미지를 강조하는 형태로 두문동 72현의 일화를 수용한 점을 특징으로 지적할 수 있다. 그에 따라 조선 왕조의 이주 정책에 반발했다거나 조선에서 특별히 베푼 과거에 응하지 않았다거나 하는 대목조차 거론하지 않거나 약화시켰다. 비극적인 상황을 묘사한 사례를 찾을 수는 있지만, 이 경우에도 망국이라는 상황 자체의 비극성에 초점을 맞추고 있어서 두문동 인물들의 자결이나 살해와 같은 요소는 다루지 않았다.

맺음말

　본고에서는 고려의 망국과 함께 은거한 두문동의 인물들에 대한 이야기가 조선 후기에 와서 재조명된 경과를 살피고, 읍지에 수용된 일화의 내용과 시의 소재로 활용된 일화의 양상을 검토하였다. 그 결과 두문동의 인물들이 살해당하는 것과 같은 요소가 약화되는 한편으로, 조선 왕조에서 수용할 만한 충신의 형상이 갖추어졌다는 점을 확인하였다. 또 두문동의 일화를 백이, 숙제, 정몽주 등과 대비하면서 은거와 충절의 이미지로 그려낸 시가 많은 반면, 일부에서는 이 일화를 고려의 망국이라는 비극적인 상황을 그려내는 소재로 활용한 예도 찾을 수 있었다.

　두문동은 오늘날 널리 알려진 사적은 아니다. 적어도 정몽주의 선죽교와 비교하면, 고려의 충절을 대표하는 사적이라 하기는 어려운 것이 사실이다. 조선 왕조의 강제 이주 정책에 반발했다거나 조선에서 특별히 베푼 과거에 응하지 않았다거나 하는 행동은 절의의 형상으로 주목할 만한 것임에 분명하지만, 적극적인 저항보다는 은거하는 데 머물렀다는 것이 한 가지 이유일 수도 있을 듯하다. 자결하거나 살해당했다는 등의 내용이 약화된 것도 여기에 영향을 주었을 것이다. 일제 강점기의 논설 가운데 세상일을 방관하는 소극적인 태도를 "두문동주의"로 비난한 예가 있는 것을 보면,[59] 근현대로 전환하는 시기에 두문동에 대한 평가나 해석이 달라졌을 가능성을 부정하기 어렵다.

본고에서 살핀 두문동 일화의 재발견의 경과와 수용의 양상 및 특성은 조선시대의 일반적인 상황에 초점을 맞춘 것이다. 오늘날까지 이어지는 두문동 관련 가문의 재발견을 위한 노력이나 일제강점기 이후의 재해석의 시각까지 고려한다면, 두문동 일화에 대한 검토는 일화 수용의 양상이나 특성에 있어 더 넓고 세밀한 부분까지를 살피는 방향으로 진전될 수 있을 것이다. 이에 대한 논의는 앞으로의 과제로 남겨 둔다.

---

59 「소년병학교로 올지어다」, 『국민보』, 1914.3.21; 「救心論」, 『독립신문』, 1922.4.15;
「우리 나라 英雄에 對한 民間童謠」, 『독립신문』, 1924.3.29.

중세어 문헌으로 본 온도 표현의 양상

이영경

머리말

국어에는 온도를 표현하는 어휘가 다양하게 발달해 있다. '덥다, 춥다, 뜨겁다, 차갑다' 등의 형용사들이 주로 이에 해당하는데, 국어에 특징적으로 발달해 있는 감각 어휘의 한 부류로서 촉각을 통해 감지되는 온도를 표현하는 어휘도 다른 언어에 비해 매우 다양하고 풍부하다는 점이 일찍부터 주목되어 왔다. 예컨대 온각(溫覺)을 표현하는 것만으로도 '따스하다 / 뜨스하다, 따사롭다, 따습다 / 뜨습다, 따뜻하다 / 뜨뜻하다, 따끈하다 / 뜨끈하다, 덥다, 뜨겁다, 뜨뜻미지근하다' 등의 다양한 어휘들이 존재하는 데서 국어는 자연 세계나 외부 대상의 온도에 대한 표현이 정도에 따라 세분화되어 있을 뿐 아니라 같은 온도도 자음이나 모음의 교체에 따라 음상의 차이를 세밀하게 보여주는 언어임을 알 수 있다.

하지만 이와 같은 어휘의 다양성을 넘어 국어의 온도 표현 어휘가 가지는 보다 중요한 특징은 그것이 물리적 온도 표현과 생리적 온도 표현의 이원적 체계로 이루어져 있는 점이라 할 것이다.[1] 전자는 외부 대상 즉 구체적 대상의 온도를 나타내는 것이고 후자는 기온과 같이 자신이 생리적으로 느끼는 심리적 온도를 나타내는 것인데, 천시권은 영어, 일본어와 비교하여 국어의 온도 어휘 체계를 다음과 같이 제시한 바 있다.[2]

〈표 1〉 천시권(1980)의 온도 어휘 체계

	물리적 온도				생리적 온도			
	冷	微溫	溫	熱	寒	凉	暖	暑
한국어	차갑다	미지근하다	뜨뜻하다	뜨겁다	춥다	서늘하다	따뜻하다	덥다
일본어	tsumetai	?	atatakai	atsui	samui	suzushi	atatakai	atsui
영어	cold	cool	warm	hot	cold	cool	warm	hot

〈표 1〉에서 보면 영어는 물리적 온도 표현과 생리적 온도 표현이 구별되지 않는 반면 국어와 일본어는 두 범주가 구별되어 있다. 그러나 일본어의 경우 온각에서 물리적 온도 표현과 생리적 온도 표현이 구별되지 않고 모두 'atatakai', 'atsui'로 나타난다는 점에서 국어보다는 체계의 정밀성이 떨어짐을 볼 수 있다. 물론 위의 표에서처럼 국어에서 체계의 중간에 위치하는 '서늘하다, 따뜻하다'가 생리적 온도 표현으로만

---

1 천시권, 「온도어휘의 상관체계」, 『국어교육연구』12, 1980.
2 위의 글, 9쪽. 아래의 표는 천시권의 온도 어휘 체계를 송정근, 「현대국어 감각형용사의 형태론적 연구」, 서울대 박사논문, 2007, 116쪽에서 정리하여 표로 작성한 것을 다시 인용한 것이다.

사용되는지, 나아가 국어의 모든 온도 표현 어휘들이 두 범주로 뚜렷하게 구별되는지에 대해서는 논란의 여지가 있겠지만, 국어의 온도 표현이 큰 틀에서(차갑다-뜨겁다 / 춥다-덥다) 물체와 기온의 이원적 범주로 구별되어 있고 그런 만큼 국어가 다른 언어에 비해 보다 체계적이고 정밀한 온도 표현을 가지고 있음은 분명해 보인다.[3]

그런데 국어의 온도 표현 어휘는 다른 감각 표현 어휘들과는 달리 공시적으로 형태론적 관련성을 논의하기가 어렵다는 특징이 있다. 즉 국어에 풍부하게 발달해 있는 시각, 미각 등의 감각 형용사들은 단어의 구성 성분이나 형성 절차에 있어 밀접한 형태론적 관련성을 가지고 있으며 공시적으로 다양한 형태론적 관련 어휘를 가지고 있으나, 온도 표현 어휘는 이들과 달리 통시적인 관점에서는 형태론적 관련성이 인정되지만 공시적으로 분석이 어려운 경우가 많다는 것이다. 이러한 사실은 송정근에 의해 논의된 바 있는데[4] 예컨대 '뜨겁다, 뜨끈하다, 뜨스하다, 뜨뜻하다' 등에서 '*뜨-'를 상정할 수 있다면 이들의 분석이 정연해지는 장점이 있지만 공시적으로 '*뜨다'가 존재하지 않기 때문에 공

---

3 이와 관련하여 정재윤, 『우리말 감각어 연구』, 한신문화사, 1989에서는 '온도감각동사'를 물체온도 감각동사, 기후온도 감각동사, 물체·기후온도 감각동사로 구분하여 두 범주에 모두 적용되는 어휘 부류를 추가로 설정하고 '따뜻하다(뜨뜻하다)'는 물체·기후온도 감각동사로, '서늘하다'는 기후온도 감각동사로 분류하였다. 그러나 '뜨뜻하다'는 우리의 직관으로는 기후 표현에 자연스럽게 사용되지 못하는 듯하며('?날씨가 뜨뜻하다'), '서늘하다'는 물체의 온도 표현에도 사용될 수 있다는 점에서('방바닥이 서늘하게 식어 있다') 엄밀한 의미에서 이 분류도 적절하다고 보기는 어렵다. 이처럼 각각의 어휘가 어느 범주로 분류되는지는 개인에 따라 세부적인 차이가 있을 것이며 교집합도 많아서 국어의 온도 표현 어휘 체계가 세부적으로 반듯한 모양을 갖추기는 어려울 것이지만, 국어의 온도 표현이 이원적 체계로 되어 있고 다른 언어보다 정밀하다는 점 자체로 충분히 특징적이고 주목받을 만하다. 본 연구는 이와 같은 현대국어의 온도 표현 어휘 체계를 본격적으로 고찰하는 데까지는 논의의 범위가 미치지 못한다. 이에 대해서는 다른 자리에서 따로 논의해 보려 한다.

4 송정근, 앞의 글, 125~128쪽. 이 논문은 국어감각형용사의 형태론에 대한 종합적이고 본격적인 연구로 주목할 만하다.

시적으로 분석할 수 없다고 한 것이 그 사정을 잘 보여준다 하겠다. 이들 어휘에서 공시적으로 '*뜨-'를 분석하는 것은 물론 타당하지 않다. '뜨스하다, 뜨뜻하다' 등은 고어의 'ᄃᆞᆺ다, ᄃᆞᆺᄒᆞ다, ᄃᆞ스다, ᄃᆞ스ᄒᆞ다, ᄃᆞᆺᄃᆞᆺ다' 등과 관련이 있는 것으로 여기서 분석될 수 있는 것은 'ᄃᆞᆺ-()ᄯᆞ)', 'ᄃᆞᆺ-()ᄯᆞᆺ'이다.[5] 따라서 '뜨스하다'를 '[뜨+ᄉᆞ+하다'와 같이 분석하는 것은 통시적 정보를 고려하지 않은 자의적 분석에 지나지 않는다. 이런 점에서 국어의 온도 표현 어휘의 형태 구조와 형성 원리의 규명에 있어서는 공시적인 형태론보다 통시적 형태론이 보다 중요한 역할을 한다고 할 수 있다.

한편 앞서 언급한 것처럼 국어의 온도 표현 어휘는 물리적 온도 표현과 생리적 온도 표현의 이원적 체계로 되어 있는바, '덥다'의 경우 일반적으로 후자의 대표적인 예이지만 '더운 밥', '더운 피'와 같이 관형 구성에 한하여 물리적 온도 표현이 가능하다. 즉 '덥다'는 한정된 환경에서 구체적 대상의 온도 표현이 가능하다고 할 수 있는데 이는 통시적 변화의 결과일 가능성이 크며 이는 다시 이전 시기 국어의 온도 어휘는 그 체계에 있어서 현대국어와 달랐을 것임을 암시한다. 나아가서 이러한 '덥다'의 어휘적 특성은 다시 그 반의어인 '춥다'의 통시적 정보에 대한 고찰을 요구한다. '춥다' 또한 '덥다'와 같은 역사를 겪었을 가능성이 없지 않은 것이다. 한편으로 '서늘하다, 따뜻하다, 시원하다' 등과 같이 물리적 온도 표현과 생리적 온도 표현이 모두 가능한 어휘들도 적지 않은바, 국어의 온도 표현이 이른 시기에는 어떻게 이루어졌

5　이남덕, 『한국어 어원 연구Ⅲ—형용사 어휘의 어원』, 이화여대 출판부, 1985, 118쪽에서도 문헌어에서 '따뜻하다(溫)'는 'ᄃᆞ스다~ᄃᆞᆺᄒᆞ다'로 'tVs-' 어근을 보여준다고 하였다.

고 어떤 과정을 거쳐 지금과 같은 체계를 형성하게 되었는지 궁금하지 않을 수 없다.

이처럼 국어의 온도 표현 어휘는 특유의 형태론적 특성과 통시론적 정보를 함축하고 있음에도 그간 이들에 대한 연구는 어휘·의미론적인 차원에서만 이루어져 왔으며 시각, 미각 등의 다른 감각 어휘의 연구에서 보이는 엄격한 통시론적 논의는 찾아보기 어려웠다. 몇몇 온도 표현 형용사의 중세·근대 소급형에 대한 형태를 분석하고 일본어와 비교한 이남덕의 논의가 통시론적 논의의 거의 전부였다고 할 수 있는데[6] 그 내용이 단편적이어서 온도 표현 어휘의 전모와 특성을 파악하기에는 미흡한 부분이 많다. 따라서 국어의 온도 표현 어휘에 대한 통시론적 연구가 본격적으로 이루어질 필요가 있으며 그 첫 단계는 중세국어의 온도 표현에 대한 고찰이라고 할 것이다.

이에 이 글에서는 중세국어 문헌에 나타나는 온도 표현을 대상으로 하여 그 어휘 체계와 형태·의미적 특성을 살펴보고자 한다. 중세국어의 온도 표현 어휘는 현대국어만큼 다채롭지 못하지만 특유의 의미적, 형태적 특징을 보여주면서 나름의 정연한 체계를 형성하고 있다. 우리는 중세국어의 온도 표현 어휘를 높은 온도를 표현하는 온각 표현과, 낮은 온도를 표현하는 냉각(冷覺) 표현으로 나누어 그 양상을 살펴볼 것이다.

---

6   이남덕, 위의 책, 118~123쪽.

1. 온각 표현의 체계와 형태

1) '덥다'

온각 표현의 대표적인 어휘는 '덥다'이다. 다음은 '덥다'의 용법이다.

① ㄱ. 峽 안해 구룸과 비왜 하니 ᄀᆞ술히 오히려 덥도다 (『두시언해』,
　　　 20:20b)

　　 ㄴ. 칩거든 곧 칩다 니ᄅᆞ고 덥거든 곧 덥다 니ᄅᆞᄂᆞ니라 (『금강경삼가해』,
　　　 2:39b)

　　 ㄷ. 히 졍히 나지니 져기 덥다 (『번역노걸대』, 상 : 62b-63a)

　　 ㄹ. 짐쟉ᄒᆞ여셔 날옷 하 덥거든 가디 마소 (『순천김씨언간』, 138:4)

①은 현대국어에서처럼 '기온이 높거나 기타의 이유로 몸에 느끼는 기운이 뜨겁다'[7]의 의미로 사용된 것이다. 현대국어에서는 '무덥다'나 '후더분하다 / 후덥지근하다'와 같이 '덥다'보다 더 높은 생리적 온도 표현이 있지만[8] 중세국어에서는 '덥다'보다 더 높은 단계의 생리적 온도 표현 어휘는 보이지 않는다. ①ㄱ~ㄷ처럼 경험주 주어를 취하거나 ①ㄹ처럼 '날'과 같은 대상 주어를 취하여 문장을 구성하는 양상에 있어서, 또한 ①

7　국립국어원 편, 『표준국어대사전』, 두산동아, 1999.

8　정재윤, 앞의 책, 19쪽에서는 '후터분하다(후더분하다)', '후덥지근하다'를 고온에 [+습도]의 의미 자질이 추가되어 '덥다'보다 높은 온도를 표현하는 것으로 보았으며, '무덥다'는 이들과 가장 높은 단계인 '뜨겁다'의 사이에 위치하는 고온의 표현으로 보았다.

ㄴ에서처럼 '칩다(>)춥다)'와 반의 관계를 형성하고 있다는 점에서는 현대 국어와 동일하다.

그런데 중세국어에서 '덥다'는 현대국어의 '더운 밥', '더운 피' 등에서 암시되는 것처럼 기온에 대한 표현뿐 아니라 물체 즉 구체적 대상에 대한 온도 표현에도 사용되었음이 확인된다. 즉 현대국어에서는 '덥다'가 기온이 아닌 구체적 대상의 온도를 표현하는 경우는 '밥, 물, 국, 피' 등의 몇몇 한정된 명사를 수식하는 관형 구성으로서만 가능한데 중세국어에서는 '덥다'가 이러한 제한적 구성이 아니라 모든 구성에서 온전하게 사용되고 있음을 볼 수 있는 것이다.

② ㄱ. ᄆ리 윈녀귄 덥고 올훈 녀귄 ᄎ더라 (『월인석보』, 2:39b)

ㄴ. 쏘 石榴ㅅ 닙과 거츨 니기 디허 봇가 덥게 ᄒ야 그 우희 브티고 ᄎ
거든 골라 (『구급방언해』, 하 : 78a)

ㄷ. 이 쇼빙이 바는 ᄎ고 바는 덥다 (『번역노걸대』, 상 : 61b-62a)

ㄹ. 미온 블와 더운 쇠로도 가줄비디 몯ᄒ리니 (『선종영가집언해』,
상 : 34a)

②에서 '덥-'이 현대국어와 같은 ②ㄹ의 수식 구성뿐 아니라 ②ㄱ~ㄷ 에서처럼 서술형 구문에서도 구체적 대상에 대해 서술어로 온전히 사용되고 있음을 볼 수 있다. '물이 덥고', '석류 잎을 볶아 덥게 하여', '이 떡이 반은 덥다'와 같은 표현은 현대국어에서는 쓰이지 않는다. 여기서의 '덥다'는 '뜨겁다(熱)'의 의미로 ②ㄱ~ㄷ에서처럼 'ᄎ다'와 반의 관계를 형성하고 있다.

이를 통해 중세국어에서는 물리적 온도 즉 구체적 대상의 고온 표현에도 기온과 구별 없이 '덥다'가 사용되었음을 볼 수 있다. 기온이건 구체적 대상의 온도이건 모두 '덥다'로 표현되는 것이 일반적이었다. 이는 중세국어에서는 온각의 최고 단계가 현대국어와 같이 물리적 온도 표현과 생리적 온도 표현으로 이분화되어 있지 않았음을 의미한다.

그러다가 '덥다'는 근대국어 단계를 거치면서 기온 표현에만 국한되는 용법으로 그 의미가 축소되어 오늘날에 이르게 된다. 현대국어의 '더운 밥' 등의 표현은 옛 의미의 흔적이 남은 관용적 표현에 해당하는 것이라 하겠다.[9] 이러한 '덥다'의 의미 축소와 병행하여 새로운 온각 표현 '뜨겁다'가 출현하면서 국어의 온각 표현 체계는 큰 변화를 입게 된다. '뜨겁다'는 19세기에 들어서면서 나타나기 시작하여 기존의 '덥다'가 담당하던 물리적 온도 표현의 의미 영역을 차지하게 되며, 이에 따라 국어의 고온 표현은 생리적 온도 표현과 물리적 온도 표현으로 이원화하게 된 것으로 판단된다.[10]

2) '덥듯ᄒ다'

'덥듯ᄒ다'는 현대국어에는 없는 어휘로 16세기까지의 문헌에서만 나타난다.

---

9 『표준국어대사전』에서는 '덥다'에 대해 두 번째 의미로 '사물의 온도가 높다'라고 풀이함으로써 물리적 온도 표현으로 제약 없이 사용되는 것처럼 기술하였으나 그 용례로는 모두 관형 구성의 인용례(소설 자료)를 제시함으로써 사실상 용법이 제약됨을 드러내고 있다. 실제의 언어생활에서도 '더운 밥', '더운 물'보다는 '따뜻한 밥', '따뜻한(뜨거운) 물' 쪽이 현재는 더 선호되는 듯하다.

10 중세국어 이후의 국어 온도 표현의 발달 양상에 대해서는 이영경, 「국어 온도 표현 어휘의 발달에 대하여」, 『한국문화』 57, 2012, 261~264쪽에서 상세히 논의되었다.

③ ㄱ. 덥듯훈 ᄇᄅ미 닷붓ᄒᆞ야 프르며 누르니 ᄶᅢ해 ᄀᆞ독ᄒᆞ도다 (『금강경
　　　삼가해』, 4:18a)

　　ㄴ. 네짯 句ᄂᆞᆫ 서늘코 싁싁ᄒᆞ야 죠고맛 덥듯홈도 업슬시라 (『남명집
　　　언해』, 상 : 25b)

　　ㄷ. 쏘 너구릐 고기ᄂᆞᆫ 모딘 병긔와 덥듯훈 병을 업게 ᄒᆞᄂᆞ니 (『간이벽
　　　온방』, 21a-b)

　　ㄹ. 濕生衆生ᄋᆞᆫ 봄철와 녀름쳐레 덥듯훈 氣分에 축축훈 ᄶᅢ해셔 햐근
　　　衆生이 飜生ᄒᆞ야 구믈구믈 치ᄂᆞ니 (『몽산화상육도보설』, 9b)

'덥듯ᄒᆞ-'는 혼합적인 온도 표현으로 '덥다'의 어간 '덥-'과, '돗ᄒᆞ다'
의 모음 교체형 '*듯ᄒᆞ다'의 어간 '듯ᄒᆞ-'가 결합하여 형성된 것으로 보
인다.[11] ③의 예에서 '덥듯ᄒᆞ-'는 한자 '薰, 溫, 溫熱' 등에 대응되어 '더
울 정도로 드스하다'의 의미를 가지고 있는 것으로 볼 수 있다.[12] 이선
영은 '감븕다'와 같은 '어간+어간'형 색채어에서 후행하는 어기가 '중심
색'을 나타내고 선행하는 어기는 '중심색에 부수적으로 섞인 색'을 나
타낸다고 하였는데,[13] 같은 구조를 가진 온도 표현 어휘도 동일한 방식
으로 설명될 수 있을 듯하다. 즉 중심적인 의미는 '드스하다'이지만 '더
울 정도로' 또는 '덥게'라는 의미가 부수적으로 섞여서 결국 '*듯다 / 듯

11　다른 가능성도 생각할 수 있다. '*듯ᄒᆞ다'가 문증되지 않는 만큼 '돗ᄒᆞ다'가 결합한
　　'덥돗ᄒᆞ다'가 모음조화에 의해 '덥듯ᄒᆞ다'로 되었을 가능성도 있고, 이와 같은 어간
　　끼리의 합성 '덥+돗ᄒᆞ / 듯ᄒᆞ-' 외에 '[덥+돗]+ᄒᆞ-'와 같은 파생 과정이 수반되었을 수
　　도 있다. 본고에서는 후술할 '듯듯다'의 존재를 토대로 '*듯다 / 듯ᄒᆞ다'도 존재했을
　　것으로 보고 위와 같은 분석을 하였는데 이에 대해서는 좀더 면밀한 고찰이 필요할
　　듯하다.
12　③ㄷ의 '덥듯훈 병'은 '온역(溫疫)'을 의미하는 것으로 '덥단 병'으로도 나타난다. '덥
　　달다'는 '덥게 달다(뜨거워지다)'의 의미를 가지는 동사이다.
13　이선영, 「후기 중세국어 색채어의 어휘적 특징과 의미」, 『국어학』 47, 2006, 243쪽.

ㅎ다'와 '덥다'의 사이에 있는 온도를 표현하는 것으로 볼 수 있다. 여기
서의 온도 표현도 '덥다'와 마찬가지로 생리적 온도와 물리적 온도를
모두 나타낼 수 있는 것으로 보이는데 ③ㄷ, ㄹ은 전자에 해당하는 예
로, ③ㄱ은 후자에 해당하는 예로 볼 수 있다.[14]

3) '둣다', '둣ㅎ다', '드ᅀ다'

중세국어의 온각 표현에서 가장 주목되는 것은 '둣-'을 공통 어기로
가진 '둣다', '둣ㅎ다', '드ᅀ다'의 공존과, 이들이 보여주는 복잡한 형태
교체 양상이다. 우선 중세국어에는 '옷곳ㅎ다[香]'와 '옷곳다', '믯믯ㅎ다
[滑]'와 '믯믯다'처럼 동일한 어근에 '-ㅎ-'가 붙은 형태와, '-ㅎ-' 없이
그 자체가 어간으로 쓰이는 형태가 공존하는 특이한 부류의 용언들이
있는데 '둣ㅎ다'와 '둣다'도 이 부류에 속하는 것으로 볼 수 있다.

문헌상으로 먼저 보이는 형태는 '둣ㅎ다'이다.

④ ㄱ. 溫온 둣훌 씨라 (『월인석보』, 2:34b)
  ㄴ. 쏘 客㤽ㅣ 어나 긋거시 텨 주그니 가스미 져기 둣ㅎ닐 고툐디
    (『구급방언해』, 상 : 26b)
  ㄷ. 댓거프를 取ㅎ야 두터이 ᄌ블 글혀 소곰 주디 말오 츠며 둣호미 맛
    갑게 ㅎ야 머구머 양지호디 져므ᄃ록 ㅎ라 (『구급방언해』, 상 : 66a)
  ㄹ. ㅎ다가 가스미 둣ㅎ면 ㅎ롯 內는 어루 救ㅎ리니 (『구급방언해』,
    상 : 77a)

---

14 ③ㄴ은 구체적 온도(물리적 혹은 생리적) 표현의 기본 의미보다는 파생된 의미로 사
   용된 것이라 할 수 있다.

ㅁ. 샤옹이 열 가라깃 손토블 숨숨 격격 버혀 스라 ㄱ느리 ㄱ라 덧ㅎ
 수레 프러 머그라 (『구급방언해』, 하 : 84b)

ㅂ. 주근 사르미 가스미 덧ㅎ얏느닌 다 사롤 거시라 (『구급간이방언해』,
 1:41b)

④에서처럼 '덧ㅎ다'는 『월인석보』에서부터 나타나지만 『구급방언
해』와 같은 극히 한정된 문헌에서만 나타나고 15세기 후반의 『구급간
이방언해』 이후에는 더 이상 찾아볼 수 없다. ④ㄱ에서 그 의미가 '溫'
에 해당함을 확인할 수 있는바 ④ㄴ~ㅂ에서 모두 물리적 온도 표현으
로 사용되었지만 이는 자료의 한계 때문일 가능성이 크다. 후술하겠지
만 같은 의미와 같은 어기를 가진 '덧다, 드스다'에서는 생리적 온도 표
현의 예가 나타나기 때문이다.

 이 '덧ㅎ다'와 함께 '-ㅎ-'가 결합되지 않은 '덧다'도 동시에 사용되었
음을 다음 예를 통해 확인할 수 있다.

⑤ㄱ. 술 세 호블 드려 섯거 져기 덧게 ㅎ야 다 머고더 (『구급방언해』,
 하 : 20b)

ㄴ. 쏘 우믌 미튯 홀굴 블로더 덧거든 굴라 (『구급방언해』, 하 : 78a)

ㄷ. 가스미 드스닌 홀리라도 쏘 어루 살리라 (『구급방언해』, 상 : 25b)

ㄹ. 쏘 놀라 주그닐 드순 수를 머기면 즉재 사느니라 (『구급방언해』,
 상 : 20b)

ㅁ. 그듸는 드순 딜 좃는 그려기롤 보라 (『두시언해』, 9:33a)

⑤ㄱ, ㄴ은 '덧-'에 자음어미가 결합된 예이며, ⑤ㄷ~ㅁ은 모음어미

가 결합된 예이다. 자음어미가 결합된 '둣-'의 예는 『구급방언해』에서만 나타난다. 이들은 대개 원문 한자 '溫'에 대응됨으로써 그 의미가 앞의 '둣ᄒ다'와 거의 차이가 없었던 것으로 보인다.[15] 실제로 『구급방언해』에서 ④ㄴ, ㄹ의 '가ᄉ미 둣ᄒ-'는 ⑤ㄷ과 같이 '가ᄉ미 ᄃᄉ-'로도 흔히 나타나며 ④ㅁ의 '둣ᄒ 술'도 ⑤ㄹ과 같이 'ᄃᄉ 술'로도 나타나는데, 이들은 별다른 의미 차이 없이 혼용되는 양상을 보인다. 현대적 관점에서도 '둣ᄒ다'의 후대형이라 할 수 있는 '따스하다'와, '둣다'의 후대형이라 할 수 있는 경상도 방언의 '따시다'는 기본적 의미뿐 아니라 정도의 차이도 별로 느껴지지 않는다. 이처럼 '둣-'이 그 자체로 형용사 어간이 되어 독자적인 활용을 하면서 여기에 접미사 '-ᄒ-'가 결합되어 형성된 또 다른 형용사 '둣ᄒ다'와 별다른 의미 차이 없이 동시에 사용된 양상은 앞서 언급한 '옷곳ᄒ다'와 '옷곳다', '믯믯ᄒ다'와 '믯믯다'의 경우와 완전히 동일하다는 점에서 주목될 만하다. 한편 '둣다'는 물리적 온도 표현 외에 ⑤ㅁ과 같이 기온, 즉 생리적 온도 표현에도 사용되고 있음을 볼 수 있다.

그런데 '둣다'의 활용형이라고 볼 수 없는 또 다른 'ᄃᄉ-'가 있어 주목된다. 다음 예가 그것이다.

⑥ ㄱ. 므레 주근 사ᄅᆞ미 가ᄉ미 ᄃᄉ거든 (『구급간이방언해』, 1:70b)

　　ㄴ. 믈 흔 되예 ᄃᆞ녀삷 불휘 ᄀᆞ론 ᄀᆞᄅ 두 돈을 달혀 반만 커든 ᄃᄉ게 ᄒᆞ야 (『구급간이방언해』, 1:94a)

　　ㄷ. 겨슬이어든 ᄃᄉ게 ᄒᆞ며 녀름이어든 서를케 ᄒᆞ며 (『번역소학』, 9:94a)

15　⑤ㅁ만 '陽'에 대응되어 있는데 여기서도 '따뜻하다[溫]'의 의미를 나타낸다.

ㄹ. 溫 두술 온 (『천자문(광주판)』, 12a)

⑥ㄱ~ㄷ은 자음어미 '-거든', '-게' 앞에서도 어간의 형태가 '둧-'이 아닌 '두ㅅ-'로 나타난 예들이다. 『구급방언해』에서는 같은 환경에서 ⑤ㄱ, ㄴ과 같이 '둧거든, 둧게'로 실현되었다. ⑥의 예는 ⑤ㄷ~ㅁ처럼 '둧다'에 모음어미가 결합된 형태로서의 '두ㅅ-' 외에 '두ㅅ-'라는 어간을 가진 별도의 어휘 '두ㅅ다'가 존재함을 말해주는 것이다.[16] '두ㅅ다'가 언제부터 '둧다'와 별개의 어휘로 존재하였는지는 정확히 알 수 없지만 문헌상으로는 15세기 말의 『구급간이방언해』에서부터 확인된다. 같은 시기에 '둧-'이라는 형태는 더 이상 보이지 않고 어간형이 모든 환경에서 '두ㅅ-'로 통일되는 양상을 보여준다.

이 '두ㅅ다'는 '둧다'의 어간 재구조화를 통해 형성된 것으로 생각된다. 즉 '둧다'의 어간 '둧-'이 ⑤와 같이 활용하다가 그 모음어미 결합형인 '두ㅅ-'로 활용의 형태가 통일되면서 어간이 '두ㅅ-'로 재구조화되어 '두ㅅ다'가 형성된 것으로 보인다. 이렇게 형성된 개신형 '두ㅅ다'는 기존의 '둧다', '둧ᄒ다'와 유의 경쟁에서 승리하여 15세기 말을 전후하여 이들을 대체하게 된 것으로 생각된다. 그리하여 이 시기 이후 '溫'을

---

16 이와 관련하여 한글학회 편, 『우리말큰사전』, 어문각, 1992에서는 위의 ⑤ㄷ~ㅁ을 포함하여 '두ㅅ-'로 나타나는 모든 형태들을 '두ㅅ다'의 예로 처리하였다. 그리고 '둧다'는 표제어로 올리긴 하였으나 →둧ᄒ다'로 풀이함으로써 ⑤ㄱ, ㄴ과 같은 예들을 '둧ᄒ다'의 활용형('-ᄒ-'가 축약된 형태)으로 보는 듯한 태도를 취하고 있다. 이는 바꾸어 말하면 중세국어에서 '溫'에 해당하는 어휘로 결국 '두ㅅ다'와 '둧ᄒ다'만 인정하는 것으로 볼 수 있다. 그러나 전술한 것처럼 '옷곳다 / 옷곳ᄒ다', '뭣뭣다 / 뭣뭣ᄒ다'와 같이 '-ᄒ-' 결합형과 그것이 결합되지 않은 형태가 동시에 사용된 특이한 부류가 있었음을 고려한다면 '둧다'도 '둧ᄒ다'와 함께 이 부류에 속하는 독자적인 어휘로 보는 것이 타당할 것이며, 또한 자음어미 앞에서도 어간형이 '두ㅅ-'로 나타나는 것은 『구급간이방언해』에서부터이므로 ⑤ㄷ~ㅁ은 '둧다'의 활용형으로 보는 것이 타당할 듯하다.

의미하는 원래의 형태 '둣-'은 어기 중첩에 의해 형성된 파생어 '둣둣ᄒ 다' 외에는 더 이상 찾아볼 수 없게 된다.[17] 'ᄃᄉ다'는 ⑥ᄃ, ᄅ과 같이 16세기를 거쳐 17, 18세기까지 지속적으로 사용되었다.[18] 그 의미는 ⑥ ᄅ에서처럼 '溫'에 해당하는바, 같은 한자를 '둣ᄒ-'로 풀이한 ④ᄀ과 비교하면 'ᄃᄉ다'와 그 소급형인 '둣다', 그리고 '둣ᄒ다'는 동일한 의미 를 가졌음이 다시금 확인된다. 또한 ⑥ᄃ에서 'ᄃᄉ다' 역시 생리적 온 도 표현에도 사용되었음을 알 수 있다.

4) '*둣둣다 / 둣둣다'

국어의 감각 표현 어휘에는 흔히 어기의 중첩에 의한 합성어가 나타 난다. 온도 표현 어휘에도 이러한 방법에 의해 형성된 합성어가 여럿 존재하는데[19] 중세국어에 나타나는 형태로 특기할 만한 것이 바로 '둣 둣다'이다. 다음 예가 형용사 '둣둣다'가 사용된 유일한 예이다.

⑦ 브석 아래 더운 지롤 체로 처 숫글 업게코 ᄂ화 뵈 쟐의 녀허 **둣둣게** ᄒ 야 서르 ᄀ라곰 알폰 ᄃᆡ 울호더 ᄎ거든 다시 봇가 덥게 ᄒ래[以布囊貯 灰灼灼 更番] (『구급간이방언해』, 2:30a)

17　'둣-'에 부사화접미사 '-이'가 결합된 부사 'ᄃᄉᆞ시'도 15세기 말까지는 활발하게 나타나 다가 16세기에 급격히 줄어들어 1608년 『두창집요』의 '그 ᄉᆞ과 너출과 손을 달혀 ᄃ ᄉᆞ 시 ᄒᆞ야 아히 온몸이며 머리 녿 아래 우흘 다 싯쪄(6a)'를 마지막으로 이후 'ᄃᄉᆞ히'로 완전히 대체된다.
18　'ᄃᄉ다'는 18세기까지 문헌에서 확인되며 이후 'ᄃᄉᆞ다'로 완전히 대체되는데 경 상도 방언에는 '따시다 / 뜨시다'의 형태로 아직도 남아 있다(이영경, 앞의 글, 254~ 258쪽).
19　현대국어의 '따끈따끈하다, 뜨끈뜨끈하다' 등이 이에 속한다.

'듯듯다'는 앞서 살펴본 '듯다'의 '듯-'의 모음 교체형 '듯-'이 중첩되어 형성된 어휘로 현대국어의 '뜨뜻하다'의 소급형이다. ⑦에서 '듯듯게'는 한자 '灼灼'에 대응되어 꽤 높은 온도를 표현하는 것으로 해석된다.[20] 부엌 아래의 달구어진 재를 체로 쳐서 베자루에 넣으면 '뜨겁지 않을 정도의 높은', 즉 찜질하기에 알맞게 '뜨뜻한' 온도가 될 것이다. 말하자면 어기 하나만으로 이루어진 '*듯다()뜨스하다)[溫]'보다 어기가 중첩된 형태 '듯듯다'가 보다 높은 온도를 표현하게 된다는 것이다.[21] 어기의 중첩이 원래의 의미를 보다 강화해 주는 역할을 한 것으로 볼 수 있다. 한편 ⑦의 예가 유일하기 때문에 '듯듯다'가 위와 같은 물리적 온도 표현 외에 생리적 온도 표현에도 사용되었는지는 알 수 없다.

이 '듯듯다'의 존재를 고려하면 '둣다 / 드스다'의 모음 교체형에 해당하는 '듯다 / 드스다'도 존재하였을 것으로 생각되나 이들은 중세국어 시기의 자료에서는 문증되지 않고 17세기 초의 자료에서나 처음으로 확인된다.[22] 또한 '둣다'와 '둣ㅎ다'의 공존을 볼 때 접미사 '-ㅎ-'가 결합된 '*듯듯ㅎ다'도 존재하였을 것으로 보이나 역시 문증되지 않는다. 이처럼 '듯다 / 드스다' 및 '*듯듯ㅎ다'가 중세국어 시기에 나타나지 않는 것은 자료의 한계 때문이리라 생각된다. '듯듯다'뿐 아니라 앞서 살펴본 '덥듯ㅎ다'에서도 '듯-'이 확인되는 만큼 '듯-'은 이미 독립적인 어간으로 쓰이면서 '둣-'과 유사한 방식으로 관련 어휘를 형성하였을

---

20 '灼'은 '불사르다, 불에 태우다'의 뜻을 가지는 것으로, '작열(灼熱)'과 같이 고온(高溫)의 의미를 표현하는 한자어를 구성한다.

21 직관적으로도 '따스하다 / 뜨스하다'는 어느 정도의 온기가 느껴지는 정도라면 '따뜻하다 / 뜨뜻하다'는 보다 온기가 더 강한 느낌을 받는다. 천시권, 앞의 글; 정재윤, 앞의 책에서도 전자보다 후자가 더 높은 온도를 표현하는 것으로 보았다.

22 '둣다'와 '드스다'의 예는 1608년의 『두창집요』에서 처음으로 나타난다. 17세기 초의 자료에 나타나는 형태라면 문어(文語)의 보수성을 고려할 때 적어도 16세기, 혹은 그 이전의 중세국어 시기에도 이 형태는 존재하였을 가능성이 크다고 본다.

가능성이 큰 것이다.

같은 맥락에서 '듯듯다'의 모음 교체형에 해당하는 '*둣둣다'도 존재했을 것으로 본다. 형용사 '*둣둣다'는 문증되지 않지만 다음과 같은 부사 '둣드시'의 예는 '*둣둣다'의 존재를 강하게 암시한다.[23]

⑧ ㄱ. 뷧불휘 흔 주믈 사ㅎ라 믈 흔 되예 달혀 반 만 ㅎ거든 즈의 앗고 둣드시 ㅎ야 즈조 머그라[去滓溫溫頻服] (『구급간이방언해』, 3:94b)

ㄴ. 믈 흔 마래 글혀 반 남죽거든 즈의 앗고 빅번 ᄀ론 ᄀᆯ을 녀허 둣드시 ㅎ야 돔가시라[去滓下白礬末溫溫浸之] (『구급간이방언해』, 6:54a)

'둣드시'는 어간 '둣-'이 중첩된 '둣둣-'에 부사화 접미사 '-이'가 결합된 형태이다. 모두 한자 '溫溫'에 대응되어 있어 중첩되지 않은 부사 '드시[溫]'보다 의미가 더 강한, 즉 더 높은 온도를 나타내는 것으로 볼 수 있다. 이러한 '둣드시'의 존재뿐 아니라 어기 '둣-'과 '듯-'을 포함한 형태들, 그리고 이들이 형성하는 체계적인 파생의 패러다임을 고려하면 이 시기에 형용사 '*둣둣다'가 확인되지 않는 것도 우연한 빈칸일 것이라 생각한다.

'*둣둣다'와 '듯듯다'는 '솟솟ㅎ다', '뜻뜻ㅎ다'를 거쳐 현대국어에 '따뜻하다', '뜨뜻하다'로 이어지는데 그 과정에서 겪은 음운 및 표기의 변화로 인해 어원과 형태에 대한 인식이 흐려지게 된 것으로 보인다. 즉

---

23 형용사 '둣둣-'이 문헌에 나타나는 것은 17세기 말의 자료로 여겨지는 필사본 『음식디미방』에서이다. '믈 두 사발 몬져 솟티 부어 글히고 (…중략…) 뽕나모 밤나모 블을 알마초 대혀 우희 무리 둣둣ㅎ거든 즈로 ᄀ디(쇼쥬 22a)'에서 '-ㅎ-'가 결합된 '둣둣ㅎ-'를 확인할 수 있다. 이와 함께 '산가ᄉᆞᆯ 다ᄃᆞ마 ᄎᆞᆫ물에 숫고 더운 물에 헤위 효근 단지예 녀코 믈을 둣둣 데여 붓고'에서 중첩된 어간 자체가 부사로 쓰인 '둣둣'이 나타나는 것도 흥미롭다.

'쌀쌀하다, 선선하다, 따끈따끈하다'처럼 같은 어기가 중첩된 어휘로
인식하지 않게 되고, 그 결과 그 어기의 일부를 취한 '따-'와 '뜨-'를 새
로운 어기로 하여 '따갑다'나 '뜨겁다'와 같은 파생어를 형성하기에 이
르지 않았나 생각된다.[24]

5) '*돗미욘ᄒ다'

중세국어에 나타나는 또 하나의 흥미로운 온도 표현은 '*돗미욘ᄒ다'
이다. 형용사로서의 '*돗미욘ᄒ다'는 실제로 문증되지는 않지만 다음
과 같은 부사 '돗미욘히'의 예를 통해 그 존재를 추정할 수 있다.

⑨ 믈 두 사발애 싱앙 ᄒᆞᆫ 량 사ᄒᆞ로니와롤 ᄒᆞᆫ디 글혀 ᄒᆞᆫ 사바리 ᄃᆞ외어든
즈ᅴ 앗고 돗미욘히 ᄒᆞ야 머그라(去滓溫冷服)(『구급간이방언해』, 1:4b)

'*돗미욘ᄒ-'는 앞서의 '덥듯ᄒ다'와 같이 혼합적인 온도를 표현하는
것으로, ⑨에서 '돗미욘히'는 원문 한자 '溫冷'에 대응되어 문자 그대로
해석하자면 '따뜻하면서 차게'의 의미가 된다. 그러나 엄밀히 말해서
'따뜻하면서 찬' 온도는 있을 수가 없으며 실제로는 미지근한 정도의
온도를 표현한 것이라 생각된다. 이러한 의미를 가진 부사 '돗미욘히'
가 존재하였다면 이에 대응되는 형용사 '*돗미욘ᄒ-'도 함께 존재하였
을 가능성이 크다. 특히 '*돗미욘ᄒ-'를, 중간 위치의 온각 표현 '돗다'
를 중심으로 상단(上段)의 혼합 온도 표현 '덥듯ᄒ다'에 대응되는 하단
(下段)의 혼합 온도 표현으로 설정하면 중세국어는 매우 정연한 온각

---

24 이에 대한 자세한 논의는 이영경, 앞의 글, 258~264쪽 참조.

표현 체계를 가지게 된다. 즉 다음과 같은 체계가 완성된다.

　　덥다(熱)

　　덥듯ᄒ다(溫熱)

　　ᄃᆞᆺ다 / 듯다(溫) ………… ᄃᆞᆺᄃᆞᆺ다 / 듯듯다(溫溫)

　　ᄃᆞᆺ미욘ᄒ다(溫冷)

　　미곤ᄒ다(小溫)

　혼합적인 온도를 표현하는 '덥듯ᄒ다'와 '*ᄃᆞᆺ미욘ᄒ다'는 형태에 있어서도 그 의미적인 특성을 잘 보여주는 동일한 형태 구조를 가지고 있다. 즉 이들의 위와 아래에 위치하는 어휘의 어간을 결합한 어기로서 그 중간적인 온도를 표현하고자 한 것이다. 이상을 고려할 때 '*ᄃᆞᆺ미욘ᄒ다'는 중세국어의 온각 표현 어휘의 하나로 설정할 수 있다.

　'*ᄃᆞᆺ미욘ᄒ다'는 그 형태에 있어서 '덥듯ᄒ다'와 같은 구조를 가지고 있지만 세부적으로 특이한 음운 과정이 적용되어 있어 주목된다. 이 어휘는 'ᄃᆞᆺ다'의 어간 'ᄃᆞᆺ-'과 후술할 '미곤ᄒ다'의 어간 '미곤ᄒ-'가 직접 결합하여 형성된 것으로 볼 수 있는데,[25] 후행 어간의 형태가 '미욘ᄒ-'로 된 점이 특이하다. 이는 중세국어에서 흔히 볼 수 있었던 'ㄹ'이나 'ㅣ' 뒤의 'ㄱ' 약화 현상에 의해 '미곤-'이 '미온-'이 되고 여기에 다시 'ㅣ'가 첨가된 결과로 볼 수 있다.[26] 이처럼 'ᄃᆞᆺ-'과 '미곤ᄒ-'의 결합으로

25　이 또한 '[ᄃᆞᆺ+미곤+ᄒ-'의 과정을 거친 것으로 볼 수도 있다.

26　물론 'ᄃᆞ외어늘', 'ᄃᆞ외오'와 같이 'ㄱ' 약화 현상이 적용되면 'ㅣ' 첨가가 일어나지 않는 것이 일반적이지만 형태소 경계가 뚜렷하게 인식되는 어미 결합의 경우와는 달리 단어 내부의 경우는 형태소 경계임을 인식하지 못하고 후속 음운 현상이 적용되었을 가능성이 있다. 15세기에 '눌애(翼)'와 함께 'ᄂᆞ래'가 『구급방언해』나 『두시언해』에 나타나는 것이 이를 방증하는바, '미욘ᄒ-'도 같은 이유로 'ㄱ' 약화 현상과 'ㅣ' 첨가

형성된 '둣미욘ᄒ-'는 '따스함'과 '미지근함'의 사이에 위치하는 온도를 나타내는 것으로서, 앞서의 '덥듯ᄒ다'와 같이 후행하는 어기의 의미를 중심 의미로 하는 '따스한 기운을 띠면서 미지근하다' 정도의 의미를 형성한다고 생각된다. '*둣미욘ᄒ-'는 더 이상의 용례가 나타나지 않아 언제까지 사용되었는지 알 수 없지만 근대국어 시기에는 사용되지 않았을 것으로 보이며[27] 후에 거의 동일한 의미를 표현하는 것으로 '뜨뜻미지근하다'라는 형태가 새로이 만들어진 점도 흥미롭다.

6) '미곤ᄒ다'

'미곤ᄒ다'는 중세국어의 온각 표현 어휘 가운데 가장 낮은 온도를 표현하는 것으로서 현대국어의 '맹근하다'의 소급형이라 할 수 있다. '맹근하다'는 '약간 매지근하다'의 의미를 가지는 어휘이며 '매지근하다'는 완전히 차지 않고 '온기가 조금 있는' 정도를 표현하는데, 중세국어의 '미곤ᄒ다'도 같은 의미로 이해된다.

⑩ ㄱ. 쏘 臘享쏠 눈므른 모다 ᄒᄂᆫ 덥단 모딘 時氣를 고티ᄂᆞ니 미곤케 ᄒ야 머그라 (『간이벽온방』, 22a)

ㄴ. 쏘 섯둘 눈므른 모다 ᄒᄂᆫ 덥단 모딘 시긔를 고티ᄂᆞ니 미곤케 ᄒ야 머그라 (『분문온역이해방』, 24a)

가 순차적으로 적용된 형태로 볼 수 있다.

27 17세기가 되면 선행요소 '둣-'의 경음화와 후행요소 '미곤ᄒ-'의 첫 음절에 말음 'ㅇ'이 첨가되는 현상이 일어나기 시작하기 때문에 두 구성 성분 모두의 형태가 어원과 멀어져 의미가 불투명해지고 이에 따라 사용이 축소되었을 가능성이 있다.

⑩ㄱ, ㄴ은 16세기 초의 각기 다른 문헌의 예이지만 내용은 동일한데, 여기서의 '미곤케'는 원문 한자 '小溫'에 대응되어 있다. '溫'에 대응되는 '둣다' 계열의 어휘보다 낮은 온도를 표현하는 것이 분명하다. 또한 위의 예가 전부이기 때문에 생리적 온도 표현에도 사용되었는지 알수는 없지만 이후의 예에서나 현대국어에서 '매지근하다' 또는 '미지근하다'가 기온을 표현하는 데는 사용되지 않는다는 점에서 이 어휘만큼은 물리적 온도 표현에만 사용되었다 할 수 있겠다.

한편 중세국어에는 보이지 않지만 다음과 같이 1608년의 『두창집요』에 그 모음 교체형인 '믜근ᄒ다'가 나타나는 것을 보면 이 또한 16세기에 이미 존재했으리라 추정된다. '믜근ᄒ다'는 '약간 미지근하다'의 의미를 가지는 현대국어 '밍근하다'의 소급형이라 할 수 있다.

⑪ ᄒᆞᆫ 덩이를 사발이 담고 일빅 번 글흔 믈을 븟고 두에 다다 둣다가 믜근 ᄒ거든 두 졉 잔만 ᄒ여 (…중략…) 머그면 즉시 글ᄂᆞ니라 (『두창집요』, 상 : 66a-66b)

⑪의 예에서 '믜근ᄒ다'는 '미지근하다'의 의미로 해석되어 앞의 '미곤ᄒ다'와 거의 동일한 의미를 나타내며[28] 역시 물리적 온도 표현에 사용되고 있다. 이 예가 17세기 초의 예이고 앞서의 '둣다'계 어휘와 '*듯다'계 어휘의 공존 양상을 고려한다면 '미곤ᄒ다'와 그 모음 교체에 의

---

28 두 어휘는 별다른 의미 차이가 없어 보인다. 『표준국어대사전』에서 '맹근하다'와 '밍근하다'는 각각 '약간 매지근하다'와 '약간 미지근하다'로 풀이되어 있고 '매지근하다'와 '미지근하다'는 각각 '더운 기운이 조금 있다'와 '더운 기운이 조금 있는 듯하다'로 풀이되어 있어 사실상 의미 차이가 거의 없는 것으로 볼 수 있다. 정재윤, 앞의 책, 17쪽에서도 양자(兩者)를 같은 온도를 나타내는 것으로 처리하였다.

한 짝인 '믜근ᄒ다'가 중세국어에 함께 존재했을 가능성은 충분해 보인다. '믜근ᄒ다'는 17세기 중엽의 '밍근ᄒ다'를 거쳐 오늘날의 '밍근하다'로 이어졌다.

'ᄆᆡ곤ᄒ다'는 그 형태 구조를 파악하기가 쉽지 않은데 앞서 살펴본 '돗ᄆᆡ욘ᄒ다'에서 이에 대한 실마리를 얻을 수 있다. 전술한 바와 같이 '돗-'과 'ᄆᆡ곤ᄒ-'의 결합으로 이루어진 '*돗ᄆᆡ욘ᄒ-'는 후행 어간 'ᄆᆡ곤ᄒ-'가 'j' 뒤에서의 'ㄱ' 약화와 'j' 첨가를 차례로 겪은 것인데, 'ᄆᆡ곤ᄒ-'에 적용된 이러한 음운 변화를 통해 'ᄆᆡ곤ᄒ다'와 그 관련 어휘들의 형태 구조를 유추할 수 있는 것이다. 우선 'ㄱ'의 약화는 형태소 경계에서 일어나는 것이므로 'ᄆᆡ곤-'은 단일 어기가 아니라 가상의 어기 '*ᄆᆡ-'에 접사 '-곤'이 결합한 형태로 추정할 수 있으며 그럴 경우 그 모음 교체형인 '믜근-'도 같은 방식으로 어기 '*믜-'에 접사 '-근'이 결합하여 이루어진 형태로 볼 수 있다.[29]

이렇게 형성된 'ᄆᆡ곤ᄒ다 / 믜근ᄒ다'는 17세기를 넘어서면 어근 말음에 'ㅇ'이 첨가된 '*밍곤ᄒ다 / 밍근하다'로 형태가 바뀐다.[30] 또한 17세기 말에는 앞서의 '*믜-'를 어기로 하는 새로운 형태 '믜지근ᄒ다'가 출현하는데, 이는 '*믜-'에 또 다른 접사 '-지근-'이 결합하여 이루어진 형태로 보인다.[31] 의미가 거의 동일했던 이들은 유의 경쟁을 하였을 것

---

29 이 '*믜-'는 동사 '믜다(禿)'와 관련이 있는 듯도 하나 분명치 않다.
30 '밍곤ᄒ다'나 '밍근ᄒ다'는 문헌에 나타나지 않지만 '밍근하다'의 모음 교체형으로 존재했을 가능성이 크다.
31 접사 '-지근-'의 원래 형태는 '-쥬근 / 쥬군-'이었던 듯하다. 17세기 중·후반에 '들므쥬근ᄒ다', '들ᄆᆡ쥬근ᄒ다'와 같은 어휘가 나타나는데, 여기서의 'ᄆᆞ쥬군ᄒ다 / ᄆᆡ쥬근ᄒ다'는 '믜지근ᄒ다'와 동일한 어휘로 보이며, 여기에 접사로 추정되는 '들-'이 결합한 것으로 생각된다. '믜지근ᄒ다'의 모음 교체형 '믜지근ᄒ다'도 비록 문증되지는 않지만 같이 형성되었을 것으로 본다. 이 형태는 1897년의 『한영자전』에 와서야 그 모습이 보인다.

인데, 전자를 구성 요소로 한 중세국어의 '둣미온ᄒ다'를 대신하여 후자를 구성 요소로 하는 새로운 합성어 '뜨뜻미지근하다'가 근대국어에 등장한 것은 그 결과를 보여주는 산물이라 하겠다.[32]

2. 냉각 표현의 체계와 형태

1) '치다'

국어에서 낮은 온도를 나타내는 대표적인 표현은 '차다'라 할 수 있다. 비슷한 온도를 나타내는 '차갑다'나 '춥다'가 전자는 주로 물체의 온도 표현에,[33] 후자는 기후 표현에만 사용되는 것에 비해 '차다'는 양쪽 모두에 사용될 수 있는 것이다. 이러한 양상은 중세국어에서도 마찬가지다.

⑫ ㄱ. 므리 왼녀권 덥고 올훈 녀권 치더라 (『월인석보』, 2:39b)

ㄴ. 厥은 손발 치고 脈 그츤 病이라 (『구급방언해』 상, 2a)

ㄷ. 하ᄂᆞ히 치거든 키 羽獵ᄒ실 제 이 거시 精神이 다 王盛ᄒ더니라

---

32 이에 대한 자세한 논의 역시 이영경, 앞의 글, 264~267쪽 참조.
33 '차갑다'의 경우 '날이(날씨가) 차갑다'와 같이 사용되기도 하나 필자에게는 어색하게 느껴진다. 허용된다 하더라도 현재 살갗에 닿는 공기가 차갑다는 의미를 내포하기 때문이지 그것이 기온과 같은 생리적 온도 표현에 사용될 수 있기 때문은 아니라고 본다. '*방 안이(차 안이) 차갑다'가 어색한 것은 '차갑다'가 물리적 온도 표현만이 가능하기 때문이라 할 수 있다.

(『두시언해』, 16:36b)

ㄹ. 날이 져기 칩면 그 등을 몬져 굴오더 오시 아니 열운가 ᄒᆞ더라

(『소학언해』, 6:74a)

ㅁ. 溫 ᄃᆞᆺ술 온 凉 서늘 랑 寒 칠 한 熱 더울 열 (『신증유합』 상, 2b)

⑫ㄱ, ㄴ의 '칠-'는 '믈', '손발'과 같은 물체의 온도 표현에 해당하고 ⑫ㄷ, ㄹ은 '하늟', '날'과 같은 기후 표현에 해당하며,[34] 이들 모두에서 '칠다'는 한자 '寒[ᄒᆞᆫ]'에 대응되어 있다. 특히 16세기 중엽의 예인 ⑫ㅁ 은 중세국어의 온도 표현 어휘 체계의 기본적인 틀과 '칠다'의 그 속에 서의 위치를 잘 보여주는 예로 주목된다. 이 예는 온도에 따라 순차적 으로 '덥다[熱]-ᄃᆞᆺ다[溫]-서늘ᄒᆞ다[凉]-칠다[寒]'의 기본 체계가 설정될 수 있음을 보여주는 것으로, 여기서의 '칠다'는 '서늘ᄒᆞ다'와 함께 냉각 표현으로 분류되면서 최고 온도인 '덥다'와 반의 관계를 형성하는 최저 온도 표현이라 할 수 있다. 이러한 체계를 기본으로 하면서 다만 생리 적 온도 표현의 경우 '칠다' 자리에 후술할 '칩다'가 올 수도 있었던 것 이 중세국어 온도 표현 어휘 체계의 성격이었다고 할 수 있겠다.

2) '칩다'

현대국어에서 '춥다'는 '기온이 낮거나 기타의 이유로 몸에 느끼는 기운이 차다'의 의미를 나타내는 형용사로, 경험주 주어나 날씨, 계절, 장소와 관련되는 대상 주어를 취하는 구문으로 주로 나타난다. 중세국

---

34 ⑫ㄷ의 '하늘히 칠-'는 『두시언해』에서 '날씨가 춥다'는 의미로 자주 나타나는 표현
으로 '하늘히 칩-'으로도 나타난다.

어의 '칩다'도 일반적으로는 현대국어와 그 쓰임이 크게 다르지 않다.

⑬ ㄱ. **치븐** 사ᄅᆞ미 블 어둠 ᄀᆞᆮ ᄒᆞ며 (『석보상절』, 20:24b)

　　ㄴ. 칩거든 곧 **칩다** 니ᄅᆞ고 덥거든 곧 덥다 니ᄅᆞᄂᆞ니라 (『금강경삼가해』, 2:39b)

　　ㄷ. 날도 **칩고** 아ᄆᆞ려도 몯ᄒᆞ니 보내노라 (『순천김씨언간』, 38:9)

　　ㄹ. 이제는 졍히 섯ᄃᆞ리니 하ᄂᆞᆯ도 **칩다** (『번역노걸대』, 하 : 35b)

　　ㅅ. 暄 ᄃᆞᆺᄒᆞᆯ 훤 煦 ᄃᆞᆺᄒᆞᆯ 후 凄 **치울** 쳐 洌 ᄎᆞᆯ 렬 (『신증유합』, 하 : 50a)

'칩다'는 ⑬ㄱ, ㄴ과 같이 경험주 주어를 취하거나 ⑬ㄷ, ㄹ과 같이 대상 주어를 취하여 문장을 구성하는 양상이 현대국어와 다르지 않다. 여기서의 '칩다'는 모두 기온과 같은 생리적 온도 표현과 관련되는데, 역시 『신증유합』의 예인 ⑬ㅅ을 통해 '칩다'가 'ᄃᆞᆺ다', 'ᄎᆞ다' 등과 함께 기온 표현에 사용되는 어휘 체계를 구성함을 확인할 수 있다.

　그런데 ⑬과 달리 중세국어에는 '칩다'가 구체적 물체 즉 물리적 대상을 수식하는 구성으로 나타나는 특이한 예들이 보인다. 이들은 마치 현대국어에서의 '더운 밥', '더운 물'과 같은 예들에 상응하는 듯하여 흥미롭다.

⑭ ㄱ. 滿水 l **치운** 즌ᄒᆞᆯ골 帶ᄒᆞ얏ᄂᆞ니라 (『두시언해』, 20:45b)

　　ㄴ. 蛟龍ᄋᆞᆫ **치운** 몰앳 므레 蟄藏코져 ᄒᆞ놋다 (『두시언해』, 19:23a)

　　ㄷ. ᄀᆞ룸 우희 오ᄂᆞᆯ 아ᄎᆞ매 **치운** 비 歇ᄒᆞ니 (『두시언해』, 15:14b)

　　ㄹ. **치운** 구루메 흰 누니 뫼해 ᄀᆞ독ᄒᆞ야슈믈 시르며 (『두시언해』, 11:35b)

⑭에서 '칩-'은 '즌흙', '몰앳 믈', '비', '구룸'과 같은 구체적 물체를 수식하는 구성으로 나타나 실제로는 '찬' 또는 '차가운'의 의미로 사용되었다. 즉 '차가운 진흙[寒淖]', '차가운 모래 믈[寒沙水]', '찬 비[寒雨]', '차가운 구룸[寒雲]'의 의미로 해석되는 것들이다. 모두 원문 한자 '寒'에 대응되어 있는데 이 '寒'은 '츠다'와 '칩다'로의 번역이 다 가능하였는데도 ⑭의 예들은 '칩-'으로 번역된 점이 특이하다. 실제로 ⑭ㄷ, ㄹ의 '치운 비', '치운 구룸'은 '춘 비(9:9b)', '춘 구룸(15:9b)'으로도 나타나며 '치운 구룸 / 춘 구룸', '치운 하ᄂᆞᆯ / 춘 하ᄂᆞᆯ', '치운 서리 / 춘 서리', '치운 허공 / 춘 허공' 등의 표현들도 동시에 나타나고 있다.

현대국어에서 '*추운 진흙', '*추운 모래 믈', '?추운 비', '*추운 구룸'과 같은 표현은 가능하지 않다는 점에서[35] 위의 예들은 중세국어의 '칩다'가 현대국어와 달리 구체적 대상을 수식하는 용법으로 사용될 수 있었음을 암시하는 것으로 이해할 수 있다. 물론 이는 지나친 억측일 수도 있다. 이러한 용법이 『두시언해』에서만 나타난다는 점과[36] 일반적으로는 연결이 제약되는 문법적·어휘적 구성도 시적인 표현으로는 허용될 수 있다는 점을 고려하면 ⑭와 같은 예들은 '칩다'의 특수하고 예외적인 쓰임에 지나지 않을 수도 있다는 것이다. 그러나 중세국어에서 '칩다'가 보이는 이와 같은 용법은 현대국어에서 '덥다'가 보여주는 양상과 얼마간 유사하다. 현대국어에서 '덥다'는 구체적 대상을 주어로 한 서술형 구문은 구성할 수 없지만 '더운 밥', '더운 물'과 같이 관형 구성은 가능한데, 이는 중세국어 이래로 '덥다'가 겪게 된 의미의 축소 즉

---

35 '추운 비'는 가능할 듯도 한데 이는 '찬비'와는 좀 다르게 '추위를 느끼게 하는 비' 정도의 의미를 내포한 표현으로 볼 수 있어 '차가운 진흙', '차가운 모래 물', '찬 구름' 등으로 바꾸어야 자연스러운 구성이 되는 나머지 예들과 차이가 있는 듯하다.
36 기본적으로 '칩-'을 수식어로 하는 관형 구성의 예가 중세국어에 그리 많지 않다.

물리적 온도 표현의 용법이 사라지고 생리적 온도 표현의 용법만 남은 것에 기인한 것임은 이미 언급한 바이다. 그렇다면 그 반의어인 '칩다'도 같은 과정을 거쳤을 가능성이 없지 않으며, ⑭와 같은 예들은 바로 그 가능성을 암시하는 예로 볼 수 있지 않을까. '덥다'뿐 아니라 중세국어 온도 표현 어휘 대부분이 물리적 온도 표현과 생리적 온도 표현의 구별이 없는 모습을 보여준다는 점도 이러한 가능성을 온전히 억측만으로 치부할 수는 없게 한다. 요컨대 중세국어의 '칩다'는 현대국어의 '덥다'처럼 생리적 온도 표현만이 가능하였던바, 관형 구성의 형식으로 나타나는 몇몇 물리적 온도 표현의 예는 물리적 온도 표현도 가능하였던 옛 의미의 흔적일 수도 있음을 조심스럽게 추정해 본다.

3) '사눌ᄒ다 / 서늘ᄒ다', '서느럽다'

'사눌ᄒ다 / 서늘ᄒ다'는 현대국어 '사늘하다 / 서늘하다'의 소급형으로 최저 온도보다는 좀 높은, 중간 단계의 냉각 표현이라 할 수 있다. 15세기 국어에서 발견되는 모음교체의 짝은 두 어사(語辭) 간의 의미 차이의 양상에 따라 세 가지 부류, 즉 두 어사 간의 의미 차이가 거의 없는 유형, 어감과 정도의 차이를 가지는 유형, 의미 차이가 뚜렷한 유형으로 나누어지는데,[37] '사눌ᄒ다'와 '서늘ᄒ다'는 첫 번째 유형에 속하는 것으로 분류되었다. 앞서 온각 표현 어휘들에서도 모음교체에 의한 의미 차이는 거의 드러나지 않았던바 중세국어의 온도 어휘는 전반적으로 첫 번째 유형에 속한다 할 수 있겠다. 다음 예를 보자.

---

37 이현희 외, 『두시와 두시언해』, 신구문화사, 1997.

⑮ ㄱ. 丹砂ᄂᆞᆫ 녯 저우레 사ᄂᆞᆯᄒᆞ도다 (『두시언해』, 20:25a)

  ㄴ. ᄀᆞ숤 뫼해 누니 사ᄂᆞᆯ케 ᄇᆞ라도 넉시 도라오디 아니ᄒᆞ니 (『두시언해』,
     9:5a)

⑯ ㄱ. 尊大龍王이 모미 淸涼ᄒᆞ고凉ᄋᆞᆫ 서늘홀 씨라 (『월인석보』,
     10:105a)

  ㄴ. 구루메 누어슈멘 옷ᄀᆞ외 서늘ᄒᆞ도다 (『두시언해』, 9:27b)

  ㄷ. 射洪縣엣 봀 수리 서늘코 프르건마ᄅᆞᆫ (『두시언해』, 14:31b)

  ㄹ. 홀론 아ᄎᆞ미 서늘ᄒᆞ고 하ᄂᆞᆳ 光明이 믄득 번ᄒᆞ거늘 보니 (『월인석보』,
     2:51a)

  ㅁ. 겨ᅀᅳ레 소옴 둔 오ᄉᆞᆯ 닙디 아니ᄒᆞ고 녀르메 서늘ᄒᆞᆫ ᄃᆡ 가디 아니
     ᄒᆞ며 (『내훈』, 1:65b)

⑯′ ㄱ. ᄀᆞ숤 ᄇᆞᄅᆞ매 楚ㅅ ᄯᅡ 서늘ᄒᆞ고 (『두시언해』, 23:41a)

  ㄴ. 病ᄒᆞ니 됴호ᄆᆞᆯ 得ᄒᆞ며 더우니 서늘호ᄆᆞᆯ 得ᄒᆞ며 (『금강경삼가해』,
     5:44a)

⑮의 '사ᄂᆞᆯᄒᆞ-'는 모두 원문 한자 '冷'에 대응되어 있고[38] ⑯의 '서늘ᄒᆞ
-'는 '涼, 冷, 寒' 등에 대응되어 있는바 모음교체에 따른 이들의 의미 차
이는 별로 느껴지지 않는다. 한편 '서늘ᄒᆞ다'는 ⑯′와 같이 모음조화에
어긋나는 '서늘ᄒᆞ다'로도 나타나며 그 의미는 역시 동일하다. 비록 'ᄎᆞ
다'나 '춥다'와 함께 한문 원문에서 '冷', '寒', '凄' 등에 대응되기도 하지

---

38 '사ᄂᆞᆯᄒᆞ다(사ᄂᆞᆯᄒᆞ다)'는 문헌상으로는 15세기에만 용례가 보이지만 이는 우연한 공
  백으로 생각되며 '서늘ᄒᆞ다'의 모음교체형으로 계속 사용되었을 가능성이 크다.

만 앞서 살펴본 ⑫ㅁ의 중세국어 온도 어휘 체계에서 최저 온도인 '츠다'보다는 높은 온도에 위치하면서 '드스다'와 반의 관계를 형성하는 냉각 표현이라 하겠다. 위의 ⑮, ⑯, ⑯'의 예 모두 서술 대상이 최저 온도인 '차갑다' 내지 '춥다'의 의미로 해석되지는 않는다. 한편 '사놀ᄒ다/서늘ᄒ다'도 중세국어에서 물리적 온도 표현과 생리적 온도 표현에 모두 사용되었다. ⑮ㄱ, ⑯ㄱ~ㄷ, ⑯'ㄱ은 전자에 해당하고 ⑮ㄴ, ⑯ㄹ, ㅁ, ⑯'ㄴ은 후자에 해당하는 것으로 볼 수 있다.

'사놀ᄒ다/서늘ᄒ다'는 명사 '*사놀/서늘'에 접미사 '-ᄒ-'가 결합하여 형성된 어휘이다. '서늘'이 문헌에서 단독형으로 나타날 뿐만 아니라[39] 합성동사 '서늘지다'도 나타나기 때문에[40] '서늘'을 명사로 보는 데는 무리가 없다. 다만 '사놀ᄒ다'는 '*사놀'이 문증되지 않기 때문에 형성 과정을 명확히 밝히기는 어려운데, '서늘'에 대한 모음교체형 '*사놀'이 형성되고 여기에 접사가 결합하여 '사놀ᄒ다'가 형성되었을 가능성과 형용사 '서늘ᄒ다'에서 모음교체형 '사놀ᄒ다'가 파생되었을 가능성이 모두 존재한다.

한편 '서늘'을 어기로 하여 파생된 또 다른 형용사 '서느럽다'가 '서늘ᄒ다'와 동시에 존재하였다는 점도 주목될 만하다. '서느럽다'는 현대국어의 '서느렇다'에 해당하는 의미를 가지는데 '서느렇다'는 '서늘하다'와 의미가 거의 동일하다.[41]

---

39 '涼 서늘 랑(『신증유합』, 상 : 2b)', '涼 서늘 냥(『석봉천자문』, 38a)' 등의 예가 있다.
40 『동문유해』에 '서늘진 디 안ᄉ다(상 : 27)'와 같은 예가 보인다.
41 『표준국어대사전』에 '서늘하다'는 '물체의 온도나 기온이 꽤 찬 느낌이 있다'로, '서느렇다'는 '물체의 온도나 기온이 꽤 찬 듯하다'로 풀이되어 사실상 동일한 의미를 나타내는 것으로 볼 수 있다.

⑰ ㄱ. 부텻 그르메 서느러버 甘露ㄹ 쓰리ᄂ 돗ᄒᆞᆫ대 (『월인석보』, 7:36a)

　　 ㄴ. 쇠이 긔운ᄋᆞᆫ ᄀᆞᆽ 서느러우미 ᄃᆞ외ᄂᆞᆫ 디라 (『금강경삼가해』, 2:29b)

　　 ㄷ. 그늘 서느러운 듸 미여 두고 글게로 글거 조히 ᄒᆞ야 (『번역박통사』,
　　　 상 : 21a)

　⑰에서 '서느럽-'은 원문 한자 '涼'에 대응되어 있으며 '서늘ᄒᆞ다'와 의미 차이가 거의 없다. 여기서의 '서느럽-'은 모두 기온이나 장소와 관련된 생리적 온도 표현의 의미만을 가지지만 이는 자료의 제약 때문이라 생각된다.

　'서느럽다'는 일견 명사 '서늘'에 형용사 파생접미사 '-압/업-'이 결합된 것으로 파악하기 쉬우나, 이현희에 의해 '서늘'에서 파생된 동사 '*서느리-'에 형용사 파생접미사 '-압/업-'이 결합한 것임이 밝혀진 바 있다.[42] 문증되지 않는 동사 '*서느리-'를 재구한 것은 접미사 '-압/업-'이 동사를 어기로 요구한다는 점과 어기의 말음이 'i'나 'j'일 것을 요구한다는, 어기의 통사적·음운론적 제약이 고려된 것이다. 이 '서느럽다'는 17세기 초의 『마경초집언해』를 끝으로 문헌에서 더 이상 보이지 않으며 이후 또 다른 형태인 '서느렇다'로 대체된 것으로 생각된다.

4) '서느서늘ᄒᆞ다'

　중세국어 온도 표현 어휘에서 나타나는 또 하나의 어기 중첩형 어휘는 '서느서늘ᄒᆞ다'이다. 이 어휘는 '서늘ᄒᆞ다'의 어기 '서늘'이 중첩되어 형성된 것으로 후행 어기의 어두음 'ㅅ' 앞에서 선행 어기의 말음 'ㄹ'이

42　이현희, 「중세국어 '둗겁-'의 형태론」, 『진단학보』 63, 1987, 143쪽.

탈락한 형태이다.[43] 다음 예가 유일하다.

⑱ 이 이론 서늘ᄒ야 싁싁ᄒ며 링ᄒ미 서느서늘ᄒ야 처딘 므리 처딘 다마
　　다 어러[此事ᄂᆫ 寒威威冷湫湫ᄒ야 滴水滴凍ᄒ야](『금강경삼가해』,
　　4:42b)

⑱에서 '서느서늘ᄒ다'는 원문 한자 '湫湫'에 대응되어[44] '냉(冷)함이
다하다' 즉 '매우 냉하다'의 의미를 나타내는 것으로 '서늘ᄒ다'보다 더
낮은 온도를 나타내는 것으로 보인다. '방울진 물이 방울지자마자 얼'
정도가 되려면 단지 '서늘한' 온도로는 부족할 것이다. 따라서 앞서 온
각 표현 '*듯듯다 / 듯듯다'와 '듯다 / *듯다'의 관계처럼 '서느서늘ᄒ다'
는 어기의 중첩으로 인해 '서늘ᄒ다'보다 원래의 어기의 의미가 보다
강화된 것이라 할 수 있다.

3. 중세국어 온도 표현의 어휘·형태론적 특징

　이상에서 살펴본 바에 따라 중세국어 온도 표현 어휘의 체계를 수립
하면 다음과 같다.

43　이러한 음운 과정은 필수적인 것은 아니므로 'ㄹ'이 탈락하지 않은 '서늘서늘ᄒ다'도
　　가능하였을 것으로 생각되나 예가 극히 제한되어 있어 문증되지 않는다.
44　'湫'는 '다하다, 바닥나다'의 의미를 가진다.

〈표 2〉 중세국어의 온도 표현 어휘 체계

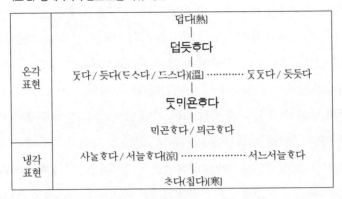

온각 표현	덥다[熱] ｜ 덥듯ᄒ다 ｜ ᄃᆞᆺ다 / 듯다(ᄃᆞᆺ다 / 드스다)[溫] ……… ᄃᆞᆺᄃᆞᆺ다 / 듯듯다 ｜ ᄃᆞᆺ미온ᄒ다
냉각 표현	미곤ᄒ다 / 믜근ᄒ다 ｜ 사ᄂᆞᆯᄒ다 / 서늘ᄒ다[凉] ……………… 서ᄂᆞ서늘ᄒ다 ｜ ᄎᆞ다(칩다)[寒]

〈표 2〉에서 볼 수 있듯이 중세국어의 온도 표현 어휘는 단순하지만 매우 정연한 체계를 가지고 있다. 우선 '미곤ᄒ다 / 믜근ᄒ다'를 중심으로 하여 위쪽은 온각 표현을, 아래쪽은 냉각 표현을 형성한다. 온각 표현의 기본 어휘는 '덥다'와 'ᄃᆞᆺ다 / 듯다'이며 냉각 표현의 기본 어휘는 'ᄎᆞ다(칩다)', '사ᄂᆞᆯᄒ다 / 서늘ᄒ다'인데, 전자는 차례로 후자와 대응되어 반의 관계의 짝을 형성하고 있다. 또한 온각 표현의 경우 기본 어휘들의 사이에 이들간의 혼합으로 형성된 '덥듯ᄒ다', 'ᄃᆞᆺ미온ᄒ다'와 같은 중간적인 성격의 온각 표현이 존재한다. 한편 차상위 온도를 표현하는 'ᄃᆞᆺ다 / 듯다'와 차하위 온도를 표현하는 '서늘ᄒ다'는 각각 어기 중첩형을 가져 원래의 의미보다 강화된 의미를 표현한다. 이렇게 볼 때 중세국어의 온도 표현 어휘는 전체적인 체계뿐만 아니라 개별 어휘의 형태까지도 체계에 상응하는 질서정연함을 보여준다고 할 수 있겠다.

또 하나 이와 같은 체계가 물리적 온도 표현과 생리적 온도 표현에 공히 설정될 수 있다는 점도 중세국어 온도 표현 어휘 체계의 특징이다. 즉 중세국어의 온도 표현 어휘는 현대국어와 같은 이원적인 체계를 가지지 않았다는 것이다. 그러나 최저 온도 표현에 한해 '츠다'와 함께 별도의 생리적 온도 표현으로서 '칩다'가 사용된 것은 향후 국어 온도 어휘 체계가 물리적 온도 표현과 생리적 온도 표현으로 이원화되는 시초를 보인 것이라는 점에서 국어 온도 표현 어휘의 발달 과정에서 중세국어 단계는 중요한 의미를 가진다 할 수 있다.

국어의 감각 표현 어휘들은 여러 가지 단어 형성 절차를 통해 다양한 형태론적 관련 어휘들을 가지는바, 이들 어휘에서 확인되는 주요 단어 형성 절차는 합성, 파생, 내적변화, 중첩 등이다.[45] 중세국어의 온도 표현 어휘도 현대국어만큼 다채롭지는 않지만 이러한 단어 형성 절차들을 고스란히 보여준다. 접미사 '-ㅎ-'와 '-압/업-'에 의한 파생어 형성(미끈ㅎ다, 서늘ㅎ다, 서느럽다 등), 어간과 어간의 결합에 의한 비통사적 합성어 형성(덥듯ㅎ다, *둣미끈ㅎ다), 모음 교체에 의한 내적변화(*둣둣다/듯듯다, 사눌ㅎ다/서늘ㅎ다 등), 어기 중첩에 의한 단어 형성(*둣둣다, 듯듯다, 서느서늘ㅎ다) 등이 그것이다. 결국 세부적인 어휘는 달라졌지만 국어 온도 어휘, 나아가서 감각 어휘의 단어 형성 절차는 예나 지금이나 큰 차이가 없음을 알 수 있으며, 중세국어 온도 표현 어휘들은 국어 감각 어휘의 고유한 형태론적 특성을 잘 반영하고 있다 하겠다.

---

45 송정근, 앞의 글, 48~53쪽에서는 감각 형용사의 주요 단어 형성 절차로 파생, 합성, 내적변화, 중첩 등을 들었는데, 내적변화와 중첩을 파생과 합성의 일종으로 본 기존의 논의들과 달리 그들과 구별되는 독립적인 단어 형성 절차로 파악하였다.

맺음말

중세국어의 온도 표현은 현대국어만큼 다채롭지 못하지만 특유의 형태·의미적 특징을 보여주면서 나름의 정연한 어휘 체계를 형성하고 있었다.

중세국어의 온각 표현으로는 '덥다', '덥듯ᄒ다', '둣다 / 둣ᄒ다 / ᄃᄉ다', '*둣둣다 / 듯듯다', '*둣미욘ᄒ다', '미곤ᄒ다' 등의 어휘가 있었다. 먼저 '덥다'는 최고 온도를 나타내는 어휘로서 현대국어와 달리 기온 표현뿐만 아니라 구체적 대상의 온도 표현에도 일반적으로 사용되었다. 즉 중세국어에서는 온각의 최고 단계가 현대국어처럼 물리적 온도 표현과 생리적 온도 표현으로 이분화되어 있지 않고 모두 '덥다'로 표현되었다. 이후 '덥다'는 근대국어를 거치면서 기온 표현에만 국한되는 용법으로 그 의미가 축소되어 오늘날에 이르게 되었다.

'둣다 / 둣ᄒ다 / ᄃᄉ다'는 '둣-'을 공통 어기로 하면서 '溫'이라는 동일한 의미를 나타내는 어휘들로 중세국어에서 이들의 공존은 매우 특이하다. 우선 '둣다'는 그 자체로 형용사로서 독자적인 활용을 하면서 그 어간에 접미사 '-ᄒ-'가 결합되어 형성된 또 다른 형용사 '둣ᄒ다'와 별다른 의미 차이 없이 동시에 사용되었다. 'ᄃᄉ다'는 '둣다'의 어간 '둣-'이 그 모음어미 결합형인 'ᄃᄉ-'로 어간이 재구조화되어 형성된 것으로 판단된다. 이렇게 형성된 개신형 'ᄃᄉ다'는 기존의 '둣다', '둣ᄒ다'와 유의 경쟁에서 승리하여 15세기 말을 전후해 이들을 대체하게 된 것으로 보인다.

'*둣둣다 / 듯듯다'은 중세국어에서 어기의 중첩에 의해 형성된 대표적인 온도 표현 어휘이다. '듯듯다'는 '돗다'의 '돗-'의 모음 교체형 '듯-'이 중첩되어 형성된 어휘이다. 어기의 중첩은 원래의 의미를 보다 강화해 주는 역할을 하는바 '듯듯다'는 실제적으로 '돗다 / *듯다'로 표현된 온도보다 더 높은 온도를 표현하게 된다. 형용사로서의 '*돗돗다'는 문증되지 않지만 부사 '돗두시'의 존재와, 어기 '돗-'과 '듯-'을 포함한 형태들, 그리고 이들이 형성하는 체계적인 파생의 패러다임을 고려하면 '*돗돗다'는 '듯듯다'의 모음 교체형으로서 존재하고 있었을 가능성이 크다.

'미곤ᄒ다'는 중세국어의 온각 표현 어휘 가운데 가장 낮은 온도를 표현하는 것으로 '미지근한' 정도의 온도를 나타낸다. '미곤ᄒ다'는 이와 형태론적으로 관련되는 '돗미욘ᄒ다'를 통해 그 형태 구조를 유추해 볼 수 있다. '돗-'과 '미곤ᄒ-'의 결합으로 이루어진 '돗미욘ᄒ-'는 후행 어간인 '미곤ᄒ-'가 'j' 뒤에서의 'ㄱ' 약화와 'j' 첨가를 차례로 겪어 '미욘ᄒ-'가 된 것인데, 이와 같은 'ㄱ'의 약화는 형태소 경계에서 일어나는 것이었으므로 '미곤-'은 단일어기가 아니라 가상의 어기 '*미-'에 접사 '-곤'이 결합한 형태로 추정할 수 있다. 우리는 그 모음 교체형인 '믹근ᄒ-'도 비록 17세기 초의 문헌에 처음으로 보이지만 '미곤ᄒ-'와 같은 방식으로 이미 중세국어에 형성되어 있었으리라 추정하였다.

한편 중세국어의 온각 표현에는 혼합적인 온도를 표현하는 흥미로운 어휘들이 있는데 '덥듯ᄒ다'와 '*돗미욘ᄒ다'가 바로 그것이다. 전자는 '덥-'과 '*듯ᄒ-'가, 후자는 '돗-'과 '미곤ᄒ-'가 어간끼리 결합하여 형성된 합성어로서 각각 '더울 정도로 드스하다', '따스한 기운을 띠면서 미지근하다' 정도의 혼합적인 의미를 표현한다. 이 어휘들은 동일한 형태 구조로써 그 의미적인 특성을 드러내고 있는바, 온도 체계에서 이들의 위와 아래에 위치하는 어휘의 어간을 직접 결합하는 방식으로 그 중간적인 온도를 표현하고자 한 것이다.

중세국어의 냉각 표현으로는 '츠다', '칩다', '사눌ㅎ다 / 서늘ㅎ다 / 서느럽다', '서느서늘ㅎ다' 등이 확인된다. '츠다'는 현대국어와 용법상의 차이가 없다. '칩다' 역시 현대국어와 큰 차이는 없지만 '치운 즌흙'과 같이 관형 구성으로 구체적 대상의 온도를 표현하는 몇몇 예가 있어 주목되었는데 우리는 이들 예를 현대국어의 '덥다'처럼 옛 의미의 흔적이 남은 것으로 추정해 보았다. 즉 '칩다'도 이전 단계에는 생리적 온도 표현뿐 아니라 물리적 온도 표현으로도 사용되었을 가능성이 있다고 본 것이다. 중세국어 온도 표현 어휘 대부분이 물리적 온도 표현과 생리적 온도 표현의 구별이 없는 모습을 보여준다는 점에서 이와 같은 가능성은 충분히 생각해 볼 만하다.

'사눌ㅎ다 / 서늘ㅎ다 / 서느럽다'는 '츠다' 또는 '칩다'로 표현되는 최저 온도보다는 좀 높은, 중간 단계의 냉각 표현이라 할 수 있다. '사눌ㅎ다 / 서늘ㅎ다'와 '서느럽다'는 모두 명사 '서늘'을 어기로 하여 파생된 어휘들로 그 의미가 거의 동일하였다. 한편 '서느서늘ㅎ다'는 '서늘ㅎ다'의 어기 '서늘'의 중첩으로 형성된 또 하나의 어기 중첩형 온도 표현 어휘로서 원래의 어기보다 강화된 의미를 가진다.

이상의 어휘들에 의해 〈표 2〉와 같은 중세국어의 온도 표현 어휘 체계가 수립될 수 있다. 이 체계는 현대국어보다 단순하지만 매우 정연한 모습을 띠고 있으며 체계를 구성하는 어휘들은 국어의 감각 표현 어휘에서 일반적으로 확인되는 주된 단어 형성 절차들 즉 파생, 합성, 내적변화, 중첩 등을 고스란히 보여줌으로써 국어 감각 어휘의 형태론적 특성을 잘 반영하고 있다.

분재기를 통해 본 15~16세기 사족층의 주택 소유와 상속

박현순

머리말

조선시대 재산상속하면 흔히 노비와 전답 상속을 떠올린다. 노비와 전답은 사족층이 경제활동을 영위하는 기초로 상속문서인 분재기 상에서도 상속재산의 대부분을 차지하였다. 그러나 분재기를 보면 주택을 포함한 경우도 많아 주택 역시 주요한 상속재산이었다는 것을 알 수 있다.

주택은 일상생활의 공간으로 독립적인 가계를 구성한 사족이라면 누구나 소유하고 있었을 법하다. 따라서 주택이 상속대상이 되는 것은 지극히 당연한 일이다.

조선 전기 재산상속은 모든 자녀에게 고르게 재산을 분배하는 균분의 관행을 따랐다. 전답은 매 필지를 자녀수만큼 분할하고 노비는 노장약을 구분하여 나눌 만큼 철저하게 균분상속을 지향하였다. 일상용품도 동일한 품목을 나누어 주지는 못하더라도 그에 상응하는 가치의 물품을 나누어 줌으로써 균분을 실현하고자 하였다.[1]

주택 역시 균분상속을 지향하였다. 그러나 주택의 특성상 철저한 균분을 실현하는 데에는 한계가 있었다. 소유에 한계가 있었기 때문에 모든 자녀에게 한 채씩 상속하기도 어려웠으며, 한 채를 여러 자녀에게 나누어 줄 수도 없었다. 따라서 주택 상속은 노비와 전답 상속과는 차이가 있었다. 그렇다면 주택은 어떤 방식으로 상속되었을까?

조선 전기 상속에서도 예외적으로 균분상속의 관행에서 벗어난 상속이 있었다. 봉사조(奉祀條) 재산의 상속이 그것이다. 이와 관련하여 『경국대전』 형전에는 노비의 상속에 대하여 승중자(承重者)에게 1/5을 가급(加給)하도록 규정하고 있다. 또 16세기 분재기를 보더라도 71.7%가 봉사조 재산을 별도로 설정하여 균분에서 제외시켰다.[2] 즉, 봉사조는 균분 상속의 이념을 벗어난 특수한 형태의 상속이었다.

주택의 경우에도 이미 세종 9년(1427)에 가묘(家廟)를 세운 주택은 주제자손(主祭子孫)에게 상속한다는 법제가 마련되었다.[3] 선초 가묘의 설

---

1 조선 전기 재산 상속의 균분 지향에 대해서는 문숙자, 『조선시대 재산 상속과 가족』, 2004, 78~90쪽 참조.

2 정긍식이 16세기 분재기 106건을 조사한 바에 따르면 봉사재산을 별도로 설정한 것이 76건(71.7%)이며, 전반보다는 후반으로 갈수록 봉사조재산을 설정한 비율이 높았다(정긍식, 「재산상속과 제사승계의 실태」, 『16세기 한국 고문서 연구』, 아카넷출판사, 2004, 220쪽).

3 『세종실록』 권35, 세종 9년 2월 10일 무진. "禮曹啓 大小人員家廟之制 累次受敎立法 然近年以來 因無考察 中外不立家廟 不作神主者 頗多有之 請申明二品以上 來戊申年 六品以上 來庚戌年 九品以上 來癸丑年爲限 並皆立廟 其主廟家舍 傳於主祭子孫 毋得

립을 독려하기 위해 도입된 이 규정은『경국대전』호전 전택조에 수록되었다.[4] 그렇다면 입묘 주택도 봉사조 재산으로 균분상속의 범주에서 벗어나 있었을까? 그리고, 입묘주택의 상속은 제사상속을 의미하는 것일까?

주택은 재산이자 일상생활이 이루어지는 공간으로 상속되었다. 따라서 주택 상속은 재산상속 뿐 아니라 가계 계승이나 자녀들의 거주지 문제와도 관련되어 있었다. 주택 상속은 재산의 상속을 넘어 가계 계승과 세거지 계승 문제와 직결되어 있었던 것이다.

아래에서는 이 문제를 염두에 두고 분재기를 통해 15~16세기 사족층의 주택 상속 양상에 접근해 보고자 한다. 이를 위해 먼저 사족층의 주택 소유 양상을 살펴보고 이어 주택 상속에서 나타나는 특징을 살펴볼 것이다. 이는 상속을 통해 가계 계승과 세거지 전승 방식을 검토하는 것이기도 하다.

與他 如前不爲立廟作主者 京中司憲府 外方監司 無時考察 以正風俗 從之."
4 『經國大典』「戶典」田宅. "立廟家舍 傳於主祭子孫". 조정의 家廟 보급 추진과 主祭子孫의 立廟家舍 상속의 입법 과정에 대해서는 정긍식, 「朝鮮初期 祭祀承繼法制의 成立에 관한 研究」, 서울대 박사논문, 1996, 117~126쪽 참조.

1. 사족층의 주택 소유와 거주 양상

1) 주택 소유 양상

현전하는 15~16세기 분재기를 보면 주택을 상속 대상에 포함시킨 경우들을 흔히 볼 수 있다. 이를 통해 사족층의 주택 소유 양상에도 접근해 볼 수 있다. 그러나 분재기 가운데는 상속 주택 중의 일부만을 언급하거나 전혀 언급하지 않은 경우도 많다.[5] 따라서 분재기를 통해 주택 소유의 전모를 파악하는 데에는 한계가 있다.

15~16세기 분재기 중 주택이나 가사본(家舍本), 곧 집값의 상속을 명시한 문서는 86건을 확인할 수 있었다.[6] 86건 가운데 전 자녀에게 집이나 집값을 상속한 경우가 23건, 일부자녀의 상속만 언급한 경우가 23건, 봉사조만 언급한 경우가 28건, 특정인에게 별급한 경우가 12건이다. 따라서 분재기를 통해 주택 상속의 전모를 파악할 수 있는 사례는 그다지 많지 않다. 하지만 이를 통해 적어도 재주(財主)가 최소한 어느 정도의 주택을 소유하고 있었는지는 확인할 수 있다. 나아가 모든 자녀들에게 집이

5 　정긍식이 조사한 바에 따르면 16세기 허여문기와 화회문기 107건 중 주택 상속에 대해 언급하고 있는 경우는 재주허여문기 62건 중 43건, 동복화회문기 45건 중 20건으로 총 63건이다. 63건 중 전자녀에게 주택을 상속한 경우는 21건이며, 나머지 42건은 일부 자녀에게만 상속한 경우다. 이외 별급문기 135건 중 6건에서도 주택상속에 대한 언급이 있다. 16세기 상속문서의 분포 및 목록은 정긍식, 앞의 글, 2004, 190~192쪽 및 부록 참조.

6 　본 연구에서는 15~16세기 분재기 중 주택 혹은 가사본 상속을 명시한 문서 86건을 분석하였다. 정긍식의 앞 연구에서 소개된 문서 69건을 토대로 이수건 편, 『경북지방고문서집성』, 영남대 출판부, 1981에 수록된 16세기 분재기 중 9건, 정구복 외, 『조선 전기고문서집성-15세기편』, 국사편찬위원회, 1997에 수록된 15세기 분재기 8건을 추가하였다.

나 집값을 상속한 경우, 재주가 소유한 전체 주택의 숫자와 규모도 가늠해 볼 수 있다.

〈표 1〉 15~16세기 분재기에 나타난 주택 상속 양상(단위 : 건)

상속인 \ 상속성격	전자녀	일부자녀	봉사조	특정인	합계
재주허여	11	20	21		52
동복화회	12	1	7		20
별급				12	12
깃득		2			2
합계	23	23	28	12	86

〈표 2〉 15~16세기 분재기에 나타난 주택 소유 현황(단위 : 건)

상속인 \ 주택수	전자녀	일부자녀	봉사조	특정인	합계
0채		1			1
1채	1	8	27	11	47
2채	12	5	1	1	19
3채	6	7			13
4채	3	2			5
5채	1				1
합계	23	23	28	12	86

필자가 검토한 86건의 분재기에 등장하는 주택 숫자는 0채에서 5채까지 다양하였다. 이중 1채의 주택이 등장하는 경우가 47건(55%)이며, 2채 이상의 주택이 언급된 경우가 38건(44%)이다. 이외 주택없이 가사본만 언급한 경우가 1건이다.

이를 통해 주목되는 것은 2채 이상의 주택을 소유한 경우가 상당히 많았다는 것이다. 1채만 언급한 47건 중 38건은 봉사조(奉祀條) 주택만 명시하거나 특정인에게 주택을 별급한 사례로 다른 자녀에게도 별도의 주택을 상속했을 가능성이 매우 높다. 따라서 사족층 내에서는 2채 이상의 주택을 소유하는 것이 상당히 일반적이었다고 보아도 무방할 것이다.

주택이 가장 많이 등장하는 경우는 명종 7년(1552)에 작성된 정공징 (鄭公徵) 7남매의 동복화회문기다. 이 문서에는 김산(金山) 소재 향가(鄉 家) 2채와 서울 낙선방(樂善坊) 소재 경가(京家) 3채 등 총 5채의 주택이 등장하며, 김산과 서울 흥성방에 상당한 규모의 가대전도 있었다. 서 울·김산의 주택과 가대는 부모의 유언에 따라 둘째아들을 제외한 6 남매에게 고르게 분급되었다.

〈표 3〉 정공징(鄭公徵) 7남매의 주택 상속

상속자	京中	金山
1남 서윤댁(庶尹宅 : 鄭公徵)	서울 남부 낙선방 소재 기와집 1채 및 가대(봉사가사)	김산 파며원 가대전
1매 청하댁(淸河宅 : 柳茂濱妻)	서울 남부 낙선방 소재 기와집 1채	김산 파며원 농사(農舍) 및 집터
2남 사복댁(司僕宅 : 鄭公虔)		김산 파며원 집터값[家代本]
2매 사용댁(司勇宅 : 李達修妻)	서울집 임대료조[京家貸本]	김산 파며원 기와집 1좌 및 집터
3남 군수댁(郡守宅 : 鄭公弼)	서울 남부 낙선방 기와집 1채	김산 파며원 기와집터값[瓦家代本]
4남 감찰댁(監察宅 : 鄭公淸)	서울 흥성방 소재 기와집터[瓦家代]	김산 파며원 집터
5남 참봉댁(叅奉宅 : 鄭公藝)	서울 흥성방 소재 기와집터[瓦家代] 기와집터값[瓦家代本]	김산 파며원 기와집 1좌

정공징의 부친 정이교(鄭以僑)는 본래 경상도 영천 출신으로 김산 봉 계에 사는 최한백(崔漢伯)의 사위가 되어 김산에도 기반을 갖게 되었다. 또 자신뿐 아니라 부친과 형제, 아들들까지 모두 서울에서 벼슬살이를

하였기 때문에 서울에도 기반을 갖고 있었다. 정공징 가의 주택과 가대전이 김산과 서울에 흩어져 있었던 것은 근거지가 달랐던 부변과 모변 양쪽으로부터 상속을 받았기 때문이다.

정공징 남매처럼 친가와 처가(혹은 외가)에서 상속받은 주택을 동시에 소유한 사례들은 다수 확인된다. 예안 오천 김부필(金富弼) 남매도 그 중 한 예이다. 김부필 남매의 분재기는 2남 3녀 중 2남 1녀의 깃득분을 수록한 문서 2건에 모두 5채의 주택과 1채의 가대가 등장한다.[7] 주택은 예안에 2채, 풍산에 2채, 안덕에 1채가 있었고, 서울 수진방에 와가 43칸의 빈터가 있었다. 여기에는 장녀와 3녀 몫의 상속분이 누락되어 있으므로 이외에도 다른 주택이 있었을 가능성이 크다.

〈표 4〉 김부필(金富弼) 3남매의 주택 상속

소재지 상속인	예안	풍산	안덕	서울
장남 김부필(金富弼)	기와집 1채(봉사조) 거인 묘앞 기와집 1채			
차남 김부의(金富儀)		기와집 1채	기와집 1채	
차녀 이용(李容) 처		김덕형 기와집 1채		중부 수진방동 기와집 43칸 빈터 중 14칸

김부필 가는 조부 김효로(金孝盧) 때 안동 풍산에서 예안으로 이주하였다. 예안에는 조부가 양부(養父)에게 상속받은 집이 있었고,[8] 풍산에는 조부가 장손 김부필에게 별급한 집이 있었다. 이 집은 부친 김연이

---

7 이수건 편, 앞의 책, 337쪽, 「金富弼兄弟和會文記」(1559); 한국정신문화연구원 편, 『고문서집성』 49, 한국정신문화연구원, 2000, 182쪽, 「次女厚陵叅奉李容妻衿」(1559).
8 이수건 편, 위의 책, 483쪽, 「金孝之妻黃氏粘連文記」(1480). "繼後子生員孝盧衿瓦家及家入田陸拾卜參束."

중창하여 차남 김부의에게 상속하였다.[9] 또 안덕에는 모친 조씨가 외조모에게 상속받은 집이 있었고,[10] 한성부 수진방에는 유래가 분명하지 않은 43칸짜리 기와 집터가 있었다.[11] 이외에 조부나 부친대에 신축하거나 매득한 것으로 추정되는 예안의 종가 1채와 풍산의 기와집 1채도 있었다. 조부와 부친, 모친 등으로부터 유래하는 주택이 안동 풍산, 예안, 안덕, 한성부 등에 흩어져 있었던 것이다.

김연의 차남 김부의는 이 중 풍산 집 1채와 안덕 집 1채를 상속받았다. 그러나 그는 예안에 거주하였기 때문에 별도로 예안의 주택도 소유하고 있었으며, 처가로부터는 12칸짜리 정자를 상속받았다.[12] 그는 최소 4채의 주택을 소유하고 있었던 셈이다.

차녀 이용의 처는 풍산 소재 기와집 1채와 서울 수진방동의 기와집 14칸의 빈터를 상속받았다. 남편 이용은 부모로부터 안동 법흥동 와가 1채를 상속받았고,[13] 시양모(侍養母)인 3촌 숙모로부터도 와가 1채를 상속받았다.[14] 이용 부부는 부부가 각각의 부모로부터 상속을 받아 적어도 3채의 집을 소유하게 되었다.

---

9 위의 책, 307쪽, 「金富弼男妹和會文記」. "豊山家舍代田段祖父主教是長孫富弼亦中別給教是去乙父主教是重創乙仍于專得未便爲乎等用良舊材瓦本段禮安承重代田伏小家以充數爲遺代田本段禮安上坪田卄斗落只以充數爲有齊."

10 한국정신문화연구원 편, 『광산김씨오천고문서』, 한국정신문화연구원, 1982, 537쪽, 「立案」(1528). "長孫女正郎金緣妻衿 (…중략…) 新瓦家一坐."

11 김효로의 처 이씨가 서울 출신으로 많은 재산을 소유하고 있었다는 사실에 비추어 보면 조모에게서 전래하였을 가능성도 있고, 부친 김연이 상경 종사하는 동안 장만하였을 수도 있다.

12 위의 책, 540쪽, 「分財記」(1581). "女生員金富儀妻衿 (…중략…) 越邊亭家十二門及同家代."

13 한국정신문화연구원 편, 앞의 책, 2000, 158쪽, 「分財記」(1557). "子燾奉容衿 (…중략…) 法興伏大家一坐路上下邊代田專數."

14 위의 책, 127쪽, 「立案」(1539). "嘉靖十八年己亥正月二十日侍養子李容亦中許與成給爲臥乎事段 (…중략…) 瓦家一坐代田五斗落只."

김연의 자녀들이 주택을 상속받은 사례를 보면 부변과 모변의 상속을 받았을 뿐 아니라 본인과 배우자의 상속이 겹쳐 여러 지역에 최소 3~4채의 집을 소유하고 있었던 것으로 확인된다. 경제적으로 윤택한 상층 사족층의 경우 이와 같이 부변, 모변, 처변의 상속이 중복되며 여러 지역에 여러 채의 집을 소유하는 것이 일반적이었을 것이다.

　이상에서 살펴보았듯이 15~16세기 사족층에서는 2채 이상의 집을 가진 경우가 많았고, 재력이 있는 집안에서는 5~6채의 집을 갖고 있는 경우도 있었다. 이 중 일부는 순전히 상속으로 물려 받은 것이나 일부는 본인이 직접 신축한 경우도 있다.[15] 그렇다면 당시 사족층은 왜 이렇게 많은 집을 가지고 있었을까?

　사족층이 여러 채의 집을 소유했던 원인으로는 우선 일상적으로 기거하는 주택 외에 여러 지역에 산재한 농장을 관리하기 위해 별서(別墅)가 필요했다는 것을 꼽을 수 있다. 가령 김연이 자녀들에게 상속한 5채의 집 중 실제 주거용으로 사용된 주택은 장자가 상속한 예안의 종가 뿐이었다. 그 외 풍산과 안덕의 집은 토지와 함께 상속 받은 곳으로 농장 관리를 위한 별서로 기능하였다. 김연 본인도 풍산에서 주택을 중창하였는데, 이 역시 농장 경영을 위한 보조적인 주택이었다. 김연은 상속을 토대로 풍산과 안덕 등지에 대규모로 토지를 집적해 갔는데, 주택은 토지와 노비를 집적하는 데 구심으로 기능하였다.[16]

　분재기 상에 등장하는 주거용 주택 중에는 재주가 평소에 소유하였다기보다는 분가하는 자녀에게 증여할 목적으로 신축한 집도 있었다.

15　16세기 사족층이 주택을 신축하는 양상은 유희춘의 사례를 통해 볼 수 있다. 이성임, 「16세기 柳希春家의 海南造舍와 物力 동원」, 『인하사학』 10, 2003.

16　박현순, 「15~16세기 예안현 사족층의 성장과 향촌 사회의 재편」, 『조선시대사학보』 26, 2003.

이완(李完) 부부는 세 아들에게는 주택을 상속하고 막내 아들에게는 기와 5,000장을 획급하여 형제들이 함께 집을 지어 주도록 하였다.[17] 아들의 분가를 위해 주택을 신축하도록 한 것이다. 이로 미루어 보면 다른 자녀들에게 상속한 주택도 당초부터 증여(贈與)할 목적으로 장만하였을 가능성이 있다. 즉, 분재기 상에는 재주가 이용했던 주택 외에 자녀들에게 장만해 준 주택까지 포함되어 있을 가능성이 있다.

경우에 따라 첩을 위해 주택을 신축하는 사례도 있었다. 첩(妾)은 정처(正妻)의 생존 시에는 정처와 별도의 주택에 거주하였고, 정처의 사망 후에 남편과 동거를 하더라도 적자녀 부부와 동거하는 것이 쉽지 않았다. 따라서 재력있는 남편은 생전에 첩에게 별도의 주택을 마련해 주기도 하였다. 장륙(張陸)이 첩을 위해 20여 칸의 주택을 신축한 것이 그 예이다.[18]

한편 벼슬살이를 하는 경우 서울에 별도로 주거용의 경가(京家)를 둔 경우도 있었다. 분재기 중 지방에 세거하면서 경중에 집을 소유한 사례는 모두 13건이 확인된다. 앞서 본 사례에서 정이교는 고향인 김산에 향가(鄕家) 2채, 서울에 경가(京家) 3채를 두고 있었다. 본인은 물론 아들들도 서울에서 벼슬살이를 하고 있었기 때문에 여러 채의 경가가 필요하였을 것이다. 손중돈도 경주 양좌동의 종가와 함께 서울에서 벼슬살이할 때 장만한 서울 저전동 가사를 소유하고 있었다.[19] 안동 가일 출신의 권주(權柱)도 연산군 4년(1498) 동부승지로 재직 중에 서부 황화

---

17 이수건 편, 앞의 책, 178쪽, 「李完妻卞氏許與文記」.

18 「分財記」(1542, 국립중앙도서관 소장. 정긍식, 앞의 글, 부록 국도 7). "嘉靖二十一年 壬寅十月十七日妾全亦中成文事段(⋯중략⋯) 新造家若二十餘間代田幷以許給事(⋯ 중략⋯) 吾雖○○出入凡百人事如有不平之事必見兩嫡男開白兩也不寐則已矣寐寐則如 何有不平之事乎 但近世見人心不妄如近世人也別無可言之事只此草."

19 한국정신문화연구원 편, 『고문서집성』 32, 한국정신문화연구원, 1997, 358쪽, 「分財記 5」.

방 소재 기와집 45칸 반과 동산을 매득한 일이 확인된다.[20]

경가가 확인되는 경우는 거의 대부분 가장이 서울에서 벼슬살이를 한 경우이며, 특별히 벼슬살이하는 자손에게 상속하게 하는 경우도 있었다. 따라서 경가는 상경종사를 계기로 마련하는 것이 일반적이었다고 하겠다. 그러나 벼슬살이를 하지 않은 경우에도 자제들의 상경 수학을 위해 경가를 활용하는 경우도 있었다. 이런 경우 경가는 상경 수학의 근거지가 되었다.[21]

이상 15~16세기 사족층의 주택 소유 양상을 보면 어느 정도 재력이 있는 집안에서는 대개 여러 채의 주택을 소유하고 있었다. 주택은 상속과 당대의 신축, 매득 등으로 마련하였으며, 주거용 외에 농장 경영용, 자녀 증여용, 첩가(妾家) 등 용도가 다양하였고, 서울에 따로 경가를 두어 상경 종사와 수학에 활용하기도 하였다.

2) 주택의 규모와 거주 양상

개인이 소유한 주택의 규모는 재력에 따라 상당한 차이가 있기 마련이다. 현재 16세기 이전에 건축된 주택으로는 경주 양동마을의 손동만씨 가옥, 관가정(觀稼亭), 향단(香壇), 안강 옥산의 독락당(獨樂堂), 안동 임하 의성김씨 대종가, 예천 용문 권씨 종택 등이 남아 있다.[22] 그러나 대부분 후대에 개축하거나 증축하여 원형 상태의 규모를 파악하는 데

---

20 정구복 외편, 앞의 책, 237쪽, 「柳自汾妻柳氏 家舍賣買明文」(1498).
21 16세기 사족층의 상경 수학에 대해서는 박현순, 「16세기 예안현 사족층의 修學과 관직진출」, 『敎育史學硏究』 17-1, 2007, 84 · 88~90쪽 참조.
22 최일, 「朝鮮 中期以後 南部地方 中上流 住居에 관한 硏究 : 階層性과 地域性의 觀點에서 본 配置와 平面構成을 中心으로」, 서울대 박사논문, 1989의 부록 참조.

에는 어려움이 따른다.

분재기 상에서 주택 규모를 확인할 수 있는 가장 이른 사례는 태종 1년(1401) 태조가 숙신옹주에게 지어준 동부 향방동 소재 주택이다. 이집은 전체 24칸으로 와가 7칸, 초가 17칸으로 되어 있었다.[23] 옹주의 집이었던 만큼 당시로서는 상당히 큰 규모였을 것으로 보이나 후대에 비하면 규모도 작고 와가보다 초가가 더 많다는 점이 주목된다.

민가로서는 세조 13년(1467) 장안량(張安良)이 아들 장말손(張末孫)에게 분급한 경중 주택이 있는데, 와가 8칸 초가 5칸으로 된 13칸 집이다.[24] 숙신옹주의 집과 마찬가지로 와가와 초가로 구성되어 있으나 규모는 훨씬 작다.

한성부 소재 신축 주택은 상하의 구분을 위해 세종 13년(1431) 그 규모를 법으로 제한한 바 있다. 대군은 60칸, 친형제(親兄弟)·친자(親子)·공주(公主)는 50칸, 2품 이상은 40칸, 3품 이하는 30칸, 서인(庶人)은 10칸이 그 상한이었다.[25] 이 규정은 일부 개정을 거쳐 『경국대전』에도 수록되었다.[26] 그러나 이 조항은 한성부 내 신축 주택의 규모를 제한한 것으로 신축이 아닌 상속이나 매득, 지방 소재 주택은 제한을 받지 않았다.[27] 재력에 따라 훨씬 큰 규모의 주택을 소유할 수도 있었던 것이다.

---

23 정구복 외편, 앞의 책, 169쪽, 「太祖賜給妳致家垈文書」(1401).

24 위의 책, 199쪽, 「張安良家舍許與文記」(1467).

25 『세종실록』 권51, 세종 13년 1월 12일 정축. "下敎禮曹曰 大小臣民家舍無定制 因此庶人家舍 僭擬卿士 卿士第宅 僭擬宮闕 競尙侈美 上下無等 誠爲未便 自今親子·親兄弟·公主五十間 大君加十間 二品以上四十間 三品以下三十間 庶人不過十間 (…중략…) 其祠堂及父母相傳家舍·貿易家舍·外方植柱之家 不在此限."

26 『經國大典』, 「工典」 雜令. "家舍 大君六十間 王子君·公主五十間 翁主及宗親文武官二品以上四十間 三品以下三十間庶人十間."

27 『세종실록』 권51, 세종 13년 1월 12일 정축. "下敎禮曹曰 (…중략…) 其祠堂及父母相傳家舍·貿易家舍·外方植柱之家 不在此限."

성종 6년(1475) 권개(權玠)는 사위 하원(河源)에게 와가 18칸과 초가 행랑 12칸으로 된 30칸 짜리 집을 주었다.[28] 이 집은 위의 숙신옹주나 장안량의 집과 비교하면 와가와 초가로 되어 있었다는 점은 마찬가지지만 규모는 훨씬 큰 편이다.

한편 연산군 4년(1498) 정4품의 종친부 전첨인 유자분(柳自汾)은 동부 황화방 소재 45칸 반의 집을 정3품인 좌부승지 권주에게 방매한 일이 있었다.[29] 3품 이하 관원의 주택 규모를 30칸 이하로 제한한 『경국대전』 신축가옥 규정에 비하여 훨씬 큰 규모였다.

15~16세기 분재기에서 칸수가 확인되는 주택은 28건의 문서에 기재된 40채이다. 이중 가장 규모가 큰 집은 안동 닭실 권동미(權東美) 가의 80칸짜리 집이다. 권동미 가에는 이외에도 50칸짜리와 45칸짜리 집도 있었다.[30] 또 16세기 중반 박계조(朴繼祖) 가는 70칸짜리 와가 1채와 50칸짜리 와가 3채를 소유하고 있었다. 70칸짜리 와가는 가대전이 1결이나 되었다.[31] 이를 정리하면 아래와 같다.

---

28   정구복 외편, 앞의 책, 205쪽, 「權玠許與文記」(1475).
29   위의 책, 237쪽, 「柳自汾妻柳氏 家舍賣買明文」(1498).
30   이수건 편, 앞의 책, 188쪽, 「權東美妻柳氏許與文記」.
31   위의 책, 146쪽, 「朴繼祖妻柳氏許與文記」.

〈표 5〉 권동미(權東美) 가의 주택 규모(1592)

상속자	주택 칸수	대전
장자 채(采)	봉사조 와가 80칸	25두락
2남 래(來)		
3남 집(集)	와가 50칸	18두락지
4녀 이영도(李詠道)	집값	
5남 비(棐)	와가 45칸	1석락지

〈표 6〉 박계조(朴繼祖) 가의 주택 규모(16세기 중반)

상속인	주택 칸수	대전
1녀 송현(宋鉉) 처	결락	결락
2자 윤(潤)	성주 와가 70칸 1좌	99복 6속
3자 일(溢)	고령 와가 50칸 1좌	58복 2속
4자 택(澤)	고령 와가 50칸 1좌	75복 3속
5자 흡(洽)	창녕 와가 50칸 1좌	78복 3속

위 권동미 가와 박계조 가의 주택 규모를 보면 봉사조 주택은 각기 80칸과 70칸으로 다른 주택에 비해 규모가 컸다. 닭실 안동권씨 종가인 권래(權來) 가의 경우도 규모가 86칸에 이르렀다.[32] 이에 비해 나머지 자녀들의 주택은 45~50칸인데 대략 이 정도가 상류층의 일반적인 주택 규모였던 것으로 보인다.

주택의 칸수가 확인되는 40채의 칸수를 정리하면 〈표 7〉과 같다. 이를 보면 적자녀에게 상속된 주거용 주택의 규모는 41~50칸이 9건으로 가장 많다. 반면 21~30칸의 경우도 6건이나 된다. 이러한 차이는 사족층 내에서의 재력 차이를 반영할 것이다. 첩이나 첩자의 경우는 4건밖에 보이지 않지만 모두 11~30칸 사이로 적자녀에 비해 규모가 현

---

32 위의 책, 215쪽, 「權來妻李氏許與文記」(1621).

저히 작은 것을 볼 수 있다. 적서의 구분이 주택의 규모에도 그대로 반영되어 있었던 것이다.

〈표 7〉 15~16세기 분재기의 가옥 규모(단위 : 채)

칸수	적자녀 상속	첩/첩자 상속	奴中 주택	합계
6~10칸	1		1	2
11~20칸	5	2	1	8
21~30칸	6	2		8
31~40칸	4			4
41~50칸	9		1	10
51~60칸	4			4
61~70칸	3			3
71~80칸	1			1
합계	33	4	3	40

그렇다면 40~50칸 전후의 주택에는 어느 정도의 가족을 수용할 수 있었을까? 한옥은 넓은 대지에 사당채, 안채, 사랑채, 행랑채 등의 풍부한 구조를 갖추고 있다. 이중 사랑채와 행랑채는 고인(故人)이 된 조상과 가사를 담당하는 노비들을 위한 공간이다. 실제 주인 가족이 주거용으로 활용하는 공간은 사랑채와 안채로 제한된다. 여기에서 다시 부엌이나 광 등의 취사, 저장 공간을 빼면 방을 들일 수 있는 공간은 더욱 줄어든다.

대개 사랑채에는 두 칸짜리의 큰사랑방과 한 칸짜리의 작은 사랑방, 안채에는 두 칸짜리의 안방과 한 칸짜리의 건넌방(머리방)을 기본으로 둔다. 16세기 전반에 처음 지어진 경주 양동마을 손동만 씨의 가옥이 이런 구조다. 이 구조에서는 부모 내외가 사랑채와 안채에서 각기 큰 사랑방과 안방을 차지하면 자녀들은 성별로 나누어 남성은 작은 사랑방에, 여성은 건넌방에 거주해야 한다. 따라서 기혼의 자녀 부부가 함

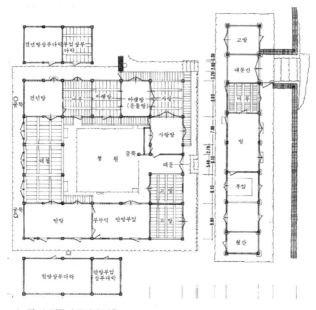

〈그림 1〉 경주 손동만씨 가옥
출전 : 정인국, 『한국건축양식론』, 일지사, 1999(초판 1974), 405쪽.

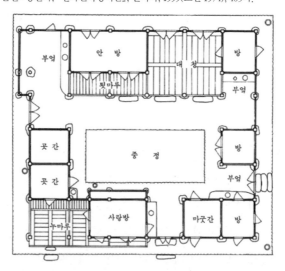

〈그림 2〉 안동 예안이씨 종가
출전 : 정인국, 『한국건축양식론』, 일지사, 1999(초판 1974), 398쪽.

께 동거하는 데에는 어려움이 따른다. 이 구조는 2대 이상의 부부를 포함하는 직계가족보다는 부모와 미혼자녀로 구성된 핵가족의 거주에 보다 적합한 형태다.

이에 안채에 한두 개의 방을 더 들이기도 하였다. 안동 예안이씨 종가가 이런 구조인데, 사랑채에는 2칸 짜리 방 하나가 있을 뿐이지만 안채의 중정에 방 하나가 더 들어서 있다. 다만 이 방이 원래부터 있었던 것인지는 분명치 않다.

기본이 되는 네 개의 방 이외에 두어 개의 방을 더 들인다고 하여도 그 속에서 생활할 수 있는 인원은 제한된다. 미혼의 자녀들이 많거나 3대가 한 집에 거주하려고 하면 공간이 충분하지 않은 것이다. 따라서 이런 구조 하에서는 자녀들이 성장하여 혼인을 하게 되면 새로 집을 장만하여 분가를 해야 한다.

이황의 경우가 이런 문제에 직면해 있었다. 이황은 상처를 한 후 첩 및 첩자와 동거하였고, 아들은 처가에 거주하였다. 아들은 처가살이의 어려움을 호소하며 친가(親家)로 돌아오기를 바랐지만 이황은 아들 부부를 받아들일 만한 주거 공간이 없었다. 결국 임시방편으로 국법의 금지를 무릅쓰고 단양관아로 아들 내외를 맞이하려고 하였다.[33]

그 후 이황은 새 집을 지었다. 하지만 아들 내외와 동거하지는 않았다. 손자들이 장성하여 혼인을 하면 여전히 공간이 부족하다는 것이 그

---

33 李滉,『陶山全書』 4, 退溪學研究院, 1988, 259쪽,「答寯」(1546). "汝無所歸贅寓艱窘云 每見汝書輒數日不樂 (…중략…) 吾嘗知贅居之難 亦窮之勢使然也 父窮而子窮何足怪 乎 吾下去凡事面言之 大抵吾若從仕則祿非甚薄當率汝來但自今仕宦之心益少如之 何.";같은 책, 229쪽,「寄寀」(1548). "國典郡守衙率奴婢幷五口 而成雙子息亦在禁例 今吾之奴婢已六七口 過於法典 汝婦若更多率 則尤不可也 初來率四五口 留率二口 餘 皆還遣事 預知敎之 爲可 若紡績之事則 衙婢不少 何必冒禁而多家婢也 若必欲違我意 則寧不來也."

이유였다. 그리하여 자신은 첩과 동거하고 아들은 새 집을 지어 분가시켰다. 여기에는 천첩(賤妾)인 서모가 적자녀들과 동거하며 가사를 주관하기 어렵다는 문제도 개입되어 있었다.[34] 그 후 이황은 손자의 혼인에 대비하여 다시 주택을 신축하고자 하였다. 그 결과를 반영하여 이황 손자녀의 분재기에는 상계종가(上溪宗家), 토계종가(土溪舊家舍), 동암가사(東巖家舍), 영천가사(榮川家舍) 등 4채의 주택이 등장한다.[35] 이외에도 이황은 첩자(妾子)를 위해 또다른 주택을 신축하도록 유언하였다.[36]

분가를 하는 경우에도 자녀의 거처는 세거지 내에서 부모의 주택 근처에 마련되었다. 따라서 다른 집에 살기는 하였으나 자녀는 부모의 주변에서 집안의 농업 경영이나 가사 운영에 지속적으로 참여하였다.[37] 이처럼 장자가 부모와 별거하며 가사를 돌보는 양상은 16세기 중반 이황 가나 17세기 초 곽주(郭澍) 가의 사례에서 확인된다. 곽주는 현풍 논공에 거주하였으나 현풍 소례에 있는 부친의 집에서 지내는 시간이 많았으며, 아내와는 편지를 주고받으며 집안일을 처리하였다.[38] 이 시기 가족의 주거 양태는 동거보다는 가계(家計)를 공유한다는 데에서 그 특징을 찾을 수 있다.

물론 분가를 할 때 반드시 남편쪽의 세거지를 따르는 것은 아니었

---

34 위의 책, 125쪽, 「答寯」. "東家移寓事父子異罷本非美事 但汝兒輩長成婚嫁無容身處 勢不得不至於此 且古人父子雖不異財亦不可混處 故有東宮西宮南宮杏北宮之制 今與 其同處而異財孰如別處而猶不失同財之意乎 來年不當移則今冬移寓似無妨耳."; 같은 책, 126쪽, 「答寯」. "東家移寓十一日定也 吾平生多險釁汝兩母無恙時吾未成家計及家 事臨欲草創之際 兩母皆不待 良人亦逝不得已以此人幹家事 乃一時權宜非立家垂後之 善道也 況兒輩漸長婚嫁等事 豈可每以權宜幹家而爲之 此人不自安欲求別處 亦勢之 然也 其間凡事汝須隨宜善處不知爲人所羞可也."
35 이수건 편, 앞의 책, 340쪽, 「金涌妻李氏男妹和會文記」(1611).
36 李滉, 앞의 책, 315쪽, 「遺戒」.
37 박현순, 「16세기 士大夫家의 親族秩序」, 『한국사연구』 107, 1999, 86~88쪽.
38 백두현, 『현풍곽씨언간주해』, 태학사, 2003.

다. 16세기에는 여전히 처변에 정착하는 경우도 많았다. 이황 집안의 경우 조카인 종손(宗孫)과 차종손(次宗孫)이 각기 처변에 정착하여 가묘를 모신 종가는 오히려 비어 있는 상태였다.[39] 성종 6년(1475) 권개(權玠)가 사위 하원(河源)의 안동 정착을 위해 집을 별급한 사례도 보인다.[40] 하지만 이런 경우도 젊은 부부가 부모의 주변에 거주하기는 마찬가지였다.

이상 사족층의 주택 규모를 보면 종가의 경우 80여 칸에 이르는 경우도 있었지만 일반 주거 주택은 40~50칸인 경우가 많았다. 이 규모는 3대 이상을 수용하기에는 부족하였기 때문에 자녀들이 혼인하거나 손자녀들이 성장하면 자연스럽게 분가(分家)가 진행되었다. 그 결과 자녀들이 부모의 주변에 거주하며 부모와 가계를 함께하는 형식의 거주 양상이 전개되었다.

2. 주택 상속의 특징

1) 균분상속과 봉사조 주택의 상속

조선 전기 노비와 전답 상속은 균분상속을 지향하였다. 주택의 상속도 마찬가지였다. 15~16세기 분재기를 보면 많은 경우 서문에서 주택

---

39 박현순, 앞의 글, 1999, 94~96쪽.
40 정구복 외편, 앞의 책, 205쪽, 「權玠許與文記」(1475).

도 균분하였다는 점을 명시하고 있다. 또 전 자녀에게 집이나 집값을 상속한 경우를 통해서도 주택이 균분의 원칙하에 상속되었다는 것을 알 수 있다. 15~16세기 주택 상속이 포함된 분재기 86건 중 23건이 이에 해당한다. 이외에 주택 상속에 대해 전혀 언급하지 않거나 일부 자녀에게만 주택을 상속한 경우에도 실제로는 균분 상속이 이루어졌을 것으로 판단되는 사례들도 있다.

우선 도허여문기에서 주택을 언급하지 않았으나 주택에 대한 분재기를 따로 작성한 경우가 있다. 경주 양동마을 손중돈(孫仲暾) 가의 경우가 이에 해당한다. 손중돈의 처 최씨는 중종 32년(1537) 주택 상속에 관련된 분재기를 별도로 작성하였다.[41] 이를 통해 아들과 손자에게는 집을 두 딸에게는 가사본을 상속하였다.

이와 달리 주택을 별급한 후 도문기(都文記)에서 언급하지 않은 경우도 있다. 선조 22년(1589) 김율(金慄) 처 권씨의 허여문기에는 주택 상속에 대한 언급이 없다.[42] 그런데, 그 직전에 둘째사위 안담수(安聃壽)에게 기와집 한 채를 별급한 문서에서 다른 자녀들에게도 앞서 주택을 별급한 사실을 확인할 수 있다.[43] 즉 권씨는 별급문서로 모든 자녀에게 주택을 상속하고 허여문기에는 그 내용을 싣지 않았던 것이다.

한편 명종 5년(1550) 김연(金緣) 4남매의 화회문기에서는 2남 2녀 중 장녀에게만 가대본(家代本)을 획급하였고, 나머지 3남매의 주택이나 가사본에 대해서는 언급하지 않았다.[44] 그러나 장남 김연이 부친의 주택

---

41 한국정신문화연구원 편, 앞의 책, 1997, 358쪽, 「嘉靖十六年丁酉(1537)正月十五日家翁子女等亦中許與」; 같은 책, 361쪽, 「嘉靖二十七年戊申(1548)正月十九日同生和會文記」.
42 이수건 편, 앞의 책, 186쪽, 「金慄妻權氏許與文記」.
43 위의 책, 439쪽, 「金慄妻權氏別給文記」, "家翁生時家舍乙各各別給爲遣汝矣家舍段未及許與仍于家翁願意導亦瓦家一座三十間代田並以永永許與爲去乎."
44 한국정신문화연구원 편, 앞의 책, 1982, 549쪽, 「分財記」.

을 상속받아 자신의 자녀들에게 물려주었기 때문에 실제로는 상속이 이루어졌다는 것을 알 수 있다. 김연을 비롯한 2남 1녀는 세거지인 오천에 거주하고 장녀만 다른 지역에 거주하였다는 점을 감안하면 2남 1녀는 부모 생전에 주택을 증여받았고, 타지에 살며 주택을 상속받지 못한 장녀에게만 가대본을 획급했다고 보는 것이 순리에 맞을 것이다.

선조 1년(1568) 장만고(張萬古)의 처 박씨가 1남 1녀에게 분재한 문서에서도 딸에게만 가사본을 분급하였다.[45] 하지만 장만고가 부변에서 봉사조로 기와집을 상속받았다는 점에 비추어[46] 분재기에는 누락되어 있지만 그 집이 아들에게 상속되었으리라는 추론이 가능하다.

위의 사례들은 모든 자녀들에게 고르게 주택이나 집값을 상속하였으나 도허여문기에는 그 내용을 기재하지 않은 경우들이다. 이를 통해 분재기에 명시되지 않았더라도 실제로는 균분상속이 이루어진 사례들도 많았다는 것을 알 수 있다. 이중에는 문서가 산실된 경우도 있었을 것이며, 아예 작성하지 않은 경우도 있었을 것이다.

주택은 일상적으로 점유하고 있는 것으로, 토지나 노비에 비하여 소유관계가 분명하고 분쟁의 여지가 적었다. 현전하는 분재기에서 아예 주택 문제를 언급하지 않거나 일부만 언급한 경우가 많은 것도 이런 특성에서 연유한 것으로 보인다. 즉, 권리의 상속자가 비교적 명백하였기 때문에 오히려 문서 작성에 소극적이었다는 것이다.

그러나 분재기를 통해서 균분 여부를 확인하기 어려운 경우들도 많

---

45 「分財記」(1568, 국립중앙도서관 소장. 정긍식, 앞의 글, 부록 국도 10).
46 「分財記」(1551, 국립중앙도서관 소장. 정긍식, 앞의 글, 부록 국도 9). "奉祀段置長同生韓氏亦風病長臥是沙餘良只有女子爲去乙等鎭長奉祀不得已紪如金溝奉祀條瓦家坐代俱及畓等乙後日應得爲在高敵宅良中許與爲遣全州家舍及坐代乙良女矣衿以施行爲去乎."

이 있다. 봉사조 주택만 명기하거나 일부자녀에게만 주택을 상속한 경우 중 일부가 이에 해당된다. 그러나 전체적인 경향으로 보아 주택 상속도 균분을 지향하였다는 점은 확인할 수 있다.

균분상속의 원칙과 상치되는 예외적인 상속이 봉사조 재산의 상속이다. 노비와 재산 상속에서는 봉사자에게 각 상속자가 분급받은 깃득 재산의 1/5을 가급(加給)하도록 하였다. 주택의 경우에도 세종 9년(1427)부터 사당이 있는 입묘가사(立廟家舍)는 봉사자에게 상속하도록 법제화하였다.

분재기에서 봉사조 주택을 봉사자에게 상속케 한 사례는 태조 7년(1398)경 남은(南誾)이 작성한 유서에 처음 보인다. '동부(東部)에 있는 대가(大家)는 사당을 세워 주제자손(主祭子孫)에게 예에 따라 전급(傳給)해야 한다'는 것이 그 내용이다.[47]

그러나 15세기에 주택을 상속한 안동 권이(權頤) 남매의 화회문기(1470경)와 산청 김광려(金光礪) 남매의 화회문기(1480)에서는 봉사조 노비나 전답은 설정되어 있으나 주택을 봉사조로 상속한다는 인식은 나타나지 않는다. 특히 권이 남매의 화회문기에서는 장남에게는 경중가사(京中家舍)를, 2남에게는 세거지의 주택을 분급하여 세거지 주택이 오히려 차자에게 분급된 것을 볼 수 있다. 김광려 남매의 경우도 장남과 장녀에게는 세거지의 인접 주택을 분급하고 차남에게는 경중주택을 분급하여,[48] 아들에게 세거지의 주택을 상속해야 한다는 인식은 없었다.

15세기에는 아직 가묘가 일반화되지 않았기 때문에 입묘가사라는

---

47 정구복 외편, 앞의 책, 167쪽, 「南誾遺書」. "東部伏大家段立祠主祭子孫亦中例當傳給爲乎事是在果."
48 위의 책, 201쪽, 「權頤男妹和會文記」; 같은 책, 215쪽, 「金光礪男妹和會文記」.

관념도 희박하였다. 남은이 사당을 세워 봉사자손에게 집을 상속하게 한 것은 개국공신이라는 특수한 지위에서 비롯된 것이다. 이와 달리 일반 가정의 경우 권이와 김광려 남매처럼 상속인의 거주지나 토지와 노비의 소재 여부를 우선하여 집을 상속했을 가능성이 크다.

세조 13년(1467) 장안량(張安良)은 경중 사환을 이유로 당초 장남에게 상속했던 경가(京家)를 차자 장말손(張末孫)에게 별급하였고, 성종 6년(1475) 권개(權玠)는 사위 하원(河源)의 안동 정착을 위해 집을 별급하였다.[49] 이런 사례들은 주택 상속이 실질적인 거주 여부와 밀접한 관련이 있었다는 것을 보여준다.

이에 비해 16세기 분재기에는 봉사조 주택이 다양한 명칭으로 나타난다. '주사가사(主祠家舍)', '유사당가사(有祠堂家舍)', '사당가사(祠堂家舍)', '봉사가사(奉祀家舍)', '종가(宗家)' 등으로 가묘(家廟)를 세운 주택임을 명시한 경우도 있으나 '합천복재와가(陜川伏在瓦家)'와 같이 소재지로 파악한 경우도 있다.

봉사조 가사의 설정 사례는 중종 10년(1515) 강응정(姜應貞)의 처 김씨가 7남매에게 재산을 분급한 도허여문기에서 장남에게 봉사조로 조상전래의 와가를 상속한 데서 처음 확인된다.[50]

일괄하여 보면 16세기 장자가 상속 대상에 포함된 문서 63건 중 55건에 봉사조 주택이 설정되어 있으며, 봉사위로 명시하지는 않았지만 장자에게만 주택을 상속시킨 경우도 4건이 있다. 즉, 63건의 문서 중 59건의 문서에서 봉사위나 장자의 주택 상속을 명시하여 주택 상속과 제사

---

49 위의 책, 199쪽, 「張安良家舍許與文記」(1467); 같은 책, 205쪽, 「權玠許與文記」(1475).
50 『鄕土硏究』 21, 1997, 15~19쪽, 「分財記」(1515). "三男幼學姜演麟衿 (…중략…) 奉祀條 祖上傳來院代瓦家一坐."

봉행을 연계시키고 있다. 따라서 16세기에는 입묘가사(立廟家舍)를 봉사자가 상속한다는 법제가 현실에서도 관철되고 있었다는 것을 알 수 있다. 이런 경향은 16세기 전반과 후반에도 별 차이가 없으며,[51] 동복의 화회문기와 재주의 허여문기에서도 동일한 양상으로 나타난다.

〈표 8〉16세기 분재기의 봉사조 주택 설정 및 장자의 주택 상속 양상(단위 : 건)

주택상속 상속성격	봉사조 설정	봉사조 미설정			합계
		장자단독상속	장자포함상속	장자제외상속	
동복화회	15		2		17
재주허여	40	4	1	1	46
합계	55	4	3	1	63

그렇다면 봉사조 주택도 토지나 노비 상속과 같이 깃득 외의 가급(加給) 형태로 상속한 것일까? 아니면 균분 상속의 일부였던 것일까?

봉사조라는 관념에 비추어 보면 봉사조 주택 역시 당연히 가급된 것으로 파악하기 쉽다. 그러나 분재기 상의 상속 양태를 보면 가급(加給)인지 균분(均分)인지 파악하기 어려운 경우가 더 많다. 『경국대전』의 봉사조 주택 상속에 관한 조항도 봉사조 주택을 승중자에게 상속하게 한다는 것을 밝히고 있을 뿐 가급하는 것인지는 분명치 않다. 아래에서는 분재기 상에 나타나는 봉사조 주택의 상속 방식을 살펴보도록 하자.

16세기 분재기 중 봉사조 주택이 설정된 경우는 모두 55건을 확인할 수 있었다. 이중에는 봉사자에게만 주택을 상속한 경우가 26건이다. 하지만 전자녀나 봉사자를 포함한 일부자녀에게 주택이나 가사조를 상속한 경우도 29건이나 된다. 즉, 봉사조 주택을 설정하더라도 다른

---

51 16세기 전반에는 14건 모두, 16세기 후반에는 49건 중 44건에 봉사조 주택 상속이나 장자의 단독 상속을 명시하였다. 16세기 전반의 경우 문서 숫자가 적기는 하지만 현전하는 문서를 통해 볼 때 봉사조 주택을 설정하였다는 점에서는 16세기 후반과 동일하다.

자녀에게도 주택을 상속해야 한다는 인식이 있었던 것이다. 그 가운데에는 균분(均分)을 내세운 경우도 있고, 봉사조 주택의 가급(加給)을 명시한 경우도 있다.

〈표 9〉 16세기 봉사조 주택이 설정된 분재기의 주택 상속인

상속성격 \ 주택상속인	봉사자	전자녀	일부자녀	합계
동복화회	7	8		15
재주허여	19	9	12	40
합계	26	17	12	55

먼저 봉사조를 설정하면서 모든 자녀에게 주택을 분급하거나 가사본을 지급하여 균분으로 파악한 경우가 있다. 중종 32년(1537) 손중돈의 처 최씨가 1남 2녀에게 주택을 상속하면서 아들에게 사당주택을 주고 두 딸에게는 가사본을 분급한 것이 그 예이다.[52] 즉, 봉사조를 설정하기는 하였으나 다른 자녀에게는 그에 상응하는 보상을 지급한 것이다. 봉사조 주택은 피상속인이 예정되어 있으나 재산가치로서는 균분의 대상에 포함되었던 것이다.

반면 주택 자체는 균분 상속하면서 봉사자에게 별도로 보상을 한 경우가 있다. 중종 28년(1533) 이훈(李壎)이 2남 1녀에게 집을 상속한 경우다. 이훈은 모든 자녀에게 주택을 상속하면서 장남에게 사당가사만 상속하게 하는 것은 편치 않다는 이유로 특별히 논 열일곱 마지기를 별급하였다.[53] 이훈은 봉사조 주택도 균분에 포함시켰으나 별도의 보상

---

52 한국정신문화연구원 편, 앞의 책, 1997, 358쪽, 「分財記 5」.
53 한국정신문화연구원 편, 『고문서집성』 41, 한국정신문화연구원, 1999, 482쪽, 「分財記」(1533). "長子段 (…중략…) 他餘子息置各得家舍爲去乙等有祠堂家舍叱分傳係未便乙○ (…중략…) ○榮川畓十七斗落只別給 (…중략…) 次子必于家舍傳得爲良置女子傳得家舍果新故大小不同乙仍于榮川田因腹西可田壹石落只伊火余田四斗落只及瓦壹釜哲金代田等庫別給."

을 통해 봉사조의 의미를 살리고자 한 것이다.

선조 12년(1579) 충순위 장윤종(蔣胤宗)의 처 김씨는 1남 3녀에게 주택을 상속하면서 아예 봉사조 주택을 가급(加給)의 형태로 상속하였다. 세 딸에게는 집이나 가사본을 주었는데, 장남에게는 봉사조 주택 외에 '예가본(例家本)'이라고 하여 별도의 주택을 상속한 것이다. 전답이나 노비 상속과 마찬가지로 주택도 모든 자녀에게 균분 상속하되 봉사조 주택은 가급의 형태를 취한 것이 그 특징이다.[54]

대부분의 분재기는 봉사조 가사를 균분에 포함하였는지 여부를 명확히 명시하고 있지 않다. 하지만 봉사조 주택 외에 별도의 주택을 가급한 경우는 별로 없다. 모든 자녀에게 한 채씩의 집을 상속하였다는 점에서 보면 봉사조 주택이 가급되는 것이 아니었다는 점은 분명하다.

하지만 실제 규모면에서 보면 봉사조 주택은 여타 주택에 비하여 규모가 컸다는 점이 주목된다. 한 예로 안동 유곡 권씨가의 사례를 보면 봉사조 주택은 80칸에 이르지만 여타 주택은 50칸, 45칸이며, 박계조가의 경우에도 장자는 70칸, 그 외는 50칸의 주택을 상속하였다. 규모면에서 보면 봉사조 주택 상속은 균분 상속의 예외에 해당하는 것이다. 즉, 봉사조 주택은 가급하지는 않았으나 봉사자에게 우선상속권이 있고 규모가 크다는 점에서 균분상속에서 벗어나 있었다.

그렇다면 봉사조 주택의 상속은 제사 상속과는 어떤 관계에 있는 것일까?

16세기 후반 서울에 거주한 신영(申瑛, 1499~1559)의 자녀들은 부친의 사후 김포에 있는 집을 봉사조로 삼는 대신 봉사자가 사명일(四名日) 묘제 배설과 성묘 자손 및 노자의 접대를 전담하게 하였다.[55] 봉사조로

---

54 위의 책, 493쪽, 「分財記」(1579).

주택을 상속하는 대신 사명일 묘제를 봉행하게 한다는 것이다. 그러나 이처럼 봉사조 주택의 상속을 특정한 임무와 연결시킨 것은 다소 예외적인 사례로 다른 분재기에서는 그 예가 보이지 않는다.

봉사조 주택을 설정한 분재기에는 봉사조 전답이나 노비도 함께 설정하는 것이 일반적이었다. 봉사조 재산은 기제(忌祭)나 사명일(四名日) 묘제(墓祭)를 봉행하기 위한 것으로 그 용도가 명시되어 있는 경우도 있다. 따라서 봉사조 주택의 상속과 제사 상속이 반드시 일치하는 것이 아니라는 것을 알 수 있다.

당초 승중자가 봉사조 주택을 상속케한 법의는 사당(祠堂)을 건립하게 하여 종법(宗法)을 수립하고 유교적 의례를 보급하려는 것이었다. 16세기 봉사조 주택의 확대도 가묘(家廟)의 보급과 궤를 같이 하는 것이었다. 여기에는 적장자가 가묘를 통해 가계를 계승한다는 종법의식이 반영되어 있다.

하지만 가묘의 설립과 봉사조 주택의 상속이 적장자 단독봉사를 의미하는 것은 아니었다. 사당을 세운 집이 바로 이웃에 있더라도 그 집에서 기제(忌祭)를 지내지 않고 딴 집에서 지방(紙榜)을 써서 제사를 지낸다고 하는 것이 바로 이런 경우다.[56] 17세기 전반 예안 오천 광산김씨(光山金氏)의 경우 종가(宗家)에서 기제를 설행하였지만 제물(祭物)은 여러 자녀들이 윤회하며 마련하였다. 적장자가 제사를 주관한다는 점에서는 종법을 따랐지만 제물은 여러 자녀들이 돌아가며 준비하는 윤회봉사의 관행을 따랐던 것이다.[57] 이처럼 봉사조 주택의 상속자와 제

---

55 「嘉靖四十五年丙寅七月初柒日同生和會成文」(서울대 소장), "一金浦瓦家乙良各別和議奉祀衿良中載錄爲在果 四名日奠設乙專委此家爲乎矣 同生子孫及各宅奴子等乙良置 拜墓事以下去時 專委依接無弊行祭 永世依議使內事."

56 『중종실록』 권29, 중종 12년 8월 7일 경술.

물 마련자가 나뉘어진 사례를 통해 봉사조 주택의 상속과 적장자 단독 봉사는 별개의 문제였다는 것을 재차 확인할 수 있다.

이러한 경우는 봉사조 재산을 설정한 경우에도 나타난다. 권지(權祉) 처의 허여문기를 보면 부모의 제위전답을 마련하였지만 제사는 여전히 윤회(輪回)하게 하였다.[58] 즉, 봉사조 재산의 마련은 제물을 안정적으로 마련하여 제사가 지속될 수 있도록 하기 위한 것이지 반드시 특정인을 봉사자로 지정한다는 의미는 아니었다.[59]

그렇다면 봉사조 주택의 상속은 어떤 의미를 지니는 것일까?

봉사조 주택은 곧 가묘(家廟)가 설치된 주택으로 입묘 주택의 승계는 가묘를 통한 가계의 승계를 의미한다. 이는 매년 4중삭에 지내는 사시제(四時祭)와 초하루와 보름에 지내는 삭망제(朔望祭) 등 가묘에서 지내는 제사의 봉행을 수반한다. 이 중 사시제는 『주자가례』의 종법(宗法) 실천에서 가장 중요한 의미를 지내는 제사로 16세기 후반에 특히 강조되었다. 이런 분위기 속에서 선조 14년(1581) 안동 천전리 의성김씨(義城金氏)들은 종가에 사시제를 위한 봉사위답(奉祀位畓)을 따로 마련해 주기도 하였다. 기제나 묘제가 오랜 관행 속에 윤행된 것과 달리 가묘의 제사는 오로지 입묘주택을 상속한 승중자만이 지낼 수 있는 제사였다.[60] 16세기 봉사조 주택을 상속한 승중자들의 가장 큰 의무는 바로 이와 같은 가묘 제사를 봉행하는 것이었다.

16세기에는 봉사조 재산이 늘어나는 양상을 보이기는 하지만 여전

---

57 박현순, 앞의 글, 1999, 92쪽.
58 이수건 편, 앞의 책, 172쪽, 「權祉妻鄭氏許與文記」(1579), "祭位田畓各別抽出後錄爲 去乎 後孫等以所收之穀 輪回祭祀永世勿替爲乎矣."
59 이에 대해 제사의 지속을 바라는 부모는 봉사자를 지정하는 경향이 있었다. 정긍식, 앞의 글, 1996, 148~149쪽.
60 박현순, 앞의 글, 1999, 94~96쪽.

히 제사를 부모에 대한 사후봉양으로 인식하는 경향이 강하였으며, 제
사 승계를 가계 계승으로 보는 인식은 미약하였다.[61] 하지만 가묘 제사
의 경우는 달랐다. 가묘 제사는 종법에 기초한 제사로 주제자(主祭者)
가 가계를 계승한다는 의미를 지닌다. 가묘 제사를 수반하는 봉사조
주택의 상속 역시 동일한 의미를 지니는 것이었다.

2) 주택 상속의 우선 순위

주택 상속은 균분 상속을 지향하여 모든 자녀에게 주택이나 가사본
을 상속한 경우도 있으나 일부 자녀에게만 상속한 경우도 있다. 이 경
우 누구에게 우선적으로 주택을 상속하느냐 하는 문제가 대두된다. 또
모든 자녀에게 주택이나 가사본을 상속할 때에도 누구에게 주택을 주
고 누구에게 가사본을 지급할 것인지 문제가 된다. 아래에서는 모든
자녀에게 주택을 장만해 줄 수 없는 경우 어떻게 상속의 우선 순위가
매겨졌는지 살펴보도록 하자.

각 자녀의 주택 상속 상황은 부모의 주택 보유 좌수(坐數)나 자녀의
거주지, 농장의 소재지, 배우자나 양부모변의 상속 등 현실적인 상황
과 재주(財主)의 의지 등에 영향을 받았다. 이런 양상은 중종 32년(1537)
경주손씨가의 사례를 통해 보다 구체적으로 살펴 볼 수 있다.

손중돈 부부는 1남 2녀를 두고 있었으며, 주택은 양좌동 소재 사당
이 있는 주택 1채와 경중가사(京中家舍) 1채 등 2채를 소유하고 있었다.
손중돈의 사후 처 화순최씨는 남편이 사당주택은 봉사자손에게, 경중
주택은 전성자손(傳姓子孫)에게 상속하도록 유언했다는 명분을 내세워

---

61 정긍식, 앞의 글, 1996, 152~154쪽.

사당주택은 아들에게, 경중주택은 둘째 손자에게 상속시켰다. 당시 아들은 이미 사망한 상태였기 때문에 실제로는 첫째 손자와 둘째 손자에게 상속한 셈이다. 반면 두 딸에게는 다른 집이 없다는 이유로 가사본을 나누어 주었다. 손중돈 부부는 봉사조 주택은 승중자손이 상속하는 것을 전제한 위에 전성자손(傳姓子孫), 곧 친손(親孫)을 다음 순위에 두었고, 딸들을 마지막 순위에 두었다.

15~16세기 분재기 중 손중돈 부부처럼 모든 자녀에게 주택이나 가사본을 상속한 문서는 23건이다. 이중 15건은 서얼을 제외한 모든 자녀에게 주택을 상속하였고, 나머지 8건은 일부 자녀에게는 주택을, 나머지에게는 가사본을 분급하였다. 이 8건의 문서에서 주택 상속자와 가사본 상속자를 나누어 정리해보면 아래 〈표 10〉과 같다.

〈표 10〉 주택 상속과 가사본 상속의 비교 : 전자녀가 주택·가사본을 상속한 경우

순서	상속 성격	연도	상속자	주택상속	가사본 상속
1	권이(權邇) 남매 화회	1470년경	2남 3녀	2남 1녀	2녀
2	손중돈(孫仲敦) 처 최씨 허여	1537	1남 2녀	1남	2녀
3	정공징(鄭公徵) 남매 화회	1552	5남 2녀	4남 2녀	1남
4	모 장윤종(蔣胤宗) 처 허여	1579	1남 3녀	1남 2녀	1녀
5	정무인(鄭武仁) 남매 화회	1579	1남 3녀	1남	3녀
6	유경렴(柳景濂) 부부 허여	1583	2남 1녀	2남	1녀
7	김몽령(金夢岭) 남매 화회	1598	2남 1녀	2남	1녀
8	부(父) 사용(司勇) 김(金) 허여	연도미상	1남 3녀	1남 2녀	1녀

이를 보면 가사본을 상속한 경우는 명종 7년(1552) 정공징 남매의 한 사례를 제외하면 모두 딸이었다. 반면 주택을 상속한 경우는 모두 아들이 포함되어 있으며, 아들에게만 주택을 상속한 경우도 4건이나 된다. 즉, 모든 자녀에게 실물 주택을 상속할 수 없는 경우 딸보다는 아들에게 우선적으로 주택을 상속하였던 것이다.[62] 이와 같은 양상은 동복

화회(同腹和會)나 재주허여(財主許與)를 불문하고 동일하게 나타난다.

15~16세기 동복화회문기·재주허여문기 중 일부 자녀에게만 주택이나 가사본, 가대를 분급한 문서는 49건이다. 이중 28건은 봉사자, 5건은 장자(長子)의 주택 상속만 언급하였다. 따라서 일부 자녀에게 주택을 상속하는 경우는 봉사자와 장자의 주택 상속이 가장 우선시되었다고 보아도 무방할 것이다.

나머지 16건에는 여러 자녀들이 함께 주택 혹은 가사본을 상속하였다. 이들 문서 외에 별도의 증여가 있었는지는 불분명하다. 하지만 그 가운데서도 뚜렷한 경향성이 나타난다는 점이 흥미롭다.

가장 두드러지는 점은 우선 빠짐없이 봉사조 주택이 설정되어 있다는 점이다. 16건 중 11건에 봉사조 주택이 설정되어 있으며, 봉사조가 명시되지 않은 경우에도 장남은 모두 주택을 상속받았다. 장남이 주택을 상속받지 못한 사례는 장만고(張萬古) 가의 사례가 있으나 이 경우는 장자가 분재기에 명시되지 않은 봉사조 주택을 별도로 상속한 경우다. 따라서 장자가 상속 대상에 포함된 경우에는 봉사조의 명시 여부를 불문하고 모두 장자에게 주택을 상속하였던 것으로 파악된다. 즉, 승중자인 장자의 주택 상속은 당연한 것으로 전제되어 있었다.

승중자나 장자 다음으로 주택을 상속한 경우는 적자녀(嫡子女)만 놓고 보면 모두 아들이다. 딸들만 주택을 상속한 경우는 무자(無子)한 경우가 유일하다. 첩자녀의 경우에도 첩자만이 주택을 상속하였으며, 첩

---

62 정공징 남매는 차남에게 가대본을 상속하였는데, 이는 차남이 적자녀가 없었기 때문에 그 모친이 상속재산을 半減하도록 한 특수한 경우였다. 영남대학교민족문화연구소 편, 『영남고문서집성』 2, 영남대 출판부, 1992, 87쪽, 「和會文記」(1552). "司僕敎是嫡無子女爲有去乙等田民等乙他子息一例以分衿不當爲昆後次汝徒等田民分衿時減半分給亦有敎乙仍于."

〈표 11〉 주택 상속과 가사본 상속의 비교 : 일부자녀에게만 상속한 경우

순서	재주	연도	상속자	봉사조 주택	주택 상속자	가사본 상속자	가대 상속자	상속 제외자	비고
1	전 진안현감 장(張)	1536	미상	미상	첩, 미상	미상	미상	미상	결락
2	박계조(朴繼祖) 처 유씨(柳氏)	1525~1556	1녀 4남	○	4남				1녀분 결락
3	권의(權檥)	1549	7남 1녀	○	3남		4남	1녀	
4	김숭년(金嵩年) 처 손씨(孫氏)	1556	3남	○	2남			1남*	*고모 시양자
5	이굉(李肱) 처 이씨(李氏)	1557	1자 2첩자 1첩녀 양첩	○	1자, 1첩자, 양첩			1첩자 1첩녀	
6	안변교수 최(崔)	1563	4녀 및 첩자	×	말녀			3녀 및 첩자	
7	장만고(張萬古) 처 박씨(朴氏)	1568	1남 1녀	○		1녀		1남*	*봉사조 주택 상속
8	모(母) 강씨(康氏)	1570	8남 1녀	○	2남			6남 1녀	
9	전습독(前習讀) 안(安)	1575	4남 2녀	○	1남		2남	미상	결락
10	이대윤(李大胤) 남매	1577	2남 1녀	×	2남			1녀	
11	권지(權趾) 처 정씨(鄭氏)	1579	2남 1녀	○	2남	1남		1녀	
12	이완(李完) 부부	1580	4남 2녀	○	4남			2녀	
13	전참봉(前叅奉) 강주신(姜周臣)	1581	1녀 2남 1첩자	×	2남, 1첩자			1녀	
14	안경로(安景老)	1589	2남 2녀	○	1남		1남	2녀	
15	권동미(權東美) 처 유씨(柳氏)	1592	4남 1녀	○	2남	1녀		1남*	*백부 계후자
16	형조좌랑 박희수(朴希壽)	1596	2남 1녀 1첩자 4첩녀	○	2남, 1첩자			1녀 4첩녀	

녀의 상속을 명시한 경우는 없다. 즉 주택 상속에서는 적자녀와 첩자녀를 불문하고 모두 아들이 우선되었다. 반대로 주택상속에서 제외된 경우는 대부분이 딸이었다.

아들이 주택 상속에서 제외된 경우는 4건이 있다. 이중 장만고 처의 허여는 앞서 언급한 것처럼 아들이 별도의 봉사조 주택을 상속한 경우

다. 또 김숭년 처 손씨의 허여(1556)와 권동미 처 유씨의 허여(1592)에는 각기 차남이 주택 상속에서 제외되었는데, 두사람의 경우 양부모 변에서 주택을 상속받은 것으로 확인된다. 즉, 김숭년의 차남 김유(金維)는 고모인 신용계(申用啓) 처의 시양자가 되어 전재산을 상속하였을 뿐 아니라[63] 비슷한 시기 처가로부터 고령 소재 와가 50칸을 상속받았다.[64] 그 자녀들의 화회문기에는 봉사조 주택과 고령소재 와가가 함께 등장하여 김유가 2채의 집을 상속하여 소유하고 있었다는 것을 알 수 있다.[65] 한편 권동미의 차자 권래(權來)는 백부 권동보(權東輔)의 양자가 되어 백부변의 재산을 상속받았는데, 그가 남긴 자산 중에는 와가 86칸이 포함되어 있다.[66] 즉, 이들이 주택을 상속받지 못한 것은 다른 곳에서 주택을 상속받았기 때문이다.

나머지 강씨(康氏)의 경우 8남 1녀 중 장남과 차남에게만 주택을 상속하였는데, 그 연유는 알 수 없다. 하지만 이상의 검토를 통해 딸보다는 아들에게 주택을 상속하는 것을 선호하였고, 아들에게는 가능하면 집을 마련하여 주려고 하였다는 것을 알 수 있다. 물론 주택을 상속하고도 분재기에 기록하지 않은 경우도 있기 때문에 이를 단언하기는 어렵다. 그러나 전체적인 경향으로 볼 때 딸이 후순위로서 주택상속에서 배제되는 경향은 뚜렷이 나타난다.

한편 가사본(家舍本)이나 가대(家垈)를 지급한 경우를 보면 사례가 많

---

63 영남대학교민족문화연구소 편, 『영남고문서집성』 1, 영남대 출판부, 1992, 68쪽, 「衿給文記」(1544). "女子直長申用啓妻亦無子息爲去乎汝矣內外邊衿得田民家財及私賣得田民幷亦子崇年仲子維乙汝亦已曾作侍養子爲有昆無遺都給爲乎矣."

64 위의 책, 73쪽, 「許與文記」(1560년경). "長女壻○○維衿 瓦家五十間一坐."

65 위의 책, 87쪽, 「衿給文記」(1598). "金夢岭衿 (…중략…) 奉祀位瓦家一坐代田四十卜 (…중략…) 金錫岭衿 (…중략…) 高靈伏瓦谷員瓦家一坐垈田五十卜二束."

66 이수건 편, 앞의 책, 215쪽, 「權來妻李氏許與文記」(1621).

지는 않으나 딸은 가사본, 아들은 가대가 우세하다는 점도 주목된다.

가사본을 지급하는 경우는 실제 주택 구입 목적이라기보다는 보상으로서의 성격이 강하다. 가령 권동미의 처 유씨는 사위 이영도(李詠道)에게 가사본을 지급하였는데, 이영도는 선조 19년(1586) 거주지인 예안에서 부변의 주택을 상속받았기 때문에 굳이 따로 주택을 구입할 필요가 없었다.[67]

반면 가대는 집을 짓고 거주할 것을 예상한 상속이다. 즉, 아들에게 가대 상속을 우선하는 데에는 아들이 그 곳에 집을 짓고 거주하리라는 예측이 담겨있다.

이상 여러 자녀에게 주택을 상속한 사례를 보면 사당이 있는 종가는 법제와 같이 봉사자손에게 전급하는 것이 당연시되었으며, 주택은 딸보다는 아들에게 상속하는 경향이 있었다. 또 가사조를 상속하는 경우에도 아들에게는 가대를, 딸에게는 가사본을 상속하는 경향이 강했다. 즉, 주택 상속에서는 균분 상속을 하더라도 봉사자와 아들에게 실물 주택을 상속하는 것을 선호하였다.

주택의 상속은 자녀의 거주지와 밀접한 관련이 있었다. 따라서 봉사자와 아들의 주택 상속이 우선시된 양상은 이시기에 이미 봉사자는 물론 아들의 부변 정착을 선호하는 분위기가 형성되어 있었다는 것을 보여준다.

---

67 위의 책, 340쪽, 「金涌妻李氏男妹和會文記」(1611), "次府使李詠道衿 (…중략…) 東岩家舍一坐 代田壹石伍斗落只 (…중략…) 合三石三斗落只 代田條."

맺음말

주택은 일상생활의 공간이자 가족을 재생산하는 매개로 인류의 역사에서 늘 상속의 대상이 되었다. 다만 시기와 문화에 따라 주택을 소유하고 상속하는 양상은 달랐다.

조선 전기 재산상속은 자녀균분을 지향하였으나 주택은 현실적으로 균분하여 상속하기 어렵다는 문제가 있었다. 본고에서는 재산 상속 문서인 분재기를 통해 15~16세기 사족층의 주택 소유 양상과 주택 상속의 우선 순위에 대해 살펴보았다.

조선 전기 재산상속은 부모 사후에 한꺼번에 시행하기도 하였으나 부모 생전에 별급의 형태로 시행하거나 여러 차례로 나누어 일부 자산을 증여하는 형태로 시행하기도 하였다. 따라서 그 결과를 반영한 분재기에도 자산의 일부만을 수록한 경우가 많다. 특히 주택은 상속에 반드시 포함되는 재산이었지만 현전하는 분재기 가운데에는 주택 상속에 대해 언급하지 않은 경우도 많다. 따라서 분재기를 통해 전체 주택 소유 양상이나 상속의 전모를 파악하기는 어렵다. 하지만 이를 통해 주택 소유와 상속에서 나타나는 최소한의 경향성은 확인할 수 있다. 본고에서는 특히 아래와 같은 특징에 주목하였다.

우선 15~16세기 사족층에서는 두 채 이상의 주택을 소유한 경우가 많았다. 주택의 취득 경위를 보면 부부가 각기 부모나 양부모 등으로부터 여러 채의 주택을 상속받기도 하였고, 본인이 직접 새로운 주택을 건축하거나 매입하기도 하였다. 이 주택들은 일상적인 거주 외에 농장 경영, 자녀의 분가, 첩이나 첩자녀의 거주, 상경 종사나 수학 등에 이용되었다.

주택의 규모는 개인의 재력에 따라 차이가 있지만 적자녀에게 상속된 주거용 주택은 40~50칸의 규모가 보다 많이 나타난다. 이 규모는 안채에 많아야 3~4개의 방을 들일 수 있는 구조로 3대 이상의 가족이 동거하기에는 부족하였다. 따라서 자녀들은 혼인을 하면 부모 주변에 따로 주택을 마련하여 분가하였다. 그러나 자녀들은 부모 주변에 거주하였으며 부모와 경제단위로 묶여 있었다.

주택을 상속할 때에는 균분 상속을 지향하기는 하였으나 실물 주택의 상속에는 우선 순위를 두었다. 가묘를 건립한 주택은 봉사조 주택으로 설정하여 봉사자에게 상속하는 것이 원칙이었다. 가묘가 일반화되지 않은 15세기에는 이 원칙의 수행 여부가 분명하게 드러나지 않으나 16세기에는 입묘가사의 승중자 상속이 일반화되었다. 비록 기제(忌祭)나 묘제(墓祭)와 같은 제사는 윤회봉사하였으나 봉사자는 가묘 주택을 계승하고 가묘 제사를 봉행함으로써 종법(宗法)에 기초한 가계 계승자로서의 역할을 수행하였다.

그 외 자녀에 대한 주택 상속은 노비나 전답 상속과 마찬가지로 균분상속을 지향하였다. 하지만 실물 주택의 상속에서는 아들을 우선하였으며, 주택 대신에 가사조(家舍條)나 가대(家垈)를 분급하는 경우 아들은 가대, 딸은 가사조를 분급하는 경향이 있었다. 곧, 주택 상속에서는 아들을 우선하는 경향이 뚜렷하였다. 이것은 부모가 아들의 부변 정착을 선호하였다는 것을 보여준다.

조선 전기에는 균분 상속이 일반적이었고, 혼인 후에 처변에 정착하거나 모변에 정착하는 경우도 많았다. 지금까지의 연구에서는 이런 경향에 특히 주목하였다. 이는 신혼부부의 부변(夫邊) 정착이 일반화된 조선 후기와 대비되는 관행이기 때문이다. 그러나 동시에 이 시기를 통해 전국 각지에서 특정 성씨의 세거지가 형성되었다는 점도 간과해서는 안 된다. 균분상속과 자녀의 타지 이주가 광범위하게 진행되는 가운데서도 부계 중심의 세거지가 형성된 것은 부모들이 장자·아들의 부변 거주를 선호하여 이들에게 우선적으로 주택을 상속한 것과 밀접한 관련이 있었다고 하겠다.

전근대 일본의 대(對) 러시아 전략과 임진왜란

김시덕

머리말

17세기 중기 이후, 아이누·일본·러시아의 3개 집단은 에조치(蝦夷地) 즉 홋카이도·사할린·쿠릴열도의 지배를 둘러싼 장기간의 저강도 분쟁을 전개하였다. 일본측이 독도, 조어도와 함께 쿠릴열도 남단의 4개 도서에 대한 영유권을 주장하는 데에서도 알 수 있듯이(이른바 쿠릴열도 분쟁), 일본사의 맥락에서 보자면 이 분쟁은 현재진행형이다. 근세 일본에서는 이 장기 분쟁을 테마로 한 다수의 문헌이 작성되었는데, 그 가운데 1806~1807년에 러시아군과 도호쿠 제번(諸藩) 연합 수군이 쿠릴열도 남부의 이투루프(일본어로는 에토로후) 섬에서 군사적으로 충돌한 사건을 다룬『북해이담(北海異談)』이라는 제목의 사본 소설이 존재한다. 역사적으로는 소규모의 단기적인 충돌이었던 이 사건이,『북해이담』에서는 1년에 걸친 대규모의 전쟁으로 그려지고 있을 뿐 아니라, 러시아와 연합한 조선이 임진왜란의 복수를 꾀한다고 주장되기도 한다.

에조치 문제가 사회적으로 공공연히 언급되는 것을 금지한 막부의 정책에 따라『북해이담』의 제작·유포와 관련된 인물들은 극형에 처해졌다. 이는 이 문헌이 막부의 심기를 건드릴 만큼 예민한 군사적, 정치적 테마를 다루고 있음을 뜻한다. 일본과 러시아군 사이의 대규모 해전이라는 가상의 전쟁을 서술하기 위하여,『북해이담』의 작성자는 실제로 에토로후 섬에서 발생한 분쟁을 언급한 다수의 정치적 문헌 및 전쟁사적으로 저명한 여러 역사적 사건들을 끌어오고 있다. 이 가운데에서도 주목되는 것이 임진왜란이라는 전사(前史)와 임진왜란을 테마로 한 근세 일본의 문헌들의 이용이다.『북해이담』에서는 도쿠가와 막부측이 일본과 러시아 간의 충돌에 대비한 전략을 세우기 위한 핵심적인 전사(前史)로서 전근대 일본이 겪은 최대 규모의 대외 전쟁인 임진왜란을 분석한다. 18세기 후반에는 러시아의 남진에 대응하여 다수의 해방론(海防論) 문헌이 집필되었다.『북해이담』은 러시아와 일본 간의 가상의 전쟁을 서술하며 임진왜란에 대한 전쟁사적 검토 결과를 적용하여, 장차 다가올 대외 전쟁의 교훈으로 삼으려했다는 점에서 주목되는 문헌이다. 이 글에서는 이상의 문제점에 주목하여『북해이담』을 분석한다.

1.『북해이담』에 대하여

우선,『북해이담』의 내용을 개괄한다.

1806~1807년 사이에 러시아 선박이 사할린, 에토로후 섬 등의 에조치를
습격한 이른바 분카년도 러시아 외구 사건[文化魯寇事件]은 북방에서 러시
아와의 알력이 현실화된 점 등에서 일본 국내에 심각한 대외적 위기감을
불러일으켰다. 이 분쟁은 군사적 대치에 대비해야 했던 막부 및 다이묘 등
의 지배층 뿐 아니라 서민 계층에 이르기까지 강한 충격을 주어 이목을 집
중시켰다. 이 사건의 열기가 아직 식지 않은 1808년 7월, 필사본으로 대본
소를 통하여 유통되고 있던『북해이담』이 오사카 마치부교[大坂町奉行]에
의해 적발되었다.『북해이담』은 이 사건을 주요 제재로 하여 불경하게도
막부 고관의 실명을 적고 허위사항까지 사실처럼 적었다고 하여, 저자 난
호테이 에이스케[南豊亭永助]는 처형당하였다. 또한 에이스케에게 북방정
보를 모아 제공한 고샤쿠시 히데히로[秀弘]는 섬으로 유배되었고,『북해이
담』를 취급한 대본소[貸本屋] 4인도 오사카 산고[大坂三鄕]에서 추방당하
였다.[1]

위 인용문의 설명과 같이『북해이담』의 관련자들은 근세 일본 출판
사상 특기할만한 혹독한 처벌을 받았다. 에도 시대에 출판과 관련되어
관련자가 처형당한 사건으로는 바바 분코(馬場文耕, 1718?~1758)의 사례

---

1   松本英治,「北方問題の緊迫と貸本『北海異談』の筆禍」,『洋學史研究』15, 1998.4, 19~
     20쪽.

가 유명하다. 바바 분코는 당시 막부가 심리를 진행중이던 정치적 문제인 가나모리 소동(金森騷動)[2]을 강석(講釋)하다가 검열에 걸려 처형당하였다[3]. 『북해이담』의 경우에 주목되는 사실은, 『북해이담』이 간행본이 아닌 필사본으로 작성되어 대본소에서 유통되던 실록체 소설(實錄體小說) 장르에 속하는 문헌이었음에도 불구하고 처벌당하였다는 점이다. 근세 일본의 문예 장르명인 '실록체소설'은 일명 「실록」이라고 하며, 이 장르에 속하는 문헌들이 실제 있었던 사건을 다룬다는 것을 뜻한다. 중세의 전국시대(戰國時代) 및 에도 시대의 정치사 또는 복수담을 공공연히 상연하거나 출판하는 것을 금한 막부의 법령을 피해, 근세 일본의 저자들은 이들 테마를 장편의 필사본으로 집필하여 대본소에서 유통시켰다. 이렇게 하면, 필사본을 소지하거나 유통시키는 과정에서 막부의 검열관을 만나더라도 "개인적인 비망록"이라는 변명이 가능했다. 실록체 소설에서는 주로 정치적 사건을 주제로 하여 주요 인물을 실명으로 등장시킨다. 이들 문헌에서 다루는 사건은 도요토미 정권에서 도쿠가와 정권으로의 교체나 근세 다이묘 가문들의 상속분쟁과 같은 것으로, 막부는 "거듭된 금령, 특히 1722년 11월의 금령"을 통해 이들 정치적 내용을 일반인이 취급하는 것을 금지하였다[4]. 반대로, 이들 사건을 다룬 문헌이 필사본으로 유통되는 한 막부는 대체로 눈감아주는 입장을 지녔기 때문에, 이러한 테마를 다룬 문헌은 "대부분이 필사본으로 전파 확산되었으며 간행되지 않았다." 실록체소설은 근세

---

2 1765년에 군조 하치만 번(郡上八幡藩)에서 발생한 영토 분쟁으로 인해 번주 가나모리(金森) 가문이 폐절된 사건.
3 延廣眞治, 「馬場文耕」, 『日本古典文學大辭典』, 岩波書店, 1983.
4 1722년(享保 7) 11월의 금령 가운데 제3조 및 제5조가 이에 해당한다(高柳眞三・石井良助, 『御觸書寛保集成』(제4쇄), 岩波書店, 1989, 993~994쪽).

후기에 "교토, 오사카에서 유행한, '에혼[繪本]'이라는 단어를 타이틀에 내걸고 종래의 책에 삽화를 넣어 요미혼[讀本]으로 만든 간행물에는 약간 채용되"[5]는 사례도 있었지만, 도요토미 히데요시와 오다 노부나가의 일대기를 다룬 실록체 소설을 저본(底本)으로 하여 간행한『에혼 다이코기[繪本太閣記]』와『에혼 신초키[繪本信長記]』가 간행 직후에 절판되었다가 에도 말기에 다시 간행이 허가되는 등, 막부는 실록체 소설이 간행될 경우에는 엄격한 검열 정책을 적용하였다[6].

그런데, 정치적 강연을 하다 처형된 바바 분코의 배후에 당대의 정치적 사건에 대한 기록을 수집하는 그룹이 상정되는 것[7]과 마찬가지로, 『북해이담』의 집필에 이용된 정보 역시 북방 정보를 작성·공유하던 당시의 지적(知的) 네트워크[8]를 통하여 입수되었다. 캄차카반도, 쿠릴열도 등에 대한 러시아의 남하가 막부 측에 인지된 18세기 중기 이후, 일본에서는 이른바 '북방문헌 붐'[9]이 일어났다. 이에 따라『북해이담』의 성립 이전에 이미 일본에는 방대한 에조치 관련 문헌이 존재하였다. 이들 문헌은 대부분 필사본으로 작성되었으며, 검열의 대상이 되지 않았다. 후술하는 센다이번[仙台藩]의 하야시 시헤이(林志平, 1738~1793)가 집필한 해방론 저작『해국병담(海國兵談)』의 경우, 에조치 관련

---

5 이상, 실록 관련 인용 사항은 中村幸彦, 「實錄」, 『日本古典文學大辭典』, 岩波書店, 1983에 의거하였다.
6 실록체소설과 검열의 관계에 대하여는 高橋圭一, 『實錄研究 : 筋を通す文學』, 淸文堂, 2002; 菊池庸介, 『近世實錄の硏究-成長と展開』, 汲古書院, 2008; 김시덕, 『異國征伐戰記の世界-韓半島・琉球列島・蝦夷地』, 笠間書院, 2010 등의 연구가 있다.
7 今田洋三, 『江戶の禁書』, 吉川弘文館, 2007, 49쪽.
8 藤田覺, 「近世後期の情報と政治 : 文化年間日露紛爭を素材として」, 『東京大學日本史學硏究室紀要』4, 東京大學大學院人文社會系硏究科文學部日本史學硏究室, 2000.3 참조.
9 寺澤一 外, 『北方未公開古文書集成』3, 叢文社, 1978, 8쪽.

정보를 출판하려 했기 때문에 검열에 걸려서 저자가 처벌받고 판본은 몰수되었다.[10] 『북해이담』의 경우에 검열에 걸린 것은, 에도 막부에서 유출된 정보를 이용하여 마치 양국간에 대규모 전쟁이 있었던 것처럼 허구적 기술을 하였고, 더욱이 이를 간행하려 하였기 때문이었다.[11] 당시 이 사건에 대해서는 다수의 사람들이 짧고 긴 기록을 남기고 있으며, 그 가운데에는 『북해이담』의 내용과 유사한 것들도 있었다. 이러한 내용을 실록체 소설이라는 형식으로 집필하여 시중에 유통시키려 했고 그 결과 검열의 대상이 되었다는 것이 『북해이담』의 독특한 점이다. 한편, 에조치 및 러시아 문제를 다룬 『북해이담』과 같은 문헌에 대한 검열은 근세 일본의 저자들에게 실제 본보기로 작용한 것으로 보인다. 근세 일본의 최장편 역사소설인 『진세쓰 유미하리즈키[椿說弓張月]』(1807~1811년 간행)와 『난소 사토미 핫켄덴[南總里見八犬伝]』(1814~1842년 간행)을 집필한 소설가 교쿠테이 바킨(曲亭馬琴, 1767~1848)의 경우에도, 1789년 5월에 홋카이도 동부와 쿠릴열도에 걸쳐 아이누인이 봉기한 메나시 구나시리 사건(メナシ・クナシリ事件)에 대해 비망록을 작성하였지만, 막부의 검열을 의식하여 이를 소설화시키지 않았다.[12]

---

10 이후, 『해국병담』은 목판이 아닌 목활자로 대량 인쇄되어 유통되었다. 근세 일본에서 목활자본은 필사본과 마찬가지로 "극히 개인적인 메모(中野三敏, 『江戸の板本』, 岩波書店, 2010, 41쪽)"로 취급되어 검열 대상에서 제외되었기 때문이다.

11 松本英治, 앞의 책, 1998; 高橋圭一, 앞의 책, 2002, 259~282쪽 등.

12 홋카이도 대학 북방자료실에는 『풍문 이야기[風聞語]』라는 바킨의 자필본이 소장되어 있다(旧記 0535 自筆本 10丁 28.5cm). 北海道大學付屬図書館, 『日本北辺關係旧記目録(北海道・樺太・千島・ロシア)』, 北海道大學付屬図書館, 1990, 255쪽에 따르면 이 문헌은 메시나・구나시리 사건에 관한 초기의 풍문을 재료로 한 미완의 창작이다. "寬政元年酉八月寫蓑笠漁者瀧澤解控"라는 바킨의 필사기와 "曲亭主人自筆控本乞得於輪池藏"라는 야시로 히로타카[屋代弘賢]의 필사기가 남아있어서 문헌 성립 사정을 추측케 한다. 高倉新一郎, 「瀧澤馬琴翁と蝦夷」, 『高倉新一郎著作集 2 北海道史』 2, 北海道出版企畫センター, 1995에서는 이 문헌에 대한 상세한 검토가 이루어져 있다.

다음으로, 『북해이담』의 전체 내용을 개괄한다. 『북해이담』은 크게 세 부분으로 나뉜다. 우선, 1792년(寬政 4)에 아담 락스만(Адам Кириллович Лаксман, 1766~1806?)이 러시아로 표류한 이세(伊勢) 지역의 선장 다이코쿠야 고다유(大黑屋光太夫, 1751~1828) 일행을 호송하여 홋카이도 네무로[根室]에 내항하여 통상을 요구하였으나 허가받지 못하고 귀국한다(권1~권7). 그 후, 니콜라이 레자노프(Николай Петрович Резанов, 1764~1807)가 도호쿠 센다이[仙台]의 표류민 쓰다유(津太夫, 1744~1814) 일행을 호송하여 규슈 나가사키에 내항하였다. 그는 1793년에 받은 신패(信牌)를 지침하여 통상을 요구하였으나 또다시 거절당하고 귀항한다(권8~권10). 이에 원한을 품은 러시아 측은 1806년 9월부터 1807년 5월 사이에 사할린과 에토로후 섬의 일본군을 습격하였다. 이에 대한 보고를 받은 막부는 도호쿠 오우[奧羽] 지역의 다이묘들을 동원하기로 결정하고, 특히 센다이번에 출정을 간청한다. 뒤이어 쿠릴열도 남부의 에토로후 및 홋카이도 남부의 마쓰마에[松前] 먼 바다에서 난부[南部] 및 쓰가루[津輕] 번의 해군이 러시아군과 싸웠으나 패퇴한다. 이에, 막부의 중견 관리인 와카도시요리[若年寄] 직을 맡고 있던 홋타 셋쓰노카미[堀田攝津守]의 지휘를 받는 센다이번 등 오우 지역 번들의 군대가 에조치에 집결하여 러시아와의 전쟁을 시작한다. 1807년 4~5월 사이에 여러 차례의 해전이 전개되고, 센다이번의 가타쿠라 쇼주로[片倉小十郎] 등의 무사들의 활약 및 행운에 힘입어 일본측이 승리를 거둔다(권11~권20).[13] 이처럼 『북해이담』은, 표류민과 관련되어 비교적 역사적 사실과 일치하는 전반부(권1~10)와 에토로후 섬 전투를 과장하여 서술한 후반부(권11~20)로 나뉜다.

---

13 이상, 高橋圭一, 앞의 책, 2002, 264~266쪽을 요약.

2. 다가올 러시아와의 전쟁에 대비한 임진왜란의 전쟁 사적 재검토

그런데, 락스만이 다이코쿠야 고다유를 귀국시킨 사건과 레자노프가 쓰다유를 귀국시킨 사건 사이에는 독특한 기사가 실려 있다(권6). 고다유의 귀국을 전후한 시점에 나가사키 데지마(出島)의 네덜란드 상관(商館)이 막부 측에 비밀 정보를 전달하였기 때문에, 이미 정해져 있던 조선 통신사의 방일을 연기시켰다는 것이다. 네덜란드 측이 전한 정보는, 유럽을 모두 정복한 러시아가 금은과 쌀이 풍부한 일본을 노리고 있으며, 조선왕국이 파견하는 통신사 속에 스파이를 섞어서 일본의 인문 지리 정보를 입수하려 한다는 내용이었다. 『북해이담』의 저자는 모종의 루트를 통해 이러한 이야기를 전해들었을 것으로 추정된다. 그리하여, 네덜란드 측의 첩보가 하야시 시헤이가 집필한 해방론 저작 『해국병담』에 실린 내용과 일치했기 때문에, 막부는 이를 진실이라 받아들였다는 것이다. 『해국병담』에는 러시아 등의 외국에 맞서 해양 방어를 강화하자는 논설이 담겨 있으며, 1791년에 간행되었으나 고위 관료가 아닌 자가 국가의 안보를 논하는 것을 금한 막부의 검열에 걸려 절판되고, 하야시 시헤이는 칩거를 명받았다. 이 절판 사건은 에조치 및 러시아 문제를 일반인이 언급하는데 대해 막부측이 얼마나 민감하게 반응하였는지를 보여주는 사례로서 유명하다. 락스만이 일본의 표류민을 데리고 일본에 내항한 것은 이 책이 출판된 다음 해였다. 1841년에 그가 사면되면서 이 책에 대한 절판 처분도 풀렸다. "해국병담은 우리나라의 해방서(海防書) 가운데 가장 인구에 회자되었으며, 상시 대외 국방을 논한 저작들의 선구로서 사람들의 마음에 가장 큰 영향을 준 문헌"[14]이라는 설명과 같이『해국병담』은 근세 후기 일본의 해방론에 큰 영향을 주었으며,『북해이담』에서도『해국병담』이라는 타이틀을 제시하며 그 논설을 계승한 대목이 곳곳에서 확인된다.

이하, 조선 측이 파견할 통신사 속에 러시아의 스파이가 섞여 있으리라는 루머를 싣고 있는「조선인의 내조가 연기되다. 비밀한 일을 논평하다」라는 제목의 기사를 몇 부분으로 잘라 검토한다. 인용 저본은 도쿄대학본(4책, 1835년 필사)이며, 국회도서관본(5책), 교토대학 오노야 소하치본[大惣本] 2종(그중 하나는 1818년 이후 필사), 홋카이도대학본(4책)을 참고하였다. 이들 사본은 조사(助詞, てにをは)를 포함하여 거의 모든 문장이 동일하다. 이는 이 문헌이 집필된 직후에 저자 및 출판인이 처벌된 결과, 사본의 유포 범위 및 방법이 극히 제한되었기 때문으로 생각된다.[15]

무릇 우리나라에 조선인이 내조한 것은 예전 진구코고[神功皇后]가 삼한을 정벌하시어 그들이 우리나라에 조공한 이래였으나, 그 후 일본에서 병란(兵亂)이 계속되었기 때문에 그들은 어느새 조공을 게을리 하였다. 그러던 차에 중고(中古) 시기에 도요토미 히데요시 공이 무덕(武德)으로 천하를 복속시키셨는데, "겨우 60여 주를 복속시켰다고 해도 신기한 일이 아니다. 이제부터 조선과 대명을 공격하고 제후에게 나라를 나누어 주겠다"라고

14　住田正一,『日本海防史料叢書』2, クレス出版, 1932~1933년 간행, 1989년 복각, 해제1쪽.

15　오타니 여자대학[大谷女子大學]의 다카하시 게이이치[高橋圭一] 선생님은『북해이담』의 다양한 이본을 포함한 방대한 정보를 제공해 주셨다. 이 자리를 빌어 감사의 뜻을 표한다.

생각하시어, 우선 "조선은 진구코고 이래로 우리 일본의 속국인데 근래에 조공을 게을리 한 것은 무례한 일이다. 그러나 내가 지금 대명을 치려고 하니, 조선이 나의 선봉군이 된다면 이를 용서하겠다. 만약 그렇게 하지 않는다면 즉시 대군으로 이를 벌할 것이다"라고 말씀하심에 따라, 그쪽에서 1590년과 1591년에 두 번의 사절을 보내어 "명을 치는 군대에 합류하라는 것은 봐주십시오. 조선과 일본이 화친하자는 것은 받아들이겠습니다"라고 아뢰었는데, 그 뜻을 전하는 서한의 문장이 무례하다고 하여 1592년에 일본은 맹위를 일으켜 정벌하기에 이르렀다. 조선이 중재가 되어 일단 화의가 성립되었으나, 화의가 깨지자 다시 대군을 파병하여 다수의 전투가 전개되어 아직 승부가 결정되지 않은 1598년 8월 18일에 다이코[太閤] 도요토미 히데요시께서 타계하셨다.

이에 따라, 도쿠가와 이에야스 공이 천하를 보좌하시니, 무덕이 히데요시 공을 능가하셨다. 우선 조선으로 파병한 부대를 이유 불문하고 철수시키시고는, 일본에 대한 항복의 뜻으로 부산포[釜山海]에 일본의 관청을 설치하고 쓰시마의 소씨(宗氏)를 조선 슈고[朝鮮守護]로 삼아 각종 업무를 담당하게 하셨다. 그리하여 쇼군의 대가 바뀔 때마다 빠짐없이 3명의 조선 관리가 내조하여 간토로 예배를 오고 조공을 바치게 되었다. 이번에도 쇼군의 대가 바뀌셨으므로, 조선측은 이를 축하하기 위해 3~4년 안에 오겠다고 연락해왔다. 그런데 이즈음 일본은 매우 곤궁하여 다이묘들이 모두 곤란한 상황이었을 뿐 아니라, 교토와 금리(禁裏)에서 화재가 잇따랐기 때문에 막부가 할 일이 많았다. 백성들의 곤궁함도 염려하시어 쇼군은 통신사를 3년간 연기하도록 명하신바, 조선측도 이에 수긍하였다. 그런데 3년이 지나도 여전히 곤궁하였기 때문에 3년을 더 연기하도록 명한바, 이번에도 수긍한다는 답신이 왔다.[16]

이른바 진구코고의 삼한 정벌 이래로 일본에 조공을 바쳐온 한반도의 국가들이, 일본의 전국시대를 틈타 조공을 게을리 하였기 때문에 도요토미 히데요시가 이를 정벌했다는 식의 서술은 임진왜란 및 통신사를 다루는 근세 일본의 문헌에서 자주 보인다. 예를 들어, 1705년에 간행된 통속군기(通俗軍記)[17] 『조선군기대전(朝鮮軍記大全)』에서는, 조선과 명을 치고 황제가 되겠다는 히데요시의 선언을 들은 가토 기요마사(加藤清正)가,

옛날에 진구코고가 삼한을 정벌하신 이래 조선은 우리나라의 개와 같다

---

16 "抑我朝江朝鮮人來朝之儀は(、)往古神功皇后三韓を征罰有しより我朝江獻貢を持來しかとも(、)其後日本數々兵亂續し故いつとなく朝貢怠し也(、)然所中古豊臣秀吉公武德ヲ以て天下を伏さしむといへとも(、)纔に六十余州を切從へたりと云共奇とするにたらす(、)此上は朝鮮大明迄も攻從へ諸侯に國を分ち給わんと思ひ立玉ひ(、)先朝鮮は皇后以來我日本國の屬國まて貢を怠し事無祀也(、)併我今大明を攻んとす(、)朝鮮は我手先なり(、)味方するにおゐては是を免し(、)其儀なきに於ては忽大軍を以て攻罰せんと仰遣されけれは(、)彼方よりも天正十八年同十九年と使節兩度迄來り(、)明朝攻御味方之儀御免可被下(、)朝鮮日本江和親之儀は承知仕候段申來し也(、)其口上書翰の文言不祀なりとて猶御手切有(、)文祿元年日本猛威を起し御征伐に及ひける(、)然ル所朝鮮よりあつかいとなり一たん和談と成しより(、)又々和儀破れ再ひ大軍を遣され數々闘戰に及ひ(、)未夕勝負つかさりしに慶長三年八月十八日太閤御他界あり(、)依之德川內大臣家康公天下に補佐し御武德秀吉公に增り玉ひ(、)先朝鮮の人數を事ゆへなく引上ケ玉ひ(、)其上日本江降伏の示しとて釜山海に日本の役所をしつらい宗對馬守を以て朝鮮守護諸向取次役として差置れける(、)御代之御繼目には三宦來朝して關東江拜祀を遂ゲ獻貢の品々捧る事退轉なし(、)然は此度迚も將軍御代替りの御賀儀として(、)將軍宣下よりも三年四年目に來るへきはづなれは(、)則例之通參るへき旨伺ひ來りける所(、)此節日本殊の外困究にて大小名皆勝手不如意にて難儀之節(、)其上引續ひて京都より之大火禁裏炎上にて公儀にもほとんと御事多く下々の困窮旁を思召(、)三ケ年延引仰出され候所朝鮮にも御尤と承知なり(、)然ル所三年過てもいまた困窮に付今三年と被仰遣此儀も承知仕候段申來りぬ"(『북해이담』 권6, 「朝鮮人來朝延引之事」).

17 한자와 가타카나를 섞은 딱딱한 문체의 군담 장르로, 중국과 일본의 역대 전쟁사를 주된 테마로 삼았다. 임진왜란을 테마로 한 통속군기로는 『조선군기대전』과 『조선태평기(朝鮮太平記)』가 있다.

고 정하시어, 우리나라의 명령에 따라 조공을 게을리하지 않고 바쳐야 하는데, 근년 들어 그 법도를 상실하였으니 괘씸합니다. 더욱이, 보내신 서한에 대한 답신까지 지연되고 있으니 그 죄는 용서하기 어렵습니다. (『조선군기대전』 권1)[18]

라고 발언하는 대목이 보인다. 그리고, 18세기 후기의 강담(講談)[19] 대본 『조선정벌군기강(朝鮮征伐軍記講)』에서는 철군을 앞둔 가토 기요마사가,

다이코 히데요시님이 타계하셔서 일단 귀국하지만, 히데요리님이 계시니, 너희들이 일본에 복종하지 않는다면 다시 와서 나의 무용(武勇)을 보여줄 것이다. 게이초[慶長] 3년 3월 10일 가토 기요마사. (『조선정벌군기강』 권25)[20]

라는 방문(榜文)을 붙이고,

---

18 "偖其昔神功皇后ノ三韓攻ヲハシマスヨリ。朝鮮ハ我國ノ犬同前ノ定ニシテ。此方ヘノ下知ニ付ル。貢物ヲモ怠リナク年々持參ノ筈ナルニ。其サヘ近代ハ其沙汰ヲ取失ヒ。ニツクヒ仕形ニ候。アマツサヘ御尋ノ趣キノ。御返事マデ遲々ニ及ブ事。其咎宥免ナサレ難キ事。無論ノ義ニテ候也"(『북해이담』 권6, 「秀吉公朝鮮征伐思立事」). 국립중앙도서관 소장본.
19 18세기 이후 오사카, 에도 등에서 유행한 구술 예능. 오늘날 흔히 행해지는 라쿠고[落語]와는 달리 중국과 일본의 전쟁사가 주된 테마였다. 특히 근현대에는 호전적인 내용의 강담이 많이 행해졌다. 이 때문에 1945년의 일본 패전 이후에 일본에 진주한 미군정(GHQ)은 이를 금지시켰고, 그 결과 강담은 오늘날 쇠퇴하였다.
20 "太閤依他界一先歸國(。)幼君座者(、)汝等於不從日本者(、)再來而可見武勇者也(。)慶長三年十月加藤淸正"(『조선정벌군기강』 권25, 「就太閤薨去諸將引取評議の事 附加藤淸正救小西歸事」). 구로카와손 공민관(黑川村公民館) 소장본.

134 ● 조선 기록문화의 역사와 구조 2

이번에 일본에서 대왕이 바뀌셨기 때문에 일단 귀국하지만, 다시 대군을 이끌고 대명까지 짓밟고자 한다. 그러나 일반적으로 대왕이 바뀔 때에는 대규모 사면을 하는 법이므로, 인의의 마음으로 (너희들의) 바램대로 화평을 맺겠다. 그러나 조선이 일본의 휘하에 들어와 오랫동안 배반하지 않는다는 뜻으로 조공을 바치고, 왕 대신에 한 명, 여러 신하를 대표하여 한 명, 나라 전체를 대표하여 한 명, 총 3명을 사신을 일본에 보낸다면 이로써 정벌을 면하게 할 것이다. (『조선정벌군기강』 권26)[21]

라고 하여 통신사의 형식과 파견 인원까지 상세하게 지정하였다고 주장한다. 통신사에 대한 일본측의 시각이 노골적으로 드러나는 대목이다. 어쨌든, 『북해이담』에서는, 이번에도 쇼군이 바뀌었기 때문에 통신사가 와야 하는데, 막부는 여러 곤란한 사정을 들어 이를 연기시켰다고 설명한 다음, 막부가 통신사를 연기시킨 진짜 이유는 따로 있었다고 서술한다.

그 무렵, 홍모(紅毛)의 카피탄(カビタン)[22]이 비밀히 나가사키 부교쇼長崎御奉行所)[23]에 전한 바가 있었다. "근년에 러시아인의 세력이 왕성해져

---

21 "此度日本の大王御代替りに付一旦歸朝をなすといへとも(、)又もや大軍を催ふし^(ママ)押よせ(、)大明まても踏潰さんとおもへとも(、)總して御代替りには非常の大赦行わるゝ事なれは(、)仁心を以望みとふり和平をすべし(。)去なから朝鮮日本の幕下にそくし永く相背くましの事を以て貢をきゝけ(、)王の代り壹人(、)群臣のかわり一人(、)總國の代として壹人(、)合て三使を日本へわたしなは(、)それを以て征伐をゆるすべし"(『조선정벌군기강』 권26, 「加藤淸正謀略を以て明兵を碎事 附り朝鮮人來朝の由來の事」). 구로카와손 공민관(黑川村公民館) 소장본.

22 나가사키의 네덜란드 상관장을 일컫는 일본어 호칭. 영어의 캡틴(captain)과 어원이 같은 포르투갈어의 카피타웅(capitão)에서 유래했으며 한자로는 甲比丹이라 쓴다.

23 나가사키를 관할하던 막부 직속의 고위 관리 및 산하 조직.

서 유럽[歐羅巴] 각국을 모두 정복하였는데, 러시아는 일본에 곡식이 풍부하다는 것을 오래전부터 부러워하였습니다. 러시아가 일본과 통신 교역하려는 뜻은 곧 일본을 넘보는데 있습니다. 조선이 관리를 일본에 보내려는 것은, 사절단 속에 러시아인이 섞여 내조하여 에도까지의 경로 및 요새, 사람들의 성향을 살피려는 것이 아닌가 의심됩니다. 우리들은 예로부터 일본의 은혜를 입은 바가 큽니다. 은혜를 입은 나라에 대하여 신의를 잃는 것을 두려워하여 러시아를 꺼리지 않고 아뢰는 바입니다"라 하였다.

이 이야기를 들은 나가사키 부교는 크게 놀라 즉시 간토에 보고하였다. 이에 막부 측은 우선 홍모인을 매우 칭송하고, 앞으로도 수상한 일이 있으면 아뢰도록 명하였다. 이로부터 홍모인은 때때로 일본에 내밀히 정보를 전하였다. 홍모인은 현재 러시아의 속국이 되어 그 명령을 받지만, 이는 그 세력에 적대하기 어렵기 때문이다. 한편 일본은 예로부터 그들의 큰 단골이어서 일본에서 이익을 얻은 바가 적지 않았기 때문에 일본에 충절을 다한 것이다. 한편으로 생각하면, 홍모인은 일본 교역의 큰 단골로서 외국의 진기한 물건과 약품, 각종 천을 가져온다. 그런데, 러시아 상인의 교역품도 대체로 홍모인이 가져오는 물건과 같다. 근년에 러시아가 일본에 교역을 희망한지 오래되었다. 만약에 러시아의 교역이 허가되면 홍모는 크게 곤란해지기 때문에 러시아를 참언하는 것일지도 모른다. 막부에서도 홍모의 보고가 사실인지에 대해 회의가 열렸다. "전년에도 부젠[豊前·시마志州] 및 북해의 먼 바다에 정박하고 잠시 일본을 엿보는 배들이 있었다. 게다가 『해국병담』에 적혀있는 바와도 부합하니, 방심하기 어려운 일이다"라고 하여, 조선인의 내조를 또다시 연기하는 명령을 내리셨다.[24]

---

24 "其節紅毛カビタン密に長崎御奉行所江御内意申上たる事有(、)是はヲロシヤ人近
    年勢ひ盛んにて歐羅巴の諸國州悉く切従へしに(、)日本は米穀の澤山成ル事を羨

홍모 즉 네덜란드를 포함한 유럽 각국을 정복한 러시아가, 이번에는 곡식이 풍부한 일본을 노리고 조선의 통신사 속에 스파이를 섞어 보내어 일본을 정탐하려 한다는 보고가 네덜란드 상관장으로부터 있었다는 것이다. 그리고, 그 보고가 최근 일본 연해의 불온한 정세 및 『해국병담』의 내용과 일치하였기 때문에 통신사의 방일을 연기시켰다는 것이다. 이어지는 내용에서는 조선측의 정황이 그려진다.

조선에서는 홍모가 보고한 대로 러시아가 꼬드긴 일이 있었지만 그 제안을 쉽게 받아들이지 않고 비밀히 대청(大淸)에 보고한바, "일본과의 신의를 깨면 안된다. 러시아와 원수지게 되면 대청이 후방에서 지원해주겠다"라는 명령이 내려왔다. 이에 따라 쓰시마 번주를 통하여 "최근 러시아인이 우리나라를 꼬드겼지만 이에 응하지 않았습니다. 청조(淸朝)로부터의 지시는 이러하니 의심하지 마시기 바랍니다"라고 일본측에 아뢰었다. 하지

事久し(、)尤ヲロシヤよりは日本を伺ふ事數々也(、)然共ヲロシヤと通信交易をなす事其謀必日本を伺ふにあり(、)右朝鮮より宦使日本に渡らは(、)其中に紛れ來りて來朝し道中の要害江戸の城地陸の里數物の剛臆賢愚を斗り見んとなす事あり哉と不審なる所有り(、)我等事昔日日本の恩儀を蒙る所少なからす(、)此事申上すんは恩國に信を失ふにあらんと存憚りをかへり見す申上る也といひぬ(、)長崎奉行大に驚き早速關東江申遣し(、)先紅毛人には念頃に御称美猶もあやしき事あらは可申上段關東より仰渡されたり(、)依之紅毛人折々内通の事有し也(、)紅毛今はヲロシヤの屬國として下知を用ゆるなれとも其勢ひに敵し難き故也(、)又日本は昔より交易の大旦那に而大切の得意なり(、)年々日本にて利を得る事少なからす(、)依て日本江は實に忠節を盡す也(、)倂爰に相考ふへき一事有(、)右紅毛は日本交易の旦那場にて外國の奇物藥種或は反もの種々の品を大方紅毛人持來る(、)然ルにヲロシヤの商人交易の品も大概紅毛人持來る品々に替る事なし(、)近年ヲロシヤ日本江交易を望む事久し(、)若ヲロシヤの交易御免に於ては紅毛は甚迷惑なり(、)是等の含有故にヲロシヤを讒言する事もあらんか何レにも心よからす(、)扨又公儀にても御内評有之所(、)何樣紅毛の注進實なるや(、)先年も豊前の沖合又は志州の沖合其他北海の沖合抔に船をかけ暫日本を伺ふ事あり(、)其上海國兵談に書し事抔符合する事有れは彼は油斷なり難しとて朝鮮人の來朝弥延引之旨被仰付たり"
(『북해이담』권6, 「朝鮮人來朝延引之事」 계속).

만 이러한 연락이 홍모가 보고하기 전에 있었다면 조선의 신의를 알고 만족하셨겠지만, 그렇지 않았기 때문에 "그렇다면 쓰시마까지 와서 그곳에서 막부 관리와 국서를 교환하라"고 명하셨다. 그런데 그 나라에서는 이 명에 따르지 않고 "옛부터 에도까지 찾아가 예를 드렸으니, 선례대로 에도로 찾아뵙고자 합니다. 만약 그렇지 않다면 쓰시마에 가서 예를 드리는 것도 면제해주시기 바랍니다"라고 하였다.[25]

러시아는 조선 측을 압박했으나 청조의 후원을 받은 조선은 이 제안을 거절했다는 것인데, 막부는 네덜란드 상관의 보고보다 늦게 이 사실을 밝힌 조선측을 불신하여 에도로 오지 말라고 제안했다는 것이다. 이에 조선은, 에도로 가지 못하면 쓰시마로도 가지 않겠다고 주장한다. 『북해이담』에서 전개되는 이러한 정황은 1654년과 58년에 청과 조선의 연합군이 러시아군과 충돌한 「나선정벌(羅禪征伐)」을 연상케 하지만, 필자는 이 전쟁에 대한 정보가 일본측에 전해졌다는 문헌 증거를 아직 확인하지 못하였다. 한편, 고로닌 사건이 있던 1811년에 제12회 통신사가 이른바 역지빙례(易地聘禮)로 쓰시마를 방문하였으니, 1808년에 관련자가 처벌된 『북해이담』에 보이는 막부의 위와 같은 주장은 미래를

---

25 "爰に朝鮮にては紅毛の申通りいかにもヲロシヤよりかたろふ事あり(、)然とも容易にはしたかわす此儀密に大淸の朝江相伺し所下知狀來り(、)日本と信儀を破る事然るべからす(、)ヲロシヤ仇する事あらは大淸より後詰有べきよし申來りける(、)依之日本江對州侯を以て申上けるは(、)近頃ヲロシヤ人我國をかたろふ事有りといへとも是に応し候はず(、)尤淸朝より之下知斯の如し(、)御疑ひ有間敷段申越しぬ(、)然れ共此儀紅毛注進不申上前ならは朝鮮の信儀を知り御滿足にも思召べし(、)左らは對州迄參り彼地におゐて御名代被遣礼答可有之なりと被仰出し也(、)然ル所彼國にては此儀に隨わす(、)前々より江戸江參向仕候而拜礼を遂る事故何分先例之通大江戸江參向致し度段(、)夫共此儀不相叶候はゝ對州迄參候事も御免被成度よし申越たり"(『북해이담』권6, 「朝鮮人來朝延引之事」계속).

예견하였다고 할 수 있을지도 모르겠다. 어쨌든, 조선이 이와 같이 강경하게 나온데 대하여, 저자는 다음과 같이 논평한다.

평하여 말하기를, 조선인이 쓰시마에 보낸 서한에, "옛날에 도요토미 히데요시 공이 조선을 공격했을 때에는 조선이 쇠퇴하였을 때로, 조선도 저절로 무도(武道)를 게을리하여 방심하던 차였다. 일본은 오닌[応仁][26] 이래 백여 년의 난리를 치르면서 다이묘에서 병졸에 이르기까지 난국(亂國)을 살면서 늘 창, 칼, 활, 말을 가까이 하던 때였으니, 양국간에는 치란(治亂)의 차이가 있었다. 지금 조선이 태평하다고 해도 오로지 무예를 연마하고 있으며 청조의 법도도 엄격하니 무예의 수준이 예전과는 다릅니다"라고 적혀 있었으니, 지금은 일본을 두려워하지 않는다고 언명하는 것이나 마찬가지의 내용이었다.[27]

즉, 임진왜란 때에는 양국간의 무력에 차이가 있었지만, 지금은 일본에 밀리지 않는 무력을 보유하였을 뿐 아니라 청국의 후원도 있다고 조선측이 주장했다는 것이다. 『북해이담』에서는 이러한 조선측의 강경한 자세를 서술하며, 러시아와 조선이 일본열도의 동쪽과 서쪽에서 협공할 가능성에 대비하는 규슈 다이묘들의 대책을 묘사한다.

---

[26] 1467~1477년 사이에 발생한 오닌의 난[応仁の亂]을 가리킨다. 10여 년에 걸쳐 일본을 양분한 이 전쟁의 끝에 일본은 전국시대로 돌입한다.

[27] "評曰(、)朝鮮人對州江の書翰に(、)昔豊臣秀吉公朝鮮を切從へし時は朝鮮の衰へし時にて(、)朝鮮もおのづから武道怠り油断の所也(、)日本は応仁年中より以來百余年の亂にて諸大名諸卒に到るまて亂國に生れて常に鎗刀弓馬を以て遊ふ折柄にて治亂の差別有(、)今朝鮮太平なりといへとも專ら武道を煉らす(、)其上当時清朝の法度嚴しければ武道に於ては昔とは異なる事ありなん(、)何となく今にては日本を恐れすなとゝいわぬ斗りの文言となん"(『북해이담』권6, 「朝鮮人來朝延引之事」계속).

중고(中古) 시기에 도요토미 히데요시 공이 그 나라를 쳤을 때 그 나라의 지리와 인구도 모두 파악하였다. 조선의 병사는 30만을 넘지 않을 것이다. 그 가운데 자국을 지킬 부대로 적어도 절반은 남길 것이니, 일본을 공격할 부대는 15만을 넘지 않을 것이다. (…중략…) 그렇다면 규슈에 17~18만 명의 병사가 있는 셈이다. 이로써 조선군 20만 명에 맞서면 무엇이 두렵겠는가. 장군의 현명함과 어리석음, 병사들의 용감함과 두려워함이 있을 뿐이다. 또한, 일찍이 유약한 조선국이었으니 최근에 무예를 닦았다고 해도 그 수준은 뻔하다. (권10 「서국 제후들에 전쟁 준비의 지시가 내려지다」)[28]

락스만과 레자노프의 방일을 즈음한 일본측의 대비 상황을 묘사한 『북해이담』 권6 「조선인의 내조가 연기되다. 비밀한 일을 논평하다」는, 『북해이담』의 저자가 러시아와의 전쟁이라는 이국 정벌 전기(異國征伐戰記)를 집필하면서 임진왜란이라는 전사(前史)를 상기하고 통신사라는 당대사의 사건을 창작 소재로 이용한 명확한 사례이다. 『북해이담』에서는 유사시의 대외 전쟁을 위해 오사카에 전쟁물자가 비축된 모습이 "오사카 성안에는 조선 정벌 이래 무기가 대량으로 비축되어 있었으며 특히 오즈쓰(大筒), 이시비야(石火矢) 등의 각종 대포가 많이 있었다"[29](권10)라고 묘사되기도 한다.

---

28 "中古豊臣秀吉公彼國を討し時地理人數も悉く知れたり(、)朝鮮の兵數三十万ならではなし(、)其內國の固メ何角に半分殘し拾五万ならではなし(、)若ヲロシヤ後詰するとも東南北の內江來るべし(、)是首尾を討の謀也(、)是又ヲロシヤ東國江來る便り宜シ(、)西國來るには不便也(、)然らは朝鮮一手の勢十五万か廿万もあらん(中略)九州にて十七八万の兵數有へし(、)是を以て朝鮮の廿万にあたらん事何の恐かあらん(、)只此上は將の賢愚と諸士の剛臆にあり(、)此儀も兼而柔弱の朝鮮なれは近年武道を磨けとも尺のしれたる事也"(『북해이담』 권10, 「西國諸侯江武備御下知之事」).

29 "大坂御城中には朝鮮攻罰以來之御武器夥數(、)事に大筒石火矢夥數有り"(『북해이담』 권10, 「大坂御城內武器之事」).

3. 러시아와의 전쟁을 서술하기 위한 임진왜란 관련 문헌의 직접 인용

한편, 『북해이담』에서는 직접적으로 임진왜란 문헌군과의 관련성이 추정되는 부분도 확인된다. 임진왜란 문헌군이란 17세기 초기에서 19세기 말기에 걸쳐서 일본에서 임진왜란을 테마로 하여 집필된 문헌의 총칭이다. 임진왜란은 에도 시대가 시작되기 직전에 발생한 대규모 대외전쟁으로서, 에도 시대의 일본인들에게 깊은 인상을 남겼다. 이에 따라 임진왜란에 관한 다수의 문서와 문헌이 집필되었을 뿐 아니라, 근세 일본이 수행한 여러 대외 전쟁에 관한 기록과 담론 형성에도 깊은 영향을 미쳤다. 이에 대하여는 졸저에서 지적한 바 있기 때문에 인용한다.

근세 일본에는 해외와의 전쟁을 테마로 한 다수의 문헌이 존재하였다. 1592~1598년 사이에 전개된 임진왜란을 테마로 한 "임진왜란 문헌군"을 비롯하여, 1609년에 시마즈 씨[島津氏]가 류큐국[琉球國]을 침략, 정복한 사건을 테마로 한 "류큐 전쟁 문헌군", 홋카이도[北海道] 이북의 에조[蝦夷] 및 러시아와의 장기간에 걸친 무력충돌을 테마로 한 "에조 전쟁 문헌군" 등은 에도시대 직전 및 에도시대에 발생한 전쟁을 테마로 한 문헌군이다. 한편, 이른바 "신공황후(神功皇后)의 삼한정벌" 및 일본의 백제 구원군 파견 등의 고대 한일관계사를 테마로 하는 "삼한 전쟁 문헌군", 몽골·고려 연합군의 일본 침략에 대항하는 전쟁을 테마로 하는 "몽골 전쟁 문헌군" 등, 신화

시대로부터 중세에 이르는 시기의 대외전쟁을 테마로 하는 문헌도 에도시대에 다수 창작되었다. 그런데, 임진왜란 문헌군을 중심으로 하여 근세 일본의 대외전쟁 문헌군을 조감하면 크게 두 가지 층위의 공통성을 발견할 수 있다. 하부 층위의 공통성은, 임진왜란 문헌군의 문장 및 일부 에피소드를 여타 대외전쟁 문헌군이 직접적으로 차용한 데에서 발생하는 직접적 관계이다. 이는 임진왜란 문헌군과 류큐·삼한 전쟁 문헌군 사이에서 발견된다. 상부 층위의 공통성은, 각 문헌군이 외국과의 전쟁을 정당화하는 논리를 공유하는 데에서 발생하는 간접적 관계이다. 에조 문헌군으로부터는 임진왜란 문헌군의 직접적인 영향을 받은 흔적이 발견되지 않지만, 에조의 영역에 대한 일본군의 침략을 정당화하고, 일본(이 정복한 에조의 영역)을 침범해 오는 러시아에 대한 일본군의 대항 전쟁을 정당화하는 논리가 전개되는데, 이러한 정당화 논리는 임진왜란 문헌군, 류큐 전쟁 문헌군, 삼한 전쟁 문헌군에서도 동일하게 전개된다.[30]

이렇듯, 임진왜란 문헌군 및 그 안에서 전개되는 대외 전쟁 담론은 근세 일본 사회에 다양한 영향을 미치게 되는데, 그 결과물 가운데 하나가 『북해이담』에서 발견되는 임진왜란 문헌군의 직접적 영향이라 하겠다. 특히 『북해이담』이 집필된 1808년의 수 년 전에는 임진왜란 문헌군의 대표작이자 근세 일본의 대표적인 베스트셀러[31]인 『에혼 다이코기[繪本太閤記]』(1797~1802)의 임진왜란 부분인 제6, 7편이 간행되었으며(1801~1802년), 1804년에는 막부의 출판 통제에 걸려 『에혼 다이코기』가 절판되었다. 이 절판 처분은 막부 말기의 혼란기인 1859년에 비

---

30 김시덕 외, 『임진왜란 관련 일본문헌해제 - 근세편』, 문, 2010, 55~59쪽.
31 中村幸彦, 「繪本太閤記について」, 『中村幸彦著述集』 6, 1982, 331쪽.

로소 풀렸다. 또한 『에혼 다이코기』의 제6편이 간행되기 1년 전인 1800년에는 『에혼 조선군기[繪本朝鮮軍記]』라는 장편 소설도 간행되는 등, 『북해이담』이 등장한 19세기 초기에는 임진왜란에 대한 근세 일본 사회의 관심이 높았다. 『북해이담』이 임진왜란이라는 대외 전쟁에 주목한 배경에는, 임진왜란이 에도 시대의 일본인들이 기억하는 최대의 대외 전쟁이었다는 사실과 더불어 19세기 초기에 임진왜란 관련 문헌이 인기를 끌었다는 사실도 존재하는 것이다[32].

그런데, 『북해이담』이 임진왜란 문헌을 활용 내지는 도용한 배경이 『에혼 다이코기』로 대표되는 임진왜란 문헌군의 히트였기는 했지만, 『북해이담』에서 그 인용이 확실히 인정되는 것은 임진왜란 문헌군의 초기 주요 문헌인 『다이코기[太閤記]』이며, 『에혼 다이코기』의 인용은 확인되지 않는다. 이는 임진왜란에 관한 편찬물 가운데 역사소설적 성격이 짙은 『에혼 다이코기』 대신에 어느 정도 사료적 가치가 인정되는 『다이코기』 쪽을 중시한 결과로 생각된다. 에토로후 섬의 군사적 충돌에 관한 기밀 정보를 적극적으로 수집하여 활용하는 등, 허구보다는 실제 사실에 가까운 정보를 중시한 『북해이담』의 문헌적 성격이 확인된다.

『북해이담』은 임진왜란 문헌군에서 일부 기사 및 에피소드(삽화)를 활용 내지는 도용하였다. 우선 기사를 직접 인용한 사례로, 러시아군을 공격하기 위해 오호츠크해로 출항하는 도호쿠 제번 연합 수군의 모습을 묘사한 다음 대목을 소개한다.

---

32 19세기 초의 일본에서 임진왜란 관련 문헌이 간행된 양상에 관하여는 김시덕, 「임진왜란의 기억―19세기 전기에 일본에서 번각된 조・일 양국 임진왜란 문헌을 중심으로」, 『(동아시아한국학 연구총서 05) 동아시아의 전쟁 기억―트라우마를 넘어서』, 민속원, 2012.10에서 그 일단을 다룬 바 있다.

가문마다 크고 작은 빠른 전함을 바다에 띄우고 배의 막을 펼치니, 금은
으로 만든 배의 표식과 각 가문별로 내건 깃발이 산바람에 펄럭이고 바닷
바람에 나부껴, 붉은 색, 흰 색, 보라색, 노란 색이 섞여 밀려드는 모습은 아
라시야마[嵐山] 산의 봄 풍경, 다쓰타야마[立田山] 산의 가을에 비단을 엮은
모습과 같다. (『북해이담』 권13)[33]

각 가문의 색색 깃발이 어지러이 흩날리는 모습이 봄과 가을 산의
알록달록한 풍경을 연상케 한다는 것인데, 이는 임진왜란 문헌군의 초
기 주요 문헌인 『다이코기』의 아래 대목과 유사하다.

수많은 크고 작은 배들마다 각 가문의 문장을 새긴 막을 펼치고, 각자 마
음내키는대로 깃발을 장식한 모습은 요시노야마[吉野山] 산의 봄을 이 포
구에 옮기고 다쓰타야마 산의 비단을 바다에 흘린 것과 같다. (『다이코기
[太閤記]』 권13)[34]

물론, 『북해이담』에 묘사되는 수군의 출진 모습은 전근대 일본의 군
담(軍談)에서 흔히 보이는 것이라 할 수도 있지만, 외국과의 전쟁을 치
르기 위하여 출항하는 광경의 묘사가 임진왜란 문헌군의 묘사와 유사
하다는 점은 주목해도 좋을 것이다. 전근대의 일본군이 이국을 향해

---

33 "家々の艪艟(、)大早小早艪船艦を浮め(、)船幕を上ケ張(、)金銀の船印(・)家々の
旗指物山嵐に翻り(、)海上の風に靡き(、)紅白紫色黄を交え押立たる其有様(、)嵐
の山の春景色(、)龍田の山の秋の色(、)錦おりなすごとくなり"(권13「浜手勢揃之事」).

34 "多くの大船小船のかずノ\に、家々の紋付たる幕を打まはし、思ひ\\の旗に指
物にてかざりたてしかば、よし野山の春を当浦に移し、立田川の錦を海に流し入
たるが如し"(『다이코기』 권13, 「名護屋より各出船之事」, 江本裕 外, 『新日本古典文
學大系 60 太閤記』, 岩波書店, 1996, 364쪽).

출항하는 경험은 백제 구원 전쟁, 고려·원 연합군과의 전쟁, 임진왜란, 류큐왕국 정복전쟁 등인데, 현재 발표자가 확인한 범위 안에서, 『북해이담』의 위의 묘사와 가장 비슷한 것은 임진왜란 문헌군이다.

한편, 임진왜란 문헌군에 자주 등장하는 해전(海戰) 에피소드도 『북해이담』에서 활용되고 있다. 다카하시 게이이치 선생은 러시아 배로 잠입하여 방화하려 한 모리 진고베[森甚五兵衛]의 에피소드에 대하여, 임진왜란 당시 모리 진고베가 가라시마[唐島] 전투에서 훈공을 세웠다는 현대의 도쿠시마현 관련 자료를 거론한 뒤, "『조선정벌기(朝鮮征伐記)』 『증보조선정벌기(增補朝鮮征伐記)』『조선태평기(朝鮮太平記)』에는 그의 활약이 보이지 않지만, 난호(南豊)가 참고한 군담이 있었을 것으로 생각된다"[35] 라고 추정한다. 가라시마 전투란 임진왜란 문헌군에서 일본 수군이 대승을 거둔 것으로 특필되는 해전으로, 조선측 기록에서는 원균이 전사한 1597년의 칠천량 해전을 가리키는 것으로 추정된다. 근세 일본의 임진왜란 문헌군에서는, 당시 도도 다카토라[藤堂高虎]가 다른 장군들을 제치고 자기 부대만 이끌고 진격하여 훈공을 세웠다고 서술된다. 『북해이담』에서는 가타쿠라 쇼주로가 도도 다카토라와 같은 활약을 하고 있다. 여기서 그는 러시아인을 "털많은 당나라놈"[36] (권14)이라고 부르고 있는데, 이 호칭은 임진왜란 문헌군에서 조선·명인을 가리키는 일본 측의 호칭이다.

---

35 高橋圭一, 앞의 책, 2002, 274쪽.
36 "毛唐人原"(『북해이담』 권14, 「仙台勢敵船を襲事」).

4. 『북해이담』과 해방론(海防論)

이상과 같이 『북해이담』에서는 임진왜란이 일본의 군사 안보적 전략 수립을 위한 전사(前史)로서 중시되고 있을 뿐 아니라, 임진왜란 문헌군의 주요한 문헌에서 일부 기사 및 에피소드를 활용 내지는 도용하고 있음이 확인된다. 그런데, 『북해이담』 이외의 해방론 문헌에서도 임진왜란 및 한반도에 대한 관심은 널리 발견된다.

근세 후기 일본의 해방론은 근대 이후 일본의 안보 전략으로 계승되어, 제국주의 일본이 대외적 충돌을 겪을 때마다 해방론이 재검토된다. 예컨대, 해사사(海事史)·법제사 연구가인 스미다 쇼이치[住田正一]는 1932~1933년 사이에 근세 일본의 해방론 문헌을 집성한 『일본해방사료총서(日本海防史料叢書)』를 간행하였다. 이 시기는 만주사변(滿洲事變)의 발생(1931.9)과 만주국 수립(1932.3), 그리고 일본의 국제연맹 탈퇴(1933.3)와 관동군의 중국 화북지방 침입(1933.4) 등의 일련의 과정을 거치며, 군국주의 일본이 유라시아 대륙 동부 일대에 대한 침공을 본격화하던 시기였다. 이렇듯 일본이 공세적 태도를 강화하던 시기에, 스미다는 서구 세력의 침공에 맞서 일본 해안선을 방어하자는 일견 수세적 논조가 강조되는 해방론 문헌의 집성을 시도한 것이다. 그 서문에서 스미다는 해방론의 역사적 전개를 다음과 같이 개관한다.

우리나라는 해국(海國)이라는 자연조건으로 인하여 대외적으로는 필연적으로 해방(海防)이 고려되어왔다. (…중략…) 해방 문제가 역사에 등장한 첫 사례는 덴치 덴노[天智天皇] 2년 즉 기원 1323년[37]이었다. 이해에 황군

(皇軍)은 백촌강에서 당, 신라 군과 싸워 끝내 이기지 못하고 후퇴하여 본토를 지킬 뿐이었다. 즉 역사가 기록하는 바에 따르면 이듬해 3년에 쓰시마, 이키, 쓰쿠시에 사키모리[防][38]와 봉수대를 배치하고, 쓰쿠시에 미즈키[水城] 성을 쌓았으며, 그 후에 쓰쿠시 및 나가토 각지에 성을 쌓아 엄중히 국토를 방위했다. 그 후 고이치조 덴노[後一條天皇] 때 도이적(刀伊賊)의 내습이 있었고[39], 남만적(南蠻賊)이 사쓰마를 침구했다. 이리하여 해방은 비상시만이 아니라 평시에도 더욱 그 필요성이 인정되었으며, 특히 몽골의 내침이 있자 해방에 대한 국민 일반의 자각이 한층 높아졌다. 무로마치 시대, 전국시대에는 왜구의 해외 진출에 의해 우리 국민이 적극적으로 해외에서 활약하게 되어 우리 해군도 서서히 발달하였으며, 조선역「朝鮮役-임진왜란」이후에는 한층 완비되기에 이른 것이다.

그러나 도쿠가와 막부는 시마바라의 난[島原の亂][40]이 일어난 이래 급속히 엄중한 쇄국주의를 채택하여 이를 정책의 기본으로 삼았기 때문에, 해외 정보는 전혀 불분명해지고 해군과 관련된 지식은 쇠퇴하였으며 해방도 한동안 등한시되었다. 그러다가 1804년에 러시아 사절 레자노프가 나가사키에 내항(內航)하여 통상을 요구한 것이 해방에 관한 국민의 주의를 환기시켜, 해방에 관한 논의는 이윽고 세상 사람들의 주목을 끌기에 이르렀으며, 또한 페리 제독의 내항 후에는 더욱 해방에 관한 일이 인심을 자극하게 되었다.[41]

37 진무 덴노(神武天皇) 즉위 기원. 황기(皇紀)라고도 하며 기원전 660년을 기준으로
    한다.『일본서기(日本書紀)』에 따르면 일본의 제1대 덴노인 진무 덴노가 즉위한 해
    이다. 1945년의 패전 이전까지 일본에서 널리 쓰였다. 기원 1323년은 서력 663년.
38 백제 구원군의 귀환 후에 예상되는 당, 신라 군의 공격을 방어하기 위해 징집되어 규
    슈 북부 지역에 배치된 병사들.
39 구 만주 지역에 거주하던 여진족으로 생각되는 민족. 1019년에 동해상을 통해 고려
    와 서일본을 습격하였다. 池內宏,『滿鮮史硏究 中世』第1冊, 荻原星文館, 1943 참고.
40 1637년에 규슈 시마바라 지역에서 일어난 기독교도의 봉기. 메이지 유신 이전에 발
    생한 최후의 내전이었다.

스미다의 주장에 따르면 해방(海防)의 역사는 유구한 일본의 역사적 전개와 함께 하고 있으며, 러시아, 미국 등의 서구 열강이 접근하기 이전에 일본에서 해방과 관련되어 거론된 주요한 외국은 한반도의 국가들이었다. 오늘날 해방론이 주로 서구 열강과의 관계에서 논해지는 것과는 달리, 스미다는 한반도 각국과의 충돌의 역사와 임진왜란을 해방론의 흐름에서 파악하고 있는 것이다. 당, 신라 연합군의 침략에 대비한 수세적 해방과 왜구, 임진왜란 등의 공세적 해외 "진출"을 대조시킴으로써, 스미다는 일본의 해방사(海防史)에서 한반도가 주로 일본의 해군 세력 신장을 표출하기 위한 배경으로서 존재한다는 주장을 전개한다. 그런데, 이와 같은 스미다의 주장은 하야시 시헤이의 여러 저서나 『북해이담』과 같은 근세 후기의 해방론 문헌에서 그 연원을 찾을 수 있다. 『해국병담』의 저자인 하야시 시헤이와 같은 근세 후기의 해방론자들은, 서구 열강의 접근에 대한 수세적 방어론을 펼치는 동시에 조선(및 류큐, 아이누, 타이완 등)에 대한 공세적 접근을 주장한다. 『해국병담』과 같은 문헌이 정치논설이라고 한다면, 『북해이담』은 러시아와의 충돌을 가상적으로 서술하며 일본측이 취해야 할 전략을 실제로 적용했다는 점에서 독창적이다.

일본이 공세적으로 나오던 1930년대 초기의 국제 정세를 바라보며 도쿠가와 시대의 수세적인 안보 상황에 대해 고찰한 결과 탄생한 『일본해방사료총서』는, 일국(一國)의 대외 공격 논리와 방어·예방전쟁 논리가 불가분의 관계에 있다는 졸저[42]의 주장을 뒷받침하는 사례라 하겠다. 졸저에서는 일본이 외국을 공격할 때, 외국의 잘못된 점을 지

41 住田正一, 『日本海防史料叢書』 1, クレス出版, 1932, 1쪽.
42 金時德, 앞의 책, 2010 참고.

적하거나(공격 논리) 외국으로부터의 선제공격에 대한 방어 내지는 예방 전쟁임을 주장(방어·예방전쟁 논리)함으로써 자국의 공격을 「정벌(Bellum Iustum)」로서 정당화하며, 이 두 가지의 전쟁 정당화 논리는 상호 보완적이라는 것을 가설을 제시한 바 있다. 졸저에서는 조선, 류큐왕국, 아이누 및 러시아에 대한 근세 일본의 대외 전쟁 정당화 이론을 분석함으로써 이러한 가설을 귀납적으로 산출하고, 이는 동아시아 각 지역의 아이덴티티 공동체에서 널리 발견되는 논리라고 주장하였다. 그리고, 근세 일본의 경우에는 임진왜란이라는 대외 전쟁이 이들 한 쌍의 전쟁 정당화 논리를 산출하는 결정적 사건이었음을 확인하였다. 서구 세력에 대한 열등감과 경쟁의식에 기반하여 일본의 이익을 추구하기 위해 중국 및 구만주 지역에 대한 공세를 강화하던 군국주의 일본의 당시 정세는, 하야시 시헤이의 저서나 『북해이담』 등에서 제시된 근세 일본의 해방론이 역사적으로 실현된 것이었다.

맺음말

1806~1807년에 러시아 군과 도호쿠 제번(諸藩) 연합 수군이 에토로후 섬에서 충돌한 사건을 다룬 『북해이담』은, 러시아군과 일본군 간의 단기적 충돌을 1년에 걸친 장기전으로 가공하여 서술하며 일본의 해방 문제를 논한 문헌이다. 『북해이담』은 『해국병담』이라는 유력한 해방론 문헌의 전략론을 임진왜란 당시 일본군의 군사적 경험에 투영함

으로써, 근시일 중에 전개되리라 예상되는 러시아-조선 연합군의 일본 침공에 맞서 해안 방위 전략을 구상하고 그 실례를 제시하고 있다고 할 수 있다. 18세기 후기부터 메이지 신정부 수립에 이르는 시기까지 활발히 집필된 일본의 해방론 문헌에는, 역대 중국의 해방론 문헌과의 관련성, 근대 일본의 전략론으로의 계승 문제, 근세 일본에서 활발히 논의된 여러 대외 전쟁 담론과의 관련성 등 다양한 문제가 내재되어 있다. 『북해이담』은 이러한 문제를 집약적으로 보여주는 중요한 해방론 문헌이라 하겠다.

『북해이담』에서는 "짐승과 같아서 인간다운 모습은 하나도 없"[43] (권5)는 아이누를 일본인이 정복하고 일본화시킴에 따라, 에조치는 당연한 일본의 영역이라고 간주된다. 이에 따라 러시아의 홋카이도·에토로후 공격에 대한 도호쿠 제번 연합 수군의 대응은 외국의 침략에 대한 방어 전쟁으로서 정당화된다. 필자는 근세 일본의 대외 전쟁 담론을 검토하면서, "임진왜란 문헌군, 류큐 전쟁 문헌군, 삼한 전쟁 문헌군의 3자 사이에 발견되는 직접적 영향관계는 임진왜란 문헌군과 에조 전쟁 문헌군 사이에서는 거의 발견되지 않는다"[44]라고 한 바 있다. 그러나 『북해이담』의 경우, 임진왜란과 통신사가 대 러시아 전쟁의 전사(前史)로 회고되는 한편, 임진왜란을 테마로 한 문헌이 직접적으로 인용되기도 하였다. 따라서, 방대한 양의 문헌이 존재하는 에조 전쟁 문헌군에 대하여는 향후 더욱 정밀한 연구가 필요함을 느끼는 바이다.

또한, 『북해이담』에는 하야시 시헤이의 『해국병담』의 기사가 다수 인용되고 있을 뿐 아니라, 『해국병담』에 실려 있는 당대 유럽의 지정학

---

43 "獸同然にて人間の所行は一ツもなし"(『북해이담』 권5, 「蝦夷開發之事」).
44 金時德, 앞의 책, 396쪽.

문헌들도 재인용된다. 예를 들어, 독일의 지리학자였던 요한 휴브너(Johann Hubner, 1688~1731)가 집필한 『일반 지리학(Algemeene geographie; of Beschryving des geheelen aardryks)』은, 초판이 1730~1731년에 간행된 뒤에 그의 아들이 1761~1766년에 증보판을 간행하였다. 이 책의 네덜란드어 번역본을 근세 일본의 난학자(蘭學者) 즉 네덜란드 학자들이 입수하였으며, 아오치 린소(青地林宗, 1775~1833)의 『여지지략(輿地志略)』, 가쓰라가와 호슈(桂川甫周, 1751~1809)의 『러시아지[魯西亞志]』(1793년 간행) 등으로 번역되었다. 특히 『러시아지』는 『일반 지리학』 가운데에서 러시아 관련 기사를 번역한 것으로, 여기에는 러시아의 자연에서 정치에 이르는 다양한 내용이 포함되어 있다. 이 번역은 1792년에 러시아 사절이 일본인 표류민 고다유를 데리고 일본에 접근함에 따라 막부측에서 러시아 관련 정보를 긴급히 필요로 한 결과 이루어졌다. 이 책에 실린 내용 가운데 특히 러시아의 지리에 관한 기사가 해방론자들에게 영향을 주어, 하야시 시헤이의 『삼국통람도설(三國通覽図説)』 등에 인용된다.[45] 이들 문헌은 『북해이담』의 해방론에 직접적인 근거를 제공하고 있는 것으로 보이기 때문에, 이 문제에 대해서도 천착이 필요하다. 마지막으로, 『북해이담』에서 전개되는 수세적 대외 전략이 메이지 유신 이후 공세적 전략으로 변화하는 과정 역시 중요한 과제라 하겠다.

---

45 『일반 지리학』에 대하여는 일본 국회도서관 특집 「에도 시대의 일본—네덜란드 교류(江戸時代の日蘭交流)」(http://www.ndl.go.jp/nichiran/index.html) 및 「교토 외국어 대학 귀중서 디지털 아카이브(京都外國語大學貴重書デジタルアーカイブ)」(http://opac.kufs.ac.jp/kufs/index.html)에 의거하여 기술하였다.

18세기 군주학(君主學) 학습서의 편찬과 『갱장록(羹墻錄)』

머리말

18세기 말, 정조 즉위 후 창설된 규장각이 가진 기능은 여러 측면에서 살필 수 있을 것이다. 국정 운영에 필요한 이념을 생산하고 보급하는 일 또한 그 주된 업무였던 것으로 판단된다. 정조와 정조대 정부에서 정립하려 했던 국정 운영을 위한 이념을 일률적으로 이야기하기에는 어려운 점이 있다. 하지만 이 시기 국왕과 중앙 정부의 지향과 연관하여 정리한다면, 그 이념은 군주와 국가의 권위를 높이고 국가의 행정력을 확대하는 것에 초점이 맞추어져 모색되었다고 할 수 있다. 조선의 위정 담당자들은 이러한 요소를 바탕으로 내외 양면에서 닥쳐오는 여러 자극과 위기를 수습하고 조정할 수 있는 능력을 가진 국가 체제를 만들려고 했던 것으로 여겨진다.[1]

위기에 대한 대응 능력이 우월한 국가 체제를 운영함에 필요한 이념의 모색은 다양하게 시도되었다. 그러한 모색의 중심축을 이루는 것은 유교 · 주자학 및 중국의 역사에 대한 연찬(研鑽), 그리고 '조선'의 역사 전통에 대한 이해와 정리 작업이었다. 전자의 성과가『경서강의(經書講義)』,『오경백편(五經百篇)』,『주서백선(朱書百選)』,『대학유의(大學類義)』,『송사전(宋史筌)』,『사기영선(史記英選)』의 편찬 등과 같은 방식으로 구현되었다면, 후자는『국조보감(國朝寶鑑)』의 완간,『갱장록(羹墻錄)』의 간행 등으로 나타났다고 볼 수 있다. 정조는 스스로 군사(君師)를 자임하며 이 일을 진두에서 이끌었고, 그의 생각에 동조하는 많은 관료들이 동참하였다.

이 글에서는『갱장록』[2] 편찬 사실을 중심으로 정조와 규장각의 이념 구축 노력 양상을 살피고자 한다. 1786년(정조 10)에 완성된『갱장록』은 정부와 규장각의 여러 인력과 자원을 동원하여 만든 명찬서(命撰書)의 하나로,[3] 태조 대부터 영조 대까지의 사실을 바탕으로 군주가 체득하고 실현해야 할 국정 운영의 원칙과 방법을 일목요연하게 정리하여 싣고 있다. 설정하고 있는 조목의 내용으로 본다면, 이 책에는 조선

---

1 규장각의 설립과 기능, 규장각과 국정 운영에 대한 최근의 연구로는 김문식 외,『규장각-그 역사와 문화의 재발견』, 서울대출판문화원, 2009 참조.

2 자료는 규장각 소장본(奎372)을 활용했다. 이 책은 8권 4책으로 구성되어 있으며 활자丁酉字로 인쇄했다.

3 정조대 규장각에서 편찬된 서적의 규모는 1772년(영조 48)년부터 1800년까지 편찬한 서적의 내역을 종합적으로 보여주는『군서표기(群書標記)』를 통해 확인할 수 있다. 정조가 세손 시절부터 편찬한 어정서(御定書)가 89종 2,490권, 명찬서(命撰書)가 64종 1,501권이며, 정조 치세기 동안 편찬된 서적이 153종 3,991권이었다(김문식 외, 앞의 책, 33~35쪽).

의 국왕이 주자학적 성학(聖學)을 통하여 익히던 수신·제가·치국의 방도를 조선의 역사 현실에 바탕 하여 습득하자는 의도가 담겨 있었다. 말하자면 이 책은 군주학 학습서의 일종이었다.

그간 우리 학계에서의 『갱장록』의 성격에 대한 연구는 본격적으로 이루어지지 않았던 것으로 판단된다. 책의 편찬 경위와 내용을 간단히 다룬 해제[4]를 통하여 이 책의 면모를 그리는 정도였다. 그런 점에서 이 연구는 『갱장록』에 대한 본격적인 검토이자 이 책을 만들어낸 정조대 규장각의 학술 활동의 성격에 대한 탐사가 된다.

이 글에서 집중적으로 다루고자 하는 점은 다음과 같다. 첫째, 조선의 역사적 사실을 바탕으로 만들어진 군주학 학습서 『갱장록』이 영조대의 학술 성과와는 어떠한 관련을 맺는가 하는 점이다. 영조대에는 조선의 역사로부터 군주 혹은 예비 군주의 학습에 필요한 논리를 찾아내고 이를 다양한 형태의 책으로 묶었다. 1728년(영조 4)에 간행된 『조감(祖鑑)』, 1731년(영조 7)에 편찬된 『성조갱장록(聖祖羹墻錄)』, 1757년(영조 33)에 정리된 『상훈집편(常訓輯編)』이 그것인데, 이들 책은 구체적인 내용에서는 차이를 보였지만, 한결 같이 조선의 역사로부터 군주 정치에 필요한 원칙과 방법을 추출하여 정리하였다.

둘째, 『갱장록』을 밑받침하는 이념의 특질은 무엇인가 하는 점이다. 조선의 역사적 사실로부터 군주학의 원리를 모색하고자 했던 『갱장록』의 출현은 『성학십도(聖學十圖)』나 『성학집요(聖學輯要)』와 같이 주자학의 원리에 기초하여 만들어진 성학서가 군주의 학습에 활용되던 상황에서 매우 특이한 현상이었다. 이 책에 들어 있는 이념의 성격을 밝힌다면 이 책의 역사성을 살핌에 큰 도움이 될 것이다. 셋째, 이 책이

---

4 송찬식, 「羹墻錄解題」, 『國學資料』 31, 1978.

담고 있는 군주학의 원리는 기존 성학서에 비해 어떠한 차이를 보이며, 그러한 특성은 이 시기의 정치사상적 지향과 어떠한 연관을 맺는가 하는 점이다.

글은 크게 세 내용으로 구성했다. 영조대의 조선사 정리와 군주학 학습서의 성과를 먼저 살피고 정조대 『갱장록』의 편찬·간행 과정, 군주학 학습서로의 『갱장록』의 특질을 정리하였다.

1. 영조대 군주학 학습서 편찬과 '법조종론(法祖宗論)'

영조대 들어 조선 학술계의 영역과 범위는 이전에 비해 크게 확장되고 있었다. 그런 만큼 그 내용 또한 풍부해졌다. 이 시기 학술 활동에서 주목할 만한 사안의 하나는 조선의 과거 역사로부터 조선의 국왕과 사왕(嗣王)[東宮]의 학습에 필요한 내용을 정리하고 이를 책으로 편찬한 일들이 지속하여 일어났던 점이다. 그간 중국의 경전과 역사서를 중심으로 행해지던 국왕과 동궁의 학습 관행에 비추어 본다면 이러한 움직임은 매우 이채로웠다. 군주로서 갖추어야 할 자질과 능력을 문제 삼아 형성된 학문 체계인 '군주학'[5]을 새로운 방식과 내용으로 확장하려는 움직임이 이와 같이 이루어지는 것을 볼 수 있다.

---

5 조선에서는 군주와 관련한 학문을 성학(聖學) 혹은 제왕학(帝王學)이라 했다. 세자와 연관해서는 예학(睿學)이라 불렀다. 본고에서는 양자를 통합하여 국왕이나 세자가 군주로서 역할함에 갖추어야할 학문이라는 의미에서 이를 '군주학'이라 부르고자 한다.

이 작업은 국왕 및 국왕의 명을 받은 신하들이 자료를 모아 편찬하거나, 신료 가운데 이 문제에 관심을 가진 사람이 독자적으로 만드는 방식으로 이루어졌다. 1728년(영조 4) 동궁 학습서로 만든『조감』, 1731년(영조 7) 이세근(李世瑾)이 편집하여 영조에게 진헌한『성조갱장록』, 영조 1757년(영조 33) 정항령(鄭恒齡)이 편집하여 세자가 읽도록 한『상훈집편』이 이와 같은 책들이다.『상훈집편』은 1744년 영조가 편찬한『상훈(常訓)』의 내용을 조선의 역사적 사실과 결합하여 확대한 결과물이었다.

『조감』은 1728년 효장세자(孝章世子, 1719~28)의 학습을 염두에 두고 편찬되었다.[6] 한 해 전에 동궁의 사부였던 이태좌(李台佐), 조현명(趙顯命), 정석오(鄭錫五) 등이 동궁의 공부에 도움이 되는 내용을 조선 역사에서 가려 뽑아 책으로 만들기로 의견을 모은 뒤, 이를 조현명이 맡아 완성한 것이었다.[7] 영조는 이 책의 편집이 완료되자 직접 서문을 쓰고 활자로 인쇄하여 간행하도록 했다. 이전까지 동궁의 학습서로『소학』, 『효경』등 유학 텍스트와『통감』과 같은 중국의 사서가 주로 활용되었지만, 조선의 역사 사실에 바탕을 둔 교재가 만들어진 것은 이때가 처음이었다. 이점은 눈여겨봐야 할 대목이다.

『조감』은 상하 2권에 20개 편목으로 구성되어 있다.[8] 편찬자들은 이 책을 만들며 크게 세 성격으로 나누어 본문을 배치했다. 앞 부분에는 300년 조선이 개국하여 제도를 갖추고 유지되어온 역사의 큰 줄거리[大綱 事實]를 기록했다. 세계(世系), 부서(符瑞), 창업(刱業), 제작(制作) 등

---

6 『英祖實錄』권15, 4년 2월 13일 갑오.
7 『歸鹿集』권18, 祖鑑跋.
8 활용한 자료는 규장각 소장본이다(奎491).

다섯 편목에 걸쳐 이 내용을 담았다. 그 다음으로 군주의 진학(進學) · 수덕(修德) · 복선(復善)의 방법을 다룬 내용을 배치했다. 자질(資質), 학문(學問), 덕행(德行), 호간(好諫)의 네 편목에 이와 관련된 사실을 담았다. 세 번째는 제왕의 치평(治平) 곧 치국의 방법과 관련된 사실을 담았다. 내치(內治), 근정(勤政), 용인(用人), 애민(愛民), 무농(務農), 이재(弛災), 절약(節約), 돈화(敦化), 숭유(崇儒), 신형(愼刑), 치병(治病) 등 10개 편목으로 이를 소화했다.[9] 이 내용을 표로 제시하면 다음과 같다.

〈표 1〉 『조감』의 편목과 수록 내용

권	편목	편목별 수록 사실(史實)	비고
上	世系	시조부터 경종까지의 세계 역대 왕의 廟號	조선 3백년의 대강
	符瑞	翼祖 度祖 太祖 등 역대 왕이 겪은 상서로운 일 효종의 숙종 태몽까지 기록	조선 3백년의 대강
	刱業	穆祖 등 四祖의 행적 및 고려 말의 정치 상황	조선 3백년의 대강
	制作	오례의, 한글, 천문기기, 경국대전, 대동법, 同性異貫禁婚法 등	조선 3백년의 대강
	中興	중종 반정, 임진왜란	조선 3백년의 대강
	資質	태조 이하 여러 국왕의 성품 숙종까지 언급	明德 修德의 방법
	學問	태조 이래 여러 국왕의 학습 효종의 학습 사실 자세히 기록 경종까지 언급	明德 修德의 방법
	德行	桓祖 이래 여러 왕의 덕행 효종과 숙종에 대한 사실 자세히 기록	明德 修德의 방법
	好諫	세종 이래 숙종까지의 사실 숙종을 자세히 언급	明德 修德의 방법
下	內治	세종 이래 숙종까지 왕실에 대한 엄격한 관리 기록	新民 治平의 大範

9 이 사정은 『歸鹿集』 권18, 祖鑑跋에 자세하다.

勤政	세종 이래 숙종까지 역대 국왕의 정무 돌보기	新民 治平의 大範
用人	세종 이래 숙종까지 인재 등용 인조 효종 숙종의 사실 다수	新民 治平의 大範
愛民	수령을 비롯한 지방관의 대민 활동 민의 疾苦 해소 사실	新民 治平의 大範
務農	務農의 중요성	新民 治平의 大範
弛災	성종 이래 숙종까지의 災異와 대응	新民 治平의 大範
節約	세종 이래 숙종까지의 왕과 왕실의 절약 사실	新民 治平의 大範
敦化	역대 국왕의 교화 정책	新民 治平의 大範
崇儒	불교 배척 학교 설치 및 大儒 우대 文廟 정책	新民 治平의 大範
愼刑	세종 이래 숙종까지의 愼刑 사례	新民 治平의 大範
治兵	세종 이래 숙종까지의 兵制	新民 治平의 大範 20항목 중 가장 간단

『조감』의 편목 구성은 일정한 체계성을 지니고 있었다. 편찬자들은 '명덕(明德)'과 '신민(新民)'을 축으로 하는『대학』에서의 학습 영역에 맞추어『조감』의 내용을 배치했다. 곧, 앞 부분에 조선의 역사적 사실을 정리한 네 편목을 실은 후, 두 번째 4개 편목과 세 번째 10개 편목은 각기 명덕과 신민에 해당하는 내용으로 채웠다. 조선의 역사로부터 동궁의 학습에 도움이 될 내용을 가려 뽑아 책으로 묶는다는 본래 의도에 맞추어 왕세자의 명덕을 밝힐 수 있는 사실, 그리고 신민에 관한 사실로 나누어 배열한 셈이었다.

『조감』의 이러한 구성은 명덕은 근본이며 신민은 말단이니, 근본을 세우면 말단은 저절로 조처할 수 있다는 주자학에서의 성학 학습 계제론(階梯論)에 충실한 것이었다.[10] 조현명은 동궁의 학습이 초학 수준에 불과하지만, 이 책을 통해서 수기와 치인의 학습을 제대로 익힐 수 있을 것이라 기대하였다.

> (이 책은) 대개 『대학』의 명덕 신민의 항목을 모방한 것입니다. 명덕은 근본이고 신민은 말단입니다. 근본이 확립되면 말단은 절로 따르니, 저하가 학문, 덕행, 호간(好諫)의 세 가지에 대해 온 정성을 다해 실지로 체험하고 힘써 행하여 얻는 것이 있다면 내치 이하의 여러 일은 바로 조치할 수 있을 것이니, 계지술사(繼志述事)의 효[11]로서 이보다 나은 것은 없을 것입니다.[12]

책이 완성되자 효장세자는 이 책으로 직접 공부하였다. 『효경』, 『동몽선습』, 『소학』 등을 이미 익혔던 세자에게 이 책의 내용은 그다지 어렵지 않았을 것이다. 1728년 4월, 무신란이 일어나자 난의 수습을 위하여 도성에 왔던 정제두가 세자의 『조감』 강독에 몇 차례 참여하는 것을 볼 수도 있는데,[13] 이해 7월에는 책의 절반 정도를 읽었다.[14] 그러나 이 무렵 세자의 건강은 그렇게 좋지 않은 상태였으며 결국 이해 11월에 세

---

10 주자학의 군주성학론과 학문계제론에 대해서는 김준석, 「조선 후기의 당쟁과 왕권론의 추이」, 한국정신문화연구원 편, 『조선 후기 당쟁의 종합적 검토』, 1994 참조.

11 계지술사(繼志述事)의 효(孝)는 『중용』과 『효경』에서 강조하는 것으로, 군주가 실현하는 효의 핵심은 선대왕의 뜻을 이어 일을 실행함에 달려 있다는 의미이다.

12 『歸鹿集』 권18, 祖鑑跋. "盖所以倣大學明德新民之目也. 夫明德, 本也, 新民, 末也. 本立則末擧, 邸下誠能於學問德行好諫三者, 實體力行而有得焉, 則內治以下, 直擧而措之, 而繼志述事之孝, 莫尙於此矣."

13 『承政院日記』, 영조 4년 4월 17일 정유. "上曰, 頻頻入侍, 雖不可望, 而春宮方進講祖鑑, 召對時, 卿須入來勸講, 欲法堯·舜, 當法祖宗, 此實今日東宮所勉講處矣. 齊斗曰, 欲法堯·舜之敎, 聖心至矣. 祖鑑, 臣亦一覽, 而列聖朝宏謨盛德, 實爲後孫鑑則, 以此書進講, 通曉文義, 朝夕誦詠, 豈不有益於蒙養乎?"

14 『承政院日記』, 영조 4년 7월 21일 경오. "弼善尹光益, 說書鄭道殷等疏曰 (…중략…) 伏想春宮邸下, 旣已畢講孝經·童蒙先習及小學一卷, 而祖鑑亦旣過半冊."

상을 떠났다.[15] 그 후 이 책은 사도세자의 학습서로서 이용되었다.[16]

『조감』이 세자를 위한 학습서로서 만들어졌지만 민간에서도 이 책은 보급되었던 모양이다.[17] 1738년(영조 14), 양취도(楊就道)·양민익(楊敏益) 등이 김일경을 정직한 신하라 하고 이인좌를 '名正言順하다'고 칭찬했다는 이유로 사형을 당했는데, 이때의 조사에 따르면 이들은 『조감』을 보고서 극도로 흉악한 말을 했다고 한다. 이로 본다면 궁궐에서만 이 책이 읽혔던 것이 아님을 알 수 있다.[18]

조선의 역사에 기초하여 만들어진 군주학 학습서로 두 번째로 들 수 있는 것은 이세근의 『성조갱장록』이다. 이 책은 1731년 행부사직 이세근이 역대 국왕의 '가언(嘉言)'과 '선정(善政)' 가운데서 본받을 만하고 실행할 만한 것을 모아 편집한 것으로,[19] 이세근은 영조의 '덕을 새롭게 하고 대업(大業)을 넓히는데 도움이 될 것'이라 하여 이 책을 영조에게 진헌했다. 이세근 개인의 독자적인 작품이었다.[20] 『조감』이 동궁을 위해 준비되었다면 이 책은 국왕의 학습을 염두에 둔 것이었다. 전자에 비해 후자의 내용이 더 복잡하고 어려워질 것임을 짐작하게 된다.

이 책은 현재 실물이 남아 있지 않아 구체적으로 어떤 체재로 구성되었는지, 담고 있는 내용은 어떠한지를 알 수 없다. 다만 1785년(정조 9)

---

15 『孝章世子喪禮儀軌』(장서각, k2-3050).
16 『承政院日記』, 영조 16년 5월 29일 무진; 『承政院日記』, 영조 16년 9월 17일 을유.
17 이 책은 영조 4년 8월에 판각되어 인출되었다(『承政院日記』, 영조 4년 8월 19일 정유).
18 『英祖實錄』 권47, 영조 14년 7월 5일 을묘.
19 『承政院日記』, 영조 7년 8월 11일 신축. "行副司直李世瑾上疏 (…중략…) 然一息未泯之前, 無非報國之日, 而才旣無用, 病又如此, 他無可報之道, 迺於閉戶呻吟之中, 孜裒列聖嘉言美政, 彙分類合, 以便睿覽, 而名之曰, 聖朝羹墻錄."
20 『승정원일기』의 내용과는 다르게 『국조보감』 정조편에서는 영조가 이세근에게 명하여 이 책을 편찬하여 올리도록 했다고 기록되어 있다(『國朝寶鑑』 권72, 정조조4, 10년, "羹墻錄成. 初英宗命宰臣李世瑾, 撰進聖朝羹墻錄, 卽大舜見堯之義也"). 『승정원일기』가 사실에 부합한다.

『갱장록』을 작성할 당시의 기록, 정조대 편찬한 『갱장록』의 내용에 따라 그 대체만을 확인할 수 있다. 이에 따르면 이세근의 『갱장록』은 4권으로 구성되어 있었으며 싣고 있는 항목은 90여 조목이었다.[21] 긴 역사적 사실을 4권 분량에 담았으니, 관련 사실을 아주 간략하게 정리하며 책을 만들었던 것으로 추측된다.[22] 정조대 들어 이 책을 저본으로 『갱장록』을 다시 편집할 때에 정조와 편찬자들은 이를 이 책의 장점으로 수긍, 문장은 줄이고 일은 늘이는 방식으로 책을 만들고자 하였다.[23]

이세근은 이후 기회 닿는 대로 여러 차례 영조에게 이 책을 활용하여 공부할 것을 요청하였는데, 영조가 그 말을 좇아 꼼꼼히 본 것 같지는 않다.[24] 이 책은 창덕궁 후원에 있는 진장각(珍藏閣)에 소장되어 있다가 1785년(정조 9) 정조의 눈에 띄게 되었다.[25] 정조는 이 책을 봉모당(奉謨堂)에 봉안하고,[26] 이를 참고하여 새로이 『갱장록』의 속편을 만들도록 하였다.[27]

세 번째로 거론할 수 있는 책은 『상훈집편』이다.[28] 1757년 6월 필선

---

21 『羹墻錄』 권2, 敦孝, 14가. "副司直李世瑾彙集列聖功德謀訓凡九十餘條, 名曰聖祖羹墻錄, 上疏以進."

22 『承政院日記』, 정조 9년 10월 21일 정유. "燈曰 (…중략…) 竊伏念編書之道, 實在於考據之精, 裒輯之詳, 而累百載治功, 所纂次百有餘條目, 所分類止於四冊, 則採錄之專主簡要, 可以仰推."

23 『承政院日記』, 정조 9년 10월 21일 정유. "浩修曰, 原編條目, 極其詳細, 而採錄則專主簡要, 續成之時, 亦當以文省事增爲法."

24 『承政院日記』, 영조 8년 2월 12일 경자; 『承政院日記』, 영조 11년 2월 2일 계묘.

25 『正祖實錄』 권20, 9년 10월 19일 을미; 『承政院日記』, 정조 9년 10월 19일 을미; 『內閣日曆』, 1785년 10월 19일.

26 『內閣日曆』, 1785년 10월 19일, "上御珍藏閣庭小次 (…중략…) 聖朝羹墻錄四卷奉安于奉謨堂."

27 『承政院日記』, 정조 9년 10월 19일 을미.

28 『常訓輯編』은 모두 4권으로 구성되어 있는데, 규장각에는 현재 권4의 영본만 남아있다(奎2964). '觀物軒', '貳極之章'의 인기(印記)가 있어, 세자의 도서였음을 알 수 있다. 정조가 보았을 가능성이 크다. 국립중앙도서관에서는 일본에서 이 책자를 수집

으로 있던 정항령이 사도세자의 학습을 위하여 편찬한[29] 이 책은 1745
년(영조 21) 영조가 동궁 즉 사왕의 학습을 위하여 편찬했던 『상훈』의
내용을 확대하고 보다 풍부하게 만든 것이었다. 1747년(영조 23)에 사관
으로 근무하던 중, 정항령은 춘추관에 보관 중이던 『상훈』과 『국조보
감』, 지장(志狀), 어제(御製) 등의 여러 자료를 활용하여 이 책을 구상했
었지만 채 마무리하지 못했다가 10여 년 후에 이를 완성했다.[30]

정항령은 『상훈』의 편목을 앞에 강령으로 제시하고, 이어 자기 방식
대로 수십여 개 세목을 갖추어 그 내용을 자세하게 설명하였다.[31] 이때
그가 마련한 세목의 실제 내용은 조선의 역사 경험들이었다. 본문의
서술 또한 『상훈』의 전 내용을 앞에 싣고 열조모훈(列朝謨訓)의 세목을
정한 뒤, 세목별로 조선의 역사에서 추린 내용을 이어 붙였다. 모두 12
권 5책 분량이었다.

하여 마이크로 필름으로 전사해서 보관하고 있다.

29 『英祖實錄』 권89, 33년 6월 9일 기사. "掌令鄭恒齡, 以御製常訓, 衍成十二編, 上書東
宮以進, 王世子嘉納焉. 後, 上聞之, 賜恒齡鹿皮";『承政院日記』, 영조 33년 6월 29일
기축. "上命承旨再讀常訓輯編序與凡例, 仍命書傳旨曰, 今日考見下答軸, 乃知鄭恒齡
所進常訓輯編, 取覽大略, 其誠可尙, 特賜鹿皮一領, 以示予意."

30 「常訓輯編」 序.

31 『承政院日記』, 영조 33년 7월 3일 계사. "恒齡曰, 雖以常訓言之, 旣有御製首序, 又有
御製跋文, 發揮無餘, 顧何敢更爲揄揚哉? 第常訓八目, 廣大纖悉, 該盡萬事, 而祖宗朝
嘉謨美訓, 散在諸書. 故敢以八目, 分門載錄, 以爲小朝便覽之資."

〈표 2〉 『상훈집편』의 편목과 세목

권	편목	항목	세목(列朝謨訓)	비고
1	敬天	受天眷		總論
		祈天命	敬畏天命之德 尊禮三恪之仁	
		體天道		
		明天象		
		弭天灾		
		膺天瑞	列朝受命之符 列朝却瑞之符	
		綏天祿		
2	法祖上 (盛德)	傳心法	列朝心法之傳(傳) 列朝述先之義	修身
		崇孝敬	總敍孝敬之道 尊親之孝 侍湯之孝 愼終之孝 追慕之孝 錫類之義	
		尊王室	事大之誠	治國－事大 交隣
			光國之慶	
		交隣國		
3	法祖中 (美政)	秩邦禮	總敍邦禮 吉禮 凶禮 嘉禮	治國－禮, 樂, 刑政
		興雅樂		
		愼刑獄	總敍愼刑之道 殺獄之愼 逮囚之愼 伸理之愼 사 赦之愼	
5	法祖下 (美政)	飭戎政	蒐鍊之法 器械之精 制勝之方 擇將之道 恤士之仁 兵餉之謨	治國－國防, 刑政
		繕境土	繕固之道 城池之制 關防之隘	
		備制作	制作之道 典法之評 章服之儀 字聲之制 通變之道	
		信賞罰	賞罰之明 黜陟之嚴	
		立綱紀		
5	敦親	親公族	友愛之德 宗學之制 議親之仁 明牒之義	齊家
		待戚屬		
		嚴內治		
6	愛民上	固民心		治國－부세 와 윤리, 구휼
		制民産	制民田賦之道 制民料穀之道 制民農桑之道 制民灌漑之道 制民漕納之道 制民耕牧之道 制民財幣之道	
		導民俗	總敍導民之道 導民父子之倫 導民夫婦之別 導民上下之分 導民兄弟之誼 彰植風聲之方	

		擇民長	愼簡方伯守宰之政 獎拔廉能之政	
		寬民力		
7	愛民下	恤民災	恤飢饉之災 恤厲疫之災 恤兵燹之災 恤水火之災 掩骼之仁	
		蠲民賦	總敍蠲減之政 緩斂之政 除瘼之政	
		仁及物		
		破朋私		
		附 任賢使能		
		廣薦辟		
8	祛黨	公科選		治國－蕩平
		附 辨說		
		察消長		
		防近習		
		端化源		
		尙素樸	總敍節儉之道 宮室之儉 飮食之儉 服飾之儉 苑囿之儉	
		斥玩好		
9	崇儉	戒遊宴	遊幸之戒 宴衍之戒 麴糵之戒	治國－經濟
		節財用	節用之道 裕國之效	
		附 容直納諫	總敍聽納之義 優容之義 求言之義 褒諫諍之義 重臺閣之義 重史閣之道	
		勤求治		
		飭群工		
10	勵精	延訪	晉接諮詢之義 經筵成就之義	治國－接下 用人
		敬大臣體群臣	禮敬大臣體群臣 不忘勳舊之德 待臣隣之方 悼亡優恤之典	
		懋聖學	總敍列朝典學之德 窮理之要 涵養之方 立志之本	
11	勸學上	闡經術	尊尙經術之義 鑑戒古先之義 箴警惕省之方	
		屛異端	黜異端之戒 斥左道之嚴	治國－右文
		崇儒重道	列朝崇儒重道之德 列朝右文之治	
12	勸學下	興學校	總敍學校之制 養士之禮 敎迪之義 釋菜之儀 陞配之典	
		訓儲嗣	總敍諭敎之方 齒學之儀 宮僚之選	
부록	列朝 忌辰			

영조가 『상훈』을 만들고 이를 통하여 사왕의 학습 방향을 제시했다
면, 정항령은 『상훈집편』을 지어 『상훈』을 보완하고 부연하여 이로써
사왕의 학습을 돕도록 한 것이었다. 그런 면에서 『상훈집편』은 『상
훈』이 갖는 역사성의 연장선상에서 성립한, 『상훈』과 한 짝을 이루는
서책이라 할 수 있다.[32] 『상훈집편』의 성격에 대한 구명은 일단 『상
훈』의 이해로부터 시작해야 할 것이다.

1745년(영조 21) 6월에 인쇄, 반포한 『상훈』[33]은 영조가 김상적(金尙
迪)의 도움을 받아 편찬했다.[34] 동궁 혹은 사왕이 지켜야 할 규범을 경
천(敬天)·법조(法祖)·애민(愛民)·돈친(敦親)·조제(調劑)·숭검(崇
儉)·여정(勵精)·근학(勤學)의 8조목에 담은 작은 책자였다.[35] 각 조목
은 분량이 많지 않고 담고 있는 내용 또한 명쾌하게 정리되어 있다. 그
런데 '경천'에서 '권학'까지의 항목은 내용을 고려하며 체계적으로 배
열되었다.[36] 경서에서의 교훈과 역사적 사례를 활용하되 이를 평이한
문장으로 정리, 그다지 어렵지 않게 그 의미를 파악할 수 있다.

---

32 정항령은 영조의 명령 없이 이 책을 임의로 만들었다. 영조는 뒤늦게 이 책의 존재
    를 알았지만 간행하라는 조치를 별도로 취하지 않았다. 그리하여 이 책은 필사본으
    로만 활용되었으며 널리 알려지지 않았다.

33 1741년의 『대훈(大訓)』이 노론 사대신(四大臣)의 정치적 신원문제를 거론한 정치성
    을 가졌다면, 이 책자는 국왕의 정치론으로서의 성격을 지니고 있었다. 그러니까
    『상훈』은 국왕으로 조선 국가를 통치해나감에 유의해야 할 사항을 영조의 처지에
    서 정리한, 특별한 의미를 가진 자료라 할 것이다.

34 『承政院日記』, 영조 21년 9월 21일 경인. "上曰, 向於齋日, 因心感慨, 與金尙迪, 半日
    夜親製常訓, 而半日後, 則精神不如初, 或有遺忘者矣."

35 『英祖實錄』 권61, 영조 21년 6월 14일 을묘. "上御養正閣, 命東宮侍坐, 講論御製常訓.
    先是上親製冊子, 名曰常訓, 其目有八. 一曰敬天, 二曰法祖, 三曰愛民, 四曰敦親, 五曰
    調劑, 六曰崇儉, 七曰勵精, 八曰勤學." 여기에 제시된 8조목은 아직 책이 간행되기 전
    의 목차이며, 책이 간행되면서 '조제(調劑)' 조항이 '거당(祛黨)'으로 바뀌었다.

36 이를테면 '돈친'의 경우, "齊居靜思, 昔年惇親之聖德, 顧今宗英之零替, 中夜興嗟, 愴
    懷一倍, 特書於敬天法祖之下, 略倣經義"라고 하여 '경천'과 '법조'의 뒤에 '돈친'을 둔
    이유를 설명했다.

〈표 3〉『상훈』의 편목과 내용

편 목	내 용	비 고
敬天	蒼穹을 경외해야 하며, 국가의 治亂은 여기에 달려 있음.	
法祖	정치의 핵심은 祖宗을 법 받는 것. 필요한 것은 新法을 更張하는 것이 아니라 조종의 마음을 祖述하고 조종의 政敎를 행하는 것. 법조의 大體는 '尊周'와 '愛民'	편찬 과정에서 尊周와 尊王 용어를 둘러싼 논란이 있었음
敦親	국왕의 친족을 돈독하게 대우할 것. 친족은 나라의 지엽이며 친족이 나와 비록 먼 촌수라 할지라도 祖宗으로부터 본다면 그렇게 멀지 않음.	
愛民	民은 나라의 근본이니 근본이 단단해야 나라가 안녕 애민의 정치는 조선의 傳法	
祛黨	黨習을 없애야 함. 朝宗의 나라에 살며 조종의 世臣을 임명하면서도 능히 調劑하지 못한다면 法祖의 뜻이 아니며, 後王이 체현하지 못한다면 朝宗을 저버리는 것.	
	'任賢使能'	부록
崇儉	국왕이 절약하며 검소하게 살아야 함. 공자가 치국을 논한 것은 "節用愛人, 使民以時" 8자에 불과, 위에서 절약하면 民力이 펴짐. 삼대의 堯舜과 桀紂의 갈림이 여기에 있음. 유한한 재물을 무한히 쓴다면 나라의 재정이 고갈되고 민력이 궁핍해지니 在上者가 검박하게 생활.	
	'用直納諫'의 덕	부록
勵精	힘써 정사를 돌볼 것. 朝參과 常參, 三講・兩對를 열심히 수행할 것. 나라의 治亂은 군주의 勤怠에 달려 있음.	
	'敬大臣'	부록
	'體群臣'	부록
勤學	배움에 힘써 氣質의 偏僻됨을 矯揉할 것. 漢唐의 학문은 宋代의 성리학에 비할 바가 아니지만 漢武帝는 한나라를 중흥하고 '偃武修文'하였으며 唐 太宗은 나라를 창업하고 文學을 크게 일으켰음. 敬天・法祖・愛民・敦親・祛黨・崇儉・勵精 등의 모든 조항이 학문이 없으면 이루어질 수 없으므로 학문이 중요.	

　　8조목의 『상훈』은 국왕의 정치적 근원, 국왕이 힘을 구할 친족, 그리고 국왕의 힘을 발휘함에 도움이 되는 신료들의 임용 방식, 정국 운영 방식, 그리고 국왕의 정치적 학문적 능력을 배양함에 필요한 방법 등 군주로서 활동하는데 요구되는 여러 일들을 집약적으로 제시하고 있다. '거당(祛黨)' 항목에서 볼 수 있듯, 영조가 추구했던 현실적인 정치

지향을 충분히 고려한 내용이었다.[37] 이와 연관하여 편목의 내용으로 '경천'과 '법조'가 설정되어 있는 것을 주목하게 된다. 군주 정치의 근원이 다른 것에 있는 것이 아니라 '천'과 '조'의 절대 권위를 갖는 존재에 있다고 생각했음을 알 수 있다.

동궁의 군주학 학습서 『상훈』의 출현은 앞서 만들어진 『조감』의 전통을 잇는 것이라 할 수 있다. 그러나 두 책은 여러 면에서 차이가 났다. 우선, 『조감』이 이태좌 조현명 등 동궁을 교도하는 사람들이 중심이 되어 편찬했다면 『상훈』은 국왕 영조가 주도하여 만들었다. 이태좌나 조현명이 탕평파로서 영조와 공유하는 바가 많이 있었지만, 군신 사이에는 그 처한 입지가 다른 것도 사실이었다. 두 책에서 강조하는 점이 다룰 수 있었다. 『상훈』에는 국왕 영조의 의지가 보다 강하게 반영되어 있었다.

둘째, 책을 구성하는 방식이 달랐다. 『조감』이 조선이 경험했던 역사적 사실로부터 동궁의 학습 원리와 방식을 구하여 이를 내용으로 하여 집필되었다면, 『상훈』은 조선의 역사 경험을 고려하면서도 동궁이 국왕이 되었을 때 행해야 할 정치의 대원칙을 압축하여 선언적으로 제시하는 형태로 저술되었다. 이 점은 두 책에서 보이는 차이의 핵심적인 사항이기도 했는데, 『조감』은 조선의 역사를 특정 주제로 분류한 분류사적인 방식을 취했고, 『상훈』은 정치의 대강을 제시하는 정훈서(政訓書)의 틀을 유지했다.

셋째, 동궁이 갖추어야 할 학습의 내용에서 많은 차이가 있었다. 『조감』은 명덕과 신민은 근본과 말단이라는 일반적인 개념 위에서 편목

---

37 이 항목은 애초 탕평, 조제라는 이름으로 거론되다가 최종 이와 같이 확정되었다 (『承政院日記』, 영조 21년 6월 8일 기유). "蕩平之目, 人皆厭之, 故改以調劑矣."

을 구성하였다.[38] 반면『상훈』은 경천, 법조, 돈친, 거당 등의 새로운 개념을 구사하며 동궁의 학습 방향을 규정했다. 여기서 경천과 법조는 군주가 군주로서의 지위와 권능을 확보하고 유지하는 일과 연관된 조항이었다.[39] 『상훈』에서의 이들 편목은 종래의 일반론적인 학습 원칙과 방향을 넘어서고 있었는데, 이는 탕평 정국이 본 궤도에 오르며 영조 정치의 큰 방향이 설정된 상황을 반영한 것으로 여겨진다. 『조감』이 성리학적인 일반론을 조선 역사 속에서 검출하고 이를 동궁에게 제시하는 형태라면,『상훈』은 당대 조선의 현실적 과제, 구체적으로는 탕평정치와 연관하여 발전한 이념을 반영하고 있었다.[40]

요컨대, 18세기 전반 새롭게 출현한『조감』과『상훈』두 형태의 동궁 학습서는 이전 시기에는 찾아볼 수 없던 아주 새로운 학술 성과였는데, 동궁의 군주학 학습을 도울 목적을 지녔으면서도 양자는 서로 다른 내용 다른 방향성을 갖추고 있었다.

『상훈』의 이념 지향과 조선의 역사적 경험을 동시에 결합시킨『상훈집편』은 형식상으로 본다면『상훈』과『조감』의 성과를 한 책에 접목하여 이룬 결과라 할 수 있다.『상훈집편』은『상훈』이 가지고 있는 군주학의 새로운 원칙을,『조감』이 그러했듯이 조선의 역사로부터 확인하고 또 보증하려는 의도를 명확히 가지고 있었다. 정항령은 야사(野史)와 공가문자(公家文字) 등 많은 자료를 활용하여[41] 독자적인 작품을

---

38 각주 12 참조.

39 정호훈, 「18세기 전반 蕩平政治의 추진과 續大典의 편찬」,『韓國史硏究』127, 2004, 84~85쪽 참조.

40 이 시기 탕평 정국에 대해서는 정만조, 「영조대 초반의 탕평책과 탕평파의 활동」,『震檀學報』56, 1983; 정만조, 「영조대 중반의 정국과 탕평책의 재정립」,『歷史學報』111, 1986; 박광용, 「朝鮮後期 蕩平 硏究」, 서울대 박사논문, 1994; 김백철,『조선 후기 영조의 탕평정치-『속대전』의 편찬과 백성의 재인식』, 태학사, 2010 참조.

41 『承政院日記』, 정조 7년 1월 21일 계축. "先朝製下常訓後, 恒齡仍作常訓輯編, 彙分條

만들 수 있었다. 『조감』과 『상훈』 양자가 이룬 성취를 정합한 것이 『상훈집편』이었다. 그런 점에서 이 책의 내용은 상당히 정밀했고, 또 국왕에게 매력을 주는 점이 있었다. 이 책의 존재를 뒤늦게 알았던 영조는 이를 '대인(大人)의 책'이라고 평가하고 정항령에게 상을 내리기까지 하였다.[42] 책이 가지는 흡인력 또한 만만하지 않았던 것으로 보인다. 사도세자의 학습에 이 책이 얼마나 활용되었는지는 명확하지 않지만, 정조는 이 책의 공효를 익히 알고 있었다. 훗날 『국조보감』이 완성된 뒤, 정조는 이 책의 편목과 체례(體例)를 활용하여 『국조보감』의 내용을 간추린 책을 만들 구상까지 하였다.[43] 정조는 이 책의 가치를 무척 높이 평가하고 있었던 것이다. 정조 7년의 일이었다.

이상에서 살핀 대로 영조 대에는 신료들에 의해 조선의 역사를 활용한 국왕·동궁의 학습서가 세 차례나 만들어지고 있었다. 이들 학습서는 그 담고 있는 내용, 체재가 각기 달랐고 현실에서 활용되는 양상도 제 각각이었지만, 조선의 역사 경험 속에서 군주와 동궁의 학습에 필요한 원칙, 방법을 찾아내어 일목요연하게 정리하는 공통된 특징을 지니고 있었다. 서술의 내용이 철저하게 자기 긍정적이어 귀감과 반성으로서의 역사서로서의 역할을 이 책에 기대하기에는 많은 무리가 있었지만, 한 국가를 다스리는 최고 수장에게 선대 군주의 지나온 이력과 국가 경영의 경험을 일목요연하게 제시하기에는 충분했다. 이 책은 이전의 군주들은 접할 수 없던 세계를 제공할 수 있었다.

한편, 조선의 역사 경험으로부터 군주학 학습의 지평을 찾으려는 노

目, 以野史及公家文字之可訓於後世者, 輯錄於各目之下, 曾一覽之矣."
42 『承政院日記』, 영조 33년 6월 29일 기축.
43 『承政院日記』, 정조 7년 1월 21일 계축.

력을 밑받침하는 내적 논리는 '법조종론'의 정치이념이었다. 조종을 모범으로 삼아야 한다는 '법조종론'은 '요순(堯舜)의 정치'를 구현하기 위해서는 무엇보다 '조종' 곧 역대 조상의 정치를 본받아야 한다는 의리를 지닌, 최고 정치의 모범이 다른 곳에 있는 것이 아니라 역대 조선의 역사 전통 속에 있음을 긍정하는 생각이었다. 그런 점에서 『조감』과 같은 책을 만들어 새로운 군주학 학습서를 만드는 것은 단순히 과거의 시간을 기억하거나 확인하는데 그치는 것이 아니라 새로운 정치를 만들어 나가가 위한 거대한 걸음이었다. 처음 『조감』이 편찬되자 영조는 이 책의 서문을 지어 『조감』의 요체를 '법조종론'과 연관 지워 강조했다.

> 우리 조종조가 겪었던 창업의 어려움, 호간(好諫)·근정(勤政)·애민·무농(務農)·절약·신형(愼刑)의 덕이 『조감』 2권에 뚜렷하게 드러나 있다. 옛 말에 이르길 '요순을 본받고자 하면 반드시 조종을 본받아야 하고, 삼대(三代)를 기약하고자 하면 반드시 열성(列聖)의 덕을 계술(繼述)해야 한다'고 했으니, 조종을 어찌 거울로 삼지 않을 것인가?[44]

역대 조선의 역사 전통 속에서 정치의 이상적 가치를 발견하는 '법조종'의 논리는 다른 측면에서 본다면 조선의 역대 국왕의 정치를 최대로 긍정하는 발상이었다. 나아가 이 생각은 현 국왕의 뿌리를 긍정하는 것이었기에 국왕의 존재 자체를 적극적으로 높이는 것이기도 했다. 영조가 『조감』에서 '법조종론'을 거론했을 때는 말하자면 복합적인 의도가 숨겨져 있었다고 할 것이다.

---

44 『祖鑑』, 御製祖鑑序.

『조감』의 서문에서 제시한 '법조종'의 논리는 이후 영조와 신료들에 의해 반복되며 재생산되었다. '법조종'론이 이전에도 강조되지 않았던 것은 아니지만 『조감』 간행 이후 이 논리는 더 자주 언급되었다. 1728년 무신란을 겪은 뒤 사태 수습책을 고심했던 정제두는 『조감』 서문의 '법조종론'을 거론하며 영조에게 조종의 정치를 모범으로 한 개혁 정치를 촉구했고, 그를 따르는 많은 인물들도 이 논리를 바탕으로 법제 정비와 제도개혁을 강조했다.[45] 이세근이 『성조갱장록』을 지을 때 제시한 근거도 『조감』 서문의 '법조종론'이었다.[46] 『상훈』을 만들면서도 영조는 이 책이 '법조종'의 정신에 근거하고 있음을 천명했다.[47] 『상훈집편』 또한 이 이념으로부터 출발하고 있었다. 정항령은 요순을 법 받고자 한다면 조종을 법 받아야 한다는 전제 위에서, 조선의 '가모미훈(嘉謨美訓)'이 삼대의 전모(典謨)와 상호 표리가 된다고 까지 표현하였다. 그리하여 그는 수기치민(修己治民)과 경방어세(經邦御世)의 방도가 열조의 모훈을 벗어나지 않는다고까지 확언하고 있었다.[48]

말하자면 『조감』으로부터 『상훈』, 『상훈집편』에 이르는 군주학 학습서는 조선의 역사 전통으로 군주 학습의 주요 덕목을 발굴하고 이를 개념화하며 성립한 것이었다. 그리고 이 작업은 요순 정치를 전망하는

---

45 『承政院日記』, 영조 4년 9월 5일 임자; 『承政院日記』, 영조 7년 4월 29일[辛酉] 등의 자료는 이를 잘 보여준다. 이와 연관한 연구로는 정호훈, 「영조대 『續大典』의 편찬 논리와 그 성격」, 『韓國文化』 50, 2010 참조.

46 『承政院日記』, 영조 7년 8월 11일 신축. "行副司直李世瑾上疏 (…중략…) 迺於閉戶呻咕之中, 孜袞列聖嘉言美政, 彙分類合, 以便睿覽, 而名之曰, 聖朝羹墻錄, 謹此齋沐封進 (…중략…) 古語云, 欲法三代, 當法祖宗, 此非臣引古恒談, 殿下於祖鑑序文, 已敎之, 殿下旣知之矣. 然非知之艱, 行之惟艱."

47 『常訓』 序. "先儒云, 欲法堯舜, 當法祖宗. 予之此日, 因事興感, 而垂訓, 意盖深矣. 嗚呼, 後之爲嗣王者, 其弗體此."

48 「常訓輯編」 序. "惟我祖宗朝嘉謨美訓, 實與三代典謨, 相爲表裏 (…중략…) 修己治民 經邦御世之道, 不外乎列朝之謨訓矣."

법조종론의 정치이념과 결합됨으로서 단순히 역사적 경험을 반추하는 차원을 뛰어넘고 있었다.

18세기 전반 조선의 역사를 활용한 이러한 학습서들의 출현은 종래 성리학-주자학 개념 위에서 만들어져 활용된 군주-예비 군주 학습서의 폭을 넓히는 주요한 계기가 되었다. 국초에 세조가 왕세자 교육을 위해 『훈사(訓辭)』를 지은 적이 있었지만, 이 책은 세자가 유의해야 할 몇 가지 원칙을 제시한 정도였지[49] 조선의 역사 경험으로부터 필요한 내용을 끌어낸 것은 아니었다.[50] 『성학십도』, 『성학집요』 등 조선의 유학자들이 만든 군주 성학서도 철저히 성리학-주자학의 논리와 개념 위에서 군주 학습의 내용을 구성했다.[51] 갖춘 내용이 그렇게 수준 높지는 않았지만, 『조감』, 『상훈집편』은 종래에 볼 수 없던 새로운 형태의 군주학 학습서의 출현을 선도했다. 물론 그렇다고 해서 여기서 제시하는 군주학의 내용이 전통적인 성학서의 논리 틀을 전적으로 벗어난 것은 아니었다. 이를테면 항목명으로 제시된 '숭검', '절약'은 기존 성학서에서도 여전히 강조되는 주제였다.[52] 그럼에도 불구하고 조선의 역사 경험을 집약하여 만든 이들 학습서가 방출하는 에너지는 만만치 않았

---

49 『훈사』는 항덕(恒德), 경신(敬神), 납간(納諫), 두참(杜讒), 용인(用人), 물치(勿侈), 사환(使宦), 신형(愼刑), 문무(文武), 선술(善述) 등 10항목으로 구성되어 있다(『御製光廟訓辭』). 각 항목의 내용은 항목의 주제를 간단히 부연하는 방식으로 채워져 있다. 경신(敬神)의 경우, "目前所見曰人, 目所不見曰神, 人旣不可虐, 神安可慢. 人者自下及上, 神者自上及下, 此其序也. 慢神虐民, 則福祿潛消"라고 하여 신을 공경하는 의미를 강조했다.

50 『훈사』편찬에 대한 사실은 『羹墻錄』권2, 31가에 실려 있다. 『훈사』의 정치사상적 의미는 윤정, 「조선 세조대 『훈사』편찬의 정치사상적 의미」, 『韓國學報』108, 2002 참조.

51 여기에 대해서는 김준석, 「조선 후기의 당쟁과 왕권론의 추이」, 한국정신문화연구원 편, 『조선 후기 당쟁의 종합적 검토』, 1994; 정재훈, 『조선 전기 유교정치사상연구』, 태학사, 2005 참조.

52 『栗谷全書』권23, 「聖學輯要」, 正家篇, 第七節儉章.

다고 할 수 있을 것이다.

조선의 역사를 활용하여 국왕·동궁의 군주학 학습서를 만들려 했던 영조대 관인(官人)·유자(儒者)들의 노력은 조선의 역사와 문화 전통을 확인하고 이로부터 현재를 이해하는 힘을 확보하려 했던 영조 대 특유의 분위기가 반영된 활동의 하나라고도 할 수 있을 것이다.[53] 이러한 움직임은 사회 여러 부면에서 활발하게 일어났는데, 특히 영조와 왕당파적 관료들은 여러 영역에서 과거의 역사 경험을 정리하고 활용하는 가운데, 조선을 다스려 나감에 필요한 통치 이념, 통치의 수단을 마련하려는 노력을 유례없을 정도로 치열하게 펼쳤다. 이를테면 『속대전』, 『속오례의』를 간행하거나 『동국문헌비고』[54]를 편찬한 것은 그 한 사례라 할 것이다.

---

53 이 시기 소론과 남인을 중심으로 활발하게 이루어졌던 자국사 연구의 움직임은 이를 대표하는 사례이다. 이에 대한 연구로는 조성산, 「조선 후기 소론계의 고대사 연구와 중화주의의 변용」, 『歷史學報』 202, 2009; 이정일, 「조선 후기 소론계 홍만종과 임상덕의 자의식」, 『史學硏究』 109, 2013 참조.

54 『東國文獻備考』에 대해서는 朴光用, 「『東國文獻備考』 편찬의 역사적 배경」, 『震檀學報』 104, 2007; 玉永晸, 「『東國文獻備考』에 대한 書誌的 고찰」, 『震檀學報』 104. 2007; 金文植, 「『東國文獻備考』 「禮考」의 자료적 특징」, 『震檀學報』 104, 2007; 鄭勝謨, 「『東國文獻備考』의 민속자료의 특징」, 『震檀學報』 104, 2007 참조.

2. 『갱장록』의 간행과 탕평정치의 군주학

1) 『羹墻錄』의 편찬과 간행

영조대 만들어져 활용되었던 여러 군주학 학습서는 조선의 역사로 부터 군주학의 모범 사례와 원칙을 구하여 만들어진 점에서 매우 새로 웠다. 이전 시기에는 찾기 힘든 성과가 여기에는 담겨 있었다. 그 작업 이 남긴 지적 유산 또한 적지 않았다. 이로부터 군주학 학습의 내용과 방법을 다양하게 모색할 필요성이 제기되고, 그와 연관된 정치이념 또 한 조선 현실에서 구체성을 지니며 확대되었다. 정조대『갱장록』편찬 은 이러한 자산을 적극 계승하며 이루어졌다.

『갱장록』을 만들기로 한 것은 1785년(정조 9) 10월이었다. 규장각에 서 소장 중이던 어제, 어필, 고명(誥命), 회맹축(會盟軸)을 보관하는 장소 가 좁다고 하여[55] 이를 봉모당·흠경각(欽奉閣)으로 옮기는 과정에서 이세근의『성조갱장록』을 발견한 것이 계기가 되었다.[56] 정조는 국초 부터 경종 대까지 각 왕대의 치법(治法)과 정규(政規)를 정리하고 있는 이 책에 영조대의 일까지 더하여 속록(續錄)을 만들려고 하였다.[57] 그

---

55 처음 이들 자료를 보관하던 규장각 건물은 어수당(魚水堂) 뒷산에 있던 진장각(珍藏 閣)이었다.

56 『內閣日曆』, 1785년 10월 19일. "上御珍藏閣庭小次 (…중략…) 聖朝羹墻錄四卷奉安 于奉謨堂." 그렇다고 하여 정조가 이때 처음으로 이 책의 존재를 알았다고 볼 수는 없다. 정조는 이미 자신의 힘으로 세자 시절『御定羹墻錄』4권을 묶어 둔 상태였다. 또한 이 책의 발견은 『갱장록』편찬의 계기였지만 주된 배경이라 볼 수는 없다. 이 미 규장각의 창설과 운영, 『國朝寶鑑』의 편찬, 『大典通編』의 완성 과정을 거치며 정 조와 정부는 새로운 정치를 펼쳐갈 힘과 이념을 본격적으로 구축하고자 하고 있었다.

57 『雙溪遺稿』권10, 羹墻錄跋. "上之九年, 化理日隆, 游意墳典. 一日偶閱內藏書籍, 得

리하여 1785년 10월 21일 시원임대신·각신들이 모인 자리에서 『갱장록』의 속록을 만들기로 결정하고 담당자를 인선했다. 이복원이 대신이면서 각직(閣職)을 겸했다는 이유로 총무를 맡고, 호조판서 조준(趙㻐), 행사직 정창성(鄭昌聖), 한성판윤 서호수(徐浩修), 병조참지 이가환(李家煥)이 작업에 참가하기로 했다.[58] 『갱장록』 편찬이 본격화되면서 1785년 11월 2일에는 홍양호(洪良浩)·김상집(金尙集)·윤시동(尹蓍東)을 추가로 차출, 『갱장록』의 찬집 당상을 늘렸다.[59] 일은 많은데 당상의 수가 적어 작업을 나누어 진행하기가 힘든데서 온 보완 조치였다.

『갱장록』 편찬 작업에 참여한 신료들은 당시로서는 최고의 실력자들이었다. 이와 더불어 이들의 당색이 대체로 소론과 남인인 점은 주목을 끌기에 충분하다. 이복원, 서호수, 홍양호, 김상집은 소론이었으며, 이가환은 남인이었다. 윤시동은 남인이었다. 다양한 세력이 섞였지만 소론과 남인이 중심이었다. 이러한 인적 구성은 이 책의 편목이나 내용이 소론 혹은 남인 편향으로 기울어질 가능성을 짙게 하는 요소였다.

편찬 작업은 단계별로 여러 의견을 수합하는 과정을 거치며 이루어졌다. 이 과정에서 정조가 많은 의견을 내기도 했지만 일방적으로 자기만의 의견을 고집하지는 않았다. 처음 논란이 된 문제는 『갱장록』을 어떤 방식으로 만들 것인가 하는 점이었다. 애초 정조의 계획은 이세

故宰臣李世瑾所撰進聖朝羹墻錄, 顧語閣臣曰, 此予有意而未遑者也. 然英宗聖祖盛德大業, 是書未之及載. 予小子嘗謹述行錄一篇. 又在儲時所受聖訓, 悉有箚記, 亦名羹墻錄. 其選六七文學之臣. 並考列朝簡策. 彙分次輯."

58 『承政院日記』, 정조 9년 10월 21일 정유. "上曰, 李判府事, 以大臣且兼閣職, 使之摠務, 戶曹判書趙㻐, 行司直鄭昌聖, 漢城判尹徐浩修, 兵曹參知李家煥, 亦爲同力抄出."

59 『正祖實錄』 권20, 정조 9년 11월 2일 무신. 이때 이들의 관직은 홍양호는 행부사직, 김상집은 행도승지, 윤시동은 형조참판이었다(『承政院日記』, 정조 9년 11월 2일 무신).

근이 지은 『성조갱장록』의 속록을 만드는 것이었다. 『성조갱장록』의 체재를 활용하되, 중복되는 내용은 추려내고 여기에 영조 대에 관한 일을 첨록하는 방식으로 작업을 마무리하려고 하였다. 기존 내용에 영조 대 사실을 더하는 수준에서 책을 만드는 점에서 비교적 가벼운 일이었다. 정조는 『성조갱장록』이 위[上]에서 만든 책과는 차이가 있으니 그렇게 해도 된다고 보았다.

그러나 이원복을 비롯한 실무자들은 이 책이 아래[下]에서 만든 것이지만 영조에게 진헌한 것이니 뒤에 첨삭하는 것, 특히 내용을 더하는 것은 적절하지 못하다고 하여 이를 반대했다.[60] 논란을 거쳐 결국에는 원편의 내용을 줄이거나 더하는 것보다는, 목록 분문이 매우 번잡하므로 '종류에 따라 항목을 모아 수십여 목록을 세워 다시 편찬하는 것으로 결론을 내렸다. 새로운 책을 만들자는 방안이었다. 그리하여 일을 추진하는 기관의 이름을 교정청(教正廳)으로 정하고 편찬 작업에 착수했다.[61]

작업이 제 속도를 내며 본 궤도에 오른 것은 1785년 11월 9일이었다. 정조는 실무자들이 모인 자리에서 범례, 편목을 정하고 자료 수합에 필요한 서책을 분담하였다.[62] 논의 과정에서 역점을 둔 것은 편목 정하

---

60 『承政院日記』, 정조 9년 10월 26일 임인. 이원복과 신료들은 자신들의 이념이 반영된 새로운 책을 만들고자 하는 의도에서 이와 같이 정조와 대립각을 세웠을 가능성도 있다.

61 정조와 신료들의 주장이 상충하고 논의 끝에 신료들의 의견으로 결론이 모아지는 점은 유의해야 할 대목이다. 이 과정의 일단은 다음 자료에 보인다. 『承政院日記』, 정조 9년 10월 26일 임인. "浩修曰, 原編中字句之未穩處, 不可不略加刪潤, 而至於條件之添入, 到今恐難遽議, 但目錄分門, 誠有繁亂之嫌, 隨類合部, 只立數十餘目, 似好矣." "家煥曰, 原編目錄, 或不無繁瑣之處, 今若比類刪合, 以從簡約, 則誠好, 而刪合之際, 以其要且大者爲主, 其餘各附目錄, 則似好矣. 上曰, 依他書凡例, 就原目中, 比類刪附, 可也."

62 『內閣日曆』, 1785년 11월 9일. "校正廳郎廳以總裁大臣意啓曰, 羹牆錄凡例目錄及引

기였다. 이 자리에서 정조는 자기가 미리 작성해두었던『경장록』과 교정 담당자들이 마련한 조항을 비교하며 편목의 이름, 규모 등을 조절하였다.[63]『성조갱장록』,『상훈집편』두 책의 범례 또한 많이 참고 되었다. 정조의『갱장록』은『승정원일기』에서 내용을 초출한 것이었는데, 이미 세자 시절 만들어 둔 것이었다.[64]

이때의 논의에서 책의 편목은 창업(創業), 계서(繼序), 존조(尊祖), 경천(敬天), 성덕(聖德), 성학(聖學), 가법(家法), 유곤(裕昆), 근정(勤政), 휼민(恤民), 숭유(崇儒), 종간(從諫), 임상(任相), 용인(用人), 예악(禮樂), 경제(經制), 문교(文敎), 무략(武略), 중농(重農), 휼형(恤刑), 절검(節儉), 거당(祛黨), 사대(事大), 교린(交隣) 등 모두 24개 조항으로 정해졌다.[65] 편목의 수로 본다면『상훈집편』보다 규모가 커지고『성조갱장록』보다는 단순해졌다고 할 수 있는데, 창업, 계서, 존조, 경천, 거당 등의 항목에서 보듯『상훈집편』의 문제 의식을 많이 수용했던 것으로 보인다.

범례는 모두 7항목으로 정하고,『갱장록』에 실을 내용은『국조보감』,『성조갱장록』,『상훈집편』,『동국문헌비고』등 여러 자료에서 추출하기로 했다.[66] 편찬 담당자들은 이들 책에서 필요한 내용을 추리기로 하고 맡을 책을 분담했다. 그 내용은 다음과 같다.

用書目別單書入, 而諸堂分授書目, 亦爲書入之意, 敢啓."
63 『承政院日記』, 정조 9년 11월 9일 을묘.
64 『弘齋全書』권183, 羣書標記 5, 命撰 1, 列朝羹墻錄. "予所手編羹墻錄, 皆先朝聖訓, 而此編則復推而溯之, 列聖朝治法政謨無不謹書, 而以類彙分者也."
65 『內閣日曆』, 1785년 11월 9일.
66 『內閣日曆』, 1785년 11월 9일.

〈표 4〉『갱장록』 분수(分授) 서목

담당자	분수 서목	비고
호조판서 조준	國朝寶鑑(第十九卷~第二十二卷) 文獻備考(學校考八編)	
행사직 정창성	英廟御製 英廟誌狀 文獻備考(田賦考四編·財用考四編·戶口考一編·市糴考二編)	
행사직 홍양호	列聖御製(二十四卷) 列聖誌狀(十二卷) 龍飛御天歌(五卷) 文獻備考(兵考四編·刑考七編) 經國大典(四卷) 續大典(四卷)	
한성판윤 서호수	御定羹牆錄(四卷) 御製英廟行錄 文獻備考(象緯考五編·樂考十三編)	御定羹牆錄(四卷) 御製英廟行錄은 정조 편찬
행부사직 윤시동	國朝寶鑑(第一卷~第十卷) 文獻備考(禮考十六編) 五禮儀(八卷) 續五禮儀(四卷)	
행부사직 김상집	國朝寶鑑(第十一卷~第十八卷) 文獻備考(選擧考九編·職官考十編)	
병조참지 이가환	英廟御製 英廟誌狀 文獻備考(輿地考十七編)	

『갱장록』을 편찬하는 과정에서 봉착했던 가장 어려운 문제는 본문에 실을 역사적 사실을 획정하는 일이었다. 조선의 역사가 복잡한 만큼 살펴야 할 내용이 많았거니와, 무엇보다 각 정파의 의견이 첨예하게 충돌을 일으키는 사안이 적지 않았기 때문이었다. 특히 동서 분당 이후의 역사가 그러했다. 각 정파간 치열하게 전개된 정쟁은 대체로 특정 사안에 대한 서로 다른 판단·의견과 결부하여 진행되었고, 그 과정에서 정국은 시시비비, 선악, 충역(忠逆)의 판정을 둘러싼 논의와 얽히며 요동쳤다. 그러므로 17~18세기 정치사에 대한 이해와 정리는 정파적 의견과 결합하여 이루어지기 마련이었으며 이를 벗어나는 것은 쉽지 않았다. 이 시기 다양한 시각과 서술 방식을 가진 당론서가 다수 생산된 것은 이러한 현실을 잘 보여주는 사례이다.[67]『갱장록』편찬

---

67 여기에 대한 근래의 연구로는 2012년 9월에 간행된『역사와 현실』85집의 특집으로 다룬「당론서를 통해서 본 조선 후기 정치사 인식」을 참조할 수 있다.

과정에서도 이를 어떻게 극복하는가가 매우 중요한 사안이었다.

이복원 등 편찬 실무자들은 각 정파간 피차의 시비가 충돌하는 사실은 가능하면 수록하지 않는다는 원칙으로 작업을 진행했다.[68] 문제를 일으킬 소지는 미연에 줄인다는 방침이었다. 그럼에도 불구하고 작업 말미에 큰 사건이 불거졌다. 이미 교정 작업을 마치고 인쇄에 들어가기로 계획했던 시점인 1786년(정조 10) 4월 초의 일이었는데,[69] 편목의 하나인 '우문(右文)'조[70]의 내용을 두고 교정당상 윤시동과 김상집 사이에 의견 충돌이 생겨 작업이 더 이상 진척되지 않고 멈춰버린 것이다.[71]

문제가 된 사안은 '우문'조에 윤증의 상소에 대한 숙종의 비지(批旨), 그리고 숙종의 어제시(御製詩)를 실을 것인가 말 것인가의 여부였다. 이 내용은 원래 초본에 실려 있었다. 윤시동이 이를 빼버리는 것이 좋겠다는 의견을 제시했고, 김상집은 이 제안을 반대했다. 김상집의 의견에는 이복원 등이 동조하고 있었다. 노론인 윤시동이 반대하고 소론인 김상집·이복원 등이 찬성하는 형국이었다. 찬성 윤증의 상소에 대한 숙종의 비답과 어제시는 『국조보감』(숙종)[72]에 수록되어 있었는데,

---

68 『承政院日記』, 정조 10년 4월 5일 무인. "福源曰, 臣初當此役也, 不無此等難處之事, 慮有偏係, 伏承聖敎, 故凡於文字中, 或關於彼此是非者, 一竝刊落, 至於此條, 則只載拜相後批旨, 與隱卒御製詩. 詩有二篇, 而下篇則有父師輕重之句, 故不敢載錄, 而只載上篇矣."

69 3월 20일, 며칠 뒤면 校讐하는 일이 다 끝난다고 할 정도로 막바지 작업을 하고 있었다(『承政院日記』, 정조 10년 3월 20일 갑자). 그러나 4월 5일이 되어도 인쇄에 들어가지 못하고 있었다(『承政院日記』, 정조 10년 4월 5일 무인).

70 『갱장록』의 편목은 애초의 계획과 최종 완성본이 크게 달랐다. '우문'은 애초의 계획에는 설정되지 않았던 편목으로 책이 마무리 될 무렵 최종 결정된 것으로 보인다. 편목의 변화가 보이는 의미에 대해서는 3장의 2절에서 자세히 살폈다.

71 『承政院日記』, 정조 10년 4월 5일 무인. "上曰, 羹墻錄, 何時入印耶? 著東曰, 諸編皆已校正啓下, 而但右文條, 有異同之見, 尙未歸一矣 (…중략…) 上曰, 都承旨所奏異同之見云者, 何謂也? 著東曰, 右文條中, 肅廟朝, 故相尹拯疏批及御製詩載錄, 故臣則以爲拔之似好, 而摠裁大臣及僚堂之議, 皆以爲不當拔, 故相持至今矣. 上曰, 冊子何在? 尙集進之."

이 글들은 숙종의 소론에 대한 우호적인 평가를 상징했다. 소론의 입장에서는 숙종과 소론의 관계가 나쁘지 않음을 보이는 점에서 이 글들은 무척 매력적이었다. 노론이었던 윤시동이 이를 반대한 것은 자연스런 일이었다. 문제가 불거지자 정조는 이 글들과 숙종의 '병신처분(丙申處分)' 두 사안을 모두 싣자고 조정안을 내었다.[73] '병신처분'은 윤증의 정치와 학문 활동을 전면 부정하며 내려진 숙종의 조치로, 노론의 정론을 반영하고 있었다. 하지만 이 사실은 『국조보감』에는 실려 있지 않았다. 그런 까닭으로 『갱장록』 초고에 누락되었다. 『갱장록』 편집에 『국조보감』이 주요한 근거 자료가 되었기 때문에 병신처분은 제외되었던 것이다. 병신처분을 『갱장록』에 수록하자는 정조의 제안은 그러므로 노론의 불만을 무마하기 위해 제시한 각고의 절충안이었다.

정조는 숙종대 『국조보감』에서 '병신처분'이 실리지 않은 것은 이 '보감'을 윤순(尹淳)과 이덕수(李德壽) 등이 주관하여 편집한 까닭으로 소론 편향적이었기 때문이라고 인식하고 있었다. 윤시동이 초고본을 반대했던 실제 이유는 아마도 '보감'에 병신처분이 실리지 않았던 사실 때문일 것이다. 정조는 『갱장록』에서는 소론과 노론의 의견을 두루 반영하는 방식으로 문제를 풀고자 했다. 『주자어류(朱子語類)』를 간행할 때 후학들이 주자의 초년 견해와 만년 견해를 다 실었던 것과 마찬가지로, 숙종의 초년과 말년의 서로 다른 생각을 다 보여주면 충분하다는 것이었다.[74]

---

72 1782년(정조 6)에 완성된 『국조보감』 권41~권55에 수록된 숙종편은 본래 1730년 (영조 6)에 간행된 『肅廟寶鑑』의 내용을 그대로 옮긴 것이다. 『肅廟寶鑑』은 李德壽 등이 편찬 실무를 맡았다.

73 『承政院日記』, 정조 10년 4월 5일 무인.

74 『承政院日記』, 정조 10년 4월 5일 무인. "下敎曰, 昔朱子語類之刊行也, 門人有以朱子戊午前議論, 與戊午後, 往往有判異處, 欲刪之. 黃勉齊曰, 並存之, 以觀先生初‧晩之

요컨대, 한쪽에서는『국조보감』에 실린 내용에 따라 소론의 정치적 입지에 우호적인 내용을 실으려 했고, 한쪽에서는 이를 빼야 한다고 주장하며 대립했던 것인데, 정조는 이에 숙종의 초년과 만년의 의견을 동시에 보이는 것이 신중히 일을 처리하는 것에 부합한다고 하여, '병신처분' 이전의 숙종의 생각을 알 수 있는 자료, '병신처분'에 관한 자료를 동시에 실어야 한다는 의견을 제시하며 양자를 조정하고자 했다.

정조의 의지는, 김상집이 이를 반대하자 해가 서쪽에서 뜬다고 해도 자신의 생각을 결코 바꾸지 않겠다고 대응할 정도로 확고했는데,[75] 이후 이 조치는 이복원, 윤시동, 김상집 등이 정조를 다시 찾아 문제를 제기하면서 바뀌었다.[76] 이복원 등은 정조의 조치에 불만이었다. 거듭 논의한 끝에, 정조와 이복원 등 신료들은 숙종의 초년 생각을 알 수 있는 글과 '병신처분'에 관한 기사를 모두 빼기로 했다. 정조, 윤시동, 이복원 등 모두의 의견을 수렴하는 조치였다.

'우문'조의 '병신처분' 수록을 둘러싼 갈등은 이렇게 마무리되었지만, 이 사건은 당대의 역사를 정리하는 것이 얼마나 힘든 일인가를 보여주는 잘 보여주거니와,『갱장록』편찬이 갖는 의미가 어떠했던 지를 상징적으로 알려준다 하겠다. 아마도 이 일이 없었더라면『갱장록』은 더 이른 시기에 완성되었을 것이다. 이미 1786년(정조 10) 2월 3일에 중초본(中草本)이 만들어지고[77] 2월 13일에는 수정 작업을 위한 실무자를 선정하

分, 好矣. 此冊, 若以肅廟丙申處分添錄, 則殆同朱子語類, 初・晩拉錄之事, 實爲完備. 且丙申處分, 炳如日星, 是非大定, 若不錄丙申處分, 而只錄丙申以前宸章, 則恐非仰體之道矣."

75 『承政院日記』, 정조 10년 4월 5일 무인. "上曰, 卿何如是固執耶? (…중략…) 東日雖西昇, 予意決不撓改, 卿等退去, 斯速校正後入啓, 可也."
76 『承政院日記』, 정조 10년 4월 5일 무인.
77 『承政院日記』, 정조 10년 2월 3일 정축.

는 한편으로 교정의 방식을 정했으며,[78] 『갱장록』을 인쇄하는 날짜를 일관(日官)의 택일에 따라 3월 초8일로 하기로 하고,[79] 또 인쇄할 책 수를 결정해둔 상태였다.[80] 책명 또한 최종적으로 『갱장록』으로 확정되어 있었다.[81] 외읍(外邑)에서의 간포는 간략하게 하기로 했다.[82] 이 무렵 정조는 중초본에서 부족한 내용은 보완하라는 의견을 내기도 했다.[83]

이와 같이 『갱장록』은 1785년(정조 9) 10월부터 편찬에 들어가 이듬해 4월에 마무리되었다. 6개월 남짓의 짧은 기간에 군주 학습서 하나가 만들어진 셈이라 하겠는데, 조정과 규장각의 핵심 인물들이 참가하여 그 과정을 이끌었다. 작업은 대체로 순탄했지만, 처음 계획하여 최종 완성본이 나오기까지 여러 곡절을 겪었다. 처음에는 이세근의 『성조갱장록』을 보완하여 영조의 사적을 첨록(添錄)하려는 것으로 출발했지만 결국 아주 개성 있는 책을 만드는 것으로 귀결되었다.

2) '법조종론'의 확대와 탕평정치의 군주학

『갱장록』은 『조감』, 『성조갱장록』, 『상훈집편』 등 영조 대 만들어진 여러 저서를 활용하여 만든 새로운 군주학 학습서였다. 정조와 편찬 실무자들은 이 책들의 체재, 작업 방식 등을 참고하며 편목을 정하고, 여러 의견을 모아 『갱장록』을 완성하였다. 이 책은 영조 대 이루어진

---

78 『承政院日記』, 정조 10년 2월 13일 정해.
79 『承政院日記』, 정조 10년 2월 29일 계묘.
80 『承政院日記』, 정조 10년 2월 29일 계묘. "進上件則以帖冊紙十件, 卷冊紙二十件, 白紙三十件, 頒賜件則以卷冊紙十五件, 白紙三十件, 爲之."
81 『承政院日記』, 정조 10년 2월 3일 정축.
82 『承政院日記』, 정조 10년 2월 29일 계묘. "著東曰, 外邑亦有刊布之例, 今番則欲從略刊布, 亦當以草記稟定乎? 上曰, 此則不必草記, 量宜爲之, 可也."
83 『承政院日記』, 정조 10년 2월 13일 정해.

일련의 군주학 학습서 편찬의 전통 위에서 그 성과들을 총결한 새로운 작품이었다.

완성본『갱장록』은 모두 20개 편목으로 구성되었다. 권1부터 권8까지 창업(創業), 경천(敬天), 독효(篤孝), 치곤(治梱), 유곤(裕昆), 돈친(敦親), 전학(典學)[부(附) 협덕량(恊德量)], 래간(來諫), 용인(用人), 근민(勤民)[부(附) 근농상(勸農桑)], 비사(毖祀)[부(附) 예전대(禮前代)], 정제(定制), 우문(右文)[부(附) 척이단(斥異端)], 힐융(詰戎)[부(附) 유원인(柔遠人)], 화속(化俗)[부(附) 변숙특(辨淑慝)], 무공(懋功), 휼형(恤刑), 이재(理財)[부(附) 숭절검(崇節儉)], 접하(接下), 건중(建中)의 순으로 배열되어 있다. 이 가운데 전학, 근민, 비사, 우문, 힐융, 화속, 이재의 6개 편목은 각기 부록을 설정했다. 완성본에서의 20개 편목은 처음 24개 편목으로 계획했던 것에 비하면 수도 줄었고 편목의 이름 또한 많이 바뀌었다.[84]

『갱장록』의 20개 편목은 그 성격에 따라 나누면 조선의 창업사, 국왕의 수신·제가·치국에 관한 사실로 나누어 살필 수 있다. 조선의 창업사로는 창업, 국왕의 수신으로는 경천, 국왕의 제가에는 독효, 치곤, 유곤, 돈친, 치국에는 전학[부 협덕량], 내간, 용인, 근민[부 권농상], 비사[부 예전대], 정제, 우문[부 척이단], 힐융[부 유원인], 화속[부 변숙특], 무공, 휼형, 이재[부 숭절검], 접하, 건중 등의 편목이 해당한다. 치국과 관련된 내용이 압도적이다.『갱장록』의 편자들은 각 편목별로 특정 사안에 대한 국왕의 조치, 특정 제도와 법제의 실시 과정과 의미, 특정 사안을 둘러싼 국왕과 신하의 발언, 국왕 명찬서(命撰書)의 서문 등을 수록하여 독자로 하여금 역사적 사실과 맥락 속에서 학습의 효과를 최대한 거둘 수 있도록 하였다. 각 편목의 주요 내용을 정리하면 다음과 같다.

---

84 계획본과 완성본 사이의 편목의 변화가 가진 의미에 대해서는 후술한다.

〈표 5〉『갱장록』의 편목과 내용

권	편목	내 용	비 고
1	創業	−태조 이전 4祖의 사적 −태조의 건국 사실 −한양 定都와 궁궐 營造	국가의 창업사
1	敬天	−태조대 天文圖, 세종의 觀天之器 제작 −세조대 代天理民의 논리 −성종 醮祭 배격 기사(권1, 10가) −선조대 天人之間有福善禍淫之理 −人君의 직책은 事天만큼 중요한 것이 없음(숙종의 天元玉曆序)	修身
2	篤孝	−세조 3년 국조보감 완성(권2, 돈효, 3가) −세자의 侍病 −인조대 정원군의 원종 추존 −후대 군주의 先代 治積 학습	齊家
2	治梱	왕후, 대비와 관련한 사항	齊家
2	裕昆	−왕세자의 교육에 관한 내용 −세조의 『訓辭』 소개	齊家
2	敦親	−종친과의 관계를 돈독히 하는 기사 −英宗命宗臣以逆誅者 子支勿令沒爲奴婢(권2 돈친, 51가)	齊家
3	典學	−군주의 공부와 지적 성장 −군주 학습과 經筵의 실행 −군주의 저술−숙종의 御製七情箴, 영조의 『小學訓義』	治國
3	附 恢德量	소소한 일에 구애되지 않고 덕을 베푸는 군주의 능력	治國
3	來諫	−간언의 허용 −간관제도 −신하의 간언과 군주의 수용 사례	治國
4	用人	−인재의 올바른 등용법과 사례 −감사와 수령 등 外官의 역할과 적합한 인물 등용	治國
4	勤民	−백성의 일을 근심 −'民惟邦本 本固邦寧'의 국정 운영과 사례 −부세제도의 합리적 운용 및 질병 구호 −遺棄兒의 양육. 흉년 든 해 사족의 과부와 처녀 구호 −기근 대책과 구호. 환곡의 탕감 −八道審理使 파견과 冤獄 처리(영조) −公私 奴婢貢 혁파(영조)	治國
4	附 勸農桑	−農桑을 장려하는 대책과 활동 −親祭先農 親耕籍田(성종) −효종의 水車 보급에 관한 관심 −영조의 勸農에 대한 발언	治國

5	禋祀	−국가의 제사 일반에 관한 사실 −종묘 제사 −세조의 圜丘壇 제사 −문묘 제사, 기우제
	附 禮前代	고려, 신라, 백제의 시조와 국왕에 대한 제사 箕子廟 제사
	定制	제도와 법 제정
6	右文	−유가에 기초한 국가 사회 운영 −유교 전적 구비 −유교적 인재 양성
	附 斥異端	−불교 도교 등 이단 배척의 과정 −'혹세무민' 행위 엄벌
	詰戎	군사제도 정비와 외적 방비의 역사
	附 柔遠人	만주 일본 유구 지역 국가와의 교류
7	化俗	교화책과 풍속 교정
	附 辨淑慝	善의 정치 세력과 惡의 정치 세력 구분
	懋功	−정치적 事變과 功臣의 역할 −공신 책봉의 역사
8	恤刑	가혹한 형벌 완화의 역사
	理財	−국가 재정 운영과 관련한 법제(貢法, 職田法, 大同法, 均役法) −화폐 사용 −은광 개발
	附 崇節儉	국가와 왕실의 節用
	接下	군주의 신하 대하기
	建中	−朋黨의 폐해와 붕당 극복을 위한 노력 −蕩平政治의 지향

『갱장록』의 체재, 담고 있는 내용은 군주의 학문을 조선의 역사 전통으로부터 마련한다는 군주학 학습서의 의도를 매우 충실하게 반영하고 있다. 편목의 구성을 따라서, 그리고 거기에 서술된 내용을 익히며 학습이 이루어진다면, 군주가 갖추어야 할 덕목과 지식을 폭넓고도 생생하게 얻을 수 있는 책이 바로 『갱장록』이었다. 특히 압축된 문장으로 주제에 맞는 내용을 쉽게 사실적으로 제시하는 『갱장록』의 서술방식[85]은 의도하는 목적을 거두기에 효과적이었다.

이 점에서『갱장록』은 영조대의 여러 책들, 그리고 영조 정치가 지향했던 '법조종'의 이념을 충실하게 계승하고 있었다고 할 수 있다. 편찬을 주도했던 이복원 역시 이 점을 명확하게 의식하고 있었다. 그는 자신이 지은『갱장록』의 발문에서 이 책이 '법조종'의 이념에 따라 만들어진 것임을 강조했다.[86]

그렇다면 이 책은 앞서 나온 책들의 성과 위에만 머물러 있었을까? 아니면 그 성과들을 포괄하면서도 새로운 성취를 이루어 내고 있었을까? 이 책의 편찬에 정조대의 지적 전통 혹은 정조와 규장각의 각신들이 추구하던 정치이념이 얼마만큼 반영되었을까?

이 문제에 대한 규명은『갱장록』의 역사적 개성을 살피는 일이면서 이 책에 담겨 있는 정조대 군주학의 지향이 어떠했던가를 가늠하는 작업이기도 하다. 필자는 이러한 질문에 답할 수 있는 단서의 하나를『갱장록』의 초기 계획과 완성본 사이의 변화에서 찾을 수 있다고 판단한다. 처음『갱장록』을 만들 때 정조와 편찬 실무자들은 앞서 나왔던 여러 군주학 학습서의 체재, 작업 방식 등을 참고하며『갱장록』의 편목을 정하고 관련 사실을 정리했다. 그런데 책이 최종 완성되었을 때에는 중간에 계획했던 내용들이 많이 바뀌었다.

우선, 범례의 조정이 있었다. 애초에는 7개 항목에 불과했지만, 최종

---

85 『갱장록』의 서술 방식이 갖는 특성에 대해서는 다음 논의가 참고 된다.『承政院日記』, 정조9년 10월 21일 정유. "燈曰 (…중략…) 竊伏念編書之道, 實在於考據之精, 裒輯之詳, 而累百載治功, 所纂次百有餘條目, 所分類止於四冊, 則採錄之專主簡要, 可以仰推. (…중략…) 浩修曰, 原編條目, 極其詳細, 而採錄則專主簡要, 續成之時, 亦當以文省事增爲法."

86 『雙溪遺稿』권10, 羹墻錄跋. "古人所謂欲法堯舜, 當法祖宗者, 自今日伊始. 將見是書之與孝經小學, 幷列肯筵, 昕而讀, 夕而誦, 言有法, 行有則, 必有以感發良知, 遹追世德, 以承我聖上以燕翼子之謨, 以篤我列聖度越三代之休, 以迓億萬年太平無疆之福, 不亦盛哉."

본에서는 14개로 두 배나 늘었다.[87] 다음, 편목의 변화가 있었다. 처음 논의하여 정해두었던 편목의 수가 줄고 또 제목이 많이 변경되었다. 당초 마련했던 편목의 제목이 최종본에서 그냥 그대로 활용되기도 했지만 전혀 다르게 바뀌기도 했다. 두 책이 지니는 차이의 핵심은 이 변화에서 찾을 수 있을 것이다. 편목의 성격에 따라, 국가의 역사에 관한 내용, 그리고 군주학의 수신·제가·치국에 관한 내용으로 분류하고, 양자 사이에 있었던 변화를 비교해 보면 다음과 같다.

〈표 6〉『갱장록』의 작업 당시 계획 편목과 완성본 편목의 비교

편목 변화 영역	작업 당시 계획 편목	완성본의 편목	계획본에 비춰본 완성본의 특징
국가의 역사	**創業** 繼序	**創業**	繼序가 빠짐
수신	尊祖 **敬天** 聖德 聖學	**敬天**	여러 편목이 敬天 하나로 통합됨
제가	家法 **裕昆**	篤孝 治梱 **裕昆** 敦親	齊家의 내용이 확장되며 강조됨
치국	勤政 恤民 崇儒 從諫 任相 **用人** 禮樂 經制 文教 武略 重農 **恤刑** 節儉 祛黨 事大 交隣	典學[附怢德量] 來諫 **用人** 勤民[附勸農桑] 愍祀[附禮前代] 定制 右文[附斥異端] 詰戎[附柔遠人] 化俗[附辨淑慝] 懋功 **恤刑** 理財[附崇節儉] 接下 建中	典學[附怢德量]이 강조됨 任相 조항 빠짐 勤民 懋功이 강조됨 右文이 강조됨 理財가 강조됨 建中이 강조됨

*계획본과 완성본 편목에서 변화가 없는 경우에는 굵은 글씨로 표기했다.

처음 계획 했을 때와 최종본이 완성된 이후의 편목을 비교하면, 양자 간에는 많은 차이가 나타난다. 계획본에는 편목만 실려 있기에 양자를 단순 비교하기에는 많은 무리가 따르지만, 편목의 이름만으로도 양자 간의 특성은 어느 정도 살필 수 있다.

---

87 처음 계획했을 때의 범례와 편목은 『內閣日曆』, 1785년 11월 9일 기사에서 확인할 수 있다.

우선, 편목의 수가 24항목에서 20항목으로 줄어든 것에서 전체적으로 내용이 보다 간략해졌다는 점을 알 수 있다. 구체적으로 살핀다면 군주의 수신 관련 항목이 축소되었다. 계획본에서는 존조·경천·성덕·성학이 들어 있었으나 완성본에서는 대부분 빼 버리고 경천만 남겨두었다. 완성본에서는 군주의 '성학'과 관련된 내용을 그다지 강조하지 않았음을 알 수 있다.

다음으로, 제가와 연관된 영역의 내용이 풍부해지고 늘어났다. 가법·유곤에서 독효·치곤·유곤·돈친으로 편목이 확대되었으며, 내용 또한 구체화되었다. 군주의 효 행위를 강조하고, 군주의 친족들을 예우하여 그들의 위상을 강조하는 모습을 볼 수 있다. 『상훈』에서의 '돈친' 항목과 비교된다.

치국 영역에서의 변화는 수신이나 제가 영역의 그것보다 더 컸다. 항목의 수가 줄고 편목의 이름이 크게 바뀌었다. 특히 편목의 이름이 달라진 점은 주목을 요한다. 계획본과 완성본의 이름을 비교해 보면 계획본은 일반적이나 완성본은 낯선 게 많다. 앞서 『상훈집편』이나 『조감』에서도 찾을 수 없는 새로운 항목이 많이 등장했다. 전학, 근민, 비사, 우문, 무공, 힐융, 이재, 건중과 같은 용어는 계획본에서 정리하려던 내용을 바탕으로 하면서도 한 걸음 더 나아간 것으로 보인다. 이러한 변화는 군주학의 체계를 새로운 방식으로 재구성하려는 의도와 연관이 있다고 보아 무방하다. 이는 편목의 의미, 편목이 수록하고 있는 실제의 내용에서 확인된다.

먼저, 완성본에서 사용하는 전학, 근민, 비사, 우문, 힐융, 이재, 건중 등 모든 항목은 행위 주체로서의 군주의 역할을 분명히 드러내는 의미를 지니고 있었다.[88] 이를테면 '전학'은 군주가 학문을 열심히 익힘, '근민'은 군주가 백성의 생활을 살피는 정치를 게을리 하지 아니함, '비사'는 군주가 제사를 정성스럽게 지냄이라는 뜻으로 풀이할 수 있는데, 이는 정치와 정책 주체로서의 군주 및 군주의 행위·사업을 동시에 포괄하는 것이었다. 군주의 행동과 실천성을 강조한 용어인 셈이다. 계획본에서 제시되었던 성덕, 성학, 가법, 예악, 경제, 문교, 무략 등 명사형 개념은 사업의 주체가 명확하지 않고 군주와 연관된 행동성-실천성을 뚜렷이 부각하지 않고 있었다. 이에 반해 완성본의 용어·개념은 철저하게 군주 중심으로 설정되었다.[89]

다음, 국가의 위상에 대한 생각의 변화를 여러 편목은 보여준다. '비사' 및 사대교린 관련 항목이 그러하다. '비사' 편목은 국가가 주도한 제사에 관한 사실을 담았다. 계획본의 '예악'에 대응하는 것으로 보인다.[90] 여기에서는 종묘 제사를 비롯, 환구제, 사직제와 관련된 의례의 실천 사실을 수록했다. 눈에 띄는 점은 세조 2년의 원구제(圜丘祭) 제사에 대한 서술이다. 전통적으로 내려오던 '천지 제사[祭天地]' 행사가 태종과 세종 대의 "천자가 아니면 제천할 수 없다[非天子, 不得祭天]"는 논리에 부딪혀 시행되지 못하였는데, 이곳에서는 변계량(卞季良)·양성지(梁誠之)의 제천(祭天) 옹호론에 힘입어 세조가 이해 정월 15일에 제사를 지내게 되었다는 사실을 압축하여 정리했다. 세조가 원구단에서 제사를 지내고 여러 도에 대포(大酺)를 삼일 동안 열게 했다는 사실 등이 적혀 있다.[91]

---

88 이는 '경천', '유곤' 등 수신과 제가 관련 항목에서도 같은 양상으로 나타난다.

89 이와 연관하여 계획본의 '임상(任相)'이 완성본에 빠진 의미를 짚어볼 수 있다. 이 편목은 재상의 임면과 관련된 사실을 다룰 것으로 추측되는데, 통상 주자학의 정치론이 재상의 역할을 강조하는 것에 비추어 본다면, 이 편목을 제외한 것은 재상 중시의 정치론에 대해 그다지 긍정하지 않았기 때문이라고 할 수 있다. 군주권을 강조하는 시각에서 본다면 '임상'을 빼는 것은 자연스럽다.

90 '비사(毖祀)'는 흔히 쓰이지 않던 용어인데, 『서경』「소고(召誥)」편에서 출처를 확인할 수 있다. "其自時, 配皇天, 毖祀于上下, 其自時, 中乂, 王厥有成命, 治民今休."

계획본에 있던 '사대교린'이 빠진 점 또한 유의할 수 있다. 이는 '사대'와 '교린'을 축으로 하여 형성된 조선의 전통적인 대외 인식을 『갱장록』에서는 담지 않고 있음을 보인다. 완성본에서 사대와 교린에 대응하는 편목은 '힐융'과 부록으로 첨가한 '유원인(柔遠人)'인데, 그 실려 있는 내용으로 본다면, 외적의 침략에 대한 군사적 대응 능력을 강화하고, 만주나 일본·유구의 먼 나라·다른 족속을 품어 포용하려는 의지와 면모를 강조하고 있음을 알 수 있다.[92] 이 같은 편목 변화에서, 『갱장록』의 편찬자들에게는 '사대'의 관점에서 조선의 위상을 설정하던 것으로부터 벗어나 조선을 중심에 두고 조선 밖의 여러 정치세력들을 포섭한다는 의식이 강하게 작동하고 있었던 것은 아닌가 하는 생각을 하게 된다. '유원인'은 『중용』에서 제기하는 구경(九經) 중의 한 항목으로, 천자의 외교 활동을 염두에 둔 용어였다. 이 편목의 변화에서는 사대와 교린의 위계적 질서 중간에 있는 조선의 의미보다도, 침략하는 적을 막아내고 먼 이웃 나라를 외교적으로 수용하는 주체적 국가로서의 조선의 정체(整體)를 느끼게 한다. 이 시기 조선이 중국과의 사대 외교 관계를 맺고 있었던 것은 사실이지만, 이 같은 편목 설정을 통하여, 이를 벗어나려 했던 강한 지향을 지니고 있었음을 읽을 수 있다.

『갱장록』은 또한 국가의 경제력을 확장하고 민의 재생산을 보증하는 일에 정부가 보다 적극적인 태도를 취할 것을 강조하였다. 먼저 '근민' 항목에서 이를 확인할 수 있다. '근민'은 계획본의 '휼민'에 대응한다. '휼민'은 기근이나 재난으로부터 민을 구휼한다는 의미가 강한 용어이다. 이에 비해 '근민'은 '휼민'의 내용을 포함하여 민의 사회적 정치

---

91 『羹墻錄』 권5, 愍祀, 5나.
92 『羹墻錄』 권6, 詰戎; 『羹墻錄』 권6, 附柔遠人.

적 어려움을 정부가 정책적·법적으로 해결한다는 뜻을 지니고 있다. 완성본에는 '팔도심리사(八道審理使)를 파견하여 원옥(冤獄)을 처리'하거나 '공사 노비의 노비공(奴婢貢)을 혁파하여 노비의 어려움을 해소한다'는 기사[93] 등을 실었다.

　'이재' 편목의 설정도 매우 의미 있는 변화를 보여준다. 이 편목은 『조감』이나 『상훈』, 『상훈집편』에서의 경제 관련 항목과 대응한다. 『조감』은 '절약', 『상훈』은 '숭검'이 여기에 해당했다. '절약'이나 '숭검' 모두 국왕의 일상에서 재정을 절약하여 운용하자는 내용이 담겨 있다. 『상훈』의 경우, '숭검' 항목에서 국왕이 절약하며 검소하게 살아야 함을 거론하였다. 토지에서 재물을 생산하는 것이 유한(有限)한데 유한의 재물을 무한히 쓴다면 나라의 재정이 고갈되고 민력이 궁핍해지는 것은 당연한 일이니, 재상자(在上者)가 늘 솔선수범해서 물자를 아끼며 생활해야 한다는 것이었다.[94] 『상훈』에서 군주의 절약 생활을 중시하는 수준은 이것이 공자의 가르침이며 요순과 걸주(桀紂)의 갈림이 여기에 있다고 할 정도로 강력했다. 『상훈』의 '숭검' 조항이 담고 있는 주 내용은 군주의 일상에서의 절용(節用)으로, 경제생활과 관련해서 본다면 소극적 방어적 성격이 강했다. 그런데 군주의 절용을 강조하는 이러한 사고는 주자학에 기초한 군주론에서는 일반적이었다. 이이(李珥)는 『성학집요』에서 '숭검'을 '정가(正家)'의 한 편목으로 설정하여 군주의 검박한 생활을 군주가 경계하고 실현해야 할 주요한 사안의 하나로 제시했다.[95] 말하자면 경제와 관련한 『조감』이나 『상훈』의 문제의식은

93　『羹墻錄』 권4, 勤民.

94　『常訓』 崇儉. "大抵土地生財有限, 以有限之財, 爲無限之用, 國豈不竭, 民豈不窮."

95　『栗谷全書』 권23, 「聖學輯要」, 正家篇, 第七節儉章.

『성학집요』의 차원을 넘지는 않고 있었다.

'이재' 편목은 이와는 여러 면에서 모습을 달리했다. 우선, 거론하는 대상의 폭이 확대되었다. 동전의 제작과 유통, 대동법, 균역법 등 국가의 재정 운용과 관련한 법제의 변화를 주로 다루었다. 또한 이 항목에서는 '은광의 개발'과 같은 재부(財富)의 적극적인 생산을 강조하는 내용도 실었다.[96] 말하자면 '이재'에서 수록 대상으로 삼은 것은 국가의 재부를 적극적으로 산출하고 재정의 폭을 확대하는 법제와 정책이었다. 국가의 적극적인 경제 운용, 경제 확장을 위한 노력을 강조하고 있음을 읽을 수 있다.[97] 반면, 『갱장록』에서는 '숭절검(崇節儉)'을 '이재'의 부록으로 붙여 절용 곧 왕과 왕실의 검약한 재정 운용을 이재의 한 부분으로 처리하였다. 이렇게 본다면 『갱장록』에서의 경제 의식은 국왕·왕실의 차원에 머무르는 것이 아니라 국가의 재정 운용 전반을 포괄하는 것이었음을 알 수 있다. 나아가 소극적으로 절약하는 경제에서 적극적이며 생산적인 경제 운용을 중시하는 것으로 변화하는 의식 또한 읽을 수 있다.

『갱장록』이 강조한 치국 영역의 또 다른 사안은 조제보합(調劑保合)의 정국 운영이었다. 조선 초기 이래 영조 대까지의 조제보합의 역사를 주로 정리한 '건중'이 이와 연관된 편목이다. 계획본의 '거당'을 대신한 이 편목은 『상훈』이나 『상훈집편』에서 '거당' 항목을 설정하고 당쟁의 문제를 논의한 것과 대비된다. 이 또한 『갱장록』 특유의 문제 의식을 담고 있는 것으로 이해된다. 여기에서는 여러 정치 세력을 어떻게

---

96 『羹墻錄』 권8, 理財.

97 이 점은 탕평정치기 국정 운영의 주된 특징 중의 하나로 꼽을 수 있다. 여기에 대해서는 백승철, 「英·正祖代 상업 정책의 전개와 그 특징」, 『東方學志』 118, 2002 참조.

조율하며 정국을 운용할 것인가 하는 점에 초점을 맞추어 이와 연관된 사실들을 주로 실었다. 당파를 인정하지 말아야 한다는 정종의 발언으로부터 시작해서 역대 조정에서의 당쟁 대책이 실려 있다. 특히 숙종대·영조대 실시했던 조제보합을 위한 여러 조치를 대거 수록했다.[98]

편목의 이름으로 설정한 '건중'은 상나라의 중훼(仲虺)가 탕(湯) 임금에게 바친 "懋昭大德, 建中于民힘써 대덕을 밝혀 백성들에게 중(中)을 세우소서"[99]이라는 진언에 연원을 둔다. 이 구절에 대한 공영달(孔穎達)이나 채침(蔡沈)의 해석은 비슷하면서도 약간 어긋났는데, 공영달은 왕이 대덕을 밝히고 민에게 대중(大中)의 도(道)를 세우는 것으로 풀었고,[100] 채침은 왕이 대덕을 밝히고 천하(天下)에 대중의 도를 세우는 것으로 이해했다.[101] 중국사에서는 당쟁을 조정하는 것이 큰 문제로 될 때 이를 연호로 삼아 정치적으로 이를 실현하려는 의지를 표명하기도 했다. 당나라의 덕종(德宗)이나 송나라의 휘종(徽宗)이 '건중(建中)'과 '건중정국(建中靖國)'의 연호를 사용한 것이 그 사례이다. 대립하는 양 편의 세력을 공평하게 등용하여 정국을 운영하려는 의지가 이들 연호에 담겨 있었다.[102] 덕종과 휘종의 사례는 '건중'의 정치가 현실에서는 어떻게 이루어지는가 하는 점을 보여주는 실례라 할 것이다.

---

98 『羹墻錄』 권6, 建中.

99 『書經』, 仲虺之誥.

100 『尙書正義』, 仲虺之誥. "欲王自勉, 明大德, 立大中之道於民."

101 『書經』, 仲虺之誥. "王其勉, 明大德, 立大中之道於天下."

102 이에 대해서는 『退溪集』 권11, 答李仲久問目에서 참조할 수 있다. "五卷四張, 元祐之調停, 元符之建中. 建中, 取兩平之意, 與調停同義也. 唐德宗初元, 以建中爲號, 欲兩平楊炎劉晏分黨相傾陷也. 哲宗紹聖元符中, 章蔡得志, 治元祐黨人, 極矣. 徽宗初, 政淸明, 稍進正人, 逐章蔡. 時議者以爲元祐紹聖, 均有所失, 欲以大公至正, 消釋朋黨, 遂詔改明年元, 爲建中靖國. 由是邪正雜進, 未幾君子盡逐, 而滿朝皆小人, 馴致靖康之禍. 其詔改元, 實在元符末年內, 故云元符之建中也."

그러나 이 방식은 주자에게서는 인정받지 못하였다. 주자는 이러한 인재 등용이 시시비비와 정사(正邪)를 명확하게 가리지 않음으로서 결국은 현실 정치를 타락시키는 결과를 가져왔다고 비판하였다. 군자-소인, 시-비, 선-악을 의리에 기초하여 명백히 가린 후 인재를 등용해야 하며, 군주에게 주어진 최대의 임무는 이를 가능하게 하는 지극한 의리의 표준을 세우는 일이었다.[103] 주자의 이러한 이해는 「홍범」의 황극(皇極) 해석과도 연관되어 있었다. 주자는 종래 '대중(大中)'으로 이해하던 황극을 군주가 세우는 의리의 표준으로 바꾸어, 군주에게 주어진 최대의 과제는 의리의 표준을 세우는 것이라 했다.[104] '건극(建極)'은 그 다른 표현이었다.

이처럼 '건중'과 주자가 해석 하는바 '건극'의 성격은 많이 달랐다. 전자가 여러 세력의 절충을 중시했다면 후자는 시시비비의 의리를 전면에 내세워 일당 주도적 정국 운영을 강조했다.[105] 영조의 탕평정치는 조제보합을 표방하는 전자의 건중의 정치였다. 영조는 '시 속에 비가 있고, 비 속에 시가 있음[是中有非, 非中有是]'의 이치로 본다면, 특정 당파를 일률적으로 군자와 소인, 선악과 시비로 나누는 것은 불가하다는

---

103 『宋子大全』권50, 答李季周(癸亥八月二十六日), "副本幸竊讀過 (…중략…) 第未見痛下頂門上一鍼, 而徒欲其滾合爲一, 則勢有不可得, 而徒益其猛起之勢矣. 此栗翁之所以敗, 而朱先生所以咎調停建中之爲誤也."
　『敬庵遺稿』권6, 伯祖考明齋先生遺事, "元祐之調停, 元豊之建中, 所以見非於朱子也. 今之爲調停之說者, 不論邪正是非, 惟以注擬之時, 一彼一此, 不使偏用爲務, 此則和泥帶水, 苟且模稜, 正朱夫子之所深非也."

104 『書經』, 「洪範」, "五皇極 皇建其有極"에 대해 주자는 다음과 같이 주석을 달았다. "皇君, 建立也. 極猶北極之極, 至極之義, 標準之名, 中立而四方之所取正焉者也. 言人君當盡人倫之至, 語父子則極其親, 而天下之爲父子者, 於此取焉 (…중략…) 以至一事一物之接, 一言一動之發, 無不極其義理之當然, 而無一毫過不及之差, 則極建矣."

105 '건중'과 '건극'의 다른 의미는 적용의 대상을 두고도 드러난다. 건중은 그 대상이 신료들이라면 건극은 군주였다. 이에 대한 이해는 이황에게서 찾아볼 수 있다(『退溪集』권6, 戊辰六條疏, "臣愚伏願聖上唯當顧諟天之明命, 恭己南面, 推誠腹心, 明目達聰, 建中于民, 建極于上, 不以分毫私意, 撓壞於其間, 則居輔相之位者, 必皆以沃心陳謨, 論道經邦自任, 處諫諍之列者, 無不以面折廷爭.").

견지에서 탕평을 추진하였다.[106] 그리하여 영조의 탕평에 비판적인 사람들은 건극론(建極論)의 견지에서 이 방식이 가지고 있는 문제를 집중 거론하였다. 이를테면 1729년(영조 5) 정언 오원(吳瑗)이 사직소에서 '건중'은 당송대의 바르지 못한 정치를 답습하는 것으로 비판한 것은 대표적인 사례이다.[107] 오원은 주자의 해석에 따라 '건중'보다는 '건극'이 더 필요하다고 주장했다. 군주가 지극(至極)의 표준을 세우고 여기에 맞추어 선악과 시비를 명확하게 해야 한다는 것이었다.

요컨대 『갱장록』에서 '건중'을 편목의 제목으로 내걸고 조제보합의 정치와 관련한 역사적 사실을 담은 의도는 당파 간 정쟁의 정국을 돌파해나감에 필요한 것은 극단의 의리론을 앞세운 정국운영이 아니라 중도적 인재 등용이라는 점을 표명하는 일이었다. 이는 또한 영조대의 조제보합의 탕평정치가 가진 의미를 공고하게 하는 한편으로 정조대 정치는 이를 계승하며 진행되어야 함을 제시한 것이기도 했다.[108]

이와 같이 『갱장록』은 처음 계획했던 내용에서 많은 수정을 거치며 마무리되었다. 영조대 이래 조선의 역사 전통을 바탕으로 새로이 군주학을 정리하려는 여러 노력이 이와 같이 『갱장록』으로 압축된 것이라 하겠다. 그러나 여기에 담겨 있는 군주학의 범위와 요목, 방법은 『조

---

106 『承政院日記』, 영조 5년 7월 27일 경오. "上曰, 建極豈不爲好? 而自黨論分後, 各以好惡, 憑藉建極. 予無工夫, 而但知是曰是非曰非而已. 而是中有非, 非中有是, 互相爲輕重, 一偏之皆曰是者, 未必爲建極之道, 此何如也?"

107 『月谷集』 권6, 辭正言附陳所懷疏 기유. "噫, 建中二字, 豈非王政之所當先, 而唐宋覆轍, 不啻昭昭, 今日蕩平之論, 又不幸類此. 靜念國事, 令人氣短, 此亦由殿下徒知朋黨之可痛嫉, 而不能建皇極於上. 故彌近理而大亂眞之說, 得以投間抵隙焉. 苟殿下明理正心, 以至極之標準自勉, 則此等之說, 其何敢作乎 (…중략…) 殿下誠能以至誠大公之道, 恒存于中, 處心行事, 光明正大, 而慶賞威刑, 一循天理, 則皇極之建, 義理之明, 天討之行, 其已久矣, 夫豈使國勢危岌, 民心崩潰, 恤恤懔懔, 日就莫可收拾之域也."

108 정조대 탕평정치에 대해서는 김성윤, 『조선 후기 탕평정치 연구』, 지식산업사, 1997 참조.

감』『상훈』『상훈집편』의 그것에 비해 많은 변화를 보였다. 또한 조선 후기 서인들이 중시했던 『성학집요』와 같은 전형적인 주자학적 성학서와도 차이나는 점이 있었다. 이 책에서 나타나는 군주의 정치적 역할에 대한 강조, '사대교린'의 인식틀을 벗어난 조선의 주체적-독립적 국가 위상 설정, 정국 운용에서의 극단의 의리론 배제, 이재(理財)를 적극 전망하는 국가 운영, 국가의 적극적인 대민 정책과 민의 사회경제적 재생산의 보장 추구와 같은 면모는 종래 조선에서 통용되던 군주학 저술에서는 찾아볼 수 없는 새로운 요소였다.[109]

『갱장록』의 군주학 세계는 18세기 후반, 정조대의 정치적 지향을 어느 정도 반영한 성과로 판단된다. 정조의 정치는 영조 탕평정치의 성과를 확대하며 이전에는 볼 수 없는 새로운 차원의 조선을 개척하고 있었다. 군주·국가의 권위를 높이고 그 역할을 강화하려는 노력, '민'의 성장을 적극 수용하며 그들의 재생산을 보증할 정책과 논리를 지속적으로 확대하려는 움직임, 청과의 관계에서 현실적인 조공 관계를 유지하되 중화주의적 질서에서는 자유로워지려는 의식 등은 정조와 정조 정부에서 찾을 수 있는 모습이었다.[110] 『갱장록』에서 추구했던 군주학의 여러 면모는 현실 정치에서의 그러한 변화 혹은 지향과 동떨어져 있지 않았다. 그렇게 본다면 『갱장록』의 군주학은 '탕평정치'의 군주학으로 이름 붙여도 좋을 것이다.

---

109 이를테면 『성학집요』에서는 "제왕의 학문은 기질을 변화하는 것 보다 절실한 것이 없고 제왕의 정치는 정성을 미루어 어진 이를 쓰는 것보다 앞서는 것이 없다(『聖學輯要』, 「聖學輯要進箚」)"고 하여 군주의 학문은 수기에서의 군주의 기질 변화, 그리고 정치에서의 현자의 등용이 핵심이 된다고 했다. 『갱장록』에서는 찾을 수 없는 논리이다.

110 이에 관한 여러 사실에 대해서는 김인걸, 「정조의 '국체' 인식」, 『정조와 정조시대』, 서울대출판문화원, 2011 참조.

맺음말

　　18세기 후반 규장각의 학술 활동은 이 시기 조선 사상계의 움직임을 살피기에 좋은 자료를 제공한다. 규장각을 창설하여 운영했던 정조의 의도 가운데 하나는 아마도 이곳을 조선을 다스려 나감에 필요한 사상, 이념의 중심 생산지로 만들려는 것이었을 것이다. 규장각에서 중국으로부터 새로운 서적을 대거 수입하고 관리하며, 초계문신제도(抄啓文臣制度)를 통해 새로운 인재를 키우고, 경·사·자·집을 아우르는 수많은 책들을 편찬하고 간행하게 한 것은 모두 그러한 목표와 연관된 것이었다.

　　내외로부터 이루어지는 대변동의 국면을 능동적으로 대처할 수 있는 국정 운영의 원칙, 정치이념을 만들기에 국가적인 에너지를 집중할 수 있는 규장각만큼 효율적인 기구도 없었을 것이다. 『갱장록』 편찬은 규장각의 그러한 모습을 확인할 수 있는 성과의 하나이다. 정조는 기존에 나와 있던 여러 자료를 바탕으로 규장각 각신과 조정 관료들의 힘을 빌려 이 책을 간행했다.

　　『갱장록』은 조선의 역사를 활용하여 편찬한 군주학의 교재였다. 선대 군주들의 이력과 국가 경영의 여러 경험은 군주 혹은 예비 군주에게 나라를 다스림에 필요한 덕성과 지식의 원천으로 제공되었다. 이제 이 내용을 충분히 익힌다면 학습 주체는 자신이 다스리는 나라의 역사 전통과 정체성을 확인하고 또 자신의 뿌리가 어디에 있는지를 단단히 확인할 수 있게 될 터였다. 이 점은 성리서나 중국의 역사서를 활용, 군주에게 필요한 지적 능력과 역사적 안목을 키울 것을 의도했던 종래의 학습서와는 성격을 달리하는 면모였다.

『갱장록』은 이 같은 점에서 역사서이기도 했다. 물론, 통상 역사로부터 '감계(鑑戒)'의 자료를 얻는다는 당대의 일반적인 사고 위에서 본다면, 친왕적이며 국왕 옹호적인 색채가 강한 『갱장록』에서의 역사 이해는 일방적 편향적일 수 있는 여지가 많았다. 그렇다할지라도, 이를 통하여 한 국가를 다스리는 정치 수장이 자국(自國)의 역사에 대한 통관적(通觀的) 지식을 가지게 되는 것은 대단히 의미 있는 일이었다.

『갱장록』의 편찬과 간행은 정조대 학술의 성과이면서 한편으로는 영조대에 전개되었던 일련의 움직임을 바탕으로 한 것이었다. 영조대에는 이미 『조감』, 『성조갱장록』, 『상훈』, 『상훈집편』과 같은 군주학 학습서들이 지속적으로 만들어졌다. 이들 학습서는 한결 같이 삼대의 이상 정치는 조종의 정치를 본받을 때 가능하다는 이념 위에서 조선의 역사 경험으로부터 군주학의 원리와 이념, 방법을 추출하고자 하였다. 그리하여 조선의 군주와 예비 군주는, 여전히 중국의 유학 혹은 성리학·주자학에 기초한 군주학의 원리와 이념을 익히면서도, 동시에 이들 책을 통하여 조선의 역사 그 자체로부터 조선의 최고 정치적 수장에게 필요한 덕목을 익힐 수 있게 되었다. 조선의 역사가 군주학 학습의 주요 자료가 되는 현실은 전에 없던 모습이었다.

그러나 『갱장록』은 영조대에 만들어진 여러 성과를 이으면서도 그와는 다른 차원의 군주학의 경계를 만들어내고 있었다. 이 책에서는 편목의 작명과 구성에서부터 행위의 주체를 군주로 명확히 하고, 군주 정치가 지향해야 할 정치의 범위와 성격을 '사대교린'의 인식틀을 벗어난 조선의 주체적-독립적 국가 위상 설정, 정국 운용에서의 극단의 의리론 배제, 이재(理財)를 적극 전망하는 국가 운영, 국가의 적극적인 대민 정책과 민의 사회경제적 재생산의 보장 추구와 같은 점에서 구하고 있었다. 이는 종래 조선에서 통용되던 군주학 저술에서는 찾아볼 수 없는 새로운 요소였다.

『갱장록』은 이와 더불어 신료 일반의 학문과는 구별되는 군주학의 고유 영역을 조선 사회에 무게감 있게 제시했다. 이 책에서 다루어지는 여러 경험의 주체 곧 역대 조선의 군왕은 학습자인 군주와 예비 군주와는 혈연적으로 연결되어 있었다. 그런 점에서 그 관계는 비혈연의 신료들은 결코 관여할 수 없는 배타적 영역 위에서 구축되어 있었으며, 군주학의 내용 또한 그 어떤 비혈연적 존재도 공유할 수 없는 독자성을 지니고 있었다. 주자학의 군주 성학론이 군주를 대상으로 하면서도 일반 신민(臣民)이 공유할 수 있는 내용으로 개방되어 있는 것과 비교한다면 이는 큰 차이였다.

『갱장록』에서 찾을 수 있는 이러한 사실은 정조대 군주학이 그 경계를 넓혀가는 모습일 수도 있고, 역으로 군주학의 영역이 폐쇄적으로 축소되는 양상일 수도 있다. 그러나 어쨌든 이것은 정조대의 군주학 혹은 정조의 정치사상적 지향이 이 시기 주자학에 크게 영향 받는 대다수 사대부의 의지·정서와 분리 고립하며 충돌할 수 있는 지점이기도 했다. 정조의 학문과 지향을 둘러싸고 비판하거나 혹은 옹호하는 움직임이 일어날 때, 그 선명한 경계선 또한 여기에서 형성될 터였다.

『갱장록』의 세계는 정조대 규장각을 중심으로 하여 일어나는 다양한 학술 활동, 정조와 정치적 사상적으로 연대하고 있는 인물들의 움직임 등과 연결되어 있었다. 이 글에서 충분히 살피지 못한 『갱장록』의 지적인 배경, 학술적 계기 등에 대한 이해는 이러한 학술 활동 전반에 대한 검토·연구 위에서 조금씩 진전될 것이다. 이에 대한 연구는 차후의 과제로 삼고자 한다.

창조적 일탈의 상상

19세기 초 이규경의 하늘과 땅에 대한 사유

문중양

머리말

이규경(李圭景, 1788~1856)의 『오주연문장전산고(五洲衍文長箋散稿)』는
『임원경제지(林園經濟志)』[1]와 함께 19세기 전반에 쓰여진 조선의 대표
적 백과전서적 저서이다. 서울을 떠나 충청도 충주 지역의 외진 곳에
서 살면서 1839년 이후 1856년 죽을 때까지 집필한[2] 1,416개의 항목에
이르는 방대한 꼭지의 변증설이 주제 분류 없이 60권 60책의 분량으로

---

1 徐有榘에 의해서 1806~1824년 사이에 아들 宇輔의 도움을 받으며 편찬한 113권 52
   책에 이르는 방대한 책이다.
2 이규경의 생애와 『오주연문장전산고』의 집필에 대해서는 박상영·안상우, 「五洲
   李圭景의 생애 연구」, 『民族文化』 31, 2008, 151~175쪽이 유용하다.

펼쳐져 있다.[3] 『임원경제지』가 농업을 중심으로 일상생활의 실용적인 다양한 지식들을 수록 정리해 놓은데 비해서 『오주연문장전산고』는 그보다 폭넓은 지식을 수많은 문헌들로부터 발췌[4]해서 체계적으로 정리해 놓았다. 천문지리학 관련 자연 지식도 상당히 많이 담겨있다. 천지 관련 항목만 해도 224개 항목에 이른다. 이 외에도 인사편 기예류(技藝類)의 산수(算數) 8개 조항, 기용류(器用類) 124개 항목, 기예류(技藝類) 197개 항목, 동식물의 지식을 담은 만물편(萬物篇) 208개 항목[5] 등을 포함하면, 광의의 자연 지식을 다룬 항목이 적어도 745개로 전체의 반을 훌쩍 넘을 정도로 풍부한 자연 지식을 담고 있다.[6]

---

3 1910년대에 崔南善이 필사본 원고를 발견해 소장해 오던 것이 이규경이 저술한 원본이었는데, 이후 이 원본은 사라지고 이 원본을 필사한 京城帝大 도서관본을 1959년에 古典刊行會 주도로 60권으로 영인 출간한 것이 학계에 알려진 것이다. 이에 대한 더욱 상세한 내용은 金榮植, 「李圭景의 『五洲衍文長箋散稿』 硏究」, 성균관대 박사논문, 2008, 12~16쪽을 참조할 것. 고전번역원(옛 민족문화추진회)에서는 현존하는 필사본을 2001년부터 전산화하기 시작, 2005년에 완성한 바 있다. 이 전산화 작업의 결과물은 최남선이 소장하던 원본을 필사하는 과정에 발생했던 오류를 원문을 대조해가면서 상당부분 수정하는 등 원본에 가까운 正本이라고 할 수 있다. 이러한 고전번역원의 전산화와 정본 작업, 그리고 체계적인 분류는 학술적으로 매우 가치 있는 성과이며, 이에 힘입어 근래 들어 관련 논문이 많이 쏟아지고 있다. 이 글에서도 고전번역원의 正本 데이터베이스 자료를 기본으로 활용했으며, 의심이 나는 부분은 고전간행회 영인본을 대조했다.

4 고전번역원의 전산화된 자료는 필사본을 校勘하면서 典據한 문헌을 일일이 원문을 대조해 찾아놓았는데, 이규경이 인용한 문헌은 총 661종에 달했다. 물론 이 중에 2차적인 재인용일 것으로 추정되는 것도 있을 수 있으며, 그렇다면 총 典據 문헌 수는 다소 줄어들 것이다.

5 고전번역원의 『五洲衍文長箋散稿』 전산화된 校勘本은 1,416개의 항목을 『星湖僿說類選』의 체계에 입각해 天地篇, 人事篇, 經史篇, 萬物篇, 詩文篇의 5篇 23類 176項으로 분류했다. 그러나 이 분류가 적절한가에 대해서는 논란이 있는데, 적어도 자연지식의 분류는 만족스럽지 못하다. 특히 5편 아래 23항의 중분류와 176항의 소분류로 세분하는 분류 내용에 있어서는 더욱 그러하다. 예컨대 算數와 醫藥을 人事篇 技藝類로 분류하거나, 博物을 人事篇 論學類로 분류한 것은 적절하지 않은 듯하다.

6 전체의 절반이 넘는 이러한 자연 지식에 대한 서술은 결코 적지 않은 분량으로 체계적으로 분류해서 재정리하면 각각의 분야에서 훌륭한 전문서가 되기에 충분할 정도이다. 특히 천문과 지리 분야의 224개 조항에 걸친 서술은 관련된 고금의 기록들을

이와 같이 풍부한 자연 지식을 담고 있음에도 불구하고 그간 이에 대한 연구는 거의 전무했다고 해도 과언이 아니다. 아주 오래전 전상운의 『오주서종(五洲書種)』과 『오주서종박물고변(五洲書種博物攷辨)』에 담긴 박물학 지식을 분석한 연구, 최근에 이규경의 의학론을 분석한 김호의 연구, 그리고 서양 수학에 대한 조선 지식인의 반응의 한 예로서 이규경의 수학관을 분석한 구만옥의 연구가 유일했다.[7] 과학사 분야 바깥에서 이루어진 최근의 연구에서도 천지편은 거의 다루어지지 않았다.[8] 이제 『오주연문장전산고』의 천지편은 19세기 전반의 천문과 지리에 관한 자연 지식의 전체 지형을 잘 보여줄 것으로 기대되며, 연구자의 분석을 애타게 기다리고 있다.

이 글은 그동안 전혀 살펴보지 않았던 하늘과 땅에 대한 변증의 내용인 천지편을 중심으로 19세기 초 이규경이 『오주연문장전산고』에서 펼친 자연에 관한 사색을 살펴보았다. 그러나 『오주연문장전산고』 천지편에 담긴 천문지리학 지식의 전모를 그리기에는 담고 있는 자연 지식의 양이 너무 방대하다. 뿐만 아니라 『오주연문장전산고』에 담긴 천문지리학 지식은 파편화된 지식들로서 체계화가 궁극적으로 힘들다. 매우 이질적인 자연 지식들을 읽는 대로 초록해 두었다가 체계적인 분류 없이 정리한 글들이기에 더욱 그러하다. 한편으론 그렇기 때문에 당

대거 찾아 인용하면서 정리해 놓았기 때문에 더할 나위 없이 좋은 안내서 역할을 하기에 적절하다.

7 전상운, 「이규경과 그의 박물학」, 『성신여대 사범대 연구논문집』 4-5, 성신여대, 1972; 김호, 「이규경의 의학론과 신체관」, 『19세기 조선, 생활과 사유의 변화를 엿보다—『오주연문장전산고』를 통해 본 조선 후기 생활 문화』, 돌베개, 2005; 具萬玉, 「마테오 리치 이후 서양 수학에 대한 조선 지식인의 반응」, 『韓國實學研究』 20, 2010, 301~355쪽.

8 예컨대 2008년에 『오주연문장전산고』를 종합적으로 분석한 金菜植은 그의 박사논문에서 천지편은 전혀 분석하지 않았다.

대 자연 지식의 지형을 더 생생하게 볼 수 있기도 하다. 폭발적으로 증가한 자연 지식의 정보와 다양한 자연관이 제시되고, 그것들이 혼란스럽게 병존하면서 변증의 형태로서만 소개, 정리되는 모습이 19세기 전반 조선 자연지식의 성격일 수 있다.

그렇기에 이 글은 이규경이 변증해 놓은 천문지리학 지식 전모를 소개하거나, 체계화하려고 하지 않았다. 다만 먼저 이규경의 천문지리학 자연지식을 이해하는 관점을 살펴봄으로써 그가 변증해 놓은 자연지식 논의가 어떠한 과학 지형 위에 서있었는지 가늠해 보았다. 이어서 이규경이 펼친 천지에 대한 많은 변증들 중에서 매우 흥미로운 이규경의 세 가지 사유를 미시적으로 살펴보았다. 그것은 천지의 구조와 모양에 대한 상상, 땅의 운동에 대한 논의, 그리고 다세계설 사유이다.

이러한 이규경의 변증들에는 서양식 천문지리학 지식 정보와 함께 중국의 고전적 우주론 전통에서 출현하는 수많은 논의들이 등장하고 있다. 그와 함께 이규경 이전 조선의 선배 유학자들이 펼쳤던 독창적인 우주론 사색들이 중요한 비중으로 등장한다. 주희(朱熹)와 소옹(邵雍) 우주론 같은 진솔한 유가적 전통의 무대 위에서 사색을 펼치는 듯하면서도 도가와 신선의 세계를 넘나드는 우화(寓話)를 펼치기도 한다. 그야말로 궁극적으로 통합되기 어려운, 오히려 체계화를 거부하는 성격이 다른 계통의 풍부한 파편적 지식들이 이규경의 하늘과 땅에 대한 상상에서 등장한다. 필자는 이러한 이규경의 우주론 사유를 상수학과 중화주의적 세계관에 갇힌 창조적 일탈의 상상이라 부르고 싶다.

1. 천문지리학 지식을 이해하는 지적 맥락

1) 상수학적(象數學的) 명물도수지학(名物度數之學)의 지향

이규경은 『오주연문장전산고』에서 천지와 만물, 그리고 인사(人事)와 경사(經史) 등 모든 분야의 지식에 대해서 다루었다. 그런데 그가 특히 주목해서 변증하면서 정리하고자 했던 지식은 소위 '명물도수지학(名物度數之學)'이었음이 서문에 잘 나타나 있다.

방대한 저술에 어울리지 않게 아주 짧은 서문의 요지는 '명물도수지학'의 지식에 대한 변증을 모아 "연문장전산고(衍文長箋散稿)"라는 제목으로 달아 편찬했다는 것이었다. 이규경은 '명물도수지학'이 비록 '성명의리지학(性命義理之學)'에는 못 미치지만 이단시하며 내버려두고 강론(講論)조차 하지 않음은 불가하다[9]며 사대부 지식인에게 필요한 지식임을 강변했다. 그는 명물도수지학이 한대(漢代) 이래 학문의 명맥이 잘 이어지지 못했지만 명말의 서광계(徐光啓, 1562~1633)와 왕징(王徵, 1571~1644) 같은 유학자들[10]이 등장해 '상수학(象數學)'을 창시함에 명물도수지학이 다시 환하게 부활했다[11]고 이해했다. 이와 같이 중국에서는

---

9 『五洲衍文長箋散稿』序. "大抵名物度數之術, 縱不及性命義理之學, 亦不可偏發不講, 視若異端也."

10 주지하는 바와 같이 徐光啓는 예수회 선교사들을 도와 많은 서양 과학서들을 번역 편찬하고, 손수 『農政全書』라는 거질의 農書를 편찬한 인물이며, 王徵 역시 예수회 선교사들과 함께 실용적 器具書인 『奇器圖說』과 『諸器圖說』을 편찬한 인물이다. 서광계와 왕징의 이러한 저술 작업은 실제로 17세기 초 유입된 서양 과학의 지식을 기반으로 촉발된 '명물도수지학'의 대표적인 예로 이해되는 것이었다.

11 『五洲衍文長箋散稿』序. "名物度數之學, 漢代以後, 絶已久矣. (…중략…) 故所謂名物度數者, 未嘗間斷, 而其精蘊之奧旨, 則無人發明, 類同堙沒不傳矣. 逮于皇明之末造,

명말에 명물도수지학이 부활했고, 그러한 지식에 무지한 것을 중국의 유학자들은 부끄러워 할 정도로 명물도수지학이 중요한 지식으로 부상했었다. 그런데 이러한 명물도수지학이 조선에 유입되어 들어왔으나, 조선의 식자들은 깊은 이치를 깨닫지 못했고 실용에 임해서는 도통 어찌할 바를 모를 정도여서 아예 완전히 무지한 것 보다 못하다[12]며 이규경은 조선 학계의 명물도수지학에 대한 무지를 신랄하게 비판했다.

이를 보면 『오주연문장전산고』를 통해서 '명물도수지학'이라는 지식 정보들을 소개하며 변증하려는 것이 이규경의 주된 편찬 의도였음을 알 수 있다. 그런데 서광계와 왕징 같은 명말 유학자들이 '상수학'을 창시했고, 그를 기반으로 명물도수지학이 발전했다고 보는 이규경의 이해가 주목할 만하다. 본래 상수학은 한대에 번성했었고, 송대(宋代) 도서학(圖書學)의 부활에 힘입어 한층 업그레이드된 소옹(邵雍, 1011~1077) 상수학으로 체계화되어 송대 성리학의 중요한 자연인식 체계로 자리를 잡았었다. 그러나 명말 청초 이후 고증학적 학풍이 지배적인 학문적 경향으로 성장하고, 동시에 서광계와 이지조(李之藻) 등의 실증적 문헌학의 연구 경향이 천문역산학 연구의 지배적인 방법론으로 자리를 잡으면서, 상수학적 인식체계를 이용한 자연 이해와 분석은 18세기 이후 중국의 학계에서는 거부되었었다.[13] 따라서 이러한 중국 학계

中土人士駿駿然入于其中, 打成習尚, 以不知此道爲恥. 如徐玄扈, 王葵心之流, 崛起絶學之後, 多所啓發, 創始象數之學, 名物度數, 煥然復明於世. 從玆以後, 崇門名家稍稍出焉."

12 『五洲衍文長箋散稿』序. "此學流入東方, 有志之士, 盡心擬摸, 力追深奧, 局於耳目, 但領其皮殼, 未會其精蘊, 平居雖能言之, 臨用眴晦, 竝未曉其本原之何在, 叩之則囁嚅爾爾, 反不如初無所知者."

13 17, 18세기 중국에서의 천문역산학 연구 경향의 역사적 변화에 대한 자세한 논의는 임종태, 「이방의 과학과 고전적 전통─17세기 서구 과학에 대한 중국적 이해와 그 변천」, 『東洋哲學』 22, 2004, 189~217쪽이 매우 유용하다.

의 역사적 흐름에 의하면 이규경이 이해하듯이 서광계 등이 상수학을 창시하고, 그것에 힘입어 명물도수지학이 부활했다는 이해는 사실과는 상당히 거리가 있는 것이었다.[14]

그러나 이규경의 이러한 이해는 조선에서는 오히려 일반적이었던 듯하다. 누구보다 명말 청초 이래 서양식 천문역산학을 중심 내용으로 하는 명물도수지학을 사대부가 추구할 만한 가치 있는 지식임을 천명하며, 상수학(특히 선천학(先天學))을 기반으로 제반 지식의 통합과 체계화를 시도했던 18세기 중후반 관료 학계의 리더였던 서명응(徐命膺, 1716~1787)의 지적 작업에서 그러한 조선의 학풍을 잘 살펴볼 수 있다.[15] 사실 명물도수지학에 깊은 관심을 지닌, 특히 천문역산학에 조예가 깊은 조선의 유가 사대부들은 대부분 상수학에 통달했거나 깊은 관심을 갖고 평생을 연구한 사람들이 많았다.[16] 그들은 수(數)의 근원이 하도(河圖) 낙서(洛書)에서 비롯되었다고 인식했으며, 나아가 천문역산

---

14 물론 당대 '상수학'이라는 용어는 고전적인 주역 상수학뿐 아니라 '수에 관한 학문' 전반을 뜻하는 것으로서 실제로 서광계가 마테오 리치를 도와 번역한 『幾何原本』에 담긴 서양식 수학도 당대 사대부들이 말하는 상수학의 범주에는 든다고 할 수 있다. 따라서 서광계 등이 상수학을 창시한 것도 그리 틀린 이해는 아니다. 그러나 다음 절에서 서술하는 바와 같이 이규경에게는 상수학에 토대를 두지 않은 수학은 참다운 지식이 아니었고, 서양식 수학은 그와 같이 상수학에 원리적 토대를 두지 않은 한계를 지닌 지식에 불과했다. 그렇다면 이규경이 이해하는 서광계 등이 창시한 상수학이란 『기하원본』과 같은 서양식 수학이 이후 중국에서 발전해 상수학적 원리를 겸비한 것으로 봄이 적절할 것이다. 이러한 상수학이 창시됨에 명물도수지학이 부활할 수 있었던 것이다.

15 서명응의 학문적 경향과 연구 활동에 대해서는 박권수, 「徐命膺의 易學的 天文觀」, 『한국과학사학회지』 20-1, 1998, 57~101쪽; 金文植, 「徐命膺 著述의 種類와 特徵」, 『한국의 경학과 한문학』, 태학사, 1996, 127~198쪽을 참조할 것.

16 그러나 徐浩修(1736~1799)나 李家煥(1742~1801) 같은 인물은 오히려 예외적이었다고 할 수 있을 것이다. 서호수가 아끼던 『數理精蘊』(1722)과 『曆象考成』(1723)에 담긴 천문산 지식에 누구보다 정통했던 正祖代의 천재 天文官員 金泳은 周易先生으로 불릴 정도로 주역에 정통했고, 만년엔 주역 공부에 빠져 실성할 정도였다.

학의 원리를 궁극적으로 상수학에서 찾고자했다.[17] 이러한 조선 학계의 상수학과 명물도수지학에 대한 이해를 이규경은 그대로 공유하고 있었던 것이다.

상수학적 인식체계가 지배적이었던 조선 학계의 일원으로서 이규경 역시 소옹 상수학을 깊이 있게 공부했던 듯하다. 『황극경세서변증설(皇極經世書辨證說)』에는 그가 소옹의 『황극경세서』를 얼마나 중요한 서적으로 추앙하고 있는지 잘 보여준다. 이규경은 역대의 어느 문헌보다 『황극경세서』를 자세히 소개했다. 중국 고금의 문헌에서 『황극경세서』을 찬양하는 소개의 글을 찾아 인용했으며, '원회운세설(元會運世說)' 을 정확하게 요약해서 소개했다. 뿐만 아니라 서경덕(徐敬德, 1489~1546) 으로부터 시작해 신익성(申翊聖, 1588~1644), 홍계희(洪啓禧, 1703~1771), 그리고 서명응으로 이어지는 조선의 상수학 대가들과 그들이 저술한 상수학 연구서들을 자랑스럽게 소개했다. 이규경 자신도 그러한 전통을 계승해 많은 『황극경세서』 연구서를 저술했다. 『경세기수원본(經世紀數原本)』, 『경세기수내외편(經世紀數內外篇)』, 『경세찬도지요주해(經世纂圖指要注解)』, 『경세일원소장수도해(經世一元消長數圖解)』, 『경세일원시종수해(經世一元始終數解)』, 『경세지운약설(經世地運約說)』, 『경세지행수원(經世地行數原)』 등이 그 자신이 저술했다고 언급하는 문헌들이다.[18]

---

17 조선 후기 조선 학계의 상수학적 학풍에 대해서는 박권수, 「조선 후기 象數學의 발전과 변동」, 서울대 박사논문, 2006을 참조할 것.

18 『五洲衍文長箋散稿』, 經史篇 經史雜類 其他典籍 [1049]皇極經世書辨證說(변증설 앞의 번호는 고전번역원의 전산자료에서 부여한 일련번호이다. 이하 동일). 이규경이 저술한 『황극경세서』 연구서는 모두 현존하지 않아 그 내용은 제목으로만 짐작할 수 있지만 대부분은 『황극경세서』의 핵심 내용을 요약 정리해 놓은 것으로 추정해 본다. 마지막 두 개의 문헌 『經世地運約說』과 『經世地行數原』은 상수학 체계를 이용한 지구의 운동에 대한 해설서가 아닌가 싶다. 天地篇 地理類 地理總書 [0106]地球轉運辨證說에서 이규경은 金錫文의 "地球運轉說"을 상당히 길게 인용 소개해 놓으

이규경은 이와 같이 자세하게 『황극경세서』를 변증한 후 말미에서 소옹이 알아낸 천지(天地) 시종(始終)의 수(數), 즉 '원회운세'의 수[19]는 견강부회한 것이 아니며 자연의 수임을 재차 강조했다. 이어서 더 이상의 극찬이 없을 정도의 찬사를 늘어놓으면서, 조선에서 번각(翻刻)된 적이 없음을 아쉬워하고, 세상에 그 이치를 잘 아는 자가 드문 것을 한탄하며, 평소의 사모하며 우러러보는 마음을 표하기 위해 변증했다고 끝을 맺었다.[20] 그야말로 이규경에게 『황극경세서』는 "천지간(天地間)에 사물의 일대분한(一大分限)을 경법(經法)하는 (위대한) 책"이었다. 그랬기에 이규경은 『사고전서(四庫全書)』의 편찬자가 『황극경세서』를 술수류(術數類)로 분류하는 것은 온당치 않다며,[21] 『황극경세서』를 술수의 서적 정도로 가치 절하하는 중국 학인들의 인식에도 불만의 목소리를 던졌다.

2) 수학과 역법에 대한 상수학적 이해

『황극경세서』를 추앙했던 이규경에게 명물도수지학을 대표하는 수학과 천문역산학의 원리가 상수학적이라는 인식은 너무나 자연스러

면서 말미에 자신이 『地運約說』을 저술한 사실을 적어 놓았다. 그 내용은 渾天儀 구조를 응용해 太陽, 太陰, 地球의 三環을 설치해 돌려가면서 관측을 할 수 있도록 관측기구를 고안했는데, 그 圖繪를 『地運約說』에 자세하게 실었다는 것이었다. 김석문의 地運 논의가 經世 1元의 數 테두리 내에서의 것이었기 때문에 『地運約說』과 『經世地運約說』은 같은 책이었을 가능성이 크다 하겠다.

19 우주 생성과 소멸의 사이클인 1元 129,600년이다.

20 『五洲衍文長箋散稿』. 經史篇 經史雜類 其他典籍 [1049]皇極經世書辨證說. "我東則是書自古無翻刻 藏書家亦罕覲者 蓋不切於時用故也. 若知其深旨 則不待勸 而家有其書 戶藏其版矣. 其於世無知者何 謹取所見聞者 編作辨證一說 以寓景仰之懷也."

21 『五洲衍文長箋散稿』. 經史篇 經史雜類 其他典籍 [1049]皇極經世書辨證說. "淸四庫全書 以皇極經世書 列於術數書中 似非適當其宜."

운 것이었다. 수의 근원에 대해서 변증해 놓은『수원변증설(數原辨證說)』에
는 이규경의 그러한 인식이 다음과 같이 잘 드러나 있다.

이규경에게 수는 본래 하도와 낙서에 근원을 두었고, 태극에 근본을
두었으며, 그러한 수의 경전은『구장산술(九章算術)』과『주비산경(周髀
算經)』이었다. 그런데 수학이 참됨을 잃은 지 오래되어 한진(漢晉) 이래
근근히 계승되어 낙하굉(洛下閎), 장형(張衡), 유작(劉焯), 조충지(祖冲之),
곽수경(郭守敬) 등이 비록 마음을 다해 '상수(象數)'를 추구했으나 미진
할 수밖에 없었다. 그런데 명(明) 만력(萬曆)년간에 산수에 능통한 리마
두(利瑪竇, Matteo Rici, 1552~1610), 목니각(穆尼閣, Nicolaus Smoglenski, 1609~
1655) 등의 '서양인(西洋人)'들이 중국에 들어와『기하원본(幾何原本)』과
『동문산지(同文算指)』를 편찬했다. 그러나 서양의 수학, 즉 기하(幾何)는
그 대체(大體)는 갖추어졌지만 세밀한 수의 원리는 분명하게 밝히지 못
했다고 보았다. 그 이유는 물론 서양의 수학이 상수학에 토대를 두지
못했기 때문이었다. 이에 비하면 중국의 수학 고전『주비산경』은 중국
산학의 조종(祖宗)으로서 수(數)와 이(理)를 모두 갖추었다. 이에 강희제
(康熙帝, 1661~1722 재위)가 명하여『수리정온(數理精蘊)』(1722)을 편찬하
니, 중국의 '주비(周髀)'와 서양의 '기하(幾何)'가 겸비된 참다운 '수학(數
學)'이 완성되어 여온(餘蘊)이 남지 않았다는 것이다.[22] 결국 서양의 수
학 지식이 아무리 정밀하다 하나 참다운 '수학'이 되기 위해서는 수(數)
만이 아니라 이(理)를 겸비해야 하며, 나아가 하도와 낙서, 그리고 태극
에서 비롯된 상수학에 토대를 두어야했다고 보았던 것이다.

상수학에 근본적 토대를 두어야 한다는 이규경의 인식은 천문역법

---

22 수학에 대한 이규경의 이러한 이해는『五洲衍文長箋散稿』, 人事篇 技藝類 算數
[0727]數原辨證說을 볼 것.

의 경우에는 더욱 분명하게 드러났다. "역법에 능통한 자는 기(氣), 상(象), 수(數)를 말하지만, 그렇지 못한 자는 수만 말할 뿐이다"라는 『역대용력변증설(歷代用曆辨證說)』의 문구는 그러한 이규경의 인식을 단적으로 말해준다. 그는 역법이 역대로 개선되고, 더 정밀한 것이 제시되어도, 계산이 어그러지는 일이 없어지지 않는 현상은 역산가가 단지 수에만 치중했기 때문이라는 인식을 하고 있는 듯하다. 그는 1730년(擁正 8년) 6월 삭(朔)의 일식(日食)이 평원(平圓)에 근거한 구법(舊法)으로는 9분 22초, 타원(橢圓)에 근거한 금법(今法)으로는[23] 8분 10초로 계산되었는데, 결국 측험해보니 금법이 맞았던 사례를 들며, 두 법 모두 정밀한 서양법임에도 불구하고 이와 같이 어그러지는 이유가 무엇인가 물었다. 그것은 역법을 계산하는 자는 마땅히 하늘에 순응해서 답을 구해야 하는데, 그러려면 『황극경세서』의 원리에 기반하지 않은 역법으로는 답을 구할 수 없다는 것이었다. 바로 서양식 역법이 그러했다는 주장이다. 이규경은 『황극경세서』의 법은 기(氣), 상(象), 수(數) 삼자를 통해 이(理)가 환하게 밝혀진 것으로, 그것에 의하면 평원-타원의 차이도 없고 고금의 차이도 없어, 만고에 조금의 어긋남도 없는 역법이 될 것이라고 보았다.[24]

---

23 구법이란 『역상고성』(1723년)에 의한 계산법을 말하며, 금법이란 『역상고성후편』 (1742년)에 의한 계산법을 말한다. 종래의 일식 계산은 원 궤도에 입각한 것이었으나, 『역상고성후편』에 이르러 타원궤도에 입각한 계산법으로 바뀌었다.

24 『五洲衍文長箋散稿』, 天地篇 天文類 曆象 [0064]歷代用曆辨證說. "治曆者 當順天以求合 非爲合以驗天也. 欲順天以求合 捨經世曆法而何求焉. 經世之法 氣象數三者 其理昭然 則雖巧曆 亦當爾爾. 經世天行之法 無平橢之異 無古今之差."

3) 중화주의적 중국기원론

이질적인 서양 과학 지식을 이해하는 기준으로 이규경에게는 중화주의적 중국기원론적 담론도 작동했다. 여느 조선의 일반적인 사대부가 그랬듯이 이규경도 소위 '대명의리론(對明義理論)'으로 상징되는 중화주의적 사고에 푹 젖어있었다. 그는 원말(元末) 명초(明初) 고려(高麗) 조정이 이해만을 추구해 원에 대한 의리를 저버린 과거를 비판적으로 거론했다. 이와 달리 조선 조정은 명 멸망 이후에 대보단(大報壇)과 만동묘(萬東廟)를 설치하는 등, 명의 왕통이 끊어졌음에도 의리를 저버리지 않았음을 높이 평가했다. 조정과 사대부는 말할 것도 없고 시골의 평민들까지 명에 대한 의리를 저버리지 않았으니 이와 같은 간절한 충성은 일찍이 보지 못한 것이라며 조선의 대명의리를 높이 샀던 것이다.[25]

이와 같이 대명의리론에 충실했던 이규경이었기에 서양과학 지식의 중국기원론적 사유는 의심의 여지없는 것이었다. 그는 『오주연문장전산고』에서 중국의 매문정(梅文鼎, 1633~1721)이 확립한 중화주의적 중국기원론의 서사를 별 다른 이의 없이 받아들이고 있다.[26] 그것은 주인자제(疇人子弟, 천문역산가)가 관직을 잃고 널리 흩어져 사해(四海)로 나가 살면서 중국에서는 천문역산의 전통이 끊어졌지만 해외에서는 오히려 이어졌었는데, 명 말 이후 서양인이 중국과 교류함에 다시 유입되었다는 내용이 요점이었다.[27] 이러한 관점에서 서양과학의 중요한

---

25 『五洲衍文長箋散稿』, 經史篇 論史類 論史 [1107] 元末明初明末清初辨證說.
26 매문정의 중화주의적 서양 천문학의 중국기원론적 담론이 형성되고 18세기 국가공인의 것으로 정착 되는 과정에 대한 구체적인 논의는 Chu Pingyi, "Technical Knowledge, Cultural Practices, and Social Boundaries : Wan-nan Scholars and the Recasting of Jesuit Astronomy, 1600~1800(UCLA Ph.D. dissertation)", 1994, 224~239쪽; 임종태, 앞의 글, 2004, 209~214쪽을 참조할 것.

이론들의 기원을 중국의 고전 전통에서 찾은 중국 학인들의 견해를 이규경은 충실히 따랐던 것이다.

　서양 천문학의 9중천설과 12중천설에 대한 이해는 그러한 대표적인 예이다. 이규경은 서양의 12중천설과 9중천설이 있기 이전에 유사한 논의가 이미 중국에 있었음을 보여주기 위해 역대의 여러 문헌들에 나오는 하늘에 대한 논의들을 소개하면서, 그것이 서양인들의 독창적 우주론이 아님을 강변했다. 이규경이 거론하는 중국의 전통적 논의는 굴원(屈原)의 『초사(楚辭)』에 나오는 구천설, 양웅(揚雄)의 『태현경(太玄經)』에 나오는 구천설, 그리고 『주자어류(朱子語類)』에서 주희(朱熹, 1130~1200)가 논의했던 구천설 등이었으며, 이에 더해서 도가(道家)와 불가(佛家)의 33천까지 거론했다. 그러나 이러한 중국 고전에 나오는 하늘에 대한 논의는 서양의 중천설과는 분명 다른 것이었다. 그러한 사실은 이규경이 『초사』의 구천설이 아홉 겹의 하늘을 의미하는 중천설은 아니라고 인정하는 것에서도 잘 드러난다. 그럼에도 불구하고 이규경은 그 구체적인 내용은 파악하기 힘들지만 중국의 고전에 나오는 하늘에 대한 논의 중에는 아마도 분명히 중천설과 유사한 것이 있으리라는 막연한 기대를 했고, 나아가 분명하게 확신했던 것이다.[28]

　이규경은 이와 같이 중국의 고전적 전거를 들며 서양의 12중천설, 9중천설이 서인(西人)들의 창안(創案)이 아님을 분명히 언급한 다음, 중국의 인사들이 이미 중국에 있었음을 망각하고 단지 신출지론(新出之論)을 기이하게 여기며 스스로 깨닫지 못한다며 불만의 목소리를 내기도 했다. 그러나 중국의 유가와 도가, 불가에서 말하는 하늘에 대한 논

27　『五洲衍文長箋散稿』, 經史篇 論史類 論史 [1112]西洋通中國辨證說.
28　『五洲衍文長箋散稿』, 天地篇 天文類 天文總類 [0001]十二重天辨證說.

의가 영담(影談, 가상의 담론)에 불과함에 비해서 서양의 중천설은 내용이 충실하고 상세해서 역가(曆家)들이 채용함에 어그러짐이 없음을 인정하기도 했다. 그렇기에 천지 도수와 형체를 갖추었으나 그간 깊게 고찰하지 않았던 『주비산경』과 같은 고전 문헌을 세밀히 연구해야할 필요성이 제기되는 것이었다. 이러한 사정은 중천설만이 아니었다. 이규경은 천지가 모두 구형으로 그 상하사방에 사람과 사물이 있다는 설도 마찬가지로 보았다. 이미 중국 고전에 있지만 사람들이 그러한 사실을 모르고 있다는 것이었다.[29]

4) 서양 과학은 '형이하의 기(器)'

이규경에게 서양의 천문역산학은 이와 같이 양면적인 모습으로 인식되었다. 상수학적 원리에 근거하지 않았기 때문에 정원궤도에 입각한 계산법과 타원궤도에 입각한 계산법의 값이 차이가 나는 한계를 드러냈지만, 그래도 그 유래가 중국의 고전 전통에서 비롯된 것이었기 때문에 근본은 있는 역산 지식이라고 보았다. 즉 『주비산경』과 고대의 천문역산학처럼 천지의 도수와 체형이 제대로 규명된 것은 아니지만, 유·도·불에서 논하는 영담적인 하늘에 대한 논의보다는 내용이 충실하고 상세하다고 평가했던 것이다.

이러한 이규경의 서양과학 인식은 '형이하의 기(形下之器)'로 규정할 수 있을 것이다. 이규경은 중국의 학문과 서양의 과학을 '형이상의 도'(形上之道)와 '형이하의 기(形下之器)'로 구분해서 다음과 같이 이해했다. 중국의 학인들은 '이기성명(理氣性命)의 학문'에 전념해서 하늘과 더불

---

29 『五洲衍文長箋散稿』, 天地篇 天文類 天文總類 [0010]儒道釋三家論天重數辨證說.

어 동화(同化)할 수 있었으니, 이러한 학문을 일컬어 '형이상의 도'라 규정했다. 이에 비해서 서건(西乾, 서양인)은 '궁리측량(窮理測量)의 가르침'을 오롯이 익혀서 신(神)과 더불어 쟁능(爭能)할 정도였으니, 이러한 가르침을 '형이하의 기'라고 할 수 있다는 것이다.[30] 이같이 서양인들이 신과 능력을 다툴 정도로 궁리측량에 탁월한 연유는 무엇일까? 이규경은 그것이 기(氣)를 활용하는 재주에 있다고 파악했다. 종종 기기(奇技)하고 음교(淫巧)한 사물들이 서오(西隩, 서양 지역)에서 많이 유출되지만, 우리 중국과 조선인들이 그 기묘함만을 보고 감히 생각하여 헤아리지 않으니 소심하다고 지적하면서, 그들의 기(氣)를 활용하는 재주를 흘끗 보면 기(氣)를 헤아리는 점에 있어서는 인정할만하다 평가했다. 형이상의 학문은 짧은 시간에 터득하기 어렵지만 형이하의 실용적 기술은 능히 배울 수 있다. 그런데도 사람들이 몽매하여 서양인들의 기를 활용하는 재주를 배우려하지 않으니 한탄스러울 뿐이라고 이규경은 아쉬워했다.[31]

이규경에 의하면 상수학에 근거하지 않은 서양과학은 참다운 지식이 될 수는 없었다. 그러나 기(氣)를 활용하는 재주의 차원에서 그것은 '궁리측량의 가르침'으로서 매우 뛰어난 유용한 지식이라는 것을 인정했다. 이러한 서양과학 지식은 '형이하의 기'로서 비교적 쉽게 배워서 터득할 수 있는 것이기 때문에 생각하여 헤아려볼 가치가 충분한 지식이었던 것이다.

---

30 『五洲衍文長箋散稿』, 人事篇 論學類 博物 [0331]用氣辨證說, "中原則專主理氣性命之學, 故與天同化, 此形上之道也. 西乾則專治窮理測量之敎, 故與神爭能, 此形下之器也."
31 서양과학에 대한 이러한 방식의 이해는 『五洲衍文長箋散稿』, 人事篇 論學類 博物 [0331]用氣辨證說을 볼 것.

2. 하늘과 땅에 대한 창조적 일탈의 상상

　19세기 초 조선의 일반적인 사대부 지식인들과 동일한 지적 공간에서 활동하던 이규경은 앞서 살펴본 상수학적 자연인식체계와 중화주의적 중국기원론적 담론 하에서 하늘과 땅에 대한 지식을 이해하고 사유했다. 이규경이 펼친 하늘과 땅에 대한 모든 사유를 고찰하는 것은 불가능하다. 천지에 대한 많은 변증들 중에서 매우 흥미로운 세 가지 사유를 살펴보겠다. 천지의 구조와 모양에 대한 상상, 땅의 운동에 대한 논의, 그리고 다세계설 사유이다.

1) 천지의 구조와 모양

　이규경은 구형(球形)의 하늘이 아홉 겹으로 둘러쳐 있고, 하늘의 가운데에 위치한 구형의 땅 위에 오대주가 펼쳐졌다는 당대 천문지리학의 지식을 충분히 인지하고 있었다. 그런데 하늘이 구중이듯이 땅도 구중으로 "하늘과 땅이 서로 대대(待對)하고 배우(配偶)해서 전체가 하나의 구(球)를 이룬다"는 이규경의 사유가 흥미롭다.[32] 하늘과 땅의 기하학적 대응을 땅의 구중으로까지 연역(演繹)하고 있는 것이다.
　하늘과 땅이 각각 구중이면서, 전체가 하나의 큰 구를 이룬다는 흥미로운 논의는 『천지합구도변증설(天地合球圖辨證說)』를 비롯해 여러 변증설에서 이루어졌다. 기록에 의하면 당시에 소위 〈천지합구도〉라

32　『五洲衍文長箋散稿』, 天地篇 地理類 地理總說 [0102]大地有五洲五帶九重諸名號辨證說, "天地卽一待對配偶也, 天旣有九重, 地亦有九重."

는 것이 있었고, 이규경이 그것에 대해서 변증해 놓고 있다는 것인데, 제시된 그림이 없어 구체적으로 〈천지합구도〉가 어떤 그림인지는 분명하게 파악할 수는 없다.

〈그림 1〉 『곤여만국전도』의 〈구중천도〉
(소장처 : 일본 東北大學敎 狩野文庫)

〈그림 2〉 〈天地全圖〉
(소장처 : 국립중앙도서관)

이규경은 『오주연문장전산고』에서 천문도와 세계지도 각각을 별도로 변증해 놓았다. 천문도에 대해서는 『남극제성도변증설(南極諸星圖辨證說)』[33]에서 구체적으로 설명해 놓았는데, 중심 내용은 방이지(方以智, 1611~1671)가 『물리소지(物理小識)』에서 논의했던 천구를 상하로 양분해서 2개의 도(圖)로 나누어 별자리를 그린 천문도에 대한 자세한 설명이었다.[34] 또한 이규경은 이 기록에서 자신이 〈적도북항성도(赤道北恒星圖)〉

33 『五洲衍文長箋散稿』, 天地篇 天文類 日月星辰 [0031]南極諸星圖辨證說.
34 이규경은 『남극제성변증설』에서 『물리소지』의 권1 〈南極諸星圖〉와 〈兩種定極〉 기록을 전재(全載)하면서 서술했다. 청 왕조에 출사하지 않으면서 명에 대한 지조를 지켰던 방이지의 『물리소지』는 18세기까지 조선의 유가 지식인들에게는 전혀 알려지지 않았던 문헌이었는데, 19세기 들어와 『오주연문장전산고』에 담긴 자연 지식의 주요한 출처일 정도로 중요하게 등장하고 있음이 매우 흥미롭다. 19세기 『물리소지』와 이 책에 담긴 방이지 학파 자연 논의의 등장과 그 영향에 대한 자세한 논의는 문중양, 「19세기 조선의 자연지식과 과학담론—명말明末・청초清初 중국 우주

와 〈적도남항성도(赤道南恒星圖)〉를 모두 소장하고 있음을 밝히고 있다.[35] 따라서 이규경은 양반구형 서양식 천문도를 소장하면서 누구보다 자세하고 정확한 천문도에 대한 지식을 지니고 있었다고 할 수 있다.

한편 서양식 세계지도에 대해서는 『만국경위지구도변증설(萬國經緯地球圖辨證說)』에서 자세하게 설명해 놓았다. 이 서술에 의하면 이규경은 오래전(1815년) 서울에서 살던 젊은 시절 조정철(趙貞喆, 1751~1831) 집에 찾아가 서양식 세계지도를 구경한 적이 있었다. 이때에는 조정철이 직접 펼쳐 보여주어 자세히 살펴보지 못했던 듯하다. 그러나 이후 1834년 최한기가 모사한 장정부(莊廷敷)[36]의 〈지구전후도(地球前後圖)〉를 자세하게 보았을 것으로 판단된다. 『만국경위지구도변증설』에서 최한기의 〈지구전후도〉의 도설을 베껴놓았고, 뿐만 아니라 장정부의 〈지구도설(地球圖說)〉도 그대로 전재해 놓고 있기 때문이다. 최한기와 친했던 이규경이 도설만 보고 지도를 못 보았을 수는 없을 것이다.[37]

이와 같이 서양식 천문도와 세계지도를 누구보다 자세히 파악하고 있었을 이규경이 별도로 〈천지합구도〉에 대해서 변증해 놓고 있으니 그 정체가 매우 흥미롭다. 이규경이 언급한 〈천지합구도〉란 어떤 모양의 도상이었을까? 조선 후기에 유통되었던 지도 중에 땅을 구중으로 묘사하고 있는 지도는 없다. 다만 하늘과 땅을 동시에 그렸고, 특히 구중천을 묘사하고 있는 것은 있다. 예컨대 가장 대표적으로 마테오 리치의

론의 늦은 유입과 그 영향」, 『다산학』 13, 2008, 7~24쪽을 참조할 것.

35 당시 널리 유통되던 천문도는 崔漢綺가 제작한 〈黃道南北總星圖〉였는데, 이규경이 소장한 것이 이것이 아님은 분명하며, 아마도 『儀象考成』(1744~1752)의 〈적도북항성도〉와 〈적도남항성도〉가 아닐까 싶다.

36 고전번역원 인터넷본에는 '장정병(莊廷甹)'이라 잘못 적혀있다. 그러나 고전간행회 영인본 『오주연문장전산고』 하, 권38, 180.b쪽에는 '부(敷)'의 속자인 '부(旉)'로 기록되어있다. 정본 작업 과정에 '旉'를 '甹'으로 잘못 읽은 듯하다.

37 『五洲衍文長箋散稿』, 天地篇 地理類 地理總說 [0110]萬國經緯地球圖辨證說.

『곤여만국전도(坤輿萬國全圖)』에 수록된 〈구중천도(九重天圖)〉를 들 수 있다. 이 그림은 『곤여만국전도』뿐 아니라,『도서편』에도 수록되어 있어 관심 있는 사대부라면 어렵지 않게 구해볼 수 있는 그림이다〈그림 1〉. 아홉 겹의 하늘을 그렸고, 그 안 중심부에 화역(火域)과 기역(氣域), 그리고 수(水)와 토(土)가 아우러져 이룬 지구(地球)가 그려진 그림이다. 이 〈구중천도〉는 구중천의 하늘과 지구를 그리고 있지만 지구는 단지 수(水)와 토(土)가 결합해 만들어졌다는 사실을 보여주는 모양일 뿐 '지구도'는 아니다.

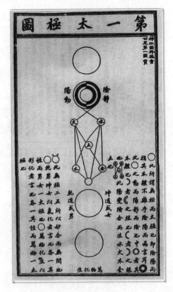

〈그림 3〉周嫩頤의 〈太極圖〉

또 다른 지도는 중국의『삼재일관도(三才一貫圖)』에 수록되었다고 하는 〈천지전도(天地全圖)〉이다〈그림 2〉.[38] 〈천지전도〉는 〈구중천도〉와 마찬가지로 구중천의 하늘을 외곽에 그렸고, 그 내부에 땅을 그린 것은 같지만, 〈구중천도〉와 달리 서양식 세계지도가 묘사하는 구대륙과 신대륙 모두를 포괄하는 땅의 세계를 대략적으로 그렸다. 그러나 비록 이 두 그림이 구중천의 하늘과 구형의 땅을 그렸지만, 땅이 구중은 아

38 『三才一貫圖』는 중국의 呂撫(1671~1742)가 1722년에 판각했다고 한다. 그런데 여기에 수록된 〈천지전도〉는 중국에는 남아있지 않으며, 현재 한국의 국립중앙박물관과 규장각에 각각 소장되어있다. 〈천지전도〉에 대한 자세한 논의는 양위레이[楊雨蕾],「『天地全圖』와 18세기 동아시아 사회의 세계지리 지식」,『韓國文化』57, 2012, 153~179쪽을 참조할 것. 〈천지전도〉는 이에 앞서 일찍이 오상학,「조선 후기 圓形 天下圖의 특성과 세계관」,『국토지리학회지』35-3, 2001, 243쪽; 임종태,「서구 지리학에 대한 동아시아 세계지리 전통의 반응―17∼18세기 중국과 조선의 경우」,『한국과학사학회지』26-2, 2004, 335쪽에서 소개된 바 있다. 〈그림 2〉는 오상학의 글에서 재인용했다.

님을 알 수 있다. 따라서 둘 다 이규경이 언급하는 〈천지합구도〉일 수가 없다. 그렇다면 땅을 구중으로 묘사하고, 구중의 땅이 구중천과 함께 큰 구(球)로 묘사된 그림이 당시에 있었단 말인가?

이규경은 〈천지합구도〉를 〈태극도(太極圖)〉를 연상하며 그렸다. 그는 구중의 지구를 그릴 때면 그 1중(重)을 반은 음(陰)으로 반은 양(陽)으로 표시했고, 나머지 중(重)들도 그와 같이 태극을 상(象)하듯이 그렸다고 했다.[39] 이렇게 그려놓은 땅의 구중이 어떤 모양일는지는 잘 상상이 가질 않지만 아마도 이규경이 상상하는 모양은 주돈이(周敦頤, 1017~1073)의 〈태극도(太極圖)〉에 있는 음양(陰陽)의 동정(動靜)을 표상하는 그림을 염두에 둔 듯하다.[40] 그러나 문제는 그것을 구체적인 지형으로 어떻게 그렸는가이다. 태현(太玄)의 구지(九地)나 추연(鄒衍)의 구주(九州) 등과 같이 땅을 구분한 고전전통의 논의는 중층(重層)이 아니었고 지구의 외각(外殼)을 따라 방우(方隅)를 구분해서 이름한 것임을 인정했듯이, 땅이 비록 구중이나 그것을 구체적인 지형으로 어떻게 그릴 것인지는 이규경도 막막하지 않았나 싶다. 그렇기에 이규경은 그와 같은 땅의 구중이 비록 명칭은 없으나 이(理)가 그 안에 있음이 하늘의 구중과 같다고 하면서, 땅의 구중지기(九重之氣)가 하늘의 구중지상(九重之象)과 더불어 상호 유통하지 않음이 없다는 원리적인 언급만 늘어놓았을 뿐 구체적인 구중지(九重地)의 지형을 그림으로 묘사하지 않고 회피했다.[41]

---

[39] 『五洲衍文長箋散稿』, 天地篇 地理類 地理總說 [0102]大地有五洲五帶九重諸名號辨證說. "愚之所繪九重地球 其一重作半陰半陽 九重立倣是例者 以象太極各半之象也."

[40] 〈천지합구도〉를 〈태극도〉에 비유해 설명하는 것은 『五洲衍文長箋散稿』 天地篇 天地雜類 天地雜, [0204]天地合球圖辨證說. "自古繪天地者, 但繪一圓象而已. 今創作此形, 天有九重, 地亦如之. 故以此一圖兼作兩圓者, 若以天象觀之, 則圖有九重, 規圈內有小圈, 此地空也. 統以言之, 不過一太極也. 夫太極者, 天地未分前 陰陽相包混淪之象也. 陰陽者, 天地已判後 太極相分各半之象也. 而天地陰陽雖分, 其九重之一重陰一重陽, 遞相含包. 然後天爲乾道, 地爲坤道, 變化成矣."을 볼 것.

그런데 〈구중천도〉, 〈천지전도〉와도 다른 구중천과 구중지로 구성된 〈천지합구도〉를 이규경은 어떻게 상상하게 되었을까? 잘 아는 바와 같이 중국의 천문도와 지도학 전통에 하늘과 땅을 하나의 면에 같이 묘사한 적은 없었다. 하늘은 '천문도'로, 땅은 '천하도'로 별개의 그림으로 그렸을 뿐이다. 물론 천지를 통합적이고 유기체적으로 연관시켜 이해함은 자연스런 동아시아인들의 천지에 대한 사유였지만 그러한 사유를 그림으로 묘사하지는 않았다. 더구나 하늘과 땅이 기하학적으로 대응된다는 사고는 전혀 존재하지 않았다. 그렇기 때문에 마테오 리치의 〈곤여만국전도〉가 묘사하는, 특히 그 안에 수록된 〈구중천도〉가 묘사하는, 즉 하늘과 땅이 아우러져 기하학적으로 하나의 구(球)를 이룬 모양은 신선한 충격이었을 것이다. 물론 지구설에 내포되어 있던 무중심과 대척지의 내용은 지적으로, 그리고 상식적으로 수용할 수 없는 충격적인 내용이었지만, 이와는 달리 기하학적으로 대응된 하늘과 땅의 통일적 묘사는 과거의 오랜 유기체적 천지관이 체계화를 거부하며 유지되어 오던 상황에서 '콜럼버스의 달걀'과도 같이 신선한 아이디어로 보였을 것이다.

중국과 조선에서는 위와 같이 17세기 초 서양식 천문지리학 유입 이후 하늘과 땅을 기하학적으로 대응해서 총체적으로 이해하는 사유가 등장하기 시작한다. 하늘과 땅을 하나의 면에서 통일적으로 묘사하는 우주지적(宇宙誌的) 지도들의 등장은 대표적인 예이다. 중국에서 여무(呂撫)가 그린 〈천지전도〉와 조선의 〈원형천하도〉가 그것들이다. 현존

---

41 『五洲衍文長箋散稿』, 天地篇 地理類 地理總說 [0102]大地有五洲五帶九重諸名號辨證說. "其九重雖無名稱 理在其中 與天之九重同焉. 安知非地之九重之氣 與天之九重之象 互相流通也歟."

하는 세계지도로 가장 많은 수를 차지하는 17세기 이후에 제작된 조선의 〈원형천하도〉는 유가 사대부들이 즐겨 소장하고 참조했던 세계지도였다.[42] 이규경이 거론하는 〈천지합구도〉도 그러한 우주지적 도상 중에 하나가 아닐까?

그러나 〈원형천하도〉는 구중의 하늘도 아니고 구중의 땅도 아니어서 이규경이 거론하는 〈천지합구도〉와는 차원이 다르다. 도대체 하늘과 마찬가지로 땅이 아홉 겹이라는 아이디어는 어디서 나온 것일까? 아홉 겹은 아니지만 『곤여만국전도』에 수록된 〈구중천도〉를 보면 땅의 세계, 즉 달의 궤도 아래가 여러 겹임을 알 수 있다. 달 궤도 바로 밑에 화역(火域), 그 밑에 열역상기(熱域上氣)와 냉역중기(冷域中氣)가 있고, 지면 바로 위에 난역하기(煖域下氣)가 있어 보기에 따라서 네 겹으로 이루어져 있다고 인식할 수 있다. 게다가 토(土)와 수(水)로 아우러진 지구도 두 겹으로 인식할 수 있을 것이다. 그렇다면 하늘 아래 하늘과 대응하는 땅의 세계(즉 달 궤도 아래의 세계)는 모두 여섯 겹으로 이루어져 있다고 인식 가능한 것이다. 구중은 아니지만 하늘뿐 아니라 땅의 세계도 여러 겹으로 이루어져 있다는 인식은 충분히 가능했던 것이다.

이와 같은 내용을 담은 마테오 리치의 〈구중천도〉는 참신하고 획기적인 우주도였겠지만 "하늘과 땅은 대대(待對)해서 배우(配偶)를 이룬다"는 관념에 충실했던 조선의 유가 사대부에게는 무언가 불완전한 우주도였지 않을까 싶다. 하늘은 아홉 겹인데, 그것과 대대(待對)의 관계를 이루어야할 땅의 세계가 여섯 겹으로 그려졌으니, 그 얼마나 부조화스러운 우주의 모습인가. 하늘의 세계가 아홉 겹이라면 당연히 땅의 세계도 아홉 겹이어야 한다. 이와 관련해서 아주 오래전 17세기 말

---

42 이에 대한 더욱 상세한 논의는 오상학, 앞의 글, 2001, 231~247쪽을 참조할 것.

김석문(金錫文, 1658~1735)의 우주론 사유가 주목된다. 주지하는 바와 같이 『역학도해(易學圖解)』(1697년)에서 펼쳐진 김석문의 우주론에 의하면 하늘은 가장 바깥의 태극천(太極天)으로부터 가장 아래(즉 가운데 쪽)에 위치한 지륜천(地輪天)까지 모두 아홉 겹으로 운행의 주기와 거리가 각각 달랐다.[43] 그런데 흥미롭게도 김석문은 이러한 구층의 하늘에 대응해서 구층의 땅의 세계를 상상했다. 김석문이 상상하는 땅의 세계는 빛의 성질이 질(質)에 속하는지 기(氣)에 속하는 지에 따라서 질에 속하는 지중(地中)의 4층과 기에 속하는 지상(地上)의 5층으로 이루어져 있었다. 세분하면 지중은 가장 중심의 화(火) 구역부터 토(土)와 석(石), 그리고 가장 바깥에 위치하는 수(水)의 영역까지 네 겹이었다. 지면 위에는 바로 풍(風)의 역역으로부터 그 위의 한(寒)과 서(暑)의 영역이 있고,[44] 그 위로 달에 가까운 야(夜)와 해에 가까운 주(晝)의 영역이 있어 모두 5층이었다.[45] 지중과 지상 모두해서 9층의 땅의 세계였던 것이다.

17세기 말 9층의 하늘에 대응해서 9층의 땅의 세계를 상정했던 이와 같은 김석문의 우주론 사유는 이후 18세기 동안 조선 사대부들에 의해서 계승되지는 못한 듯하다. 어느 누구도 구중천과 더불어 구중지를 논한 바가 없다. 한 세기를 훌쩍 넘어 19세기 초 이규경에 이르러 다시 등장한 것이다. 그러나 이규경은 〈천지합구도〉를 변증하면서 김석문을 전혀 거론하고 있지 않다. 물론 다음 절에서 살펴보겠지만 이규경

---

43 김석문의 이러한 하늘에 대한 우주론적 내용에 대해서는 문중양, 「18세기 조선 실학자의 자연지식의 성격 : 象數學的 우주론을 중심으로」, 『한국과학사학회지』 21-1, 1999, 33~37쪽을 참조할 것.

44 이 風-寒-暑의 영역은 정확하게 마테오 리치의 〈구중천도〉에 보이는 삼역(三域), 즉 煖域下氣, 冷域中氣, 熱域上氣에 해당한다.

45 이와 같은 땅의 세계를 9층으로 분류하는 김석문의 자세한 논의는 「大谷易學圖解」, 『韓國經學資料集成 易經篇』 10, 所收, 503~504쪽을 볼 것.

은 지운(地運)에 대해 변증하면서 김석문의 『역학도해』 일부분을 전재해 놓고 있다.[46] 따라서 이규경이 김석문의 구중지 아이디어를 접했을 가능성은 매우 크다. 아니면 김석문의 『역학도해』에서 구중지에 대해 논한 부분을 읽고도 이규경이 이해하지 못했을 가능성도 있다. 사실 천문역산학에 전문가적 수준이 아니었던 이규경이 『역학도해』를 완벽하게 소화했을 가능성도 적은 편이다. 그렇다면 이규경의 구중지 아이디어는 독자적인 상상일 것인가?

어쨌든 언젠가부터 이규경은 구중천과 구중지가 기하학적으로 아우러져 하나의 큰 구형의 세계를 이룬다는 상상을 하게 되었다. 그런데 이규경이 하늘의 구중천에 대응하는 땅의 구중을 더욱 확신하게 된 계기는 오래전부터 알고 있었던 이익(李瀷, 1681~1763)이 『성호사설(星湖僿說)』에서 주장했던 '지심공허(地心空虛)'의 아이디어였던 듯하다. 그는 이익의 아이디어를 예전에는 별로 깊게 탐구하지 않다가 나중에 비로소 깨달았다며 이익의 '지심공허'를 아홉 겹으로 이루어진 땅의 구조에 대한 하나의 예로 생각했다. 이익의 '지심공허'란 땅의 한 가운데가 텅 비어있다는 것으로, 지심은 동시에 주천(周天)의 중심이기도 해서 만물의 생성과 변화의 근원이며, 그 가장 가운데는 생물의 근원으로 여자의 자궁과 같다는 논의였다.[47] 그런데 이규경은 이러한 '지심공허'를 〈태극도〉의 형상과 연관해서 사유했다(〈그림 3〉을 참조할 것). 즉 〈태극도〉는 바로 천지의 형상을 묘사한 것인데, 〈태극도〉의 음양 동정을 표상한 그림의 가운데 작은 흰원[小白圈]이 바로 지구 중심의 공허(空虛)

---

46 이규경이 「地球轉運辨證說」에서 인용하고 있는 기록 내용에는 구중지에 대한 부분이 없다.
47 『星湖僿說』 권1, 天地門, 一行兩界圖.

라고 본 것이다. 그렇다면 이와 같은 지심공허(地心空虛)는 지구의 아홉 겹 중에 가장 가운데에 있는 영역이 될 것이다. 그래서 이규경은 〈태극 도〉를 바로 '천상지구도(天象地球圖)'라고 했던 것이다.[48]

그렇다면 결국 이규경이 상상하고 있는 〈천지합구도〉란 구중천을 묘사하고 있는 〈구중천도〉나 〈천지전도〉의 구중천 내부에 주돈이의 〈태극도〉에서의 음양 동정 부분을 그려놓은 우주지의 모양이 되지 않 을까? 우리는 이와 같은 이규경의 논의에서 우주의 생성과 변화의 원 리를 담은 〈태극도〉에서 구중천과 구중지가 아우러져 하나의 구를 구 성한다는 원리를 도출하는 19세기 전반 조선 사대부의 홍미로운 상상 의 사유를 볼 수 있다.

2) 땅의 운동

지구 형체에 대한 논의가 하늘에 대한 논의와 함께 여러 변증설에서 이루어진 데에 비해서, 지구의 운동에 대한 논의는 「지구전운변증설 (地球轉運辨證說)」에서만 유일하게 이루어졌다.[49] 「지구전운변증설」은

---

48 『五洲衍文長箋散稿』, 天地篇 地理類 地理總說 [0107]地心空虛辨證說. "初聞此說者 必怪之 然有一大明證. 太極圖 豈非天地之形乎. 圖之最中小白圈 斯非地心之空虛者 乎. 然則太極圖便是天象地毬圖也."

49 우리의 기대와 달리 조선의 사대부로 지구의 운동에 대해서 사유한 이는 많지 않았 다. 18세기에는 김석문(金錫文, 1658~1735)과 홍대용(洪大容, 1731~1783)이 유일 했고, 19세기에는 정약전(丁若銓, 1758~1816)과 최한기(崔漢綺, 1803~1879)가 지 전을 주장한 거의 유일한 학인들이었던 것으로 알려져 있다. 18세기 중엽의 이익(李 瀷, 1681~1763), 그리고 이규경과 거의 동시대를 살았던 이청(李田靑, 1792~1861) 은 지전의 논의와 가능성을 제기하면서도 결국엔 지구의 운동을 부정했었다. 또한 정약전의 혜성(彗星) 관찰을 통한 지전의 주장에도 불구하고 정약용은 동의하지 않 으며 이의를 제기했던 예도 들 수 있다. 그런데 이규경이 지전설에 동조하고 있어 매우 홍미롭다.

내용에 따라 크게 세 부분으로 나뉘는 서술이었다. 도입부는 고금의 지운(地運)을 논한 사례들을 소개하는 서술이었고, 이어서 김석문의 『역학도해』일부가 길게 그대로 인용되었다. 끝으로 그러한 지구 운동 논의를 우주론적으로 성격 부여하는 짧은 서술로 마무리 지었다.

이규경은 먼저 조선의 성리학자답게 '복희(伏羲)'와 '역(易)'을 거론하면서 지구의 운동에 대한 논의를 시작하고 있다. 즉 선천역(先天易)의 창시자 복희(伏羲)가 천지의 높고 낮음과 멀고 가까운 이치에 통달해서, 천지를 꿰뚫어 보기를 모르는 것으로부터 추연(推演)해서 아는 것에 이르러서야 그쳤다는 것이었다. 이렇게 '역'을 복희에 의해서 밝혀진 천지의 기수(紀數)와 절도(節度)가 적혀있는 천지의 원리가 담긴 책으로 믿는 조선의 성리학자 다운 원론적인 언급으로 변증을 시작했다.[50] 주역 상수학의 인식체계로 자연지식을 이해하는 이규경의 사유가 지구의 운동을 변증하는 서두에서부터 여실히 드러난 셈이다.

이어서 이규경은 그간 하늘을 논했던 것은 풍부했지만, 땅에 대한 논의는 그에 비해 간략해 의심이 쌓였다며, 그 중에서도 특히 소략했던 땅의 운동에 대한 고금의 논의를 소개하겠노라고 했다. 종래의 지운 논의로 제시된 것은 『상서고령요(尚書考靈曜)』와 조선의 『성호사설』, 그리고 『하도위(河圖緯)』[51]이었다. 『상서고령요』의 내용은 땅이 동서남북으로 움직인다는 오래된 고전적인 사유설(四游說)에 대한 간략한 소개였다. 『성호사설』을 소개하는 내용은 장자(莊子)와 주희(朱熹)

---

50 『五洲衍文長箋散稿』, 天地篇 地理類 地理總說 [0106]地球轉運辨證說. "昔伏羲神於俯仰遠近之理 故範圍洞觀天地 推其不可知 轉而至於可知者而止. 其紀數節度之書 卽大易也. 不暇他見 見其終之以未濟則 自可理會. 推其辭卦 則天地之始終. 如視諸掌 復何言哉. 夫天地一物也. 人心亦一物也. 惟心能通天地萬物 知其原 卽盡其性矣. 其格致研極之精微 皆具乎易."

51 『河圖括地象』을 말하는 듯하다.

의 땅의 움직임에 대한 유명한 논의였다. 『장자(莊子)』「천운편(天運篇)」에서는 "하늘이 움직이는가? 땅이 정지해 있는가?"라고 물으며 땅의 운동 가능성을 제기하는 대목, 그리고 주희가 "어찌 하늘이 바깥에서 돌고 땅이 따라서 돌지 않음을 알겠는가? 지금 여기 앉아서 단지 땅이 움직이지 않음을 아는 것만이 가능하다"라며 역시 지운의 가능성을 논하는 대목이었다.[52] 『하도위』의 내용은 배와 연안의 상대적 운동에 비유해서 땅이 항상 움직이며 정지하지 않는다는 간략한 언급이었다.[53]

그런데 이러한 종래의 땅의 운동에 대한 전통적 논의가 지구의 회전 운동을 논하는 것도, 그것을 주장하는 논의도 아니었음을 우리는 잘 알고 있다. 그런데 이규경은 그러한 종래의 논의들을 지구의 회전 운동을 내용으로 하는 당대의 지전·지운 논의와 연관시키고 있는 것이다. 이규경이 상기한 땅의 움직임에 대한 여러 논의들을 소개하면서 마지막으로 『하도위』의 배와 연안의 상대적 운동을 비유한 논의를 한갓 '우언(寓言)'이 아니라고 하는 대목을 주목해 보자.[54] 비록 『하도위』의 논의가 '우언'이 아니라고 언급했지만, 이규경이 보기에 상기한 고전적 땅의 움직임에 대한 논의는 우화적 수준의 논의가 아니라, 지구가 항상 움직이며 한 순간도 멈추지 않는다는 진솔한 주장에 다름 아니었을 것이다. 그럼으로써 이규경은 오래전 『상서고령요』와 『하도위』, 그리고 장자와 주희 등이 펼쳤던 단지 땅의 움직임에 대한 논의를 당대의 구체적이고 실제적인 지운 논의와 질적 차이를 없애버린 것이

---

52 그런데 이익은 장자와 주자의 논의를 소개하면서 결국엔 지운의 가능성을 부정했었다. 그러나 이규경은 지운을 부정했던 이익의 주장 부분은 인용하지 않음으로써 이익과 다른 자신의 견해를 간접적으로 드러냈다.
53 지운의 종래 전거로 홍대용의 논의를 소개하지 않음이 주목된다.
54 『五洲衍文長箋散稿』, 天地篇 地理類 地理總說 [0106]地球轉運辨證說. "河圖緯亦言地恒動不止 以舟爲喩 則非寓言也."

다. 나아가 이규경은 이렇게 오래전 동아시아의 우주론 전통에서 논했던 땅의 운동에 대한 '진솔한' 논의를 당시의 천문학서와 연결지웠다. 즉 오래전부터 이루어졌던 땅의 운동에 대한 논의가 당시 '율력(律曆)'과 '수리(數理)'의 여러 책들에서 원리가 밝혀지고, 지운의 도수가 정해졌으며, 역산(曆算)을 정함에 사설(辭說)이 매우 상세해졌다는 것이다.[55]

　그런데 당대의 천문학서 중에 이규경이 말하고 있듯이 지구의 운동을 주장하고, 그 원리를 담은 책이 있었던가? 물론 『역상고성(曆象考成)』(1723년 편찬) 등의 천문학서에서 지운설을 소개하기는 했지만 피상적이었으며, 수용하지도 않았었다. 중국에서 최초로 코페르니쿠스의 지동설을 구체적으로 소개한 것은 부노아(蔣友仁, Michel Benoist, 1715~1774)의 『지구도설(地球圖說)』(1767년 편찬)이었다. 이 『지구도설』은 19세기 중반 무렵 조선에 전해져 이청과 최한기가 책을 직접 접하고 열람했었다.[56] 그러나 이규경은 『오주연문장전산고』를 집필할 1840년대까지도 이 책을 직접 접하지는 못한 것 같다. 지운을 논하는 『지구전운변증설』에서 전혀 언급조차 하지 않은 것에서 그러한 사실을 짐작할 수 있다.[57] 그런데도 이규경이 당대의 천문학서에서 지운의 원리가 밝혀졌다고 했으니, 그가 지적하는 당대의 율력과 수리의 책이 무엇인지 궁금하다. 그러나 분명한 사실은 이규경이 당대의 (아마도 전문적인) 천문학서가 지동설을 담고 있다고 인식하고 있다는 것이다. 그렇기에 이

55　『五洲衍文長箋散稿』, 天地篇 地理類 地理總說 [0106]地球轉運辨證說. "律曆數理諸書 以明其理 定地運之度 以定曆筴 辭說甚詳."

56　이청은 이 책을 접하고 소개하고 있지만 지동설을 수용하지 않았다. 이에 비해 최한기는 『지구도설』의 지동설을 전적으로 수용해 『地球全要』(1857년)를 저술했었다.

57　『五洲衍文長箋散稿』, 天地篇 地理類 日月星辰 [0024]月星自有本光辨證說 조에서 이규경은 완원(阮元)의 『疇人傳』을 통해서 장우인(즉 부노아)을 거론하고 있다. 그러나 그 내용은 지동설과는 관련이 없는 달과 별의 빛에 대한 논의였을 뿐이다. 따라서 이규경이 『주인전』을 통해서 부노아의 『지구도설』을 직접 열람했다고 볼 수 없다.

규경은 후세에 서양의 신법이 번성하면 지운에 입각한 역법이 반드시 일어날 것이라고 기대했던 것이다.[58]

이렇게 당대 천문학서에서 그 원리가 밝혀졌듯이 지구의 운동이 분명한 사실임에도 불구하고 당대 중국과 조선의 학인들이 그러한 지동설을 수용하지 않음을 이규경은 강하게 비판했다. 이규경은 당시 땅이 움직이면 만물이 모두 넘어져 뒤집어질 것이라며 땅의 운전(運轉)을 받아들이지 않는 사람들의 주장을 다음과 같이 반박했다. 즉 커다란 땅이 만물을 점흡(粘吸)하고 있으니 만물이 비록 뒤집히고 엎어지려고 해도 자연히 부동(不動)할 것이며, 게다가 땅의 대기(大氣)가 그 안에서 만물을 둘러싸서 끌어당기고 있으니 뒤집어지고 넘어질 틈이 없다는 것이었다.[59] 그럼에도 불구하고 '지구전운설'을 갑자기 들은 자들이 팔을 걷어 올리며 그 그릇되고 망령됨을 책망하려 들겠지만, 지구전운의 논의는 이미 옛 성현들이 논차(論次)한 바로서 숨죽이고 물러나 앉아있을 수 없을 것[60]이라며 지구의 운동을 강하게 주장했다.

이와 같이 지구의 운동을 강하게 주장하는 서술에 이어서 이규경은 김석문의 『역학도해』 중에 일부분을 길게 전재해 놓았다. 그런데 이규경은 김석문의 『역학도해』를 대곡(大谷) 성운(成運, 1479~1579)의 『역학도설(易學圖說)』이라 잘못 알고 소개했다. 성운의 『대곡집(大谷集)』에 관련 저술이 있을 리 없는 이규경의 분명한 착오이다. 게다가 이규경

58　『五洲衍文長箋散稿』, 天地篇 地理類 地理總說 [0106]地球轉運辨證說. "後世西陽新法息, 則地運曆法必起." 이를 보면 앞 문장의 '율력'과 '수리'의 책이 『역상고성』과 『수리정온』 등의 서양식 천문역산학의 내용을 담은 책을 거론하는 듯해 보인다.

59　『五洲衍文長箋散稿』, 天地篇 地理類 地理總說 [0106]地球轉運辨證說. "大地粘吸萬物物雖顚倒 自然不動 且地大氣中 包裹萬物 盡攝其中 何暇翻覆顚倒乎."

60　『五洲衍文長箋散稿』, 天地篇 地理類 地理總說 [0106]地球轉運辨證說. "猝聞地球轉運說 則必攘臂扼腕 數其謬妄 旣有古賢所論次 則不能屛息却步也."

은『역학도설』이 중국인이 쓴『상위도설(象緯圖說)』을 윤색(潤色)한 것에 불과하다고 소개하고 있다.『상위도설』이 어떠한 책인지는 현재 파악할 수 없으나 이 또한 착오일 가능성이 크다.[61] 이규경은『역학도설』을 늦게 얻어 보았다면서, 지전도(地轉圖)는 없이 설(說)만 보았는데 내용이 가히 칭찬할만했다고 평가했다. 이에 '지전지운설(地轉地運說)'을 번잡한 것은 빼고 요점만 취해서 기록한다[62]며『역학도해』의 상당 부분을 그대로 인용해 놓았다.

인용한 부분은 운(運)-회(會)-원(元)의 주기를 일도(日道)와 지도(地道)의 궤적을 더듬어 계산 추론하는 부분이었다. 즉 김석문의 1원이 소옹의 6배의 수로 도출되고, 나아가 대운(大運)의 수, 그리고 대운×대운의 수를 추론해서 땅의 시종지수(始終之數)를 계산하는 소옹의 상수학에 기반한 형이상학적인 추론의 부분이었다.[63] 사실 지구의 운행과 궤도, 그리고 천지의 구조를 구체적이고 독창적으로 설명하는, 현대의 연구자들이 보기에 지구의 운동이라는 주제에 더 부합하는 부분은 인용 소개하지 않았다. 번잡한 것은 제외한다는 편집 기준에 비추어 이규경에게 그러한 내용은 번잡하고 중요하지 않은 내용이었을 것인가?

그러나 이규경에게는 지구 운동에 대해 구체적으로 논한 내용보다 소옹의 상수학에 기반한 형이상학적인 추론의 내용이 더욱 중요했다는 사실을 주목할 필요가 있다. 이는 김석문의 '지운설'이 모두 갖추어

---

61 김석문 이전 중국인으로 지동설을 주창한 이는 黃道周(1585~1646)가 유일한데, 지동을 논의한 그의 저서는『三易洞璣』(1626),『易象正』(1640년 전후)이었다. 石云里,「從黃道周到洪大容」,『自然辨證法通訊』19-1, 1997, 60~80쪽을 참조할 것.

62 『五洲衍文長箋散稿』, 天地篇 地理類 地理總說 [0106]地球轉運辨證說. "成大谷運所輯 易學圖說 蓋取中原人所著象緯圖說潤色之. 釆入所逃中 刻於北漢 版仍藏焉. 予晚得其 圖說 而其中地轉圖則逸焉. 但有其說可歎. 今錄地轉地運說 而芟其煩取其要."

63 이와 같은 김석문의『역학도설』에 담긴 구체적인 우주론 내용은 문중양, 앞의 글, 1999, 31~39쪽을 볼 것.

저 부족한 바가 없을 정도지만, 결국 소옹의 129,600년의 천지 시종지수(始終之數)를 따라 그 핵심 요지를 취한 것이며, 지구의 실제 운행의 수치로『황극경세서』에서 말하는 일원(一元, 우주 생성과 소멸의 한 사이클)의 수(數)을 분배했을 뿐[64]이라며 김석문의 '지구전운설'이 지닌 의의를 평가하는 데에서 그러한 사실을 잘 알 수 있다. 즉 이규경은 김석문의 '지구전운설'을 철저하게 소옹의 상수학적 '원회운세설'에 기반한 우주 주기론 논의의 맥락에서 파악했던 것이다.

한편 말미에서 이규경은 김석문의 '지구전운설'에서 논한 바의 수(數)가 이치를 캠이 근거가 있고 논리가 정연했다며 그 측상(測象)할 수 있는 의기가 없음을 아쉬워했다.[65] 무엇을 의기로 측상하나? 태양의 궤도(日道)와 땅의 궤도(地道)의 운동을 관측하고 싶은 것인가? 홍미롭게도 이규경은 그러한 관측을 실제로 추구한 듯하다. 그는 별도의 다른 의기가 필요 없이 단지 혼천의에 태양, 태음, 지구의 움직임을 표상하는 3개의 환(環)을 설치하면, 그것을 돌려가면서 관측해서 헤아릴 수 있다는 것이다. 그러한 기구가 어떠한 모양일지는 궁금한데, 이규경은 그렇게 고안한 의기를『지운약설(地運約說)』중에 도회(圖繪)했다고 소개했다.[66]『지운약설』은 현재 전하지 않으나 땅의 운동에 대한 역대의 논의들을 모아 이규경이 정리한 저술이었을 것이다. 이 저서에 자신이 고안한 혼천의 그림을 실은 것이다.

64　『五洲衍文長箋散稿』, 天地篇 地理類 地理總說 [0106]地球轉運辨證說. "以爲成大谷地運說 雖該備無憾 然今復從康節先生十二萬九千六百年爲天地始終數 則竊取其旨 而地轉以經世一元數 分排其數."

65　『五洲衍文長箋散稿』, 天地篇 地理類 地理總說 [0106]地球轉運辨證說. "大谷斯數 鑿鑿有據 井井不紊 而恨無測象儀器也."

66　『五洲衍文長箋散稿』, 天地篇 地理類 地理總說 [0106]地球轉運辨證說. "愚儯出臆見曰 此不必更設他儀 亦取渾天儀 而儀中另製 太陽太陰地球三環 以爲旋轉瞰測爲妙. 圖繪其狀 載於地運約說中."

3) 다세계설

김석문의 '지구전운설' 만큼이나 조선의 흥미로운 우주론으로 홍대
용(洪大容, 1731~1783)의 지동설과 다세계설을 들 수 있을 것이다. 홍대
용은 땅이 구형일 경우 발생하는 대척지(對蹠地)의 문제와 지구가 움직
일 경우 지면 위의 사람이 운동을 자각하지 못하거나 뒤집히고 쓰러지
지 않는 문제를 그의 「의산문답(毉山問答)」에서 '기(氣)의 상하지세(上下
之勢)'로 만족스럽게 해결하고, 나아가 무중심의 우주관, 그리고 다세
계(多世界)와 무한한 우주에 대한 사색까지 펼쳐 조선과 중국의 일부 사
대부들에게 신선한 이야기 거리를 던져주었었다.[67] 그런데 앞서 살펴
본 바와 같이 이규경은 지구의 운동 논의를 펼치면서 홍대용의 우주론
에 대해서는 전혀 언급조차 하지 않았다. 홍대용의 우주론에 대해 모
르고 있었을까? 이규경이 『오주연문장전산고』에서 『담헌서』에 수록
된 내용을 두 번 정도 인용하고 있는 것을 보면 홍대용의 「의산문답(毉
山問答)」을 읽었을 가능성이 전혀 없지는 않다.[68]

이와 같이 낙론계 학인들 사이에서는 유명했던 홍대용의 지동설 관
련 논의를 언급조차 하지 않은 이규경이 홍대용의 우주론 중에서 유독
다세계설 논의를 거론하며 변증을 하고 있어 흥미롭다. 홍대용의 '다

---

67 이러한 홍대용의 우주론 논의에 대한 구체적인 내용은 문중양, 「조선 후기 실학자들
    의 과학담론, 그 연속과 단절의 역사—기론(氣論)적 우주론 논의를 중심으로」, 『정신
    문화연구』 26-4, 2003, 38~43쪽을 볼 것.
68 이규경은 人事篇 器用類 舟車 [0604]燕京舟車橋梁證說 기사에서 『湛軒書』, 外集
    권10에 수록된 「器用」을, 經史篇 釋典類 西學 [1031]斥邪敎辨證說 기사에서 『湛軒書』,
    外集 권2에 수록된 「乾淨衕筆談」을 각각 인용하고 있다. 그러나 『담헌서』는 본래 필
    사본의 형태로 전해오다, 1939년에 이르러 7책으로 묶여 처음으로 활자화하여 新朝
    鮮社에서 발간되었기 때문에 상기 두 문헌을 이규경이 읽었다고 「의산문답」을 반드
    시 읽었다는 증거는 안 된다.

세계설'은 한마디로 "일월성신 중에 각각 하나의 세계가 존재한다"는 내용이었다. 그런데 이규경이 거론하는 홍대용이 주창했다는 다세계설은 현대인이 주목하는 내용과는 다소 거리가 있다. 어떻게 다른가?

이규경은 선배 담헌(湛軒) 홍대용이 일찍이 "일월성신 중에 각각 하나의 세계가 있다"는 주장을 펼쳤는데, 중국의 인사들과 더불어 자못 논란이 있었다[69]며 관련된 논의들을 고금의 전거를 들어 변증했다. 이규경이 변증하는 내용의 핵심은 크게 두 가지로 압축된다. 첫째는 홍대용의 다세계설이 홍대용 자신의 창설(創說)이 아니라는 것이다. 이규경이 홍대용 이전의 다세계설로 드는 것은 호인(胡寅, 1098~1156)의 「영령원윤장기(永寧院輪藏記)」에서 소개하는 불교의 세계론으로, 즉 "천상(天上)에 당(堂), 지하(地下)에 옥(獄), 일월(日月) 중에 궁궐(宮闕), 그리고 성진(星辰)의 구역에 이수(里數)가 있다"는 것이었다.[70] 이규경은 홍대용이 아마도 이러한 호인의 논의를 미처 보지 못하고 스스로 자신의 창설이라고 여긴 듯하다고 보았다. 이는 자신의 조부 이덕무(李德懋)가 북경에 가서 중국의 명사들과 나눈 이야기에서도 확인되었다고 한다. 즉 이덕무가 홍대용의 다세계설을 중국인들에게 소개한 모양인데, 그들 모두 중국에서도 이러한 논의가 있었다며 그 실 내용을 잘 살펴보면 신이(神異)할 바가 없다는 것이었다.[71]

---

69 『五洲衍文長箋散稿』, 天地篇 天文類 日月星辰 [0016]日月星辰各有一世界辨證說. "先輩有洪湛軒先生(大容 字德甫)嘗云 日月星辰中 各有一世界 與中原人士 頗有論難."

70 『五洲衍文長箋散稿』, 天地篇 天文類 日月星辰 [0016]日月星辰各有一世界辨證說. "然此非湛軒之自創也, 胡寅永寧院輪藏記 佛氏論世界 則謂天之上有堂 地之下有獄 日月之中有宮闕 星辰之域有里數." 이규경은 이 기록을 唐順之가 편찬한 『稗編』권70에서 재인용했다.

71 『五洲衍文長箋散稿』, 天地篇 天文類 日月星辰 [0016]日月星辰各有一世界辨證說. "湛軒或未見此 而自以爲創說也, 我王考入燕時 適擧此說 則諸名士皆以爲 中原人更有此論 與湛軒不謀同云. 究其實則不甚神異也."

이어서 이규경은 하늘과 일월, 그리고 성신 중에 각각의 세계가 있음을 말해주는 고금의 전거들을 찾아 제시했다. 먼저 하늘에도 각각의 세계가 있다는 전거로 들고 있는 것은 12중천 및 9중천을 변증했을 때 들었던 전거들과 크게 다르지 않았다.[72] 이규경은 하늘에 12중천이 있어 각각의 하늘마다 주재하는 바가 있고 그 안에 일월오성이 포진해 있는 것, 그리고 뭇 별들이 북신(北辰)을 둘러싸고 삼원(三垣)과 28수의 별자리들이 복잡하게 얽혀있는 것은 바로 그것들이 각각 하나의 거대한 세계를 이루는 것이라고 이해했다. 나아가 일월은 고사하고 그 아래 마치 군국(郡國)이 있는 것처럼 경성(經星)들을 좌(座)와 관(官)으로 부르는 것을 보면 하늘에 세계가 있다는 설은 분명하다고 보았다. 이러한 사실은 당시의 천문역산서에서 찾아볼 수 있을 뿐 아니라,[73] 다른 분야의 고전들에서도 확인되는 것이었다. 즉『주례』에 나오는 호천(昊天)이니 오제(五帝)니 하는 용어들, 『초사(楚辭)』에 나오는 구천의 이름들, 그리고 불교의 33천, 도가의 33천 등이 그러한 예들이라고 보았다.

일월과 성신에도 세계가 있다는 전거들도 마찬가지였다. 그 중에는 일월의 크기를 논한 전거들도 제시되었는데, 예컨대 마테오 리치(Matteo Ricci)가 주장한 태양의 지름 488만 4035리도 그 하나이다. 태양의 지름이 488만 여리라는 것이 태양에 하나의 세계가 있다는 증거라는 주장이다. 사람 사는 세상처럼 이수(里數)로 재기 때문인가? 심지어 『열선전(列仙傳)』, 『신선전(神仙傳)』 등에 출현하는 달을 두고 상상을 펼치는 이야기 거리들도 달에 독자적인 세계가 있음을 증명하는 것이라고 이규경은 변

---

72 『五洲衍文長箋散稿』, 天地篇 天文類 天文總說 [0001]十二重天辨證說, [0002]天有十二重九重七重十重辨證說, [0003]天帝名號辨證說이 그것이다.
73 12중천설을 예로 들거나 梅文鼎의 『曆算全書』에서 인용하는 것을 보면 이러한 사정을 엿볼 수 있다.

증해 놓았다.

이규경이 변증하는 이와 같은 홍대용의 다세계설을 보면 하늘 위와 땅 아래에 천당과 지옥이 있다는 식의 불교적 세계론 논의, 또는 신선의 세계 그 어딘가에 우리 인간이 사는 세계와 같은 것이 존재한다는 이해와 다를 바 없음을 알 수 있다. 이와 같이 이규경이 상상하는 다세계설의 내용은 분명 우리가 알고 있는 홍대용의 다세계설과 분명 다르다. 홍대용의 다세계설은 무중심의 우주 안에서 그 어딘가 모르는 무한한 먼 세상에 우리 인간 세상과 같은 또 다른 세계가 존재하는데, 현재 우리가 보는 별의 세계가 바로 그러할 것이라고 상상하는 것이었다. 그렇다면 이규경이 홍대용의 다세계설을 잘못 이해한 것인가? 그러나 이규경의 다세계설 사유는 홍대용의 사유와 사실 별로 다르지 않은 것 같기도 하다. 특히 우화(寓話)의 차원에서 사유하는 것에서 보면 그러하다.

이규경이 이해하는 홍대용의 다세계설에 대한 변증의 핵심 내용 두 번째는 바로 이와 같이 홍대용의 다세계설 논의를 이규경이 우언(寓言)으로 파악하는 것이다. 홍대용의 다세계설을 하늘과 일월성신 가운데에 각자 별개의 독자적인 세계가 존재한다고 이해한 이규경은 그러한 논의가 장자(莊子) 및 열자(列子)의 우언과 상하를 견줄 정도의 흥미로운 이야기일 뿐이라고 파악했던 것이다. 특히 『장자』의 소요유(逍遙遊)편에서처럼 과장과 풍자로 얼룩진 신비의 세계에 대한 자유로운 상상의 사색과 홍대용의 다세계 논의는 다를 바 없었다.[74] 이규경은 대저 벌집,

---

[74] 홍대용의 『의산문답』에서 펼쳐진 우주론 사색을 寓話로 파악한 임종태의 이해는 매우 적확했음이 이에서 확인된다. 임종태, 「무한우주의 우화—홍대용의 과학과 문명론」, 『역사비평』, 역사비평사, 2005 여름, 261~285쪽을 볼 것.

개밋둑, 새집, 그리고 짐승의 우리들도 각자의 세계가 있는데, 하물며 뭇 하늘과 일월성수(日月星宿)가 소관하는 권역으로 나뉘어 각각의 영역에서 신선이 사는 동부(洞府)의 세계가 이루어지지 않았겠는가라며 우주 내의 모든 영역에서 별개의 세계가 펼쳐짐을 상상했다. 이규경이 보기에 "일월성신이 각각 세계를 이룬다"는 홍대용의 다세계설은 이와 같은 다양한 세계 인식의 전통 중에 하나에 불과했던 것이다.[75]

그런데 이규경은 홍대용의 다세계설이 비록 이와 같은 과장과 풍자로 얼룩진 상상의 사색인 우언에 불과하나, 그럼에도 불구하고 가위 호사가(好事家)들의 화제거리(話欟)가 될 만하다 평가했다. 그러한 점에서 홍대용의 다세계 우화는 원굉도(袁宏道, 1568~1610)의 우화보다 낫다고 보았다. 그것은 원굉도가 『장자』의 「소요유」편에서 펼쳐진 우화의 세계를 해체적으로 해석해 풀어놓은 『광장(廣莊)』 「소요유」편에서 펼친 우화였다. 그 내용은 천지를 거대한 장부(丈夫)에 빗대고, 사바세계(娑婆世界)를 장부의 골절(骨節)에 있는 허공처(虛空處)로 비유하는 것이었다. 그 설에 의하면 사람의 몸은 비록 5척에 불과하지만 360개의 골절 중에는 3만 6천종의 시충족(尸蟲族)이 있다고 한다. 그 중에는 눈이 있는 것도 있고, 발이 있는 것도 있고, 기욕(嗜欲)이 있는 자도 있으며, 밤과 낮, 그리고 해와 달, 산악(山嶽)과 하독(河瀆)이 있고, 부자(父子)와 부부(夫婦)의 양생(養生)과 송사(送死)가 다 갖추어져 있음을 알 수 있을 것이라고 했다. 그렇다면 천지는 하나의 거대한 장부이고 사바세계는 골절의 허공처가 될 것이며, 인물(人物), 조수(鳥獸), 성현(聖賢), 선불(仙佛)은 거기

---

75 『五洲衍文長箋散稿』, 天地篇 天文類 日月星辰 [0016]日月星辰各有一世界辨證說. "大抵蜂窠蟻垤禽棲巢獸穴, 各有世界. 而況諸天日月星宿 劃野分區 各有所管 豈無洞府之自成一界者乎. 地有分野 天有分星 互相符應 則日月星辰世界之說所由起也."

에서 사는 3만 6천 종 가운데의 한 종족일 뿐이라는 이야기였다.[76]

　홍대용의 다세계설을 원굉도의 황당한 우화와 비교한 이규경은 그러한 우화들에서 한편으로는 힌트를 얻고 또 한편으로는 자신감을 얻었는지 자신이 펼친 황당한 상상을 슬쩍 제시한다. 자신이 일찍이 망상(妄想)을 해 보았다며 그 내용을 다음과 같이 소개했다. 구중천과 구중지(九重地)가 합해서 하나의 구(球)를 이루는 것이 일반적인 하나의 세계의 구조적 모습이다.[77] 그런데 지구를 오대주(五大洲)로 나누어도 혼연일체가 되어 하나의 큰 구를 이룰 수 있듯이, 구중천의 내부에 탄환같은 아홉 개의 땅을 상정한다면, 각각이 구중천과 아우러져 현재 우리의 세계처럼 하나의 구를 이룰 수 있지 않느냐고 상상했다. 그렇다면 구중천을 공유하는 모두 아홉 개의 세계로 구성된 집단이 가능한 셈일 것이다. 나아가 육합(六合)의 내외에 이와 같은 세계 집단들을 동일하게 상정한다면, 육합의 내부에 하나, 그리고 바깥에 여섯 개 해서, 모두 7개의 세계 집단이 가능하며, 결국 육합의 내부에 있는 우리가 사는 세계를 빼면 총 54개의 세계가 육합 외부에 존재할 수 있다는 상상이었다.[78]

76　『五洲衍文長箋散稿』, 天地篇 天文類 日月星辰 [0016]日月星辰各有一世界辨證說. "其說曰嗟乎 一人身量 自頂至踵五尺耳 三百六十骨節之中 三萬六千種尸蟲族焉. 凡有目者 卽有明 是彼未嘗無晝夜日月也. 凡有足者 卽有地 是彼未嘗無山嶽河瀆也. 有欲者 卽有生聚 是未嘗無父子夫婦養生送死之具也. 癰而爲疥 彼知趨利 膚中之蟻 出於甲上奔走如鶩 彼知畏死 吾安知天地非一巨丈夫耶. 娑婆世界 非一骨節之虛空處也. 人物鳥獸聖賢仙佛 非其三萬六千中之一種族耶云云."

77　구중천과 구중지가 합쳐 하나의 큰 구를 이룬다는 사유는 이는 이미 [0204]『천지합구도변증설』에서 상상한 바이었다.

78　『五洲衍文長箋散稿』, 天地篇 天文類 日月星辰 [0016]日月星辰各有一世界辨證說. "不侫嘗出一妄想 抑以爲今天地之間 雖分五大洲 渾成一球. 然安知非此一球之外 又如此球者爲幾球也. 不然則今現在一球九重天之內 復設九箇彈丸之地 各爲一球 如此世界之一球 渾無端倪 則六合之內外 爲世界者 除此世界 統爲五十四世界矣."

물론 자신의 이러한 상상에 대해서 이규경은 '망상(妄想)'임을 분명히 하며, 추연의 구주설(九州說)과 유사한 상상임을 실토했다. 실제로 구중천 내부에 아홉 개의 세계를 상정하고 그러한 세계 집단이 육합 외부에 여섯 개 있어 도합 54개의 세계를 상정하는 사유는, 적현신주인 중국이 속해 있는 구주(九州)가 아홉 개 더 있는 대구주를 상정하는 것과 대동소이한 상상이었던 것이다. 그러나 이규경은 자신의 이와 같은 상상이 장자의 우화와는 또 다른 것이라며 혹시 있을지 모르는 세속의 비판의 화살을 돌려놓고도 있다. 즉 추연 구주설의 입설(立說)은 율수(律數)로써 추측(推測)한 것으로 장자가 펼쳤던 우언과는 차원이 다름을 주장한 것이다.[79] 그렇다면 자신의 망상이 단지 헛된 우언은 아니며 추연의 대구주설처럼 율수에 입각해 추측한 것이라는 자기 변론인 셈이었다.

맺음말

적어도 천문지리학 지식을 해석하는 이규경의 지적 맥락은 18세기까지 조선의 사대부 지식인들이 갖고 있던 것과 크게 다르지 않았다. '소옹의 나라' 조선의 유가 사대부답게 그는 원회운세의 수가 견강부회한 것이 아닌 '자연의 수'임을 확신하며, 천문학과 수학의 원리를 하도

---

79 『五洲衍文長箋散稿』, 天地篇 天文類 日月星辰 [0016]日月星辰各有一世界辨證說. "蓋鄒生以律數推測立說者 非寓言如南華翁也."

와 낙서, 그리고 태극에서 추구해야 참다운 지식이 될 수 있음을 강변했다. 이러한 관점에서 신법, 즉 서양식 천문역산학은 훌륭하기는 하지만 참다운 지식은 되지 못하는 '형이하의 기'(形下之器)에 불과하다고 평가했다. 또한 18세기 후반 이후 대부분의 조선 사대부들이 지녔던 '서양과학의 중국기원론'적 믿음 역시 이규경은 강하게 지니고 있었다. 그런데 중국에서 형성된지 한 세기가 지난 후인 19세기 초 조선의 지식인 이규경에게 이러한 믿음이 미친 영향은 예전과는 다소 다른 양상이 느껴진다. 선배들에게 중국기원론적 믿음이 서양식 천문지리학 지식을 수용하는 정당화의 논리로서 작용했다면, 이규경에게는 오히려 종래 고금의 다양한 자연 논의들을 이해하는 중요한 필터로 작동한 듯하다.

이와 같은 19세기 초 이규경이 처한 지적 맥락이 『오주연문장전산고』에서 펼쳐진 이규경의 당대 천문지리학 지식에 대한 이해와 사유에 어떻게 작동되었는지 살펴보았다. 특히 18세기 동안 일부 조선의 사대부들 사이에서 흥미롭게 논의되었던 천지의 형체, 지구의 운동, 그리고 다세계설 논의에 대해서 이규경이 어떻게 이해했는지 집중적으로 살펴보았다. 이러한 주제와 관련된 이규경의 변증에서 18세기 선배들의 자연 논의에서 없었던 새로운 지식 정보가 제시된 것은 없다.[80] 그러나 이규경의 사유는 18세기의 선배들을 그대로 답습하지 않는 독창적인 우주론적 상상을 펼쳐보여 주었다.

---

80 물론 이규경은 方以智의 『物理小識』(1644년 序刊)와 그의 아들 方中履의 『古今釋疑』(1682년 편간)에 담긴 18세기 조선의 선배 사대부들은 접하지 못했던 새로운 천문지리학 지식을 『오주연문장전산고』에서 적지 않게 인용 소개해 놓았다. 이에 대한 자세한 내용은 문중양, 앞의 글, 2008, 29~31쪽을 볼 것. 그러나 서두에서 언급한 바와 같이 『오주연문장전산고』에 소개되는 천문지리학 지식들은 파편화되어, 중국 방이지 학파의 이러한 의미있는 천문지리학 지식은 이 글에서 다룬 논의와는 별개의 이야기로 이규경에 의해서 연관되어 사유되지 못했다.

하늘의 구중천에 기하학적으로 대응하는 땅의 구중지(九重地)를 상상하고, 그것을 태극의 형상에서 유추해 각각 아홉 겹으로 이루어진 하늘과 땅이 전체가 하나의 구를 이루는 〈천지합구도〉를 그려내는 것은 18세기 학인들 못지않은 자유로운 상상이었다. 이규경의 상상은 다세계설에 대한 논의에서는 가히 유가적 전통의 굴레를 벗어나 도사(道士)나 신선가들에게서나 볼 수 있는 과감한 자유로운 모습이었다고 할 수 있다. 그것은 우리가 사는 육합 내의 세계 이외에도 육합 바깥에 '구중천-구중지'로 이루어진 세계가 54개나 더 있을 수 있다는 상상으로, 실로 원굉도가 사바세계를 사람 골절의 허공처에 비유한 우화, 그리고 추연의 대구주설에 버금가는 유가 사대부에게는 가히 일탈적인 상상이었다.

그럼에도 불구하고 이와 같은 이규경의 자유로운 우주적 차원의 사색은 전통적인 상수학적 인식론에 끝까지 붙잡혀 있었다고 할 수 있다. 조선의 사대부로서는 예외적으로 지구가 전운(轉運)함을 확신하면서도 김석문의 『역학도해』를 소개하며 변증하는 부분에서 그러한 모습이 여실히 드러난다. 이규경에게 김석문이 펼쳤던 지구의 운동에 대한 논의는 소옹의 상수학적 우주주기론적 사유의 테두리 내에서 이루어졌던 것이다.

19세기 변란 참가층의 사회적 관계망과 존재양태

윤대원

머리말

조선 후기 민중운동은 이 시기 사회변동 양상과 그 지향을 해명할 수 있는 중요한 지표 가운데 하나로서 일찍부터 많은 연구자들이 관심을 가져온 분야였다. 특히 변란은 조선 후기 급격한 사회변동 속에서 정치 사회적으로 소외된 지식인들이 정감록류의 이단사상을 이념적 무기로 삼아, 일개 군현의 범위를 넘어 병사를 일으켜 조선왕조 자체를 전복하려고 한 '역모사건'으로서 19세기 민란과 1894년 농민전쟁의 가교 역할을 했다는 점에서 주목을 받아왔다.[1] 그러나 대부분의 민중

[1] 조선 후기 변란의 추이와 그 성격에 대해서는 다음 논문을 참조. 한명기, 「19세기 전

운동 연구가 경제결정론적이거나 계급환원론적이라는 시각과 함께 민중 또한 주어진 사회경제구조의 모순의 담지자로 선언되었을 뿐 그들이 가진 고유한 생각이나 의식세계에 대한 고민은 차단되었다는 비판을 받아 왔다.[2] 이런 비판은 변란 연구에서도 예외가 아니었다.

조선 후기 민중운동사 연구에 대한 이런 비판이 민중운동사 연구의 의미를 폄훼하거나 축소하려는 것은 아닐 것이다. 오히려 기존의 도식적 내지 목적의식적인 연구에서 벗어나 당시 다양한 얼굴을 한 민중의 삶 속에서 그 내용을 더욱 풍부하게 하고 이를 위해 기존 자료의 재해석은 물론 연구 시각과 방법론에 대한 새로운 모색의 요구일 것이다.

사실 조선 후기 민중운동은 거시적으로는 신분제적 지주제로 상징되는 봉건적 모순과 당시 가혹한 수취체제로 상징되는 국가와 민의 갈등이 배경이 되었지만, 민란과 변란이 발생하는 현장은 향촌사회였다. 당시 향촌사회는 세도정권 이후 큰 변화를 겪으면서 향권을 둘러싼 신구향간의 갈등뿐만 아니라 전체 구성원 사이에 신분과 조세로 상징되는 사회경제적 모순에 따른 다양한 갈등이 존재했고 그것이 민중운동의 직접적인 원인이 되었다. 물론 이와 관련하여 그동안 당시 '한유(寒儒)'·'빈사(貧士)'로 상징되는 몰락양반을 중심으로 민중운동의 주체와 참가층에 관한 분석들이 있었지만 향촌사회에서의 이들의 존재양태 및 향촌민과의 관계는 물론 변란 참가층의 내적 연결 관계에 대해서는

　　반 반봉건항쟁의 성격과 유형」, 『1894년 농민전쟁연구』 2, 역사비평사, 1992; 裵亢燮, 「19세기 후반 '변란'의 추이와 성격」, 『1894년 농민전쟁연구』 2, 역사비평사, 1992; 高成勳, 「朝鮮後記 變亂硏究」, 동국대 박사논문, 1993; 裵惠淑, 「朝鮮後期 社會抵抗集團과 社會變動硏究」, 동국대 박사논문, 1994; 高成勳, 「朝鮮後記 '海島起兵說' 관련 變亂의 추이와 성격」, 『朝鮮時代史學報』 3, 1997; 하원호, 「조선 후기 變亂과 민중의식의 성장」, 『史學硏究』 75, 2004.
2　한국사연구회 편, 『새로운 한국사길잡이』 하, 지식산업사, 2008, 491쪽.

주목하지 못했다.

따라서 본 연구는 19세기 발생한 변란 가운데 발생 지역의 광역성과 운동의 연속성에서 변란의 특징을 잘 보여주는 두 사건 즉 해서·영남인의 변란 및 이필제난을 중심으로 변란 참가층의 사회적 관계망 및 그 존재양태를 분석하고자 한다.

1. 변란 참가층의 사회적 관계망

1) 해서·영남인의 변란 참가층과 관계망

(1) 해서역옥사건

해서·영남인의 변란이란 1851년의 '해서역옥사건(海西役獄事件, 일명 高成旭告變事件)', 1853년의 '신석범고변사건(申錫範告變事件)' 그리고 1877년의 '김치호·이기집고변사건(金致浩·李奇執告變事件)'을 가리킨다.[3] 세 사건은 발생 시기와 지역은 다르지만 변란의 주도층이 상호 연관된 특징을 가지고 있다. 해서역옥사건에 연류되었던 경상도 영천(永川)의 김수정(金守禎)은 1853년 서울의 '신석범고변사건'의 주모자였다. 이 사건으로 유배되었던 김해의 최봉주(崔鳳周)는 1872년 안동변란에 참여했다가 유배되었던 장진혁(張赫晋)과 함께 1877년 '김치호·이기집고변

---

3 이들 변란에 대한 상세한 내용은 배항섭, 『朝鮮後記 民衆運動과 東學農民戰爭의 勃發』, 景仁文化社, 2002, 63~67쪽과 고성훈, 「1877년 張赫晋의 楸子島 공략 모의의 추이와 성격」, 『실학사상연구』 30, 2006 참조.

사건'의 주모자가 되었다. 세 사건은 공간적으로는 황해도, 서울, 충청
도, 경상도, 전라도 등지에 걸쳐있고, 시간적으로는 1851년에서 1877
년으로 이어진 사건이다.

먼저 해서역옥사건의 주도층이 언제 어떤 관계로 형성됐는지 보자.
1846년 황해도 문화 월곡에 사는 유흥렴(柳興廉)이 장수산의 초당에 있
던 기덕우(奇德佑)을 찾아가 "지금 시세를 보면 민생이 도탄에 빠져 살
기가 곤란한데 이때를 맞이하여 우리는 모모인과 장차 거병(擧兵)을 모
의하려고 한다"라고 했듯이[4] 이 변란은 1846년 이전부터 모의되어 왔
다. 그런데 기덕우가 1845년 4월 이후 장수산 속에 초당을 짓고『주
역』,『중용』,『대학』등 경서를 비롯하여『마의상서(麻衣相書)』, 지리,
천문 등 술서를 섭렵하고 있을 때 원근의 술객(術客)이 소문을 듣고 그
를 찾아왔다고 한다.[5] 유흥렴이 그를 찾아간 것도 바로 이때이다. 즉
유흥렴이 기덕우를 찾아간 것은 우연이 아니라 사전에 그에 대한 상당
한 정보를 가지고 목적의식적으로 찾아갔던 것이다. 이때 그가 함께
거병을 모의했다고 한 '모모인'이란 문화의 채희재(蔡喜載), 평산의 김
응도(金應道) 등이었다.

자료상의 한계로 이들이 어떤 관계를 통해서 연결되었는지 분명히
알 수 없지만 지연 관계가 계기가 된 것으로 추측된다. 이들의 거주지
를 보면 기덕우는 재령에 살았고, 채희재는 평안도 중화에서 1834년
재령에 이주했다가 1849년에 문화로 다시 이주했다. 유흥렴은 문화,

---

4 『捕盜廳謄錄』上, 保景文化社, 1985, 210쪽, 奇德佑(이하『捕盜廳謄錄』上). "丙午年
(1846－필자)分 文化月谷居柳興廉 來訪矣身於草堂 與之談話 討論易理 而興廉暗言
于矣身曰 見今時勢 倒懸民生 難保際會 此時 吾輩某某人 將有謀議 擧兵之意 君可同參
否 矣身曰 此何說也 今若北伐人 則吾當不計死生 卽爲勇赴 而至於如君之謀計 不欲同
參 仍爲據理責是白乎旀."
5 『捕盜廳謄錄』上, 210쪽, 奇德佑.

그리고 김응도는 본래 금천(金川)에 살다가 연안으로 다시 1851년 2월에 평산에 이주했다. 거리상으로 보면 네 명이 쉽게 연결될 수 있는 공간은 아니지만 채희재가 이들을 묶는 가교 역할을 한 것으로 보인다.

채희재가 재령에 거주할 때 친분이 있었던 우경수에 의하면 둘이 만날 때마다 그가 기덕우의 뛰어난 재주를 칭찬했다고[6] 한데서 기덕우와 채희재의 관계를 짐작할 수 있다. 그런 채희재가 1849년 문화로 이사 간 뒤에는 이웃한 유흥렴과는 밤낮을 상종하며 역리를 토론하고 또 술서를 열람하며 행동 하나하나를 같이할 정도로 친근한 사이였다.[7] 연안에 있던 김응도와의 관계 역시 채희재가 가교 역할을 한 것으로 보인다. 즉 김응도가 1849년 풍천 초도의 이명섭(李明燮)을 방문한 뒤 이듬해 채희재가 서로 약속한 듯이 이명섭을 찾아가 변란의 참여를 제의한 사실에서 김응도와 채희재의 관계를 짐작할 수 있다.

이와 같이 하여 문화의 채희재를 중심으로 재령의 기덕우, 연안·평산의 김응도, 문화의 유흥렴 등이 해서변란의 주도층이 되었다. 이들이 변란을 구체적으로 계획하게 된 데는 당시 황해도의 삼정문란이 배경이 되었다. 채희재는 백성의 곤궁함이 팔도가 같은데 그 가운데 황해도에서 결폐(結弊), 환폐(還弊), 군폐(軍弊) 등 삼정의 폐단이 더욱 심함을 개탄하고 신문고를 울리려고 1848년 5월 서울에 올라갔다가 오히려 체포되어 석방된 일이 있었다.[8] 김응도도 황해도의 삼정폐단으로 민생이 지금보다 더한 적이 없다고 하며 상소를 할 계획이었으나 반드시 성사될 수 없다는 주변의 만류로 포기했다.[9] 그리고는 김응도

---

6 『捕盜廳謄錄』上, 219쪽, 禹敬獸.
7 『捕盜廳謄錄』上, 220쪽, 蔡喜載 更推.
8 『捕盜廳謄錄』上, 220쪽, 蔡喜載.
9 『捕盜廳謄錄』上, 244쪽. 李顯道 更推.

는 1849년 7월 소현세자의 후손으로 풍천 초도에 있던 이명섭을 찾아가 삼정문란으로 인해 "세상이 어지럽고 민정(民情)이 위태로운 이때 만약 큰 일을 꾀하면 반드시 성공할 것이다"라고[10] 하며 그를 변란의 주모자로 추대하려 했다. 이처럼 김응도 등은 민생을 도탄에 빠뜨린 삼정문란 문제를 상소와 같은 방법으로 해결할 수 없는 현실을 직시하고 그 해결책으로 변란을 모의했던 것이다.

1849년 7월 김응도는 풍천 초도의 이명섭을 찾아가 '종사(宗社)의 책략을 깊이 생각하니 천리 인심이 소현세자의 원한을 푸는데 있고 청나라가 우리를 공격할 때 충의로서 이들을 물리친다면 병자호란의 원수를 갚고 태조의 창업을 잇는 것이라고 한 뒤 시를 지어주며 내년 봄과 여름 사이 찾아오는 이가 있으면 이 시를 주라고 하며 돌아갔다.[11] 그리고 1년 뒤인 1850년 7월 김응도의 말대로 채희재가 찾아왔고, 그는 금방 큰 일을 경영할 것인데 이명섭을 주모자로, 지략을 가진 유흥렴과 기덕우을 모사로 정했다며 변란 참여를 설득했다.[12]

김응도와 채희재의 잇따른 이명섭 방문은 우연을 가장한 듯하지만 계획적인 것이었다. 이들은 소현세자의 후손인 이명섭을 내세워 소현세자의 원한 풀기와 병자호란의 복수를 대의명분으로 변란을 꾀하고자 했던 것이다. 이 무렵부터 이들은 자신들의 거사에 필요한 동조자를 조직하기 시작했다. 해서역옥사건과 관련하여 체포된 참가자 40명과 주도층과의 관계를 파악하면 아래 〈표 1〉과 같다.[13]

---

10 『捕盜廳謄錄』上 253쪽, 申應元.

11 『捕盜廳謄錄』上, 211쪽, 奇德佑 更推.

12 『捕盜廳謄錄』上, 234쪽, 元僑 更推.

13 참가자 40명은 신석범의 고변으로 포도청에 압송된 46명 가운데 변란 주도층인 채희재, 기덕우, 김응도(이상 3명은 1851년 10월 11일 서소문에서 謀反大逆不道罪로 능지처참됨(『連坐案』(奎15146 제4책)), 도망한 유흥렴, 압송 도중 病死한 주모자 이

<표 1> 해서역옥사건의 주도층과 참가층

주도층 (거주지, 나이)	참가층 (나이)	직역	거주지	관계	접촉일자	처결
奇德佑 (載寧, 33)	趙雲之(57)	船業	長淵	田横島探查 선박대여	18500400	放送
	奇東仁(38)	農業	載寧	奇德佑의 兄	18500800	康津縣 古今島
金應道 (金川→延安 →平山, 51)	李良元(66)	酒餠商	金川	居在比隣	18490900	康津縣 定配
	李顯道(63)	米商	金川	同里人	18490700	長興府 定配
	金伯三(32)	農業	延安	金賢浩의 子, 同里人	18500700	南海縣 定配
	金賢浩(70)	前座首	延安	居在比隣, 金伯三의 父	18490700	放送
	宋廷元(60)	前軍校 農業	延安	自兒時相識, 小作人	18480000	鏡城府 定配
	趙明化(51)	賣酒商	延安	同居一里	18500800	光陽縣 定配
	閔希顯(70)	儒業	平山	金應道 父와 親知, 占山	18490700	放送
	宋厚之(68)	傭賃	平山		18500700	海南縣 定配
	申應元(27)	傭賃	平山	金應道와 親熟	18490700	樂安郡 定配
	趙子祥(47)	前座首	平山	同里人	18510100	放送
	趙和瑞(52)	儒業	平山	占山	18510300	泗川縣 定配
柳興廉 (文化)	金載檍(56)	吏役	文化	金在益의 誤認		放送
	鄭得顯(38)	農業	文化	香徒軍 모집	18501000	昆陽郡 定配
	柳廉臣(25)	讀書·農業	文化	柳興廉의 14寸	18501200	明川府 定配
	金陽鼎(43)	商業	殷栗	占山	18501000	巨濟府 定配
	鄭昌秀(43)	牟利資生	殷栗		18490700	機張縣 定配
	崔致珏(31)	九月山城別長	義州	文談親分	18500500	
	高成旭(40)	兩班·醫術	長淵	親分	18501000	告變人
	鄭迷益(40)	農業	坡州	文化居時 同里人		告變人
	柳祿均(50)	農業	文化	柳喜均의 弟	18501000	珍島郡 金甲島
	柳喜均(56)	經學之士	文化	柳興廉의 父		
	權元晦(26)	儒業	松禾	柳喜均의 親族	18501000	靈光郡 荏子島
	柳基均(27)	農業	文化	柳喜均의 親族		羅州牧 智島
	李樂瞻(26)	農業	長連	柳基均과 査頓間	18480000	康津縣 薪智島
	朴斗瑞(22)	農業	長連	李樂瞻과 親分	18500700	茂山府 定配
	李頤培(46)	鄕任	長連	李東穉의 父	18500700	放送
	尹行健(52)	前座首 船業	長連	術書 工夫	18500700	穩城府 定配

명섭을 제외하고 推鞫 결과 放送 8명, 定配 28명 등 36명과 고변인 2명 그리고 포도
청 명단에는 있으나 추국 결과 명단에는 없는 구월산별장 崔致珏, 유흥렴의 아버지
柳喜均을 포함한 것이다. 최치각과 유희균이 최종 처결 명단에 없는 것은 이들이 아
마 推鞫 중 物故된 것으로 판단된다.

	李東稷(22)	農業	長連	李樂瞻과 7寸	18500800	鍾城府 定配
	郭東煥(56)	痘醫	黃州	李樂瞻과 術學 工夫	18500800	楸子島 定配
	張日伯(41)	賤出 農業	白翎島	張風憲으로 誤認		放送
蔡喜載 (中和→載寧 →文化, 36)	李明赫(37)	農業資生	豊川	謀主 李明燮의 弟	18500700	端川府 定配
	元僖(64)	訓學	松禾	李明燮兄弟 訓學	18500700	熊川縣 定配
	丁稀常(37)	海州營吏	海州	占山	18500200	興陽縣 鹿島
	林宗呂(48)	雇奴	文化	蔡喜載 子婚日 使喚雇貰	18501000	放送
	蔡錫淵(33)	農業	文化	4寸 弟	18500800	會寧府 定配
	金聖烈(27)	蔘圃業 儒業	松都	勝地說	18500300	固城縣 定配
	趙士悅(40)	儒業·農業	安岳	蔡喜載 親査	18501200	興陽縣 呂島
	禹敬猷(48)	讀書·農業	載寧	親分	18490000	扶安縣 蝟島

참고: 「辛亥 9月 海西獄事」, 『捕盜廳謄錄』上, 207~262쪽; 『日省錄』, 哲宗 2年 11月 6·8·13·
18·20·21日.

위의 〈표 1〉에서 참가층의 '거주지'항을 보면 황해도의 문화, 장련,
은율, 재령, 금천, 연안, 평산 등 여러 군에 걸쳐있다. 이 가운데 송화,
장련, 송도, 은율 등지를 제외하면 변란의 주도층이 거주했거나 거주
하는 곳이다. 이는 변란 주도층이 동조자를 포섭하는데 마을 사람들과
의 친분 관계를 이용했다는 것을 뜻한다. 또 '관계'항을 보면 참가자들
의 상당수가 주도층과 친인척 즉 혈연관계로 연결되어 있다. 이것은
절대 비밀이 요구되는 변란의 성격상 혈연·지연과 같은 일차적 인간
관계가 우선 고려됐던 것이다.

변란의 주도층은 이러한 혈연·지연관계 외에도 풍수나 피난설 등
을 매개로 관계망을 확대했는데 민희현, 조화서, 김양정 등이 이런 경
우에 해당한다. 김응도는 민희현이 부모 묘지를 이장할 때 장지를 정
해주었고[14] 조화서에게도 10년 전 죽은 어머니의 장지를 정해준 것을
인연으로 관계를 맺었다.[15] 유흥렴 역시 은율의 김양정에게 죽은 아내

---

14 『捕盜廳謄錄』上, 250쪽, 閔希顯 更推.

의 장지를 정해준 것이 인연이 되었다.[16] 이렇게 하여 김응도가 모은 자는 평산의 민희현, 조자상, 조화서, 신응원, 송후지, 금천의 이양원, 신중삼, 이현도, 연안의 김현호·김백삼 부자, 송정원, 임문여, 조명화 등이었다.[17]

한편 참가층의 관계망은 부분적으로 혈연관계를 통해 확장되기도 했다. 장련의 이낙첨, 박두서, 이이배, 이동직, 윤행건 등이 그 예이다. 이곳은 변란의 주도층과 지리적 연고가 없는 곳이지만 유홍렴, 유기균, 이낙첨의 인척 관계가 매개가 되었다. 유홍렴은 유기균과 인척이고 유기균은 이낙첨과 먼 사돈 사이였다. 이낙첨이 1849년 이전에 이미 유홍렴에게서 술서를 빌려 살펴본 적이 있듯이[18] 둘 사이는 서로 왕래하는 사이였다. 1850년 7월에는 이낙첨, 곽동한, 이동직, 박두서 등이 구월산 아래에서 유홍렴에게 술서를 빌려 함께 공부한 적도 있었다. 이런 관계를 배경으로 유기균이 이낙첨에게 "장련인 중 걸출자가 몇인가? 이이배, 윤행건의 사람됨이 볼만 하다는데 과연 그런가?" 하자 이낙첨이 "두 사람은 외양을 보면 불초초(不草草)하다"라며 추천했다.[19] 이처럼 장련의 관계망은 유기균을 매개로 이낙첨과 유홍렴이 연결되었고 이후 이낙첨이 이이배 등을 유홍렴에게 추천하여 형성된 것이다.

그런데 여기서 주목되는 것은 해서역옥의 주도층이 관계망을 '계' 조직으로 진화시키려고 한 점이다. 이들은 1850년 10월 거사계획 때 향도꾼을 고용하여 군사로 동원한 적도 있지만[20] 이후 향도계와는 다른 형

---

15 『捕盜廳謄錄』上, 250쪽, 趙和瑞 更推.
16 『捕盜廳謄錄』上, 232쪽, 金陽鼎.
17 『捕盜廳謄錄』上, 229쪽, 金應道 更推.
18 『捕盜廳謄錄』上, 260쪽, 郭東煥.
19 『捕盜廳謄錄』上, 230쪽, 李樂瞻.
20 1850년 10월 유홍렴은 향도계원인 정득현에게 '재령의 林가가 文化地에 이장을 한

윤대원_19세기 변란 참가층의 사회적 관계망과 존재양태 ● **251**

태의 계를 조직하려고 했다. 1850년 11월 채희재는 이동직에게 "모모인과 함께 난봉계(難逢契)를 만들려고 하는데 너 역시 참여치 않겠는가?" 하며[21] 난봉계 가입을 권유했다. 또한 1851년 1월 유기균은 이낙첨에게 장련인 가운데 걸출자의 추천을 부탁하면서 "삼성당계(三聲堂契)는 타·본관을 막론하고 쓸만한 사람을 뽑아 계를 만들려는 것이고 구월산 아래 또 난봉계가 있는데 역시 뜻을 같이 하는 무리를 모으기 위한 것이며 이것은 모두 채희재와 유흥렴 등이 사주한 것이다"라고 했다.[22]

채희재, 유흥렴 등이 조직하려 한 난봉계와 삼성당계는 자료상 명칭만 있어 그 실체를 정확히 알 수 없다. 다만 이 계는 16세기 이래 재지사족이 향촌사회를 지배하는 수단이었던 동계와는 달리 18, 19세기 그 목적과 주도세력의 성격, 실시규모(지역단위, 계원수, 영향력 등), 그리고 운영방식에 있어서 각양각색의 모습을 띠고 변질, 발달되고 있던 계의 일종인 것이다.[23] 변란 주도층은 참가자들을 효율적으로 조직하고 나아가 겉으로 모의 사실을 은폐하려고 당시 향촌사회에서 발달하고 있던 계를 이용하려 했던 것이다. 사실 이전에도 '계'가 변란에 이용된 적이 있다. 숙종 10년(1684)의 검계·살주계사건이 그 예인데 이 계는 사대부가나 궁가의 비복들인 노비들이 조직한 비밀결사인데 반해[24] 난

다'는 구실로 향도꾼 16명을 모아달라고 부탁했고, 정득현은 4兩을 받고 10월 25·26일 약속 장소에 향도꾼을 동원했다. 그러나 이날 거사계획이 무산되면서 동원된 향도꾼은 모두 흩어졌다(『捕盜廳謄錄』上, 215~216쪽, 鄭得顯).

21 『捕盜廳謄錄』上, 255쪽, 李東稷. "昨年(1850-필자)十一月 有何許人 來坐家前炭幕 送李樂瞻請見 故矣身往見之 問其姓名 卽蔡喜載也 矣身問曰 緣何事而來訪乎 喜載曰 欲與某某人 作難逢契 汝亦欲參否 矣身曰 本里契會 尙況他官乎 不許而歸是白乎旀."

22 『捕盜廳謄錄』上, 230쪽, 李樂瞻 更推. "基均謂以三聲堂契 毋論他本官 擇其可用之人 謀聚作契是白如乎 秤九月山下 又有難逢契名色 亦爲聚黨 而此皆喜載與興廉等之指 使者也."

23 金仁杰, 「조선 후기 鄕村社會 변동에 관한 연구」, 서울대 박사논문, 1991, 104~105쪽.

24 鄭奭鍾, 『朝鮮後期社會變動硏究』, 一潮閣, 1983, 26쪽.

봉계나 삼성당계는 조선 후기 다양한 방식으로 발달된 향촌사회의 공개조직이란 점에서 차이가 있다 할 것이다.

(2) 신석범고변사건

해서역옥사건은 1851년 8월 참가자인 고성욱이 고변함으로써 발각되고 말았다. 그런데 이 사건과 관련하여 주목되는 또 하나의 인물이 영남 영천의 김한두(金漢斗) 즉 이후 이름을 바꾼 김수정이다. 그가 해서역옥사건과 관계를 맺게 되는 과정은 당시 변란 주도층이 일개 지역을 초월한 관계망을 어떻게 형성할 수 있었는지 그 일단을 보여준다.

김수정은 1848년 대구에 과거를 보러 갔다가 과장(科場)에서 황해도 은율인 박혜장(朴兮長)을 만났다. 그가 김수정의 집에서 며칠을 머물다 돌아갈 때 김수정은 자신은 구월산을 유람할 계획인데 그때 다시 만나자고 약속했다. 그런데 이듬해 10월 유흥렴이 영천으로 그를 찾아와 은율의 박혜장을 아느냐고 묻고 그날 경주로 갔다. 그리고 1850년 4월 서울에 온 김수정은 5월에 구월산으로 가서 유흥렴 집에 머물면서 채희재 등을 만났고[25] 귀가하면서 "내년 봄을 기다려 거사가 있으면 나는 서울에서 일어나 남쪽으로 향할 것이라면서 밖에서 돕겠다"라고 약속했다.[26] 김수정이 대구 과장에서 은율인 박혜장을 만난 것은 우연이겠지만 이 만남에서 서로 변란의 의지를 나누었고 유흥렴은 이를 다시

---

25 「癸丑逆賊守禎等獄案」,『推案及鞫案』28, 亞細亞文化社, 1978, 753~755쪽, 金守禎 更推(이하『推案及鞫案』28). 김수정은 자신의 구월산 방문 시기에 대해 포청에서는 1850년 봄이라고 진술했고(『捕盜廳謄錄』上, 265쪽, 金守禎 更推), 鞫廳에서는 1851년 5월이라고 했는데, 우경수가 1850년 김수정이 문화를 방문했다는 증언(『捕盜廳謄錄』上, 219쪽, 禹敬獸 更推) 등을 볼 때 그가 구월산을 방문한 시기는 1850년 봄으로 판단된다.

26 『捕盜廳謄錄』上, 211쪽, 奇德佑 更推.

확인하려고 계획적으로 김수정을 방문한 것으로 추측된다. 즉 김수정은 당시 지배층이 말한 '사난도(思亂徒)', 즉 평소 변란을 마음에 품고 있는 자였다.

해서역옥사건에서 정체가 드러나지 않아 체포를 면한 김수정은 1853년 8월 서울에 올라와 전 중군(中軍) 홍영근을 찾아갔다가 그 집에서 김해인 최봉주를 만났다. 당시 홍영근은 최봉주의 집에 임시로 동거하는 상태였다. 김수정은 영천에 있으면서 과거를 구실로 서울을 왕래할 때마다 홍영근을 찾아가 만났다. 김수정이 홍영근을 안지는 이미 17년이나 되었고 그 계기는 홍영근이 영남 병영에 근무할 때였다.[27]

김수정, 홍영근, 최봉주 3인은 1853년 8, 9월 피서차 남산과 종로를 거닐면서 '세장불구지설(世將不久之說)', '혜성지실(彗星之失)' 등의 참언과 함께 "재작년(1851년−필자) 구월산 적도와 작년 일월산 적도가 경솔하게 앞질러 거사하여 스스로 일을 그르쳤다",[28] "겨울에는 거사하기에 좋다. 거사할 때 싸전과 길가 인가에 방화할 수 있다"라며[29] 화공이 편리하다거나 구월산변란이 실패한 후 이명섭 형제 중 "이미 죽은 1인(이명섭−필자)은 볼만한 것이 없고 살아있는 1인(이명혁−필자)의 골격이 죽은 자보다 낫다"라는[30] 등의 이야기를 하며 서로 변란 의지를 확인했다. 이들은 해서역옥사건 뒤 서수라로 도망간 유흥렴과 단천(端川)에 유배중인 이명섭의 동생 이명혁을 내세워 서북지방의 별부료군(別付料軍)과 삼남지방의 차력사들을 규합하여 거사할 계획이었다.[31]

---

27 『推案及鞫案』28, 712쪽, 洪榮瑾 更推.
28 『捕盜廳謄錄』上, 264쪽, 崔鳳周.
29 『推案及鞫案』28, 678쪽, 金守禎 更推.
30 『捕盜廳謄錄』上, 265쪽, 金守禎.
31 『捕盜廳謄錄』上, 263쪽, 金守禎.

그러나 이들의 계획은 김수정이 아내의 장지를 정해준 것을 계기로 관계를 맺은 군교 출신 신석범이 고변함으로써 실패했다. 그 결과 김수정은 참수를 당하고 최봉주는 전라도 추자도로 유배되었다. 이 사건은 해서역옥사건의 연루자인 김수정을 중심으로 서울에서 변란의 주도층이 형성되는 과정에서 발각된 경우이다.

(3) 김치호·이기집고변사건

고석범고변사건으로 추자도로 유배되었던 최봉주가 관련된 변란사건이 1877년 또 드러났다. 이 사건의 주요 인물은 최봉주를 비롯하여 1872년 안동변란에 참여했던 장혁진과 이우수(李祐秀) 그리고 진도에 유배되었다가 풀려난 송지국(宋持菊) 등이었다. 이들은 모두 과거 변란에 참여했다가 유배된 자들로서 이들의 유배지가 지리적으로 가깝다는 것이 특징이다. 즉 장혁진은 1876년 윤(閏) 8월 유배지 신지도에서 전라도 고흥의 흥양으로, 최봉주는 추자도에서 능주목으로 이배되었고[32] 송지국은 진도에 유배되었다가 풀려난 뒤 흥양에 거주했다.[33] 또 이 지역은 같은 시기 안동변란의 주모자인 이사원(李士元)이 금갑도(金甲島)에서 장흥부로, 험찰(驗察)이 고금도에서 순천으로, 김응연(金應淵)이 장자도(荏子島)에서 현 곡성군의 옥과(玉果)로 이배된 곳이기도 했다.[34]

이들이 변란을 주로 모의한 곳은 장혁진이 이배된 고흥의 흥양을 중심으로 한 순천, 벌교, 장흥 등지로서 안동변란의 주모자들이 이배된 곳이다. 장혁진이 '유배 생활 6년간 마음이 오직 하나의 일 즉 수백 명이 모여 추자도로 향하'는[35] 것이라고 했듯이 그는 유배지를 중심으로

---

32 『日省錄』, 고종 13년 윤5월 22일.
33 『捕盜廳謄錄』下, 584쪽. 李奇執.
34 『日省錄』, 고종 13년 윤5월 22일.

최봉주, 송지국 등과 함께 안동변란의 관련자를 재결집하여 거사할 계획이었다.

고변인 김치호가 장혁진을 만나 변란 모의에 동참하게 된 때가 1877년 1월이므로 이 변란이 본격적으로 모의된 때는 장혁진이 흥양으로 이배된 1876년 윤 5월 이후이다. 이들의 변란 계획은 추자도를 장악하고 그 여세를 몰아 제주도를 공략한 뒤 육지로 나온다는 것이었다.[36] 이 계획은 장혁진이 유배지 추자도에서 추왕(楸王)으로 불릴 만큼 주민들의 추앙을 받았고 추자도의 관습과 형편에 익숙한[37] 최봉주를 만나면서 모의된 것이다. 둘의 만남이 언제 어떻게 이루어졌는지는 알 수 없다. 그러나 장혁진이 일행과 함께 봉화에서 순천으로 향하던 중 함양의 사근역(沙斤驛)에서 김치호에게 능주로 가서 '뜻을 통한 동모인'인 최봉주를 순천으로 데려오라고[38] 지시한데서 둘은 이미 서로 내통하고 있었음을 알 수 있다.

그럼 장혁진 등이 어떻게 참가자들과 관계를 맺었는지 보자. 먼저 이들은 참가자 포섭에 『정감록』을 이용했다. 장혁진은 이기집을 포섭하면서 "남조선이 장차 우리나라를 침략할 것이다"라고 했다.[39] 여기서 '남조선'이 어디를 뜻하는지 명확하지 않지만 그의 말은 '정성(鄭姓)을 가진 진인(眞人)이 남쪽 바다에서 군사를 거느리고 나와 현재의 왕조를 무너뜨리고 새 세상을 이룩한다'라는 『정감록』의 논리와 같은 구조이다.[40] 이들이 『정감록』을 이용했다는 것은 거사할 때 사용할 깃발에 "이

35 『捕盜廳謄錄』下, 586쪽, 金致浩.
36 『捕盜廳謄錄』下, 587쪽, 金致浩.
37 『捕盜廳謄錄』下, 588~589쪽, 金致浩.
38 『捕盜廳謄錄』下, 588쪽, 金致浩.
39 『捕盜廳謄錄』下, 584쪽, 李奇執.
40 고성훈, 「朝鮮後記 '海島起兵說' 관련 變亂의 추이와 성격」, 『朝鮮時代史學報』 3,

재궁궁(利在弓弓)"이란 의미의 '궁자(弓字)'를 그린 데서도 알 수 있다.[41]

고변인인 김치성은 장혁진이 자신을 포섭한 이유가 1876년 1월 일본 군함이 강화에 왔을 때 별포수 10여 명을 이끌고 상경하다가 중간에 돌아가라는 명령이 있어 귀향했다는 풍설을 듣고 이런 나의 완력을 이용하려고 한 것이라고 했듯이[42] 변란 주모자들이 포섭 대상에 대한 정보를 미리 파악하고 접근했음을 알 수 있다. 이것은 추자도로 가는 데 필요한 배를 구하려고 진도에서 선업을 하던 이기집을 택한 것도 마찬가지이다. 즉 이기집의 포섭에는 이곳에 유배된 적이 있던 송지국을 보내 먼저 의사를 타진한 뒤 다시 박시화를 보내어 포섭했다. 이들은 이기집에게 동래의 왜미 수백 석을 강진에 방매하고 만여 냥을 추자도로 수송할 계획이라며 배를 이용하자고 접근했다.[43] 물론 왜미방매 운운은 지어낸 이야기이며 이에 따른 이익을 미끼로 이기집을 포섭하려는 의도였다. 이와 같이 장혁진 등은 포섭 대상에 대한 사전 정보를 바탕으로 관계망을 확대해 나갔던 것이다.

장혁진 등이 1877년 1월 이후 변란을 준비하면서 이동한 경로와 참가층을 포섭한 지역을 표기하면 다음 쪽의 〈지도 1〉과 같다. 이들은 1877년 1월에서 6월 사이 경상도 봉화에서 거창, 순천, 흥양, 보성, 영암 등지를 6개월에 걸쳐 집단으로 이동하면서 예안읍 주점, 봉화역 점사, 김산의 금전장터, 고흥의 탄포점(炭浦店), 보성의 군두점(軍頭店), 흥양의 남당포점(南堂浦店), 보성의 조성(鳥城)장터, 영암의 송시장(松市場) 주막 등 주로 장터와 주막을 이용했다. 이와 관련하여 고변인인 이기

1997, 123쪽.

41 『捕盜廳謄錄』下, 587쪽, 金致浩.

42 『捕盜廳謄錄』下, 591쪽, 金致浩 三招.

43 『捕盜廳謄錄』下, 584쪽, 李奇執.

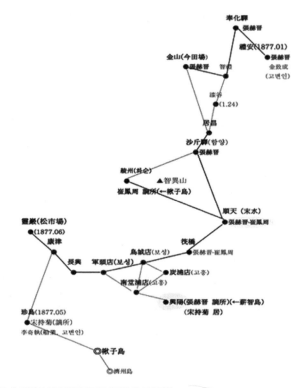

奉化驛
張赫晋

禮安(1877.01)
張赫晋
金致成
(고변인)

金山(今田場)
張赫晋 智位

漆谷
(1.24)

恐島

沙斤驛(함양)
張赫晋

晉州(兵令)

▲智異山

崔鳳周 謀所(←楸子島)

順天(末水)
張赫晋·崔鳳周

靈巖(松市場)
(1877.06)
康津

筏橋

長興 軍眼店(보성)
張赫晋·崔鳳周

島峴店(보성)

炭浦店(고흥)

南堂浦店(고흥)

興陽(張赫晋 謀所)(←薪智島)
(宋持菊 居)

珍島(1877.05)
宋持菊(謀所)
李奇執(和順, 고변인)

◎楸子島

◎濟州島

〈지도 1〉 장혁진 등의 이동경로와 참가층의 포섭지역

집이 장혁진에게 이런 중대한 일을 장터와 같은 번화한 곳에서 하느냐
고 묻자 그는 "수천 명이 모이니 사람을 선택할 수 있고 사람들이 숨기
에는 반드시 장시가 좋다. 또 우리 무리들이 혹시 불행히 붙잡히더라
도 상인 행색을 하면 어찌 의심할 것이며 관심이 소홀해질 것"이라고
답했다.[44] 즉 이들은 장시를 중심으로 하여 그 근처의 주막 등에서 모
였다 흩어졌다 하면서 동조자들과 연락을 취하며 변란을 모의하고 추

44 『捕盜廳謄錄』下, 585쪽, 李奇執, "仍曰 此等重大事 如此繁華之地 誤出此言乎 赫晋曰
一則數千名聚會爲其擇人 一則人之隱伏必揚場市是如 又曰 吾儕縱或不幸入于捕捉是
良置 商賈行色 有何疑慮 小勿關心 輸來於此 則當吐實情云."

진했던 것이다.[45] 따라서 이들에게 시장과 주변 주막은 거사를 준비하는 과정에서 동지를 포섭하고 정보를 수집하고 나아가 거사를 숨기고 위장하는데 유익한 공간으로 기능했던 것이다.

그러나 이들의 변란은 1877년 6월 영암의 송시장터에서 추자도로 갈 배를 기다리다가 이기집과 김치호가 관에 고변함으로써 실패하고 말았다.

2) 이필제난의 참가층과 관계망

(1) 진천·진주작변

이필제난은 해서역옥사건과 함께 19세기 일어난 대표적인 변란 가운데 하나이다. 이 변란은 충청도 홍주 출신의 선달 이필제가 1869년과 1870년 진천과 진주에서 변란을 꾀하려다가 고변으로 실패하고 이듬해 3월 10일 영해에서 병란을 일으킨 뒤 다시 조령에서 변란을 꾀하려다가 실패한 사건이다.[46] 그럼 네 차례 연이은 변란의 참가층이 어떻게 형성되고 연결되었는지 보자.

이필제가 처음 변란을 생각하기 시작한 것은 1860년 전후이며 그 배경은, 영천(榮川) 유배지에서 겪었다는 '신기사(神奇事)'였다.

신기사란 내가 유배지에 있을 때 이곳에 전에 허야옹(許野翁)이란 사람

---

45 고성훈, 「1877년 張赫晉의 楸子島 공략 모의의 추이와 성격」, 『실학사상연구』 30, 2006, 131쪽.

46 이필제난에 대한 보다 자세한 내용은 다음 논문 참조. 金義煥, 「辛未年(1871) 李弼濟亂」, 『傳統時代의 民衆運動』下, 풀빛, 1981; 尹大遠, 「李弼濟亂의 研究」, 『韓國史論』 16, 1987; 張永敏, 「1871年 寧海 東學亂 研究」, 『韓國學報』 47, 1987; 연갑수, 「이필제 연구」, 『동학학보』 6, 2003.

이 있었는데 수년전에 죽으면서 그 처자에게 글을 남겨 말하길, 이후에 이 필제란 사람이 오면 이 글을 전하라고 했다. 그 글에는, 풍기는 승지(勝地)로 제일지(第一地), 제이지, 제삼지가 있어 하도성(河圖星)으로 집을 지으면 삼재(三災)가 들지 않으며 영원히 편안할 것이다. 또한 필제의 필자는 궁궁(弓弓)이며 필제는 을유생인 까닭에 을을(乙乙)이 되어 임진송송설(壬辰松松說)을 방불하며 또한 선생이 있어 역시 이필제를 돕는 사람은 곧 이용현(李用玄)이다.[47]

이필제가 말한 '신기사'는 당시 이단사상으로 널리 퍼져있던 『정감록』의 일부 내용을 변용한 것이다. 이필제가 『정감록』을 이용했다는 것은 그가 유배지에서 풀려난 직후인 1860년 자신의 심복인 김낙균(金洛均)과 함께 『정감록』에서 말한 10승지 중 일곱 번째인 진목(진천과 목천-필자)으로 각각 이사한 사실에서도 알 수 있다.[48] 이때부터 이필제와 김낙균은 '신기사'를 퍼뜨리며 거사를 위한 동조자 포섭에 나섰다.

이필제가 퍼뜨린 '신기사'는 실제 동조자를 포섭하는데 효력을 발휘했다. 해미의 박회진(朴繪震)은 이필제의 처남이자 자신의 친구인 김병원(金炳轅)으로부터 이 이야기를 듣고 이필제를 직접 5, 6차 방문한 뒤 이필제의 말을 듣고 그해 9월 가족을 데리고 진천으로 이사했다.[49] 공

---

47 『捕盜廳謄錄』中, 737쪽, 朴繪震. "吾(이필제-필자)之謫居時 聞此地前有許姓號野翁 數年前已死 而遺書於其妻子云 後有李弼濟姓名人來 則以此書遺之 其書曰 豊基勝地 有第一地第二地第三地 以河圖星數造屋 則云三災不侵 永永安過云 又曰 弼濟之弼字 爲弓弓 又曰 弼濟乙酉生 故乙乙也 彷彿壬辰松松之說 又有先生亦助弼濟者 卽李用玄也云."

48 『捕盜廳謄錄』中, 173쪽, 金炳繪. "沁曰 保身之地 有十處 一曰豊基禮泉 二曰安東華谷 三曰開寧龍宮 四曰伽倻 五曰丹春 六曰公州定山深麻谷 七曰鎭木 八曰奉化 九曰雲峰 頭流山 乃永居之地 賢相良將 繼繼而出 十曰太白(「鑑訣」, 『鄭鑑錄集成』, 亞細亞文化社, 1981, 568쪽)."

주의 심홍택(沈弘澤) 역시 이필제에 관한 이야기를 듣고 그를 찾아 직접 진천으로 갔다. 그는 이필제를 만나 그의 말을 듣고 "광명정대의 논(論)이 있고 또 충의(忠義) 당당한 의지가 있고" 그의 "언의(言儀) 풍채가 보통이 아니고 평생 처음 본 기남자(奇男子)"라며 이후 천금을 아끼지 않고 그를 도와주었다.[50]

이필제는 심홍택의 도움으로 공주에 집을 마련하고 이곳을 중심으로 인접 지역을 돌아다니며 사람들을 만나기 시작했다. 그는 과객 행세를 하며 과장이나 주변 주막을 돌아다니며 사람들을 만나 풍월을 읊거나 관상과 지술을 논하고 때로는 근처 시루서당(詩樓書堂) 등지를 다니며 접장 행세를 했다.[51] 이렇게 하여 그는 전 형리 출신인 공주의 양주동(梁柱東), 공주에서 약국을 경영하던 민준호와 전하림을, 그리고 김낙균은 충주, 괴산 등지를 중심으로 최응규(崔應奎)와 임덕규(林德裕) 등을 포섭했다.

그러나 진천작변은 구체적인 변란 계획이 세워지기도 전에 이 사실을 알게 된 김병립이 1869년 4월 상경하여 포도청에 고변함으로써 실패했다.

진천에서의 변란 계획이 실패한 뒤 이필제는 경상좌도의 지리산 방면으로 향했다. 그가 이곳으로 향한 데는 "영남의 인재 가운데 반이 진주에 있다고 하고 하물며 이곳은 지리산 아래로서 본래 피난인이 많아 반드시 힘과 협술을 빌릴만한 선문필자(善文筆者)가 있"다는[52] 속설 때문이었다.

---

49 『捕盜廳謄錄』中, 737쪽, 朴繪震.
50 『捕盜廳謄錄』中, 734쪽, 沈相㲼.
51 『捕盜廳謄錄』中, 736쪽, 沈啓祖.
52 『慶尙監營啓錄』제2책(奎15100), 鄭洪哲 七推(이하『慶尙監營啓錄』제2책).

이필제는 1869년 8월 영남의 선산과 지례를 거쳐 거창의 김영구(金永龜) 집에 과객으로 머물다 우연히 양영렬(楊永烈)을 만났다. 둘은 서로 문답과 관상을 주고받았고 이때 양영렬은 이필제의 글귀와 언어를 보고 감동을 받았다. 이필제가 "지금 민생이 도탄에 빠져 걱정인데 만약 영웅호걸이 있으면 민생을 구할 수 있"다고[53] 한 뒤 "창의에 뜻이 있으나 사람을 얻은 후 가능하니 그대는 혹 합당한 인물을 아는가?" 하고 묻자, 양영렬은 성하첨(成夏瞻)과 정만식(鄭晩植)을 천거했다.[54] 이필제는 곧바로 이들을 찾아가 의기투합함으로써 진주작변의 주도층이 형성되었다.

그럼 어떻게 이필제와 이들이 쉽게 변란의 주체로 의기투합했을까? 사실 정만식, 성하첨, 양영렬, 양성중 등은 정감록류의 비기와 진인설을 매개로 이미 변란을 마음에 품고 있었다. 성하첨은 "성은 정, 이름은 필귀(必貴), 계미생(癸未生)으로 신장은 8척이며 손에는 이문(異紋)이 있고 배에는 일곱 개의 별이, 양 어깨에는 붉은 점이 있어 하늘과 해의 표시"라고 한 『고산자비기(古山子秘記)』를 근거로[55] 정만식의 손바닥에는 불분명하나 복부에는 검정사마귀가 있고 어릴 때 이름이 필귀라고 하며 그를 진인으로 간주했다.[56]

또 정만식은 상주에 살 때 알고 지냈던 청산의 심영택(沈永澤)에게 "지금 민정(民情)이 황급하여 내가 장차 큰 일를 일으켜 만민을 구제하려고 하나 지낼만한 곳이 없어 제주도나 울릉도로 들어가 방략을 경영하려고 한다"라고 하자, 그는 『상주신도록비기(尙州新都錄秘記)』에 "경

53 「辛未晋州罪人等鞫案」,『推案及鞫案』29, 278쪽, 楊永烈.
54 『慶尙監營啓錄』제2책, 楊永烈 更推.
55 『慶尙監營啓錄』제2책, 楊永烈 三推.
56 『慶尙監營啓錄』제2책, 楊聖仲 供招.

오년(庚午年) 북쪽의 오랑캐가 쳐들어오면 양서(兩西) 천리에 시신이 산처럼 쌓이고 한강 이남 백리에 흐르는 피가 내를 이룬다" 하니 "너는 섬에 가지 말고 오랑캐를 막을 대책을 준비하여 큰 공을 세우면 군국(軍國)의 권한이 자연히 너의 손에 돌아올 것이니 그런 연후 천명을 기다리는 것이 옳다"라고 하며 정만식을 말렸다고 한다.[57]

이처럼 정만식이 이곳으로 이사 온 1864년 이후 성하첨, 정만식, 양성중, 양영렬은 변란에 대한 서로 의지를 확인하고 있었다. 성하첨은 정만식이 경성에 살 때부터 여러 번 만난 적이 있던 사이였고[58] 정만식과 양성중은 서로 기호지방에서 영남으로 와서 정의(情誼)가 각별한 사이였다.[59] 이들은 이런 친분을 바탕으로 정감록류와 같은 비기류를 이용하여 변란을 꿈꾸던 '사란도'였던 것이다. 이들 '사란도'와 이필제의 만남이 자연스럽게 변란 모의로 발전했던 것이다. 이때가 1869년 10월 무렵이었다.[60]

이들은 1869년 12월 1차 '남해거사'를 계획했고 이 거사가 실패하자 1870년 2월 진주의 '덕산거사'를 계획했다가 참가자의 고변으로 실패했다. 아래 〈표 2〉는 경상감영에서 체포해 심문한 진주작변 관련자 총 41명 중 주도층과 그 관계가 확인된 28명을 조사한 것이다.

---

57 『慶尙監營啓錄』 제2책, 沈永澤 三推.
58 『慶尙監營啓錄』 제2책, 成夏瞻 六推.
59 『慶尙監營啓錄』 제2책, 楊聖仲 四推.
60 『慶尙監營啓錄』 제2책, 鄭晩植.

〈표 2〉진주작변 변란의 주도층과 참가층

주도층(나이)	참가층(나이)	직역	거주지	관계	접촉일시	처결
楊聖仲(陝川, 幼學, 44)	朴士尤(66)	幼學, 掛藥	陝川	楊聖仲의 親査		馬島定配
楊永烈(居昌, 幼學, 42)	朴叔介(29)	私奴, 傭雇	居昌	同里人, 雇軍應行	18691200	
	魚致元(41)	幼學, 家貧	居昌	同里人, 雇軍應行	18691200	鹿島定配
	崔鳳儀(49)	幼學, 前面執綱	居昌	魚致尤 소개		呂島定配
	鄭奎永(47)	幼學, 採樵	居昌	同里人, 雇軍應行	18691200	
	鄭仁宅(22)	童蒙, 雇賃	居昌	同里人, 雇軍應行	18691200	
	鄭在永(46)	幼學, 至貧	居昌	同里人, 雇軍應行	18691200	蛇島定配
	梁正云(27)	幼學, 家貧備賃	居昌	同里人, 雇軍應行	18691100	
	林景春(44)	幼學, 家貧賣備	安義	雇軍應行	18691100	
	李致奎(16)	幼學	陝川	楊永烈에게 受學	18690700	
	李致相(17)	幼學	陝川	楊永烈에게 受學	18690700	
	韓處仲(24)	幼學	陝川	楊永烈에게 受學	18690700	
	吳士進(47)	幼學	陝川	楊永烈과 面分	18691100	
	鄭東烈(30)	童蒙, 耕樵	居昌	同里居, 雇軍應行	18691200	
	崔洛漢(33)	御保, 常賤	居昌	同里居, 雇軍應行	18691200	
	金永龜(49)	幼學	居昌	楊永烈과 面分	18691100	
	朴性元(39)	幼學	三嘉	吳士進과 面分	18691000	
	裴文五(44)	幼學, 家貧舌耕	山淸	吳士進과 面分	18691000	
李弼濟(43)	張慶老(48)	幼學, 耕樵	晉州	鄭弘哲 소개	18700200	古今島定配
	鄭弘哲(51)	閑良(前軍校)	晉州		18700100	蝟島定配
	洪鍾宣(36)	幼學	利川	鄭弘哲 소개		
	金洛雲(45)	晉州營鎭撫	晉州		18700200	
	趙鏞周(46)	幼學	晉州		18691200	
鄭晩植(高靈, 出身, 48)	朴晩原(67)	幼學	高靈	鄭晩植의 親査		智島定配
	金熙國	前正言	玄風	朴晩原의 5寸叔	18691000	
	金明元(40)	幼學	玄風	金熙國의 三從第	18691000	
	金學汝(40)	幼學	玄風		18691000	
	沈永澤(67)	幼學	善山		18650000	荏子島定配

참고: 『慶尙監營啓錄』 제2책(奎 15100); 『慶尙右兵營査事罪人囚徒成冊』(奎 17163); 『日省錄』, 高宗 7年 9月 10日.

먼저 〈표 2〉의 '관계'항을 보면 '고군으로 따라 나선(雇軍應行)' 자들이 많고 이들의 '직역'항을 보면 경제적으로 열악한 품팔이 내지는 경초(耕樵)로 생활하던 초군(樵軍)이다. 참가자 중에 고군이 많은 것은 이필제 등이 군사 동원의 방법으로 "재력이 있으면 고군을 모으기가 어렵지 않다"라고 하면서[61] 이들을 이용했기 때문이다. 이 일은 양영렬이 주도했다. 양영렬은 자신이 평양에서 올 때 통영에 환전 추심조 수천 냥이 있어 이를 운반할 장정이 필요하다는 말을 지어내어 고군을 모았다.

양영렬은 이들을 포섭하면서 안의의 임경춘에게는 전후 사정을 모두 말하고 이웃 어치원, 정규영은 대개 뜻을 통하고 합천 한처중은 섬에 가 피난처를 구한다고 유혹하고 이치규, 이치상은 바다 관광을 구실로 모집하고 정재영에게는 일의 대강을 말한 뒤 사람들을 모으게 했다.[62] 이 가운데 이치규, 이치상, 한처중은 양영렬이 삼가의 칠지서제(漆枝書齊)에서 가르친 제자였다.[63] 정재영은 양영렬의 지시에 따라 품삯 30냥을 주기로 하고 정덕원, 최원이, 박숙개, 최낙한, 양정운, 최판손, 정동렬, 김대이, 정인택 등 9명을 모집했다.[64] 또한 정만식과 연결된 현풍의 전 정언(正言) 김희국 등은, 이필제가 고군 모집 등에 필요한 자금을 마련하려고 정만식의 사돈이자 김희국과 인척관계인 박만원을 이용하여 포섭하려한 경우이다. 이처럼 진주작변의 주체들은 동조자 포섭에 고군의 고용과 함께 지연·혈연관계를 이용했다.

남해거사가 실패한 뒤 곧바로 덕산거사를 다시 계획하고 실행에 옮길 때 이필제는 먼저 진주의 덕산장터에서 주막을 하던 전 군교 정홍

---

61 『慶尚監營啓錄』제2책, 楊永烈.
62 『慶尚監營啓錄』제2책, 楊永烈. 이때 김영구는 겁을 먹고 거절했고 오사진은 피난의 뜻이 없다며 거절했다고 한다.
63 『慶尚監營啓錄』제2책, 李致奎.
64 『慶尚監營啓錄』제2책, 鄭在永. 『慶尚右兵營査事罪人囚徒成冊』(奎17163)에 崔元伊, 崔判孫, 金大伊, 鄭仁宅의 명단이 없는 것으로 보아 도망한 것으로 추정된다.

철에게 접근하여 "장차 귀인이 될" 상이라며 포섭한 뒤[65] 이곳을 덕산 거사의 모의 장소로 삼았다. 이필제는 정홍철로부터 장경노와 홍종선을 소개받은 뒤 장경노에게는 "용뇌봉청(龍腦鳳晴)이니 극히 귀인의 격(格)"이라고,[66] 홍종선에게는 "장차 벼슬에 오를 것이다"라고[67] 하며 관상술을 매개로 포섭했다. 이때 정만식은 이들에게 이필제를 영웅으로 자신을 비기에 나오는 정진인에 비견하기도 했다.[68]

이처럼 이필제 등은 정홍철의 주막을 거사를 위한 모의장소로 삼아 진인설, 관상술 등을 이용하여 동모자를 포섭했다. 진주작변 역시 장혁진이 주도한 변란과 마찬가지로 장터와 주변 주막이 중요하게 이용되었다. 남해거사 때 이필제 등은 남해로 이동하면서 생림장(生林場), 황포장(黃浦場), 하동읍장과 주변 주막을 이용했고,[69] 덕산거사를 모의할 때도 정만식의 집이 마을 한 가운데 있어 이웃의 의심을 살 우려가 있다며 율지점(栗旨店)을 이용했다.[70]

그러나 이필제가 포섭하려고 했던 진주의 조응주, 진주영 진무 김낙운 등이 관아에 고변함으로써 덕산거사도 실패하고 말았다.

(2) 영해난과 조령작변

진주에서의 변란 계획이 발각되어 다시 도망자 신세가 된 이필제는 그가 진천작변을 준비하던 1866년 울진에서 알게 된 남두병(南斗炳)을 찾아갔고[71] 이것이 영해난의 계기가 되었다. 남두병이 "이필제는 이홍

---

65 『慶尙監營啓錄』제2책, 鄭洪哲.
66 『推案及鞫案』29, 356쪽, 張景老 更推.
67 『慶尙監營啓錄』제2책, 洪種宣.
68 『慶尙監營啓錄』제2책, 崔鳳儀 三推.
69 『慶尙監營啓錄』제2책, 鄭在永.
70 『慶尙監營啓錄』제2책, 楊永烈.

(李弘)이고 혹칭 주성칠(朱成七) 혹칭 정(鄭)가 혹칭 이제발(李濟潑)로 성명을 변환했고 연전의 공주 및 진주작변과 이번 영해작변은 모두 그의 행위였다"라고[72] 했듯이 이필제는 남두병에게 자신의 지난 행적을 밝히고 그와 변란을 모의했다. 또 이필제는 울진에 온 이후 진천작변을 함께 모의했던 김낙균도 불러들였고 그는 김진균(金震均)으로 이름을 바꿔 활동했다.

그럼 이필제를 비롯한 영해난의 주도층이 어떤 관계에서 형성되었는지 보자. 영해난 참가자인 이군협(李群協)에 따르면 3월 10일 영해거사의 비용은 이필제와 최경오(崔景五, 최시형-필자)가 상의하여 마련했고 죽창은 평해의 전인철(全仁哲)이 만들고 필요한 군량은 이필제, 최경오, 박영관(朴永琯) 등이 주선 변통하기로 했고 무리는 정치겸(鄭致兼)이 가장 많이 모았다고 했다.[73] 즉 영해거사의 주모자는 이필제, 최시형, 박영관, 전인철, 정치겸 등이다. 반면 영해안핵사는 이필제, 김낙균, 강사원(姜士元), 남두병, 박영관을 영해난의 수괴로 지명했다.[74]

반면 동학 측 자료에는 영해난과 관련하여 이인언(李仁彦), 박군서(朴君瑞), 박사헌(朴士憲), 권일원(權一元)과 동학지도부인 최시형, 강수(姜洙, 강사원-필자)[75] 등의 이름이 등장한다. 이를 종합해 보면 영해난의 주도층은 이필제, 최시형, 김낙균, 강사원, 남두병, 박영관과 난이 실패한 뒤 음독자살한 것으로 알려진 평해의 역인 출신의 전영규(全永奎) 등이었다.[76] 이들 가운데 이필제, 최시형, 김낙균, 강사원은 난이 실패한

---

71 『辛未三月日寧海賊變文軸』(연세대학교 국학자료실), 南斗炳(이하『寧海賊變文軸』)
72 『寧海賊變文軸』(연세대 국학자료실).
73 『嶠南公蹟』(장서각), 李群協 三推(이하『嶠南公蹟』).
74 『日省錄』, 고종 8년 6월 24일.
75 영덕의 임영조는 영해난 '중군은 영덕의 姜守(洙-필자)'라고 했다(『寧海賊變文軸』, 林永祚).

뒤 단양으로 도망했고, 남두병은 두 번째 심문 후[77] 그리고 박영관은 첫 심문 후[78] 사망해 이들의 관계를 파악하는데 한계가 있다. 그러나 다음 두 가지 사실은 변란 참가층의 관계망 형성에 중요한 단서를 제공해 준다.

하나는 최시형을 비롯한 초기 동학교도들이 상당수 참여한 사실이다. 동학관계 자료에 의하면 이필제는 1870년 10월 이인언과 박군서를 최시형에게 보내 자신이 동학문도임을 주장하며 교조 최제우의 원한을 풀기 위해 봉기할 것을 강력히 주장했다. 최시형이 이를 거절하자 이필제는 이듬해 1월과 2월 박사헌, 권일원을 다시 차례로 보내 교조 최제우의 조난일인 3월 10일 봉기할 것을 주장했다. 교조 신원이란 명분에 밀린 최시형은 직접 이필제를 만난 뒤 설득당해 3월 10일 봉기가 결정되었다.[79] 이때는 1864년 교조 최제우가 처형된 후 관의 탄압을 피해 경주, 영덕, 영해 등지를 중심으로 은밀히 동학 조직을 복구하던 때였고 동학교도들은 교조 처형과 탄압에 불만이 가득한 시기였다. 동학 측에서 영해난을 이필제가 "도인(道人)의 애당(愛黨)함을 듣고 불칙한 마음을 품은 무리를 모아" 일으킨 것이라고[80] 했듯이 당시 동학 내부의 이런 사정이 상당수의 동학교도를 포섭하는데 중요한 배경이 되었던 것이다.

다른 하나는 영해를 중심한 신향이 변란에 참여한 사실이다. 영해의 남교엄은 영해는 본읍의 신향과 구향이 서로 상종한 때가 없다며 영해

---

76 『嶠南公蹟』, 黃億大.
77 『嶠南公蹟』, 南斗柄 更推.
78 『嶠南公蹟』, 朴永琯.
79 「崔先生文集道源記書」, 『東學思想資料集』 壹, 亞細亞文化社, 1979, 212~220쪽.
80 「天道敎會史草稿」, 위의 책, 415쪽.

봉기는 "신향배가 근거 없는 사실을 꾸며 지어낸 것"이라고 주장했다.[81] 영해의 박주한 역시 "본읍의 많은 신향배가 동학에 물들어 이번 변란에 많이 참가했음"을 들었다고 했다.[82] 1840년 영해에서 향전이 있은 이래 구향과 신향 사이의 갈등이 계속되어 왔다. 이때 구향은 영해의 전통 사족인 영양 남씨, 무안 박씨, 재령 이씨, 안동 권씨, 대흥 백씨 등 오대가문 출신이며 신향은 이들 제 가문의 서얼 출신들이었다. 이 향전은 결국 구향의 승리로 귀결되었지만 이후에도 신구향의 대립은 계속되었다.[83] 이필제가 추국장에서서 김(전의 오기-필자)·박·권 세 성이 영해난을 일으킨 것이라고 했는데[84] 이 말은 곧 이필제가 영해를 중심으로 구향과 신향 사이의 갈등을 알고 이용했다는 뜻이다.

이와 같이 이필제는 교조 처형 이후 조직 복구기에 있던 동학과 1840년 향전 이래 격화된 신구향의 갈등이라는 이 지역의 특수한 사정을 알고 이를 활용하여 변란을 일으켰던 것이다. 따라서 변란 주도층은 이필제를 중심으로 최시형, 강사원과 같은 초기 동학의 지도부와 박영관, 전영규 등 영해지방의 신향이 결합한 것이다. 이런 관계는 영해난 참가층 53명을 분석한 아래 〈표 3〉에서도 알 수 있다.[85]

---

81 『嶠南公蹟』, 南教儼 二推.
82 『寧海賊變文軸』, 朴周翰.
83 영해향전에 대해서는 張泳敏, 「1840年 寧海鄕戰과 그 背景에 관한 小考」, 『忠南史學』 2, 1987 참조.
84 『推案及鞫案』 29, 419쪽, 李弼濟.
85 영해난의 참가 인원수는 정확히 알 수 없으나 〈표 3〉의 53명은 영해안핵사의 조사 보고서에 언급된 관련자 총 74명(실제 명단은 60명)에서 유배 이상의 형을 받은 자 58명 가운데 수괴로 지목된 이필제, 김낙균, 강사원, 남두병, 박영관을 제외한 자들이다.

참가층	직역	거주지	관계	처벌	참가층	직역	거주지	관계	처벌
郭進鳳	良人	英陽		遠之定配	孫敬錫	良人	平海	全允煥의 처남, 피난설	梟首
金一彦	良人	英陽		梟首	申和範	良人	平海		梟首
安大齊	良人	英陽	朴士憲, 피난설	遠之定配	全仁哲	將校	平海	全永奎 從兄, 別武士	梟首
安小得	總角	英陽	安平海의 子	遠之定配	全正煥	良人	平海	全永奎 從祖	梟首
安平海	良人	英陽		遠之定配	全題玉	驛人	平海	全仁哲 五寸 叔	遠惡定
李群協	幼學	英陽		梟首	全宗伊	童蒙	平海	全仁哲 全題玉의 弟	遠惡定
李在寬	良人	英陽	鄭致兼(雇主)	梟首	全世奎	驛人	平海	全仁哲 四寸	絶島定
李仲成	良人	英陽	金千石의 처남	絶島定配	黃億大	良人	平海	全仁哲	梟首
崔基浩	總角	英陽	鄭學伊	梟首	林永祚	良人	盈德	姜士元의 秘記說	梟首
崔俊伊	良人	英陽	崔景五의 義子	梟首	張成眞	良人	安東	姜士元	梟首
李道千	良人	英陽	鄭致兼, 李在寬의 父	遠之定配	金千石	良人	安東	張成眞(千石의 義父)	梟首
權其尙	總角	寧海	全永奎從弟	遠之定配	鄭啓文	良人	安東	禹大教	絶島定
權斗石	良人	寧海	朴永琯의 壻, 其尙의 兄	梟首	金德昌	良人	慶州	朴永琯	梟首
權錫重	幼學	寧海	朴永琯	梟首	金昌福	良人	慶州	李元大	梟首
權養一	幼學	寧海	李弼濟	遠之定配	朴命觀	良人	慶州	李春大	梟首
權永和	良人	寧海		梟首	李基秀	良人	慶州	鄭致兼의 雇主	梟首
金萬根	良人	寧海		遠之定配	李秉權	幼學	慶州	崔寶寬, 피난설	梟首
南基煥	幼學	寧海	林和悅(雇工)	梟首	林郁伊	總角	慶州	李直甫의 錢兩得給說	梟首
朴箕俊	幼學	寧海	朴永琯	梟首	許性彦	良人	慶州		梟首
朴順宗	良人	寧海	張成眞과 面分	遠之定配	金千日	良人	尙州		遠之定
朴永珏	幼學	寧海	朴永琯의 弟	梟首	朴春執	閑良	魯城		梟首
朴永壽	幼學	寧海	朴永琯의 弟	梟首	徐群直	良人	蔚山	姜士元	絶島定
朴維太	幼學	寧海	朴漢太의 兄	遠之定配	鄭昌鶴	幼學	眞寶	韓相燁, 피난설	梟首
朴應春	幼學	寧海		絶島定配	尹俊植	總角	漆遠		遠之定
朴漢龍	幼學	寧海	朴漢太	梟首	金命北				遠之定
朴漢太	幼學	寧海		梟首	薛英九				遠之定
韓相燁	幼學	寧海	姜士元, 別武士	梟首					

참고 : 『嶠南公蹟』(장서각); 『辛未三月日寧海賊變文軸』(연세대학교 국학자료실); 『日省錄』, 高宗 8年 6月 24日.

위의 〈표 3〉에서 영해난 참가층의 지역분포를 보면 영양, 영해, 영덕, 평해, 울산, 경주, 노성, 안동, 진보, 칠원, 상주 등지이다. 이들 지역은 1862년 12월 최제우가 접주를 임명한 지역과 거의 일치한다.[86] 〈표

3)의 '관계'항에서 동학지도부의 일원인 강사원이 관계된 영해, 영덕, 안동, 울산 등지의 참가자들은 동학교도일 가능성이 높다. 그리고 이 필제가 영해난을 전·박·권씨가 일으킨 것이라고 했고 실제 난의 조사과정에서 권·박씨 일족을 체포했는데[87] 〈표 3〉에서 알 수 있듯이 영해의 참가자는 주로 박영관과 관계된 권·박씨이다. 평해의 경우는 주로 역인 출신인 전씨 일족이 참여했고 이들의 동원에는 전영규가 주된 역할을 했다. 따라서 박영관, 전영규와 관련된 참가자들은 이들 지역의 신향배였을 것으로 추정된다. 그런데 이들 신향배 다수가 동학에 전염되어 이번 변란에 참가했다고 했듯이 변란에 참가한 동학교도 중에는 신향 출신들도 상당수 존재했을 것이다. 따라서 영해난에는 초기 동학의 사정과 신구향의 갈등이라는 지역적 특성이 관계망 형성에 중요한 배경이 되었던 것이다.

그러나 실제 이필제 등이 변란을 모의하고 참가자를 포섭, 동원하는 데는 다른 명분이 작용했다. 예컨대 영해난 참가자의 문초 보고서인 『교남공적』, 『신미삼월일영해적변문축』, 영해안핵사의 조사보고서 등을 보면 최시형 등 동학교도의 참여가 확인되지만 교조신원에 관한 직접적인 언급은 전혀 없다. 울진에 온 이필제 역시 조한춘(趙漢春)으로 이름을 바꿔 풍수사를 자처하며 동조자를 포섭했다.[88] 그밖의 참가자들도 "영해 경포(鯨浦)에 왜선 수천 척이 10일 들어와서 마을이 모두 몰락하는 변이 있을 것이다",[89] "난리가 장차 일어날 것이니 나를 따라

---

86 1862년 12월 최제우가 동학의 맹아적 교단 기구라 할 수 있는 접주제를 실시하면서 접주를 임명한 곳은 충청북도의 단양, 경상북도의 경주, 영덕, 영해, 대구, 청도, 청하, 영일, 안동, 영천, 신령, 영양, 경상남도의 고성, 울산, 장기였다(「崔先生文集道源記書」, 『東學思想資料集』壹, 179~180쪽).

87 장영민, 「1871年 寧海 東學亂」, 『韓國學報』 47, 1987, 114쪽.

88 『嶠南公蹟』, 權永和·朴箕俊 三推.

라. 그렇지 않으면 큰 화가 미칠 것이다"라는 등[90]의 병난설, "영해 우정동에 이인(異人)이 있다"라는 진인설[91] 등을 듣고 참여했다고 했다. 이처럼 영해난 역시 다른 변란에서처럼 병난설(피난설), 진인설 등이 주된 참가 요인이었고 초기 동학과 신구향간의 갈등 등 지역적 특성은 변란의 정치적 배경이자 참가층을 포섭해 가는 연결고리로서 역할을 했던 것이다.

3월 10일 약 150명이 참가한 영해봉기는 당일 영해부성을 공격하여 점령하는데 성공했지만 그 다음날 바로 관군의 공격을 받아 실패로 끝나고 말았다.

영해난이 실패한 뒤 이필제는 김낙균과 함께 단양의 정기현(鄭岐絃)을 찾아갔다. 이 역시 우연이 아니었다. 그는 진천작변 당시 괴산의 임덕유를 통해 "단양의 정기현이 보통사람이 아니"라는 말을 일찍이 들었다.[92] 김낙균 역시 영해로 가기 전인 1870년 4월과 9월 두 차례 그를 찾아가 "1869년 김병립고변(진천작변—필자) 이후 이필제와 동시에 망명했는데 아직 만나지 못했다"라며[93] 자신의 정체를 밝혔다. 이런 사실에서 이필제는 이미 진천작변 당시부터 임덕유를 통해 정기현에 대한 정보를 알고 있었던 것이다.

정기현은 태백산 승려 초운(樵雲)의 말을 믿고 『정감록』을 이용하여 '계룡산 주인은 단양 가산리에 사는 정진사다'라고[94] 하며 진인 행세를 했다. 즉 정기현 역시 변란을 마음에 품은 '사란도'였다. 이필제는 이런

---

89 『寧海賊變文軸』, 韓相燁.

90 『寧海賊變文軸』, 孫敬錫.

91 『嶠南公蹟』, 韓相燁 更推.

92 『捕盜廳謄錄』下, 569쪽, 李弼濟.

93 『捕盜廳謄錄』下, 570쪽, 鄭岐鉉.

94 『捕盜廳謄錄』下, 572쪽, 鄭玉鉉.

정기현을 찾아가 자신은 진천작변의 당사자이자 북벌에 뜻이 있다면서 먼저 조선을 정기현에게 주고 자신은 대병을 얻어 중원을 북벌하기로 약속했다.[95] 그리고 이들은 비기에 나온다는 동산주인(東山主人)·서호주인설(西湖主人說)을 이용하여 "서호주인은 정가로서 조선을 경영하고 동산주인은 권가(이필제-필자)로서 (중국의) 남경을 도모한다"라는 참설을 만들어[96] 자신들의 거사를 합리화하고 동조자 포섭에도 이용했다.

이필제와 정기현은 당시 대원군의 실정과 서원철폐 등과 관련하여 "지금 세상이 크게 변하여 백성의 고통이 지금과 같은 때가 없고 선현의 사원을 철폐하여 민심이 다시 변하니 이때를 이용하여 대사를 일으키면 민심이 우리에게 돌아올 것"이라고 판단하고 8월 2일 조령유회를 구실로 거사하기로 결정했다.[97] 그러나 거사당일 참가를 약속했던 연풍의 정해청이 고변함으로써 실패하고 말았다.

2. 변란 주도층의 사회적 존재양태와 의미

앞서 본 〈지도 1〉과 함께 〈지도 2〉는 해서역옥사건과 관련된 고성국 및 신석범고변사건 당시 주도층의 주요 활동지역과 참가층의 출신지역을, 〈지도 3〉은 1869년 진천작변 이래 1871년 조령난까지 이필제

---

95 『捕盜廳謄錄』下, 569쪽, 李弼濟.
96 『錦營啓錄』제6책(奎15392), 鄭起源(이하『錦營啓錄』제6책).
97 『錦營啓錄』제6책, 鄭起源.

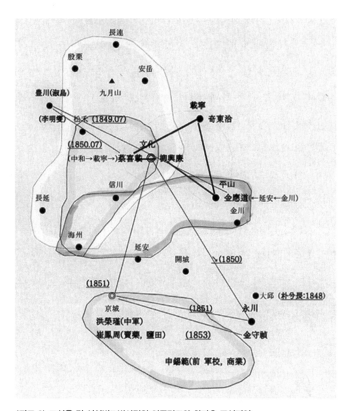

〈지도 2〉 고성욱 및 신석범고변사건의 이동경로와 참가층 포섭지역

의 이동 경로와 관련 변란 주도층의 거주지를 표기한 것이다. 〈지도 1·2〉에서 알 수 있듯이 해서역옥사건의 경우 참가층의 관계망의 범위가 황해도·경기도·경상도·전라도 등지에 걸쳐있다. 이처럼 19세기의 대표적 두 변란이 일개 군현 단위를 벗어나 전국적인 공간적 확대가 가능했던 것은 당시 향촌사회에 폭넓게 존재했던 사란도와의 연계가 직접적인 배경이 되었다.

여기서는 이들의 사회적 존재양태에 대한 분석을 통해서 이들의 존

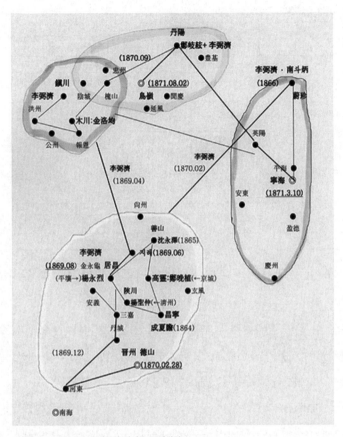

<지도 3> 이필제의 이동경로와 참가층 포섭지역

재가 조선 후기 향촌사회에서 갖는 의미에 대해서 알아보고자 한다. 왜냐하면 두 변란의 주도층이자 사란도는 조선 후기 향촌사회의 변화와 무관하지 않기 때문이다. 아래 <표 4>는 앞서 검토한 변란 주도층 가운데 분석이 가능한 15명의 직역과 거주지를 조사한 것이다.

〈표 4〉 변란 주도층의 직역 및 거주지

성명	직역	거주지	기타	성명	직역	거주지	기타
奇德佑	農業	載寧	蔘圃34間 經營	李弼濟	先達	洪州→鎭川	
柳興廉		文化	父 : 晝耕夜讀	金洛均		洪州→報恩→木川	
蔡喜載	經學之士	中和→載寧→文化		楊聖仲	幼學	淸州→尙州→玄風→草溪→陜川	不作農 粗解醫理 賣藥
金應道	銀匠	金川→延安→平山	粗解文字	楊永烈	幼學	平壤→安邊原山間→星州	三嘉 漆枝書齊에서 訓學
金守禎	儒業	永川	增廣 本道東堂(1844)	鄭萬植	出身	京城→竹山→尙州→高靈	武家餘脈
洪榮瑾	前中軍	京城	士族後裔官至三品	成夏瞻	幼學	昌寧	班脈文學爲業, 訓學
崔鳳周	賣藥・鹽田	金海	父 : 蒜山僉使	鄭岐鉉	進士	丹陽	增廣登小科(1859)
張赫晉		奉化	讀書				

　위의 〈표 4〉에서 변란 주도층 15명의 직역을 보면, 신분과 일치하지는 않지만 사족의 후예로서 3품에 이른 전 중군 홍영근, 지방 향시에 장원을 한 진사 정기현과 김수정은 문반 출신이고 선달인 이필제와 아버지가 산산첨사(蒜山僉使)였던 최봉주,[98] 출신인 정만식은 무반 후예이고 나머지는 유학이며 김응도는 은장으로 중인이다. 이 시기는 신분제의 붕괴로 직역과 신분이 일치하지 않을 뿐만 아니라 유학의 경우 18・19세기에 이르면 양반신분도 있고 중인・양인 등이 유학을 사칭하는 경우도 많기 때문에 신분 자체는 현실적으로 크게 의미가 없어졌다. 대신 경제적 조건이 향촌사회에서의 이들의 존재양태를 규정하는 주요 요인이었다.

　먼저 은장 출신인 김응도는 1848년 금천에서 연안으로 이사하려고 연안의 군교 출신 송정원에게 논을 사달라고 1,100냥을 미리 보내어 이듬해 연안으로 이사했다.[99] 염전과 매약(賣藥)을 업으로 하던 최봉주

---

98 『推案及鞫案』28, 759쪽, 崔鳳周 更推.

가 1852년 6월 염전송사로 서울에 와서 350냥으로 이현에 집을 마련했다.[100] 당시 1냥의 가치를 정확히 알 수는 없지만 이들 둘은 어느 정도 경제적 여유가 있었던 것으로 보인다.

그러나 이들을 제외한 나머지 주도층은 당시 '무토지민(無土之民)'인 몰락양반과 크게 다를 바가 없었다. 재령의 기덕우는 장수산에 움막을 짓고 삼포를 설치, 경영하면서 공부를 했다. 창녕의 성하첨도 돈을 벌 목적으로 500냥을 빌려 칠원의 지설진에 어전을 설치한 일도 있으며, 단양의 정기현 역시 춘궁기 때 돈을 빌렸다가 약속한 날에 갚지 못해 집문서를 맡길 정도로 어려운 처지였다.[101] 그밖에 양성중은 의학에 관한 지식을 바탕으로 약장사를 했고 성하첨과 양영렬은 호구지책으로 서당에 동네 아이들을 모아 가르쳤다. 이처럼 변란 주도층은 토지에 기반을 둔 재지사족과는 달리 삼포나 어전 경영은 물론 약장사 등 상업에 종사하거나 동네 서당에서 훈장이나 장지를 정해주는 풍수사 행세를 하며 생계를 유지했다.

위의 〈표 4〉에서 '거주지'항을 보면, 한 곳에 대대로 살아온 기덕우, 성하첨, 정기현을 제외한 대다수는 여러 차례 거주지를 옮겼다. 해서 역옥사건의 주체인 채희서는 원래 평안도 중화에 살다가 1834년 재령으로, 1849년에는 문화로 이사를 했다. 김응도 역시 금천에 살다가 1849년 연안으로, 1851년에는 평산으로 이사했다. 또한 홍주에서 함께 살던 이필제와 김낙균도 『정감록』의 피난설을 믿고 각각 진천과 목천으로 이사했다. 경성 출신인 정만식은 1866년 양요를 겪고 죽산, 상주

99 『捕盜廳謄錄』上, 252쪽, 宋廷元.
100 『捕盜廳謄錄』上, 263쪽, 崔鳳周.
101 『錦營啓錄』 제6책, 林健永.

를 거쳐 고령으로 왔고, 평양에 살던 양영렬은 북경소요설을 피해 안변·원산 그리고 성주를 거쳐 거창에 정착한 경우이다. 비록 피난설 등에 의한 경우도 있지만 넓은 의미에서 이들은 조선 후기 급격한 사회경제적 변동 과정에서 광범하게 발생, 존재했던 유민적 성격을 띤 존재라 할 수 있다.

그럼 이들은 급격한 사회변동을 겪고 있던 19세기 향촌사회에서 어떤 존재일까? 19세기 조선의 향촌사회는 관주도의 향촌 통제책인 수령-이서지배체제가 파탄나고 향촌사회의 공동화 현상이 급속히 진행되던 시기였다. 즉 향촌지배의 기제가 국가권력의 소수가문으로의 집중이라는 세도정권에 의해 사적으로 운영됨으로써 향촌 통제는 사적기구화한 공적 지배의 기구에 지나지 않았다.[102] 이 과정에서 향촌사회의 지배층은 중앙권력과의 연결성을 상실해 나갈 경우 기존에 그들이 주도했던 향권에서 소외되어 유림으로서 자기 수련의 길을 걷던가, 향품으로서 그 지위를 고정시켜 나가야 했고 심할 경우 부민·천인들에게까지 욕을 당하는 지위로 떨어지기도 했다.[103] 따라서 변란 주도층은 대체로 세 번째 부류에 해당된다고 할 것이다. 이들은 중앙의 핵심적 권력집단에도 향촌사회의 지배집단에도 편입되지 못하여 향촌사회의 권력관계에서 소외 내지 배제된 계층이었다.[104]

변란 주도층의 이런 존재조건은 향촌사회에서의 일상적 삶을 통해서 당시 만연하던 사회모순을 객관적으로 직시할 수 있게 했다. 해서 역옥사건의 주체인 채희석과 김응도가 당시 황해도 각지에 만연했던

---

102 고석규, 『19세기 조선의 향촌사회 연구』, 서울대 출판부, 1998, 72쪽.
103 김인걸, 「조선 후기 향촌사회 변동에 관한 연구」, 서울대 박사논문, 1991, 128쪽.
104 윤병철, 「조선후가 유랑지식인의 사회사적 의미」, 『정신문화연구』 20-4, 1977, 74쪽.

삼정문란의 폐해를 시정해 보려고 한 시도나 최봉주가 거사를 일으키는 이유로 '민생이 곤궁한 것을 보고 세상을 구제하려는 뜻을 이루려는 것'이라고[105] 한 것도 이런 현실인식의 반영이었다. 그러나 김응도가 삼정문란의 시정을 위해 상소를 하려고 했을 때 주변에서 '반드시 이룰 수 없다'고 말렸듯이 이들은 삼정문란과 같은 사회 모순을 상소와 같은 방식으로는 시정이 불가능한 현실을 직시하지 않을 수 없었다.

향촌사회에서 모순투성이의 현실을 개선해 보려는 노력이 거부당했을 때 이들에게 현실사회는 어떤 식으로든 변혁되어야 할 대상이었다.[106] 이들은 이러한 현실인식의 토대 위에서 저항과 새로운 세상을 추구했다. 이때 이들이 내건 변란의 명분은 기존의 지배층이 가지고 있던 세계관과 담론체계를 부정하는 정감록류와 같은 비기와 술서 등에 근거한 것이었다. 해서·영남인의 변란과 이필제난에서 주도층이 섭력 내지 소유했던 것으로 언급한 책을 보면, 『무학비기(無學秘記)』·『상주신도록비기』·『고산자비기(古山子秘記)』·『소학산비기(巢鶴山秘記)』등의 비기류, 『마의상서』·『사주편년』 등의 관상서, 『무경칠서(武經七書)』·『기계도식편(器械圖式篇)』·『화약편(火藥篇)』·『방법묘술(方法妙術)』·『병학중별초(兵學中別抄)』등의 병서, 『천하지도서(天下地圖書)』·『조선별지도서(朝鮮別地圖書)』등의 지도, 책명을 알 수 없는 천문·술수에 관한 잡서 등이다. 특히 역성혁명론과 메시아적 사상을 담은 정감록류의 비기와 술서와 같은 잡서는 조선 후기 몰락 지식인층이 향촌사회에서 살아가는 생활의 한 방도였을 뿐만 아니라 사회변화에 대한 민중의 숨은 열망을

---

105 『捕盜廳謄錄』上, 263쪽, 金守禎.
106 배항섭, 「19세기 후반 변란의 추이와 성격」, 『1894년 농민전쟁연구』 2, 역사비평사, 1992, 269쪽.

적절히 대변하는 기제이기도 했다.[107]

변란 주도층은 정감록류의 비기에서 역성혁명을 뜻하는 참언을 만들어 조선왕조를 부정하고 병난설, 진인설을 퍼뜨려 불안한 현실과 미래에 대한 민중의 정서를 동요시키고 지리, 천문, 술서를 섭렵하여 서로 소통했던 것이다. 비록 이들이 섭렵한 지식이 새로운 사회에 대한 전망을 결여한 한계는 있지만 조선사회의 지배적 담론인 성리학적 지식과는 크게 달랐던 것이다.

이필제가 1860년 영천 유배에서 풀려난 뒤 출신의 이름을 벗어나지 못하여 동서를 떠돌아 다녔듯이 이들은 이런 지식을 바탕으로 전국을 유랑했다.[108] 유홍렴은 10년 이래 유람을 칭하고 사방을 돌아다녀 집에 있는 날이 거의 없을 정도였다.[109] 최봉주도 3년 동안 관북지역을 유람하며 이곳의 별부료들을 사귀었다. 이들은 여러 지역을 다니며 유학 지식을 바탕으로 과객으로 때로는 천문·지리에 익숙한 풍수사로 때로는 관상을 보아주며 낯선 곳에서 사람을 사귀었다. 이들은 이런 과정을 통해서 곳곳에서 기존 체제에서 타자화된 자신들의 모습 즉 '사란도'를 만날 수 있었다.

그렇다면 변란의 주도층 즉 '사란도'의 존재는 무엇을 의미할까? 이

---

107 丁淳佑, 「朝鮮後期 流浪知識人 形成의 社會文化的 背景」, 『정신문화연구』 20-4, 1977, 12~13쪽.
108 조선 후기 이런 지식인층을 '유랑지식인'이라고도 하는데 이들 집단은 '어느 정도 교육의 기회를 통해 지식을 갖추고 있지만 기본적으로 지배층의 공통되는 성리학을 중심으로 형성된 에피스테메(épistémé)를 벗어나 있거나 향촌사회의 공동체에서도 배제된 지식인으로서 생활의 안정성을 확보하지 못한 소외된 지식인층'을 가리키며(윤병철, 앞의 글, 51~52쪽), 이들은 유민적 성격의 유랑지식인과 변혁지향적 성격의 유랑지식인으로 구분되는데(정순우, 앞의 글, 22쪽) '사란도'는 곧 변혁지향적 성격의 유랑지식인에 해당한다 할 것이다.
109 『捕盜廳謄錄』 上, 218쪽, 柳廉臣.

들은 성리학적 세계관과는 다른 정감록류의 비기나 풍수, 관상, 술수 등과 같은 민중의 원망(願望)을 담은 담론과 세계관을 가지고 서로 소통하는 새로운 사회 집단을 뜻한다.[110] 이들에게 조선 후기 발전한 장터와 그 주변의 주막들 그리고 과장은 평상시 정보를 수집하고 공유하는 소통의 공간이자 때로는 변란을 모의하는 거점으로 기능했다. 다만 이들이 추구한 담론과 세계관으로는 당시 민중의 고통이 봉건사회의 모순 즉 신분제적 토지제도와 그로부터 발생한 사회경제적 모순에서 기인한다는 사실을 인식하는데 한계가 있었다.

그러나 이들 변란들이 대개 모의 단계에서 고변되거나 영해난처럼 쉽게 진압되었다. 이것은 변란 주도층과 참가자 사이의 관계망의 충성도와 확장성에 기본적인 한계가 있었기 때문이다. 변란의 주도층이 시세를 논하면서 민생의 도탄을 지적하고 제세안민(濟世安民)을 주장하지만 실제 관계망에서는 이런 현실이 반영되지 않았다. 이들은 민생도탄의 배후에는 조선 후기 봉건사회의 구조적 모순이 매개되고 있다는 사실을 간과했다. 즉 변란 주도층은 조선 후기 만연한 향촌사회의 봉건적 모순을 직시하고 민중의 고통에 공감했지만 당시 민중의 원망에 담긴 본질적 문제를 인식하는 데는 한계가 있었다. 때문에 이들은 관계망을 형성하면서 민중의 현실적 고통과 결합하기 보다는 그 해결 방안으로 진인설과 같은 메시아적 방법에 의존했다. 자신들이 봉기만 하면 민심이 자신들에게 돌아설 것이라거나 주변 마을에서 자연히 호응할 것이

---

110 『정감록』 등 조선시대 예언문화를 연구해온 백승종은, 이런 류의 사회 집단을 '소문화(subculture) 집단'이라는 개념으로 설명하고 있다. 즉 한 사회를 지배하는 전체 문화로 충족하지 못하는 욕망이나 특수한 기호를 채워주는 여러 문화를 '소문화'라고 하고 일종의 『정감록』과 같은 예언을 독립적인 행동양식이나 가치관으로 향유하는 사회 구성원을 여러 소문화 집단 가운데 하나라는 것이다(백승종, 「조선 후기 천주교와 『鄭鑑錄』─소문화집단의 상호작용」, 『교회사연구』 6, 2008, 5~6쪽).

라고 주장했듯이 이들에게 민중은 변란의 주체가 아닌 단순한 동원 대상으로 인식되었을 뿐이었다. 때문에 변란 참가층의 관계망은 내부적인 충성도는 물론 스스로 확장성을 갖기에 한계가 분명했던 것이다.

맺음말

19세기 대표적인 두 변란인 해서·영남인의 변란과 이필제난을 통해서 향촌사회를 중심으로 변란의 주도층이 형성·조직되고 거사를 위해 맺는 사회적 관계망과 그 기제를 살펴보았다. 이를 통해서 왜 이 시기 변란이 일개 군현을 넘어 조직되고 때론 1회적 시위가 아니라 연속적인 운동으로 전개될 수 있었는지 그러면서도 대개 모의단계에서 실패할 수밖에 없었는지 그 이유를 확인할 수 있었다.

두 변란에서 주목되는 것은 조선 후기 널리 분포한 변란 주도층 즉 '사란도'의 존재이다. 두 변란의 주도층은 황해도의 재령, 문산, 평산, 서울, 충청도의 진천, 단양, 경상도의 영천, 김해, 봉화, 거창, 합천, 고령, 진주, 영해 등지에 망라되어 있다. 조선 후기 사회 변동 속에서 중앙과 향촌사회의 권력관계에서 소외 내지 배제된 빈사·한유인 이들은 역리와 시사를 논하면서 동류의식을 확인하고 변란을 모의하고 실행했다. 이런 과정에서 일개 군현을 넘는 변란의 조직이 가능했던 것이다. 1877년 최봉주와 장혁진이 주도한 변란은 이전 다른 변란에 참가하여 유배된 자들이 유배지를 중심으로 다시 변란을 일으킨 특이한 경우였다.

변란의 참가층은 혈연·지연과 같은 일차적 사회관계와 정감록류의 비기와 술서 등에 바탕을 둔 진인설, 병난설, 풍수, 관상 등을 기제로 삼아 사회적 관계망을 형성했다. 이 관계망의 기제에는 당시 민중사회의 숨은 원망이 담겨 있기는 했지만, 변란 주도층은 현실 변혁을 위한 구체적인 실천방안이나 새로운 사회에 대한 구체적 전망을 제시하지 못했다. 변란 참가층의 관계망이 민중이 고통스러워하는 사회경제적 모순과 결합되지 못함으로써 이 관계망은 높은 충성도와 자발적인 확장성을 가질 수 없었다. 때문에 대다수 변란이 모의단계에서 고변으로 발각되거나 영해난처럼 봉기에 성공하더라도 주변 민중의 외면으로 지속될 수 없었다. 다만 영해난은 제한적이나마 참가층 관계망의 확장 가능성을 보여준 경우이다. 이필제가 주도한 네 번의 변란 가운데 영해난이 유일하게 봉기에 성공할 수 있었던 것은 초기 동학조직과 이 지방의 오래된 신구향간의 갈등이라는 특수성과 결합되었기 때문이다.

그러나 이런 한계 속에서도 변란 참가층의 관계망이 형성되는 과정에서 몇 가지 의미 있는 사실들을 확인할 수 있었다.

첫째는 해서역옥사건에서 확인할 수 있었듯이 참가층 관계망의 진화이다. 한 차례 향도계원을 동원한 경험이 있던 주도층이 변란의 동조자들을 기존 향촌사회에 존재하던 동계나 향도계와는 달리 난봉계, 삼성당계와 같은 '계'로 조직하려고 했다. 특히 삼성당계는 타·본관을 막론한 계원의 가입을 목적으로 했다. 이것은 이전 검계나 살주계처럼 비밀조직의 형태가 아니라 당시 여러 형태로 발전해간 향촌사회의 공개적인 계로서 일개 군현 단위를 넘는 변란을 효율적으로 조직하려한 참가층 관계망의 진화인 것이다.

둘째는 조선 후기 이래 확대된 소통 공간의 활용이다. 조선 후기 상품화폐경제의 발달로 확대된 장시와 그 주변의 주막은 정보와 동조자를 모으고 거사를 모의하고 위장하는 소통의 장이자 주요 거점으로 기능했다. 장혁진이 경상도 봉화에서 전라도 영암까지 약 6개월 동안 이동하면서 이용한 장터와 주막 그리고 이필제가 진주에서 덕산거사를 조직하면서 덕산장터 부근 홍성철의 주막을 주요 거점으로 이용한 것이 그 단적인 예이다. 뿐만 아니라 당시 중앙과 지방의 과장 역시 변란을 조직하는 새로운 소통의 공간으로 기능했다.

결국 이런 사실에서 주목되는 것은 변란 참가자들이 관계를 맺는 행동양식과 그런 것을 가능케 했던 19세기 조선의 사회적 현상이다. 변란 주도층이 시사를 이야기하고 역리를 논하고 관상과 천문을 이야기하고 궁극에는 역성혁명에 공감하며 변란을 모의할 수 있었다는 것은 마치 성리학적 질서가 지배하는 조선사회 안에 이들만의 또 다른 이데올로기적 세계가 존재한다는 것을 뜻한다. 또 변란의 모의 및 참가자 포섭 등에 주요하게 기능한 과장, 주막, 장터 등은 변란 주도층의 활동공간의 확대를 뜻한다. 따라서 이것은 조선 후기의 급격한 사회변동 속에서 기존의 세계관과 담론체계와는 달리 민중의 원망을 담은 세계관을 가지고 독자적인 행동양식으로 소통하는 집단이 널리 분포하고 이들이 소통할 수 있는 자율적 공간이 존재하고 있음을 뜻하는 것이다. 다만 문제는 확대된 자율적 공간 속에서 변란 주도층과 민중 사이에 존재하는 괴리를 어떻게 실천적으로 조직적으로 결합해 나갈 것인가 하는 것이 극복해야 할 과제로 남아 있다고 할 것이다.

한국 장마기록의 표류와 농민경험의 뿌리[*]

안승택

머리말

우리가 장마라고 부르는 여름철 우기의 장기적이고 집중적인 강수 양상은 동아시아 계절풍(monsoon) 지대에 특유한 기상현상이다. 이 우기는 벼의 성장기와 일치하기 때문에 동아시아 농업사에서 대단히 중

---

[*] 이 글은 본래 「장마와 매우(梅雨) 사이 – 기후는 식민지 조선의 농업을 어떻게 규정하였는가」(『한국과학사학회지』 32-2, 2010, 223~258쪽)로 발표된 것을 이 책의 기획취지와 형식에 맞추어, 그리고 이후 다소나마 이해가 깊어진 내용을 반영하여 일부 수정한 것이다. 이는 본인의 박사논문 「식민지 조선의 근대농법과 재래농법 – 경기남부 논밭병행영농의 환경·기술·역사에 대한 인류학적 연구」(서울대 박사논문, 2007, 이하 앞 졸고), 제3장 2절 3소절 및 제4장 1절 2소절과 배경적인 문제의식 및 일부 자료를 공유한다. 그러나 선행연구 검토와 자료를 추가하고 새롭게 논리를 구축하였으며, 이미 사용한 자료를 재사용할 경우에도 다시 가공하거나 서술을 새로이 함으로써 서로 다른 글로서 작성되었음을 밝혀둔다.

요한 위치를 점한다. 가령 일본에서 간행된『벼의 아시아사』는 동아시아의 벼농사지대를 관개이앙형, 산파중경형(散播中耕型), 부도형(浮稻型), 화전형 등 네 개의 중심역과 여섯 개의 주변구로 구분한 바 있다.[1] 이 중 도작농법(稻作農法) 상의 관개이앙형 지역은 강수패턴 상의 여름형 습윤구와 거의 중첩되며, 여름형 습윤구는 "매우(梅雨)나 가을 태풍기에 비가 많이 오는 양자강 유역과 일본에 걸친 지역"이라고 정의된다.[2] 동아시아에서 관개이앙형 벼농사가 성립하기 위해서는 결국 수량(水量)의 확보가 관건이니, 동아시아 농업사에서 매우, 즉 우리말로 장마의 중요성을 이로써 짐작할 수 있다.

한편 이 '여름형 습윤구'의 정의에도 나타나듯이, 중국과 일본에서는 이 여름철(혹은 늦봄)의 집중적이고 장기적인 강수현상을 가리켜 한자로 매우(梅雨)라고 적고 각기 메이유(중국), 츠유 또는 바이우(일본)라고 읽는다. 기상학적으로 매우와 장마는 대륙성 한대기단과 해양성 북태평양기단 사이의 정체성 한대전선 상에 형성된 같은 강우대가 이동하면서 발생하는 강수현상이다.[3] 현대어 번역례에서도 중국어의 메이유, 그리고 일본어의 츠유와 바이우는 모두 한국어 장마와 상호 통용된다. 이것이 의미하는 바는, 같은 기상현상임은 알고 있으되, 중국·일본과 우리는 같은 용어로 이를 부르지 않는다는 점일 것이다.

중국에서 매우라는 용어가 사용된 것은 역사가 깊으며, 일본의 경우 중국만큼 오래지는 않지만 적어도 수백 년간은 지배적인 용어로 존재

---

1   渡部忠世 編,『稲のアジア史(1)－アジア稲作文化の生態基盤：技術とエコロジー』, 小學館, 1987, 41~44·55쪽.
2   위의 책, 37쪽. 한편, 이 책 55쪽의 분포도는 한반도를 기본적으로 산파중경형 지대에 포함시키면서도, 중부 이북 지역에 대해서는 별도로 선을 그어 6개 주변구 중 하나인 화북형 직파주변구로 분류하고 있다.
3   이현영,『한국의 기후』, 법문사, 2000, 123·127쪽.

해왔다. 중국에서 매우라는 표현이 나타난 가장 오래된 문헌은 후한대의 『풍속통의(風俗通義)』이며,[4] 일본의 경우 주로 사미다레(五月雨, 혹은 사츠키아메)라는 용어를 사용하다가 조선의 선조대 이후에 해당하는 에도시대에 들어서 일반적으로 매우를 사용하게 되었다고 한다.[5] 한·중·일 등 동북아시아 삼국은 같은 온대계절풍지대에, 그리고 같은 한자문화권에 속해있다. 게다가 장구한 세월에 걸친 직간접적인 인적·물적·지적 교류를 통해 이념뿐 아니라 많은 개념어를 공유해오기도 하였다. 그럼에도 불구하고, 한국에서는 중국과 일본에서 일반화된 매우 대신 장마라는 표현을 사용하는 셈이다.

한반도에서 매우가 과거에도 사용되지 않았는지, 사용되지 않았다면 왜 그랬고 그 의미는 무엇인지, 매우 대신 오늘날 우리가 장마라고 부르는 기상현상을 가리키는 역사용어가 무엇이었는지 하는 점은 현대 기상학 연구에서도 다루어진 바 있다. 가령 박정규·황제돈·전영신은 15~18세기 기간의 〈국역 조선왕조실록〉에서 강수현상을 일컫는 용어들을 찾고 각각의 용례와 의미를 분석하였다.[6] 그 결과 매우(霾雨), 음우(霪雨, 陰雨, 淫雨), 임우(霖雨), 항우(恒雨) 등의 용어가 확인되는 가운데 매우(梅雨)는 단 한 번의 기록만이 발견되었으며, 이조차 일본 국왕이 대장경을 청하는 서신 내용을 옮기면서 기록된 경우였다. 또한 조선에서 매우라는 용어가 사용되지 않는 이유에 대해서는 "장마현상을 나타내는 강수용어가 다양하고, 널리 사용되고 있기 때문"이라고 설명되었다.[7] 그러나 이는 왜 매우(梅雨)로 통일되지 않고 다양한 용어

---

4 中國氣象出版社, 『大氣科學辭典』 7-12, 1994; 박정규·황제돈·전영신, 「조선왕조실록에 기록된 강수현상」, 『한국기상학회지』 37-4, 2001, 439쪽 재인용.
5 류상범, 「장마의 어원과 정의에 대하여」, 『대기』 11-2, 2001, 11쪽.
6 박정규·황제돈·전영신, 앞의 글, 2001.

로 나타나게 되었는지 설명하지 못한다는 점에서 다분히 동어반복의 순환논리가 아닌가 생각된다.

비슷한 시기 류상범은 기상학자들의 연구에 나타나는 장마라는 용어의 개념을 정리한 후 그 어원을 살피고, 역시 역사적으로 매우라는 표현이 쓰이지 않았음을 확인한 바 있다.[8] 이에 따르면 우선 기상학자들의 연구에서도 장마의 정의는 물론 시작과 끝에 대한 기준조차 통일되지 않아, 연구마다 설정된 장마기간이 모두 달랐다.[9] 또한 댱마( ) 장마)는 '길 장(長, 댱)'과 물을 뜻하는 옛말인 '마ㅎ'의 합성어로 '오란비'가 변한 것인데, 이는 늦봄 또는 여름철의 특정 우기가 아니라 일반적인 의미에서 오래 내리는 비를 뜻하므로, 장마 대신 매우를 기상학적 용어로서의 장마 — 일상용어로서의 장마와 구별되는 — 로 간주하여도 무리가 없을 것으로 보았다.[10] 그러나 이는 그도 인정하듯이 우리가 역사적으로 매우라는 표현을 쓰지 않았던 배경을 사상하는 일이 된다. 이 제안을 따라 매우를 우리의 기상학(사) 용어로 환치한다면, 이는 우리의 역사와 자연환경의 특수성에 대한 이해를 오도할 소지가 크다.

장마의 정의와 기간이 연구자마다 서로 다른 사정은 비단 기상학의 경우에만 해당하는 것은 아니다. 심지어 자연지리학 계열의 한 기후학 교과서는, 장마가 "중부지방에서는 6월 24~25일경에 (…중략…) 남부

---

7 위의 글, 440쪽. 한편, 매우의 용례가 이토록 제한적이었던 것은 이들 연구의 자료 및 자료검색방법의 문제와도 관련이 있을 것이다. 가령 이산해(1539~1609)는 "시골 노인이 살아가는 계책은 서주(西疇)에 달렸는데 / 바로 황매우(黃梅雨)에 이앙을 하는구나"라고 읊은 바 있다. 염정섭, 『조선시대 농법발달 연구』, 태학사, 2002, 189쪽. 그럼에도 불구하고 매우의 역사적 용례와 일반화 정도가 대대하지 않았다는 점 정도는 확인할 수 있을 것으로 생각된다.

8 류상범, 앞의 글, 2001.

9 위의 글, 8쪽.

10 위의 글, 11쪽.

지방에서는 6월 21~22일경에 시작"한다고 적고,[11] 바로 앞 쪽에서 "장마전선은 6월 하순에 우리나라 남해안으로 상륙하고 7월 10일경에 중부지방까지 도달한다"고 적는 등,[12] 서로 배치되는 것처럼 보이는 서술을 하고 있다. 차차 설명이 이루어지겠지만, 여기에서 중요한 것은, 상호 맥락화가 안 된 채 별도의 장에서 별개의 내용으로 나열되었기에 충돌하는 것처럼 보일 뿐, 이들은 서로 모순된 설명이 아니라는 점이다. 오히려 한반도에서 살아가는 평범한 일상인의 감각에서는 이 두 진술이 모두 현실과 합치한다고 볼 수 있다. 이는 중국 중남부나 일본과 다른 한반도 몬순 우기의 도래양상이기도 하다. 따라서 한반도의 여름 강수양상이 중국의 양자강 유역이나 일본의 남부지방과 동일한 패턴을 보인다는 결론에 도달하는 것[13] 못지않게 중요한 것은, 그것이 중국이나 일본의 그것과 어떻게 다른지를 보이는 것이라고 할 수 있다.

이 글은, 장마와 매우라는 동아시아의 우기를 가리키는 두 용어의 차이에 착목하여 한반도의 농업환경에서 우기의 실제 양상과 그 의미를 되짚어보고, 그러한 환경이 한반도의 농법에 어떠한 흔적을 남겼으며, 이와는 다른 환경에서 성장한 일본식 농법과 농학자·기상학자들이 일제강점기 어떻게 이에 적응하였고, 그 결과가 식민지 농정에는 어떤 식으로 각인되었는지를 밝히는 것을 목적으로 한다. 이를 통해, 식민화의 과정은 식민자와 피식민자 모두가 상호변용을 이루는 과정이라는 점이 드러날 것이다. 이는 또한 반건조지대(半乾燥地帶)라는 한

---

11 이현영, 앞의 책, 2000, 129쪽.
12 위의 책, 128쪽.
13 Lu, R. Y., Yong-Seung Chung·Rong-Hui Huang, "Interannual Variations of the Precipitation in Korea and the Comparison with Those in China and Japan", 『한국환경과학회지』 4-4, 1995.

반도의 기후적 특수성에 대한 주목으로부터 한국농업사의 주요 장면을 설명해내려는 문제의식[14]을 계승하려는 것이며, 농사를 짓는 현실 농민의 눈높이에서 농업사를 재구성하는 기획의 일환이 될 것이다. 이를 통해, 넓게 보아 동북아시아의 판도 내에 존재하지만 그 안에서 나름의 특수성을 유지하고 있었던, 한국 농경문화의 물적 기반을 드러내는 일이 가능해질 것으로 기대한다.

1. 동북아시아 우기의 전개와 반건조지대 한반도

앞서 거론한바 매우와 장마를 완전히 같은 것으로 취급하거나 한반도와 중국 중남부, 일본이 같은 강수양상을 보인다는 식의 주장은, 왜 한반도에서는 매우라는 용어를 사용하지 않았는지에 대한 설명력을 상실한다. 장마의 어원과 정의를 분석하고 난 결론에서 "우리나라 기상학계에서 동아시아 여름철 우기를 매우라 표현하지 않고 '장마'로 표현하게 된 계기는 무엇일까? (…중략…) 중국과 일본 기상학계에서는 매우전선이라고 부르는데 반해 유독 우리나라에서만 장마전선이라고 부르게 된 계기는 무엇일까?"[15]라며, 서두에서 던졌어야 했을 질문을

14 宮嶋博史, 「李朝後期における朝鮮農法の發展」, 『朝鮮史研究會論文集』 18, 1981. 반건조지대라는 용어를 사용하는 것은 아니지만, 이와 관련한 보다 적극적인 논의는 이호철에 의해 전개된 바 있다. 이호철, 「식민지시대 농업 생산력 구조와 한전농법」, 『농업경제사연구』(증보개정), 경북대 출판부, 1992; 이호철, 「한국농업의 세계사적 의의」, 『농업사연구』 3-2, 2004.

15 류상범, 앞의 글, 2001, 12쪽.

새삼 제기해야 했던 것도 그 귀결일 것이다. 반면 다음 글은 일제시기 인천관측소장을 맡고 있던 일본인 기상학자에 의해 작성된 것이지만, 이 문제를 보다 정면에서 포착하고 있다.

조선의 우기 (…중략…) 를 대별하면 둘로 나눌 수 있습니다. 즉 남선(南鮮) 방면의 우기와 그리고 중부이북 즉 경인을 중심으로 한 북방으로부터 서선(西鮮) 방면에 이르는 우기, 완전히 두 가지로 나누어지는 것입니다. 남선방면의 것은 매해 거의 일정하게 오는 내지의 매우(梅雨)와 완전히 같은 것입니다. 따라서 그 시기도 예년 6월 중순부터 7월 초순에 걸쳐 일어나며, 중부지방으로부터 북쪽에 오는 우기는 예년 7월 중순부터 8월 초에 일어나는 것이 보통입니다. (…중략…) 조선의 예전 달력을 보면 매우라는 것이 없습니다. 내지는 농작물에 중대한 관계를 지니기 때문에 이 매우가 분명히 명기되어 있지만, 조선의 정치적 중심이었던 경성지방에는 매우라고 부를 만한 것이 없었기 때문이라고 생각됩니다.[16]

여기에서 흥미로운 것은, 한반도의 우기를 두 개의 패턴으로 양단하고, 남부의 것을 일본의 매우와 같은 것으로, 중부 이북의 것을 매우와는 완전히 구별되는 것으로 인식하는 점이다. 매우(梅雨)란 본디 '매실이 익어가는 무렵인 양력 6월에 내리는 비'를 뜻한다. '양력 6월에 비가 내리지 않는 한반도 중부 이북, 특히 정치적 중심인 경성에는 매우라고 부를 만한 것이 없었기 때문에 조선의 달력에는 매우가 없다'는 파

---

16 後藤一郎, 「朝鮮の氣象と農業」, 『朝鮮農會報』 3-8, 1929, 9쪽. 이 논문의 저자인 고토 이치로는 1884년 일본 기후현[岐阜縣]에서 태어나, 도쿄제대 이론물리학과를 졸업하였다. 이후 나가사키현[長崎縣] 기사(技師)로 재직하다가, 1920년 총독부 기사로 조선에 건너왔으며, 후일 조선총독부 관측소장에 취임하였다.

악은, 왜 조선 / 한국에서 매우라는 말이 사용되지 않았는지에 대한 설명으로 핵심을 짚은 것이라 생각된다. 조선의 기상환경을 섣불리 일본이나 중국과 동일시하지 않는 인식도 평가할 만하다. 단지 중부이북에서 장마가 7월 중순부터 8월 초에 나타난다는 것은 오류로 보이므로 교정이 필요하다. 이는 한반도 그리고 일본과 중국에서 실제 늦봄 / 여름철 우기의 강수양상이 어떠한지를 확인하는 작업을 요구한다.

우선은 위 일본인 기상학자 고토의 설명의 전제였던 일본 매우의 전개양상부터 확인하기로 하자. 아래 〈표 1〉은 일본 기상청 자료를 토대로, 일본 내 지역별 매우의 시작·종료일 평년값을 정리한 것이다. 이에 따르면 일본의 매우는 양력 5월초 아마미[奄美] 열도와 오키나와[沖繩]에서 시작되어 5월 말 규슈[九州] 남부에 이른다. 이어 6월 5일 규슈 북부로 올라선 뒤 6월 12일에는 도호쿠[東北] 북부에 도달함으로써 홋카이도[北海道]를 제외한 일본열도 전역을 우기권역에 포진시킨다.

〈표 1〉 일본의 지방별 우기(츠유) 기간 평년값(1951~2006)

지방별	츠유 시작	츠유 종료	지방별	츠유 시작	츠유 종료	지방별	츠유 시작	츠유 종료
東北北部	6월 12일경	7월 27일경	東海	6월 8일경	7월 20일경	九州北部	6월 5일경	7월 18일경
東北南部	6월 10일경	7월 23일경	近畿	6월 6일경	7월 19일경	九州南部	5월 29일경	7월 13일경
北陸	6월 10일경	7월 22일경	中國	6월 6일경	7월 20일경	奄美	5월 10일경	6월 28일경
關東甲信	6월 8일경	7월 20일경	四國	6월 4일경	7월 17일경	沖繩	5월 8일경	6월 23일경

출처 : 일본 기상청(http://www.jma.go.jp)〉기상통계정보〉천기예보·태풍
비고 : 지방별로 제시된 통계 평년값을 모아서 구성하였음.

다음, 매우라는 용어의 기원지로 파악되는 중국의 경우는 어떨까. 일본과 같이 수십 년의 통계에 기반을 둔 전국적인 시작·종료일 평년값은 찾을 수 없었지만, 기본적으로 여름철 계절풍의 진퇴에 규정받는 가운데 화남은 5월 상순, 양자강 중·하류와 회하 유역은 6월 중순, 화북은 7월 상순에 주요 우기가 시작되고, 8월 하순에는 강우대가 다시

남쪽으로 물러가는 것으로 나타났다.[17] 아래 〈표 2〉는 김추윤 · 장삼
환의 『중국의 국토환경』 각 지역편을 토대로 중국의 지역별 우기의 양
상과 특징을 정리한 것이다. 매우권역으로 분류되지 않는 동북과 화북
지역을 제외하면,[18] 5월 하순에서 6월에 걸쳐 우기가 시작된다는 점을
확인할 수 있다.

〈표 2〉 중국의 지역별 우기의 전개양상

지역별		우기시작	우기 종료	비고	출처
東北	東部	(5월)	(9월)	연강수량 400~700mm, 연중강수변화 적어 우기 개념 적용하기 어려움	B, 28쪽
	西部	(6월)	(8월)		
華北		7월 상순		연강수량 400~750mm, 매우권역 아님	A, 153쪽
華中		5월 말 · 6월 초	7월 하순	매우권역	B, 124쪽; 135쪽
	南嶺山地	5월 하순	6월 하순		
	江南丘陵	6월 상순	6월 하순		
	浙閩丘陵	6월 상순	6월 하순		
	九江 · 安慶	6월 상순	7월 중순		
	南京 · 撫湖	6월 하순	7월 중순		
西南	東部	5월 말 · 6월 초		연중 습윤(연중 74% 밤비), 매우권역	B, 175쪽
	西部	5월 말 · 6월 초		우기 / 건기 구분 뚜렷함	
華南	東部	5, 6월 강수량 최대		고온다습 열대 · 아열대기후(연중 150일 내외 강수), 연강수량 1,400~2,000mm	B, 185쪽; 189쪽
	西部	8, 9월 강수량 최대			

출처 : A는 김추윤 · 장상환(2005a), 앞의 책을, B는 김추윤 · 장삼환(2005b), 앞의 책을 뜻함.

---

17 김추윤 · 장삼환, 『중국의 국토환경』 상, 한국학술정보, 2005a, 153쪽.
18 광대한 중국의 영역 중 매우의 권역이라고 부를 수 있는 곳은 북위 25°~35° 사이의
    장강, 회하유역이며, 화중 지역을 중심으로 서남지역의 사천, 귀주 일부 지역이 포
    함된다. 김추윤 · 장삼환, 『중국의 국토환경』 하, 한국학술정보, 2005b, 123~124쪽.

그렇다면 한반도의 경우는 어떠한가. 아래 〈표 3〉은 한국 기상청 자료에 나타난 한국의 지역별 우기(장마) 시작·종료일 평년값 자료를 나타낸 것이다. 이에 따르면 한반도의 장마는 6월 19일 제주에서 시작되어 6월 22일경 남부지역에, 23일경에는 중부지역에 상륙한다. 종료 시기는 모두 7월 20일 직후이다. 일본의 장마 시작일에 비하면, 열도 전체의 최남단인 오키나와보다는 40여 일이, 주요 4개 섬 중 남단인 규슈보다는 20여 일이, 매우의 영향권 최북단인 도호쿠 북부에 비해서도 10일 가량 늦다는 점이 확인된다.

〈표 3〉 한국의 지역별 우기(장마) 기간 및 강수량 평년값(1971~2000)

지방별	시작일	종료일	장마기간	강수량(mm)
중부	6.23~24	7.23~24	32	238~398
남부	6.22~23	7.22~23	32	199~443
제주	6.19	7.20~21	33	328~449

출처 : 기상청(http://web.kma.go.kr)〉국민참여〉FAQ〉역대 장마기간 강수량

보다 중요한 것은, 이러한 공식적인 장마 시작·종료일 자료에도 불구하고, 실제 생활의 현장에서 느끼는 우기(장마)에 대한 감각이 반드시 이와 같지는 않다는 점이다. 즉 우리 모두가 알고 있듯이, 한반도에서 장마전선은 6월 20일 직후 일단 남부지방에서 형성되어 2, 3일 사이에 중부지역까지 북상하며 비를 뿌린다. 그리고 다시 남하하여 남해 연안을 오르내리다가, 7월 상순 중(또는 상순에서 중순으로 넘어가며) 한반도 전역을 그 권역에 두게 된다. 따라서 6월 22~23일경 장마가 시작된다는 공식화된 기상학적 설명은, 앞서 살폈듯이 그 자체가 설이 다양할 뿐만 아니라, 현실의 생활감각에 맞을 수도, 맞지 않을 수도 있다.[19]

---

19 이렇게 미묘하고 난해한 여건으로 인해, 최근 한국 기상청은 해마다 곤혹스러움을 겪고 있기도 하다. 장마의 시작일·종료일에 관한 예보를 더 이상 내지 않기로 했다는 봄철의 선언과, 이에 모순되게도 장마가 닥치면 전선의 도래·이동·소멸 시점

앞서 한반도 중부의 장마가 6월 24~25일경 시작된다는 설명과 7월 10일경 시작된다는 설명 모두가 현실감 있게 들렸던 까닭이 여기에 있다. 그렇다면 이러한 생활현장의 감각은 객관적 사실에 부합하지 않는 것인가.

〈표 3-1〉 한반도 중부 및 그 인접지의 6·7월 1일강수량 평년값(1961~1990)

지역 월일	철원	춘천	홍천	원주	제천	충주	문경*	추풍령	거창*	장수	양평	이천	청주	보은	대전
6. 1	2.5	5.0	6.0	4.3	3.9	3.2	7.6	3.8	5.3	6.2	6.5	6.9	3.7	4.7	3.8
6. 2	8.2	4.5	4.4	3.5	4.2	3.4	5.6	4.3	4.7	11.4	4.1	3.9	2.9	4.0	3.7
6. 3	1.3	2.9	1.2	4.8	4.4	1.3	1.3	2.0	2.7	6.8	0.6	1.0	1.6	0.9	3.4
6. 4	2.7	1.3	0.6	2.3	1.7	2.2	2.1	2.2	6.6	1.0	0.8	1.7	1.5	2.0	2.1
6. 5	5.2	3.3	3.5	2.2	2.6	2.0	3.9	1.2	3.4	6.3	4.1	3.4	1.7	1.8	2.2
6. 6		1.4	3.5	4.6	4.6	4.9	4.2	1.8	2.3	0.0	3.1	5.4	4.1	3.2	2.7
6. 7	0.4	2.8	6.4	7.6	6.7	6.2	12.1	5.0	10.8	4.1	5.1	5.5	7.2	10.3	8.8
6. 8	5.8	4.4	7.1	6.1	7.6	6.0	11.0	5.6	11.1	10.8	6.1	7.8	6.0	7.4	7.3
6. 9	2.8	5.2	1.6	2.8	3.0	1.9	2.1	4.5	1.0	7.6	2.0	2.8	5.0	3.0	3.7
6.10	5.4	2.5	4.5	4.2	7.4	5.6	7.8	3.5	10.9	3.4	3.1	3.8	4.7	6.4	6.1
6.11	4.2	1.5	1.7	0.7	1.6	0.4	0.7	1.5	1.7	2.5	1.6	0.3	0.8	0.8	1.5
6.12	4.8	2.0	1.9	1.8	1.7	1.3	1.9	1.8	2.5	1.6	2.1	1.8	1.3	1.2	1.7
6.13	3.1	1.0	0.8	0.1	0.3	0.1	0.6	0.5	1.1	7.4	0.3	0.4	0.9	0.9	0.5
6.14	2.8	1.2	2.0	1.9	2.5	2.3	4.0	2.9	4.6	9.4	3.7	4.9	1.7	2.3	2.2
6.15	2.1	1.4	3.7	2.1	0.3	0.9	0.4	0.6	1.3	1.2	0.7	0.5	0.5	0.5	0.4
6.16	2.9	2.7	3.7	5.4	5.1	5.0	5.7	6.8	6.0	5.6	7.0	5.3	4.3	5.9	5.4
6.17	3.2	2.1	2.2	5.6	5.0	5.0	4.0	6.1	5.8	13.6	2.6	5.1	2.5	3.6	4.9
6.18	19.2	4.0	2.8	2.5	2.4	2.3	2.9	2.1	6.0	3.6	2.1	1.5	2.9	2.3	2.7
6.19	10.1	5.7	6.9	8.6	8.5	9.1	5.9	9.0	7.0	8.3	5.9	6.8	5.5	7.2	8.0
6.20	1.8	6.0	7.2	7.8	10.1	10.9	13.3	10.4	17.4	12.1	6.6	9.5	12.8	12.7	12.6
6.21	8.7	9.3	10.7	6.5	6.4	4.8	3.8	2.1	1.2	3.0	9.1	5.6	8.0	4.5	3.7
6.22	1.0	2.6	3.5	2.0	3.3	2.7	1.2	2.7	5.0	0.9	3.1	1.0	3.0	1.3	2.7
6.23	3.7	0.4	0.7	0.7	0.7	0.9	4.1	4.3	10.6	1.1	1.7	1.4	0.8	2.9	2.4
6.24	3.7	7.7	10.4	7.4	7.3	5.4	6.8	5.4	9.7	12.9	7.5	6.6	3.5	6.1	4.1
6.25	13.8	19.3	19.4	16.9	22.8	17.9	25.9	13.4	21.7	24.0	20.8	23.0	15.0	23.8	16.6
6.26	12.6	10.8	10.5	7.8	8.4	10.3	6.2	4.9	4.4	15.9	8.5	6.6	8.2	6.6	7.2

에 관한 예보를 거듭 내보내게 되는 여름철의 현실이 되풀이되는 모습은 그 한 예이다.

6.27	4.4	5.2	5.9	7.2	3.5	5.8	5.1	3.2	4.2	18.6	7.5	5.6	4.9	3.8	5.5
6.28	0.8	4.5	3.9	2.4	4.8	2.7	2.3	5.8	2.0	11.1	5.8	4.4	6.6	3.2	7.4
6.29	6.3	5.6	5.2	5.6	8.0	6.9	7.3	4.9	3.9	11.5	4.7	7.6	10.0	8.1	8.8
6.30	6.8	7.5	7.2	9.8	7.6	7.2	9.0	9.8	2.3	6.5	5.9	7.9	12.8	6.9	11.6
7. 1	18.3	8.8	14.7	6.4	6.8	8.7	12.2	4.1	7.4	16.2	13.2	6.8	3.8	3.4	2.3
7. 2	8.7	13.4	9.8	13.9	7.0	5.7	5.9	4.6	6.3	3.0	12.6	10.0	7.0	7.3	6.3
7. 3	2.6	12.4	13.4	10.6	6.0	4.6	8.9	12.2	8.2	6.9	15.4	17.3	10.4	10.1	7.7
7. 4	4.5	11.0	9.1	17.8	8.3	7.7	8.5	11.2	9.4	13.8	8.9	8.3	8.6	9.0	11.2
7. 5	6.0	6.4	3.9	5.0	1.0	1.7	3.8	4.7	6.7	16.3	3.8	2.4	2.5	3.3	4.0
7. 6	2.6	4.4	6.4	6.4	10.1	9.1	10.4	10.6	12.5	9.1	9.4	8.7	10.3	12.0	20.5
7. 7	10.4	10.6	8.5	7.8	5.5	6.8	7.1	9.0	10.7	4.9	9.5	5.0	8.6	8.4	10.3
7. 8	13.1	16.6	10.9	8.7	5.4	6.5	4.0	4.5	5.2	8.8	14.8	12.9	12.2	8.6	8.4
7. 9	15.1	12.8	19.3	12.5	12.4	9.6	6.3	7.7	5.2	4.4	16.1	15.8	11.1	11.1	8.2
7.10	17.1	8.8	8.0	7.9	9.6	10.3	9.9	9.6	11.2	6.6	7.7	9.5	9.8	8.9	8.2
7.11	19.9	9.9	13.2	13.5	12.8	13.4	16.9	14.6	17.4	19.3	12.2	13.1	12.8	21.4	19.9
7.12	11.9	16.1	19.9	15.6	17.2	20.7	13.0	14.2	14.1	22.1	25.6	21.6	14.6	19.4	15.5
7.13	2.6	12.2	7.2	8.8	9.5	8.5	14.7	10.5	7.9	11.3	8.0	8.2	9.0	12.5	14.8
7.14	2.1	11.6	12.8	17.5	22.9	14.9	10.0	9.4	10.8	7.3	15.9	16.5	9.9	12.2	12.6
7.15	21.3	18.5	6.6	12.3	8.8	7.9	13.1	13.6	20.9	24.0	7.6	12.7	8.6	12.8	14.9
7.16	11.5	17.3	17.3	16.0	17.4	18.1	14.5	18.0	13.2	25.8	14.8	15.4	30.1	18.3	28.4
7.17	15.5	13.3	8.3	7.5	8.6	8.2	10.1	11.6	11.2	20.0	8.9	7.0	10.8	8.2	9.8
7.18	5.3	8.2	6.1	4.8	6.1	5.1	4.0	9.1	6.1	8.1	2.1	3.0	4.3	3.7	7.1
7.19	10.8	10.0	5.7	15.5	16.9	13.7	8.8	4.1	4.4	3.2	7.7	14.7	9.9	8.4	8.4
7.20	15.7	12.7	11.4	8.2	19.3	10.4	6.8	4.8	1.1	1.4	10.5	10.4	7.6	11.2	8.1
7.21	18.9	14.8	14.8	13.5	14.1	9.9	5.5	6.5	3.0	4.5	20.5	22.0	7.3	7.4	5.3
7.22	6.9	8.1	12.4	21.0	26.7	17.5	20.1	14.6	7.5	4.2	10.6	19.0	23.7	36.6	17.9
7.23	3.2	6.5	3.5	8.9	6.0	5.1	10.6	8.4	19.3	7.1	3.3	2.1	3.7	8.0	4.5
7.24	18.1	13.6	10.9	8.9	4.2	3.4	1.9	3.5	1.1	4.6	11.9	11.6	1.7	3.7	5.5
7.25	28.7	19.1	19.8	19.1	13.1	13.1	7.9	7.4	10.2	11.7	22.9	15.5	8.8	10.5	9.1
7.26	24.2	5.0	7.8	16.2	16.4	9.9	6.0	14.8	5.3	14.2	9.3	11.4	8.1	12.5	17.4
7.27	31.3	17.6	20.7	12.6	11.3	8.6	5.5	6.3	4.3	8.8	18.8	12.5	5.7	5.0	5.0
7.28	6.4	8.5	12.4	5.5	4.4	5.8	6.6	3.0	8.8	2.8	11.9	10.9	5.6	7.2	7.5
7.29	8.6	6.1	8.0	6.9	5.0	6.4	7.7	7.9	7.8	4.3	9.5	8.3	2.8	8.1	6.8
7.30	4.2	10.9	6.8	4.2	3.7	5.7	6.3	3.1	9.1	3.0	5.6	3.0	5.1	4.4	4.2
7.31	5.9	2.1	1.1	1.0	1.6	2.1	4.0	6.1	7.6	6.6	2.2	0.9	3.8	1.6	7.1

출처 : 기상청(http://www.kma.go.kr)〉날씨정보〉기후자료〉평년값자료〉일강수량 자료를 재정리
*문경과 거창은 1961~1990년 기간의 7월 일평년값 자료가 없어 1971~2000년 기간 자료를 사용하였다.

〈표 3-2〉 한반도 중부 및 그 인접지의 6·7월 1일강수량 평년값(1961~1990)

지역 월일	금산	임실	남원	서울	수원	천안	부여	전주	정읍	강화	인천	서산	보령	군산	부안
6. 1	5.9	9.1	7.2	4.5	5.5	5.3	6.0	4.8	7.7	6.3	4.1	5.7	5.1	5.2	8.1
6. 2	3.1	4.9	2.1	6.7	4.9	2.4	2.9	4.0	1.9	6.7	6.9	3.2	2.5	2.3	1.3
6. 3	1.2	0.7	1.0	2.8	2.6	3.0	0.5	2.1	0.3	1.7	1.7	1.2	1.0	1.4	0.4
6. 4	2.2	4.2	3.3	2.6	1.6	1.2	1.9	3.0	4.9	1.3	1.9	1.4	2.0	2.2	5.5
6. 5	3.2	2.6	1.3	2.6	2.0	3.2	3.2	1.6	2.2	1.2	2.0	3.8	2.4	1.9	2.4
6. 6	3.1	3.5	6.2	1.7	1.6	3.5	3.1	1.8	2.1	2.5	1.0	2.1	3.1	2.0	2.4
6. 7	8.9	14.3	10.4	2.4	3.1	6.8	7.8	6.1	9.4	2.8	1.5	4.5	7.0	6.6	9.9
6. 8	10.8	9.5	10.1	4.8	4.2	8.6	12.4	6.2	7.4	9.8	4.4	8.0	8.0	7.1	8.6
6. 9	2.9	2.6	2.0	3.4	4.3	1.6	3.8	5.8	4.9	2.7	3.4	4.2	2.3	7.6	5.8
6.10	7.5	8.5	7.6	3.0	2.4	5.1	6.4	5.1	4.8	2.2	2.2	3.9	4.9	5.6	5.4
6.11	1.3	1.3	1.5	1.0	1.6	0.5	1.0	1.8	1.0	0.3	1.5	1.6	0.5	2.4	1.2
6.12	0.9	0.8	1.5	1.7	2.1	1.0	0.6	1.0	0.4	2.1	1.6	1.6	0.5	1.0	0.6
6.13	1.7	2.1	2.0	0.8	0.1	0.3	1.0	0.4	0.5	0.6	0.2	0.6	0.3	0.7	0.7
6.14	2.0	5.1	4.7	4.0	3.7	3.3	2.7	3.1	5.4	4.2	3.0	2.8	2.7	2.6	3.6
6.15	0.7	1.8	0.8	1.7	0.9	0.7	1.0	0.3	1.8	1.7	1.0	1.9	0.5	0.1	0.1
6.16	5.6	3.5	3.8	3.6	6.0	6.0	5.9	3.4	3.5	5.9	4.0	4.2	6.6	5.7	3.2
6.17	9.6	6.2	7.3	2.5	2.6	5.7	3.9	6.3	5.4	1.4	1.6	2.1	3.0	5.0	5.5
6.18	3.1	4.4	5.2	5.4	1.9	2.7	4.6	1.6	1.9	9.5	4.5	2.1	3.5	3.7	4.0
6.19	9.2	7.2	8.4	4.3	5.4	10.1	8.7	11.6	8.7	9.1	4.0	7.5	8.6	7.6	10.3
6.20	18.6	13.7	19.9	6.1	5.3	10.1	11.9	9.6	11.3	7.5	3.8	6.5	7.4	7.8	9.9
6.21	2.2	5.5	2.9	5.7	2.8	4.0	4.5	2.8	2.5	7.3	4.2	2.5	4.1	2.2	1.7
6.22	2.6	3.3	6.4	8.3	1.5	0.9	3.3	4.1	3.6	2.4	7.7	0.5	1.6	2.4	2.3
6.23	7.5	10.7	15.7	0.5	0.6	6.7	2.7	7.2	11.0	2.1	0.9	2.8	2.3	4.8	9.9
6.24	7.4	15.0	10.9	6.8	4.9	3.5	4.1	7.4	12.6	13.4	6.4	6.0	5.7	4.6	9.2
6.25	23.6	19.0	17.4	17.9	18.3	16.6	24.0	16.8	12.8	16.2	12.0	12.0	16.6	15.9	22.5
6.26	4.1	5.2	3.7	6.3	5.1	8.8	6.2	5.0	3.6	4.5	3.4	4.4	12.8	5.9	4.2
6.27	4.2	6.0	3.9	5.0	8.6	6.5	5.4	5.0	5.5	4.3	4.8	2.0	6.7	4.7	2.9
6.28	2.4	3.4	5.9	6.3	3.8	3.0	2.1	7.2	2.7	2.1	4.0	3.8	2.4	4.9	0.8
6.29	6.1	6.0	7.7	7.2	7.3	5.8	7.9	5.0	4.5	4.9	4.9	4.2	3.3	5.3	5.0
6.30	5.0	4.1	5.2	4.3	6.6	7.9	6.9	6.8	5.2	5.3	4.9	7.1	6.3	7.1	2.9
7. 1	3.3	5.9	5.4	10.6	9.0	5.4	3.2	5.4	6.0	8.9	8.9	6.8	5.0	2.8	5.9
7. 2	5.0	4.9	2.9	9.6	8.9	12.2	8.1	3.8	3.4	13.3	7.1	9.3	8.3	3.9	3.5
7. 3	13.3	10.9	16.7	14.1	12.7	6.3	4.8	10.5	9.9	10.1	10.3	11.9	5.0	10.1	11.2
7. 4	10.3	8.9	6.5	11.4	17.8	12.8	7.4	13.3	12.4	2.0	7.8	11.1	5.4	7.1	9.3

7. 5	4.7	6.3	13.2	3.5	3.0	2.6	6.1	7.0	6.6	5.8	3.6	3.4	3.2	3.5	7.7
7. 6	20.9	12.3	11.1	6.4	7.5	7.8	11.5	8.1	11.6	4.2	6.8	6.2	6.2	7.4	9.3
7. 7	10.9	15.2	10.9	11.0	6.7	4.4	10.6	14.7	9.1	8.5	7.5	5.3	10.3	8.5	11.5
7. 8	4.9	4.9	4.8	12.4	15.4	10.9	9.1	7.4	5.3	18.1	13.1	19.5	14.6	8.8	5.4
7. 9	4.5	5.1	7.6	11.9	10.6	12.7	11.7	7.1	5.0	13.1	8.6	8.7	10.6	5.2	3.9
7.10	7.2	3.5	5.1	10.7	9.9	8.8	9.3	7.5	3.9	13.1	9.4	8.4	13.5	8.1	5.5
7.11	20.9	18.1	18.4	10.1	11.3	16.3	22.5	15.8	20.9	11.0	8.4	12.9	21.7	15.3	20.6
7.12	17.0	16.2	17.0	17.0	19.1	21.3	26.3	18.6	14.3	18.6	15.4	19.4	25.9	19.4	16.8
7.13	10.3	6.9	13.2	6.7	7.6	8.0	10.6	5.8	6.1	8.6	5.7	6.0	6.6	6.5	6.3
7.14	8.1	14.4	21.5	18.1	14.0	14.3	15.6	9.7	10.4	13.2	15.6	11.6	14.1	11.9	13.2
7.15	16.8	12.1	16.1	17.3	13.5	8.5	15.2	12.0	13.5	16.1	11.7	15.1	16.8	12.1	8.5
7.16	11.8	8.1	17.4	17.8	23.2	14.8	19.8	13.5	8.5	18.0	14.7	18.0	10.7	14.3	10.6
7.17	14.0	11.3	12.3	27.6	15.4	5.8	7.9	16.1	13.0	2.2	20.7	5.0	10.1	13.0	11.0
7.18	11.0	8.3	7.3	7.8	4.6	3.9	5.6	12.6	7.8	2.8	4.2	9.7	4.0	9.4	12.1
7.19	3.9	7.6	6.1	11.6	8.4	12.7	9.0	8.2	7.3	6.1	11.4	10.0	10.0	7.6	6.7
7.20	3.4	2.1	1.3	18.0	13.2	2.3	3.8	5.2	1.0	9.0	12.0	5.0	1.8	1.3	2.8
7.21	7.6	5.3	5.7	12.5	12.4	13.9	5.1	6.3	4.6	8.9	7.5	7.0	4.1	3.6	4.2
7.22	12.7	11.8	8.8	5.3	9.5	16.6	37.7	12.0	10.9	8.6	5.3	9.1	26.4	20.6	14.3
7.23	6.4	11.0	14.3	8.5	7.9	2.5	3.1	8.1	8.1	2.5	6.2	1.0	1.2	3.0	5.7
7.24	7.4	2.2	2.0	12.3	5.7	0.9	2.0	3.2	3.3	29.4	5.8	1.8	1.7	1.6	3.1
7.25	7.7	15.9	17.3	16.5	10.2	7.7	6.6	12.3	14.4	14.2	7.8	5.2	6.4	9.9	9.0
7.26	16.3	10.4	8.5	10.7	11.9	10.1	11.0	13.1	12.9	4.1	9.0	10.5	5.8	7.9	19.8
7.27	8.1	4.6	7.1	17.5	9.4	6.2	6.4	4.2	5.1	21.3	15.7	8.7	5.4	8.5	5.0
7.28	3.7	5.4	7.7	8.3	11.5	13.3	13.2	3.7	2.8	7.8	8.5	10.1	10.6	10.5	5.2
7.29	9.9	10.5	6.2	12.0	5.9	5.4	8.4	5.6	8.3	7.8	8.3	4.5	8.4	7.7	8.6
7.30	6.0	10.3	11.3	8.1	10.0	1.3	5.1	4.2	8.4	5.8	4.7	2.4	2.1	2.5	5.9
7.31	0.9	6.9	6.2	4.1	2.6	2.7	1.2	3.3	2.8	1.2	3.6	0.8	0.6	2.0	4.4

출처 : 기상청(http://www.kma.go.kr) 날씨정보〉기후자료〉평년값자료〉일강수량 자료를 재정리

위 〈표 3-1〉과 〈표 3-2〉는 한반도 중부 및 그 바로 남쪽 지역에서의 1961～1990년 기간 1일 강수량 평년값을 정리한 것이다.[20] 여기에 나

---

20 이 표는 앞 졸고, 264～265쪽에서 경기지역을 중심으로 13개 지점의 자료를 정리한 것을 다시 충남, 충북 및 전북·경북 북부 지역을 포함하는 30개 지점으로 확장한 것이다. 30년간의 평년값 자료로부터 비가 일정량 이상 오는 날들과 비가 거의 오지 않는 날들을 구별하기 위해, 3일 연속해서 내린 비의 양(즉 앞 2일과 당일의 강수량을 합한 양)이 20mm가 넘은 날에는 해당날짜의 강수량을 굵은 글씨로, 당일만의 강

타난 30년간의 평년값 자료로부터 중부지방 및 그에 인접한 지방에서의 6, 7월 강수패턴, 그리고 장마가 전개되는 양상을 확인할 수 있다.

우선 6월의 강수양상을 보면, 충북 보은, 충남의 금산과 부여, 경북의 문경과 거창, 전북의 장수, 임실, 남원 등 내륙의 산간지에서는 망종(양력 6월 6~7일경) 무렵 다른 곳보다 먼저 다소 뭉쳐서 비가 내린다. 여기에 군산과 부안 등 서해남부연안의 반도지역을 추가할 수도 있을 것이다. 물론 이는 장마와는 무관한 강수현상이다.

이어서 하지(양력 6월 21~22일경) 전삼일에 해당하는 6월 19~20일경 다시 한 번 뭉쳐서 비가 내린다. 강수지역은 망종 무렵 비가 뭉쳐 내렸던 내륙산간에, 철원, 제천, 충주, 청주, 대전, 천안, 전주, 정읍 등 이를 둘러싼 주변지역이 가세한 양상이다. 이어서 23~24일 다시 산간지역을 중심으로 먼저 비가 내리기 시작하고, 25일에는 중부이남 전역으로 강수지역이 확대된다. 이때가 공식적인 기상통계에 나타나는 장마의 시작일로, 하지 후삼일에 해당하는 기간이다.

그런데 이후 뭉쳐서 비가 내리는 강수현상은 일주일가량의 휴지기를 거치고, 7월 들어서야 다시 중부지역으로 확산된다.[21] 이것이 중부지역에서 본격적인 장마철의 시작으로, 이후 간간이 2, 3일씩의 휴지일(갠 날)을 두면서 근 한 달간 한반도 전역에 비를 뿌리게 된다. 이것이 바로 앞서 거론된바 두 단계에 걸친 장마 도래의 실상이며, 한반도에서 장마의 시작일을 6월 하순으로도, 7월 초순으로도 볼 수 있는 까닭이 여기에 있다.

수량으로 10mm를 넘는 날은 음영으로 표시하였다.

21 이 기간 내내 비가 내리는 전북 장수 지역은 이 점 예외적이며, 이와 관련하여 장수 지역의 농법과 수리에 대한 특화된 연구가 필요하다.

2. 반건조지대 농법과 논밭병행영농의 생태적 이해

앞 장에서 장마가 동북아 사회에 공통되면서 동시에 한반도적 특성이 강하게 드러나는 강수현상이라는 점을 확인하였다. 한반도의 문화전통 중 상당부분이 농경생활을 기반으로 형성되었다는 점, 그리고 농사란 무엇보다도 자연환경과의 상호작용 속에 그 강한 규정을 받으며 전개된다는 점에는 의심의 여지가 없다. 따라서 장마는 농업에 끼치는 영향이 강한 만큼이나 한국문화의 비결(秘訣)을 여는 핵심적인 열쇠가 되며, 그 농업사적 의의를 밝히는 것은 이 작업의 훌륭한 출발지점이 된다. 그렇다면 이와 같은 한반도 강수양상의 농업기술사적 의의는 무엇일까.

이는 여러 면에서 검토할 수 있겠지만, 여기에서는 주로 두 가지 점을 강조하기로 한다. 무엇보다도 중요한 것은 5월의 봄가뭄이 6월 하순까지 이어짐으로써 이앙법 농사에서 가장 중요한 모내기철에 각 논에서 적절한 수량을 확보하기가 곤란하였다는 점이다. 이는 조선시대사의 맥락에서 이미 누차 지적된 바인데, 여기에서는 일제시기 농업과의 연속성이라는 맥락에서 검토하기로 한다. 이를 위해 일단은 조선을 식민화하려 들어왔다가 이 점을 새삼 절감하게 되었던 일제시기 일본인들의 서술을 보기로 한다.

5월의 건조기는 때로 크게 발달하여 6월에 이르러도 쇠퇴하지 않아, 이로 인해 우기의 지연을 초래하는 일이 드물지 않다. 6월의 강우는 벼농사상 가장 긴요한 시기에 이르므로, 이 성쇠 혹은 늦고 빠름은 농가에서 가장 우려하는 바이다. 고래 조선 역사상 보이는 기우(祈雨)의 기사는 (5월이 지난 후에도) 완전히 이 건조기가 쇠퇴하지 않음에 따른 것으로, 6월에 들어도 여전히 강우를 볼 수 없을 때 이루어진 것이다. 그리고 점차 강우를 보게 됨에 이르러 기우의 효험으로 여김도 실은 건조기 뒤에 우기가 도래함이 당연한 순서인 것으로, 단지 시기의 늦고 빠름이 있을 뿐이다.[22]

조선의 우기는 내지보다도 2~3주 늦는 것이 보통이어서, 대개 6월 하순부터 7월 하순경까지로, 남선이 약간 이르고 서북선(西北鮮)이 약간 늦다. 6월의 적기이앙이 곤란하고 가뭄에 시달리는 해가 매우 많은 것은 이 때문이다. 조선에서 이앙적기는 서북선에서는 6월 상순, 중선은 6월 상중순, 남선은 6월 중하순이다. 서북선지방의 적기인 6월 상순경에는 강우량이 심히 적고 우기는 6월 말경부터 7월 말이나 8월 초에 걸치므로, 매년 적기이앙이 곤란한 상황이다.[23]

주지하듯이 1970년대 이전의 벼농사에서 모내기는 빠르면 망종 무렵, 대개는 6월 15일경 시작되어, 하지를 전후한 시기에 마무리가 되는 것이 정상적인 이앙 일정이었다.[24] 그러나 한반도의 고질적인 봄가뭄

---

22 平田德太郎,『朝鮮の氣象』, 仁川 : 氣象講話會, 1919, 67쪽. 이 책의 저자인 히라타 도쿠타로는 1880년 일본 이와테현(岩手縣) 출신으로 도쿄제대 실험물리학과를 졸업하였다. 이후 일본 중앙기상대와 청국 양강우급사범학당을 거쳐, 1908년 1월 통감부 관측소에 배속되어 조선생활을 시작하였고, 1917년 조선총독부 관측소장에 취임하였다.

23 菱本長次,『朝鮮米の研究』, 東京 : 千倉書房, 1938, 30쪽. 이 책의 저자인 히시모토 쵸지는 조선총독부 기수(技手)와 기사(技師)를 거쳐 사단법인 선미협회(鮮米協會)의 이사로 재직하였고, 1944년 선미협회의 해산 당시 청산인을 맡은 바 있다.

24 앞 졸고, 235~250쪽. 복수의 일기자료 분석을 토대로 김건태는 16세기 말에는 소만과 망종 사이에 이앙하였지만 17세기 전반에는 망종과 하지 사이에 이앙이 이루어졌다면서, 이 변화가 17세기 전반에 나타난 저온현상과 관계가 있을 것이라고 설명한 바 있다. 김건태,『조선시대 양반가의 농업경영』, 역사비평사, 2004, 136쪽. 유사

은 이러한 정상적인 일정에 어려움을 초래하기 마련이었다. 앞의 인용문에서 도쿄제대 출신의 기상학자인 조선총독부 관측소장은 모내기철의 가뭄에 기우제를 지내는 조선인의 어리석음을 통탄하고 있다. 그러나 뒤의 선미협회(鮮米協會) 이사가 적은 인용문에도 나타나듯이 그 근본원인이었던 모내기철 가뭄은 일제말기에 이르도록 근본적인 해결을 보지 못한 채 해마다 되풀이되다시피 하고 있었다.

주지하듯이 모내기철의 가뭄은 일찍부터 이앙법의 이점을 알고 있으면서도 조선정부가 공식적으로는 이를 금압하는 정책을 쓰게 되었던 자연환경적인 배경이었다.[25] 일제시기에 들어서도 수리안전답과 수리가 불안전한 재래식 관개답(수리조합구역에 포함되지 않은, 재래식 보와 제언 등에 수리를 의존하는 논)을 합친 면적이 30%를 넘지 못한 것(1925년 23%, 1930년대 말 28%)이 조선의 현실이었다.[26] 나머지 70% 이상의 천수답은 모내기철 가뭄이 닥치면 꼼짝없이 비 오기만을 기다려야 했다. 하지 전삼일 후삼일에 비가 오지 않으면, 모내기의 적기를 놓친 채 7월 들어 장마전선이 재북상을 해야 비로소 이앙할 수 있었다. 5월 하순~6월 상순 중에 매우 / 장마전선이 도래하는 일본열도의 벼농사와는 판이한

한 변화에 대해 염정섭은 모내기철의 가뭄에 대처하기 위해 이앙시기를 늦추는 농업기술과 벼 품종이 발달한 결과라고 설명하였다. 염정섭, 앞의 책, 2002, 186~190쪽. 원인 여하 간에, 적어도 17세기 이후의 이앙시기가 이와 같았다는 점은 확인할 수 있다. 아울러 염정섭은 같은 책 193~206쪽에서 논농사가 불가능하였던 지역에서의 번답(反畓)·작답(作畓) 활동에 따라 논이 확대된 것을 이앙법 보급의 또 다른 배경으로 지목하였는데, 이들 역시 천수(天水)에 의존하는 비율이 컸을 것인 만큼 모내기철은 뒤로 늦춰지지 않을 수 없었을 것이다.

25 김용섭, 「조선 후기의 수도작기술―이앙법의 보급에 대하여」, 『아세아연구』 7-1, 1964; 김용섭, 『조선 후기 농업사연구(II)―농업변동·농학사조』, 일조각 재수록, 1970, 2~39쪽; 염정섭, 앞의 책, 2002, 155~178쪽.

26 안승택, 『식민지 조선의 근대농법과 재래농법―환경과 기술의 역사인류학』, 신구문화사(이하 앞 졸저), 2009, 122쪽.

양상일 수밖에 없었던 까닭, 한반도의 자연환경을 '반건조지대(半乾燥地帶)'라고 규정하는 일이 지니는 현실적인 냉혹함이 여기에 있는 셈이다.

또 한 가지 중요한 점은 이러한 강수 양상의 특징이 논농사와 밭농사를 병행하는 논밭혼합 또는 논밭병행의 영농형태를 필연적인 것으로 만든다는 점이다. 이는 모내기철의 가뭄으로 인해 이앙법 논농사에서 전면적인 실농(失農)의 위험이 높아지는 데에 대해 이를 상쇄하는 방안이 된다. 논농사에 중심을 두고 발전한 농업기술체계 — 가령 식민지기 조선에 도입된 일본근대농법이 포함되는 — 와는 서로 다른 농업생산의 양상이 나타나는 까닭이다.[27]

우기의 전개가 밭농사에까지 영향을 미치게 되는 것은, 가뭄으로 인해 지연되는 모내기철이 밭 이모작 농사에서 앞작물을 수확하고 뒷작물을 파종하는 그루갈이(根耕)의 시기와 중첩된다는 점과 관련이 있다.[28] 도쿄제대 農學部 출신의 기사(技師)로 조선총독부 농사시험장 남선지장장을 지낸 바 있는 농학자 와다 시게호(和田滋穗)의 글을 보도록 하자. 논밭농사를 병행하는 농민들이 가뭄으로 모내기가 늦어지는 조건 아래에서 약간의 비가 오자, 모내기보다는 밭에서의 보리베기와 그루갈이 콩 파종을 하러 달려가는 모습을 신기해하며 바라보고 있다.

논에서는 쌀이 주요한 작물이므로 밭의 경우와 달리 벼 외에 같은 시기에 논에서 재배하는 작물은 거의 없기 때문에 쌀을 증산하고자 하는 경우

---

27 이러한 입장에서의 한국농업사 선행연구로는 이호철, 앞의 글, 1992과 이호철, 앞의 글, 2004 참조.
28 한국농업사의 중요 논점이기도 한 그루갈이(根耕法)와 대우치기(代穬法, 間種法, 間作法) 등 재래 밭이모작 기술의 내용과 전개, 성격에 대해서는 이 글에서는 상론을 피한다. 간략한 리뷰로는 앞 졸저, 372~389쪽을, 분석으로는 같은 책, 231~291쪽을 볼 것.

미작에만 전념하면 된다는 식으로 생각하실 것입니다. 그렇지만, 농가의 실정으로 보면 의외로 (실은 당연한 일입니다만) 벼농사가 밭의 보리농사, 콩농사와 밀접한 관계가 있습니다. 무슨 말씀인가 하면, 잘들 아시다시피 논벼는 적기를 놓치지 않고 빨리 이앙하는 것이 증수(增收)의 한 요체여서 때맞춰 비가 내리면 극력 모내기를 서두를 필요가 있습니다만, 당장 올해 7월 초 무렵 저는 재미있는 체험을 하였습니다. 그것은 저희가 지도하고 있는 논의 경작농가가 이앙시기가 이미 도래하여 하루라도 빨리 심지 않으면 안 되어 빨리 빨리 하고 독촉하고 있음에도 불구하고 어느 누구도 전혀 모내기를 시작할 기미를 보이지 않아 사람을 시켜서 농가를 조사해보니, 모든 농가가 하나같이 보리를 벤 자리에 콩 심는 일(즉, 그루갈이)에 혈안이 되어있었습니다. 이것이 대체 어찌된 일인가 생각해보니, 이 지방의 농가가 종래 지켜온 농법으로 보면 논벼는 아직 4, 5일 이앙이 늦어도 커다란 감수(減收)가 되지 않지만, 보리 뒤의 콩 파종은 하루도 유예가 없다는 것입니다.[29]

종래 조선 후기 이앙법의 확산이라는 사회현상에 대한 설명은 제초 노동력 절감과 쌀 생산량 증대, 특히 전자를 중심으로 논농사기술의 생산성 증대라는 지평 안에서만 설명되는 경향이 있었다.[30] 이에 대해 근래의 논의는 다른 요인, 즉 한정된 노동력의 총량을 논과 밭에 효율적으로 분배함으로써 쌀 외에 면화, 연초, 조, 콩 등으로 영농의 다각화를 꾀한 결과 — 결과적으로 논밭농사를 합친 전체 노동량은 줄지 않는다 — 라거나,[31] 건조기후에 적합한 건조이앙농법의 발전과 함께 천

29 和田滋穗, 「農作物の綜合的增産に就て」, 『朝鮮農會報』 14-9, 1940, 3~4쪽.
30 김용섭, 앞의 글, 1964.

수답(봉천답)과 점토질답 등 이앙법 도입이 불가피한 땅의 논으로의 지목변환 — 소위 번답(反畓) · 작답(作畓)에 의한 하등답의 증대 — 의 결과라는 점을 강조하는 경향이 있다.[32] 이런 입론들은 지극히 정당한 것으로 그 의의가 크다. 그러나 결국은 일종의 상업적 농업의 발흥과 관련된 설명이라는 점에서,[33] 자연환경조건의 규정 아래 전개되는 '논밭 농사의 본성적으로 불가분한 결합관계'라는 차원에서 두 설명이 보완될 필요가 있지 않은가 생각된다.

모내기철의 가뭄이 만연한 환경조건 아래에서 번답의 확산은 한편으로 이앙법의 도입을 불가결하게 하지만, 동시에 그러한 논을 경작하는 농민이 논농사에서 실농할 위험성 또한 증대시킨다. 따라서 반건조 지대에서의 이앙법 보급과 논농사 증대는 아울러 이러한 실농의 위기에 대처할 수 있는 밭농사의 증대를 또한 요청하게 된다. 다음 두 글은 이러한 문제의식을 적절히 드러내는 설명으로 생각된다.

우리나라의 풍속이 무논(水田)을 답(畓)이라고 하는데, 전답이 반씩 섞여 있는 땅[田畓參半之地]은 홍수든 가뭄이든 전과 답에 함께 해를 입히지 못하여, 고로 완전히 흉년이 드는 해가 늘 적습니다. 반면 골에서는 즉 홍수로 흉년이 들고 벌에서는 즉 가뭄에 흉년이 드는데, 그러나 땅이 비록 골이라도 어찌 넘치도록 비옥한 곳이 전혀 없겠으며, 땅이 비록 벌이라도 어찌 높고 파삭한 곳이 전혀 없겠습니까. 특히 산골의 농부는 즉 조농사에 익

---

31 김건태, 앞의 책, 2004, 113~158쪽.
32 염정섭, 앞의 책, 2002, 179~206쪽.
33 이앙법 도입과 함께 노동력 투입량이 늘어난 면화 · 연초 · 콩은 생계 작물이더라도 상업화 유인이 크거나 애초부터 환금작물이라는 점에서, 번답 · 작답의 활성화는 미곡수요의 증대에 따른 사회경제적 이득 및 지가 앙등 등을 노린 결과라는 점에서, 양자 모두 일종의 농업의 상업화와 결부된다고 할 수 있다.

숙하고 벌판의 농부는 즉 벼농사에 익숙한데, 그것을 병행할 줄은 모릅니다. 신이 이에 생각하고 헤아려보니, 사는 곳은 벌입니다. 그러나 그 조금 높은 곳으로 나아가서 불을 놓아 조를 뿌리고, 그 조금 습한 곳으로 나아가 밭벼를 이앙하며, 모래땅은 즉 동두와 청포를 심고 진땅은 즉 강직과 당을 심으며, 기름진 땅은 메밀밭으로, 견실한 땅은 목화밭으로 하여, 그 적절한 바를 살펴 각 종자를 시험하면 즉 대개 또한 이루는 것이 많고 이루지 못하는 것이 적어, 가뭄 들면 즉 조밭에 의지하고 홍수지면 즉 벼밭에 의지할 것입니다. 산과 벌에서 함께 얻는 일은 있어도 가뭄과 홍수의 해를 함께 입는 일은 없으니, 이는 신이 이미 시험해본 한 가지입니다.[34]

무논의 곡식은 공이 많이 들지만 정작 일꾼의 먹을거리와는 그다지 상관이 없다. 밭은 그 적합한 바에 따라 (이모작을 함으로써) 두 그루를 수확하니 이익이 배가 된다. 고로 농가는 마땅히 밭으로써 힘쓸 만하다.[35]

전자의 인용문은 지역의 경험에 바탕을 두고 농서를 지어 올리라는 정조의 윤음에 따라 경기도 광주에 사는 최세택이 지어올린 상소문의 일부이다. 논과 밭 어느 일변도로 나가기 곤란한 반건조지대에서 전답 참반지지(田畓參半之地), 즉 논과 밭이 반씩 섞인 땅의 형태로 아울러 경

---

34 "東俗以水田爲畓 而田畓參半之地 水旱不能爲之並害, 故歉年常小 而在峽則歉於於水 在野則歉於旱. 然而地雖峽也 而豈必全無衍沃處也. 地雖野 而豈必全無高燥處乎. 特以峽農則狃於種粟 野農則狃於種稻, 而不知其幷行也. 臣於是 參酌而商量 居則野也. 而就其稍高 而種之火粟 就其稍濕 而移之山稻, 沙土則種之以東豆與菁浦 泥則種之以江稷與糖, 车麥於膏腴之地 木花於堅實之地, 相其所宜 試之各種 則盖亦成者多 而不成者少, 旱則資於粟田 水則資於稻田. 有山野之兼濟 而無水旱之並害. 此臣已驗者一也"(『應旨進農書(日省錄抄)』,「己未四月 前僉知崔世澤疏」).
35 "水田之穀功多 而不甚關於役夫之食, 旱田隨其所宜 兩根收穫 利益倍焉. 故農家當以田爲務可也"(『增補山林經濟』卷之二,「治農」農家要務 一).

영하는 일이 지니는 생태적 합리성을 적절히 설명하고 있다. 그 골자는 땅이 골짜기라도 반드시 비옥한 곳이 있으니 이를 논으로 만들고, 땅이 벌이라도 반드시 파삭한 곳이 있으니 이를 밭으로 만들라는 설명이다. 이는 시대조류를 따라 신규로 논을 개간한 자들에게 재해를 버텨내려면 아울러 밭도 일구어야한다는 점을 제시하는 지침이 된다.

후자의 인용문은 조선 후기의 대표적인 실용적 농서로 평가받는 유중림의 저술『증보산림경제』(1766)로부터의 인용이다. 여기에서는 심지어 논은 공은 많이 들지만 정작 일꾼들의 먹을거리에는 별 도움이 되지 않는다고까지 하고 있다. 이어서 밭 이모작의 유용성을 제시하고 있으니, 이는 앞서 일본인 농학자가 신기해하며 기록했던, 가뭄 끝의 초여름 비에 논이 아니라 밭으로 달려갔던 농민적 합리성의 역사생태적인 계보를 보여주는 것이기도 하다.

가뭄으로 지연되고 있는 모내기 못지않게 밭의 보리베기와 그루갈이가 시급함은 조선 초기 농서에서도 이미 확립되어 있던 기본적인 인식이었다. "보리와 밀은 신구(新舊) 간의 식량을 잇는 것으로 농가에서 가장 시급하다. (…중략…) 농가의 바쁜 바는 보리보다 더한 것이 없다. 옛말에 이르기를 보리 베기는 불끄기와 같으니 만약 조금만 늦어지고 게으르면 마침내 재상(災傷)을 입을 것이다"라고 적은『농사직설』(1429)의 설명이 이를 보여준다.[36] 그런데 여기에 실린 보리농사의 중요성과 그 수확의 시급함에 대한 지적은 실은 동아시아 세계의 오랜 상식이었다. 바꿔 말하면, 이는 중국 고전 속의 멀리 있는 타지에 대한 지식을 인용하고 보완하면서 자아에 대한 인식이 발전하는 과정이기도 하였다.

---

[36] "大小麥 新舊間接食 農家冣急 (…중략…) 農家所忙 無過於麥. 古語曰 取麥如救火 若少遲慢 終爲災傷"(『農事直說』,「種大小麥附春麰」).

가령 위 『농사직설』의 서술과 관련해 보면, 『예기』의 「월령」편에 대한 후한대 정현(鄭玄. 127~200)의 주에 "보리라는 것은 끊기는 것을 이어 궁핍을 넘기는 곡식이니 ……"라는 서술이 있고,[37] 6세기 중엽의 중국 농서인 『제민요술』도 정현의 주석이 출전임을 밝히며 이를 인용하고 있다.[38] 『예기』에 대한 원대 진호(陳澔)의 주에도 정현의 주석을 다소 늘여놓은 서술이 있으며,[39] 『농사직설』에서 보리베기를 불을 끄듯 하라는 부분 역시 원대 중국의 농서인 『농상집요』(1273)의 관련 서술을 옮긴 것이다.[40]

다시 본론으로 돌아와서, 그렇다면 왜 보리를 베는 일을 불을 끄듯 서둘러야 했을까. 무엇보다 중요한 것은 보리수확이 늦으면 곧이어 우기가 닥치기 때문이었다. 아래는 이와 관련하여 『농상집요』의 서술을 인용한 『한정록』과 『색경』의 구절인데, 그 인용의 방식에 따라 음미할 바가 있으므로 잠시 보도록 하자.

맥류가 누렇게 익었을 때 하늘이 맑은 때를 좇아 시급히 거두어들이기에 착수한다. 대개 5월 농가의 분주함은 누에치기와 보리농사만한 것이 없다. 옛말에 이르기를 보리 베기는 불끄기와 같다고 한 것은 늦어서 비를 만나 재해를 입는 일을 두려워한 것이다.[41]

---

37 陳澔, 정병섭 편역, 『譯註 禮記集說大全 · 月令(附 鄭玄 注)』, 학고방, 2010, 555쪽. "麥者 接絶續乏之穀"
38 賈思勰, 구자옥 · 홍기용 · 김영진 · 홍은희 역, 『제민요술』, 한국농업사학회, 2007, 148쪽. "鄭玄注曰 麥者 接絶續乏之穀"
39 陳澔, 앞의 책, 2010, 555쪽. "麥所以續舊穀之盡 而及新穀之登"
40 "農家忙併 無似蠶麥 古語云 收麥如救火 若少遲慢 一值陰雨 卽爲災傷 遷延過時 秋苗亦誤鋤治"(『農桑輯要』卷二, 「大小麥」).
41 "麥黃熟時 趁天晴 着緊收割, 盖五月農忙 無如蚕麥. 該云收麥如救火 遲恐雨水災傷"(『閑情錄』卷之十六, 「治農」收麥, 원문의 該云은 語云의 오기로 보인다).

보리가 익어가며 푸른빛을 띠게 되면 한쪽 반을 수확하고 모두 (누렇게) 익으면 (나머지) 한쪽 반을 수확한다. 만일 지나치게 익으면 즉 내다버리는 것이다. (⋯중략⋯) 한 번 구름 끼어 비를 만나면 즉 재해를 입으니 농가의 분주함을 다툼이 누에치기와 보리농사에 버금가는 것이 없다. 옛말에 이르기를 보리 베기는 불끄기와 같다고 하였다.[42]

두 농서는 모두 보리베기가 조금만 늦으면 우기를 만나 보리가 쓰러져 못 먹게 된다는 점을 강조하고 있다. 특히 후자 『색경』은 그것이 두려운 나머지 다 익기도 전 여전히 푸른빛이 돌고 있을 때 미리 반을 수확하는 것이 차라리 낫다고까지 적었다. 이 역시 『농상집요』의 구절 —그 자체는 다시 마찬가지로 원대의 농서인 『한씨직설』로부터의 인용이었던 — 을 통째로 인용한 것이다.

이들 서술이 모두 『농상집요』로부터의 인용이라는 점은, 이들이 어떠한 문제의식으로부터 이들 농서를 인용하여 자신의 농서를 편찬하고 있었는지 짚어볼 필요성을 제기한다. 앞의 인용문이 실린 『한정록』은 허균에 의해 17세기 초(1610~1617년 사이)에 편찬된 것이다. 이 중 해당 구절이 수록된 「치농문」은 명대(明代) 중국의 농서인 『도주공치부기서』의 발췌본이라고까지 평가되니, 이는 주로 중국 강남 논농사 지대의 농업생산·경영의 도입을 염두에 둔 것이었다.[43] 특히 『한정록』의 보리농사 관련서술은 밭보리가 아닌 논보리 재배만을 염두에 둔 것으로,[44] 따라서 한반도에서 그 적용범위는 논에서 벼-보리 이모

---

42 "麥熟帶青 收一半 合熟收一半 若過熟 則抛費 (⋯중략⋯) 一値陰雨 則爲災傷 農家忙倂 無似蚕麥, 語云[收麥如救火"(『穡經』上, 「大小麥」).

43 김용섭, 『조선 후기 농학사 연구』, 일조각, 1988, 117~120쪽.

44 위의 책, 123~124쪽.

작이 가능한 남부 일부지역으로 제한된다.

반면 후자의 인용문이 수록된『색경』은 17세기 후반(1676~1689년 사이) 박세당에 의해 편찬된 것인데,『농상집요』를 저본으로 삼고『제민요술』(6세기 중엽) 등을 참고하면서, 이들 농서가 체계화하고 있는 중국 화북지방의 밭농사기술을 수용하려는 성격을 지녔다.[45]『도주공치부기서』및『한정록』의 방식과 달리『색경』이『농상집요』의 보리수확 관련 서술을 보다 충실히 옮긴 것은 이와 관련이 있다고 할 수 있다. 『한정록』의 저술 당시 허균이 부안, 함열(현 익산), 태인(현 정읍) 등 현재의 전라북도 지역을 돌아다니고 있었던 것,『색경』저술 당시 박세당이 경기도 양주에 우거하고 있었던 것은, 이들의 상이한 문제의식의 기반에 서로 다른 지역적 환경이 놓여있었음을 시사한다.

그런데 더욱 흥미로운 것은, 이러한 차이에도 불구하고 이들이 공통적으로『농상집요』원문의 보리수확 관련 서술 중에서 "(보리수확이) 늦어지면 새로 심을 가을보리 다스리기까지 그르친다"는 구절을 생략하고 있다는 점이다.[46]『농상집요』가 밭에서의 보리 일모작을 전제하는 반면,[47] 허균의 경우 벼-보리 이모작 논에서의 보리수확에 이은 벼의 이앙, 박세당의 경우 밭에서의 보리수확에 이은 뒷그루 작물의 파종이라는 현실이 이러한 생략의 배경이 되었다고 할 것이다.

이는 결국 밭에서 보리베기가 시급해지는 배경에 중국과 다른 조선 농업만의 고유한 특징이 한 가지 더 있다는 점을 나타내는 것이다. 조

---

45 김용섭, 앞의 책, 1970, 273~274쪽; 김용섭, 앞의 책, 1988, 198~205쪽.
46 각주 40 참조.
47 『농상집요』는 가을보리의 파종시기로 토박한 밭에서는 백로(양력 9월 9일경), 중간 정도의 밭에서는 추분(양력 9월 23일경), 비옥한 밭에서는 추분 10일 후를 제시하며, 보리, 밀과 콩, 팥, 조 모두에 대해서 밭 이모작 농법은 전제되어 있지 않다.

선에서는『제민요술』이나『농상집요』에는 나타나지 않았던, 그루갈이 등 밭 이모작 농법이 성행하고 있었다. 따라서 이 작업이 하루라도 빨리 이루어져야 콩 등 뒷그루 밭작물의 숙기를 보장할 수 있었다.『농사직설』이 그루갈이에 의한 콩의 파종과 관련하여 "보리와 밀을 베고 그 뿌리를 재빨리 갈아엎는 것이다"[48]라고 한 것은 이러한 사정을 반영한다. 보리수확에 이은 신속한 뒷그루 작물 파종은 반건조지대 자연환경 아래에서 밭의 습기를 최대한 지키는 방법이 되기도 한다. 앞그루 작물 수확 후 땅속에서 노지로 이어진 모세관들이 일광에 노출됨으로써 일어날 수 있는 수분의 증발을 최대한 억제할 수 있었기 때문이다.[49]

한편 늦어지는 모내기보다 더 급한 밭에서의 보리베기와 그루갈이 파종으로 달려갔다고 하더라도, 마냥 밭농사에만 매달릴 수 없다는 데에 또한 논밭병행영농의 어려움이 있었다. 이는『농사직설』의 시대에는 존재하지 않았던, 17세기 이후 논농사에서 이앙법이 일반화한 데에 따라 새롭게 등장한 난점이었다. 이는 또한 천수답이 만연한 조건 아래 봄가뭄으로 모내기가 지연되기 일쑤였던 반건조지대 자연환경에 의해 규정되는 난점이기도 하였다. 보리뿌리가 끊어지는 절기로 인식되는 망종으로부터 15~20일을 경과하여 이루어지는 보리베기 및 그루갈이와, 가뭄으로 인해 지체되는 모내기 작업의 시기가 겹치게 되었기 때문이다.

---

48 "刈兩麥 旋耕其根也"(『農事直說』, 「種大豆小豆菉豆」). 여기에서 '旋耕'을 '재빨리 갈아엎다'라고 해석한 것은 미야지마 히로시의 해석을 따른 것이다. 宮嶋博史, 앞의 글, 1981, 84쪽. '旋'은 '돌다'라는 뜻과 함께 '빠르다'는 뜻이 있다. 그루갈이에 의한 파종은 네 번 또는 여섯 번 빙글빙글 돌며 쟁기질을 하여 만든 두둑 위에 이루어진다는 점에서 '旋耕'은 '돌면서 쟁기질하다'의 뜻으로도 보인다. 그러나 그루갈이를 위한 밭갈이가 '재빨리' 이루어져야 하는 점 역시 분명하며, 따라서 어느 쪽으로 풀든 틀린 해석으로 볼 수 없으므로, 여기에서는 일단 '재빨리'라는 미야지마의 풀이를 따랐다.

49 朴泳孝, 「農業改良에는 溫故而知新이 必要하다」,『朝鮮農會報』2-1, 1928, 3쪽.

이를 해결하기 위해서는 밭농사 작업을 가능한 한 빨리 끝내는 방법을 찾아야했다. 1800년경의 경기도 수원 사람인 우하영에 의해 작성된 『천일록』에서는 이 문제를 해결하는 농민들의 방식을 엿볼 수 있다. 가령 밭을 써서 두둑 위에 콩을 심어나가는 족종법(足種法)이 바람직하다고 하면서도, "세 가지 농사를 하는 때는 하루의 노동력 내기도 극히 어려우니 (족종 대신) 씨를 흩어 뿌리면 두 사람이 하루 하는 노동력을 아낄수 있다"고 한 것은 그 한 예이다.[50] 또 근경법을 대신하는 대우법에 의한 밭뒷그루 파종작업을 설명하면서, "또한 세 가지 농사로 극히 바쁜 때 그루갈이(근경)에 의한 공력을 덜 수 있다."[51]고 적은 것 역시 그러한 예이다. 이 '세 가지 농사를 하는 때[三農之時]' 혹은 '세 가지 농사로 극히 바쁜 때[三農劇忙之時]'에서 말하는 세 가지 농사가 곧 논에서의 늦어진 모내기, 밭에서의 앞그루 수확, 그리고 밭뒷그루 파종을 말한다.

직접 현장에 나가 현지조사를 통해 만날 수 있는 경기남부의 농민들 역시 이 시기 농사일의 분주함을 설명하는 데에는『천일록』등 조선후기 농서들, 그리고 일제시기 일본인들의 기록들과 다름이 없었다. 옛 농서에 나오는 서술들에 자신의 경험과 이웃의 견문들을 더하여 풍부하면서도 더욱 구체적으로 설명을 보완해가는 점 역시 그러한 기록들과 마찬가지의 양상이었다. 이들은 이렇게 6월 하순에서 7월 초에 걸친 눈코 뜰 새 없이 바쁜 시기를 '삼그루판' 혹은 '삼농'이라고 부른다. 그리고 이때가 늦은 모내기 — 소위 마냥(晚移秧 또는 晚秧) — 와 밭 앞그루 작물의 수확, 밭뒷그루 작물의 파종 등 세 그루의 농사일을 동

---

50 "三農之時 一日之力極難 若撒種 則可省一日二人之力"(『千一錄』「農家摠覽」種大小麥).
51 "牟麥根耕之法 自是通行之農方 而不如代耰之爲妙 所謂代耰者 (…중략…) 且於三農劇忙之時 除其根耕之功"(『千一錄』「農家摠覽」種大小麥).

시에 해야 하는 시기이며, 누에를 치는 사람은 한 그루가 더 있다는 설명을 곁들여나갔다.

그런 의미에서 삼그루판은 반건조지대의 환경 아래 논밭 어느 한쪽으로 편중될 수 없었던 논밭병행영농의 생리가 가장 집약적으로 나타나는 시공간이다. 농민들은 이에 대하여 "삼그루판에는 부지깽이도 뛴다"거나 "그림자까지 일한다." 혹은 "굼벵이도 제 일 할 때는 세 길을 뛴다는 거지"라는 등의 관용적인 표현으로 이 시기의 분주함을 묘사하고 있었다.[52] 앞서 인용한 바, 모내기가 지연되고 있음에도 불구하고 논밭병행영농의 농민들이 밭농사로 달려가지 않을 수 없었던 생태적 합리성이 여기에 있다. 논밭농사를 병행하는 소농의 안정적 생계에 대한 지향이, 반건조 자연환경 아래 실농의 위험을 키우는 이앙법 논농사의 확대를 밭농사에의 노동력 증투(增投), 그리고 단위작업 당의 노동시간을 줄일 수 있는 농법의 개발로 보완하게끔 하였던 것이다.

3. 식민지 조선의 장마와 농업에 대한 일본인의 인식들

대체로 조선에 진출한 일본인들은 일본의 우기(매우)와 조선의 우기(장마), 보다 폭넓게는 일본과 조선의 강수환경 사이의 차이에 대하여 비교적 이른 시기부터 분명한 인식을 가졌던 것으로 보인다. 무엇보다도 그것은 조선에서의 짧은 체류만으로도 오감으로 직접 느낄 수 있는

---

52 앞 졸저, 55쪽.

현실이었기 때문일 것이다. 불과 수개월의 조사를 통해 한말의 일본농상무성 조사원들은 "대개 한국의 벼농사라는 것은 한편으로 수해를 입음과 함께 다른 한편으로 물 부족으로 곤란을 겪게 되어 있으니 두 가지 재해 중 어느 쪽이 클 것인가. (…중략…) 한국 또한 다우다습을 두려워함은 차이가 없다고 할 수 있지만 39년(1906년)처럼 '올해는 우년(雨年)인 관계로 양작(良作)이 된다'고 하고 우리나라[일본]는 '한년(旱年)인 고로 풍작이 된다'고 하니"라고 적고 있었다.[53] 갓 부임한 동양척식주식회사 직원 역시 "조선에 와서 얼마 되지 않았으므로 조선의 사정에는 심히 어둡습니다만, 조선의 농촌에 대해 제일 먼저 느끼는 것은 물이라는 문제입니다. (…중략…) 매년 모내기철이 되면 비를 그리는 듯이 농민이 조석으로 하늘만 쳐다보며 일이 손에 잡히지 않아 걱정하고 있는, 이런 마음고생만으로도"[54]라고 적을 수 있었다. 그만큼 이 차이는 명백한 것이었다.

그러나 이를 어떻게 인식하는가 하는 것은 또 다른 문제로, 이는 두 가지의 서로 구별되는 양상으로 나타나고 있었다. 하나는 일본의 매우가 조선의 장마와 서로 완전히 종을 달리할 뿐 아니라, 매우가 일본에만 고유한 독특한 자연현상인 것으로 이해하는 경향이다. 다음은 1922년 경성측후소장을 지내던 구보타 지로키치[窪田次郎吉]의 "조선에는 없는 매우 이야기"라는 글의 일부이다.

(매우와 비슷한 조선의 기상현상은) 남선의 일부 즉 대구 이남에서 보이지만, 이조차 내지와 같은 것이 아니며 (…중략…) 조선에서는 매우보다

---

53 本田幸介, 鈴木重禮, 原煕, 『韓國土地農産調査報告 : 黃海道』, 農商務省, 1906, 53쪽.
54 渡邊得四郎, 「朝鮮の農業と水利」, 『朝鮮農會報』 21-7, 1926, 21쪽.

다소 늦게 6월 말부터 7월에 걸쳐 우기에 들고 만주에서도 우기는 조선과 거의 마찬가지의 양상인데, 소위 유다치(夕立, 늦은 오후 내리는 소나기) 비처럼 억수로 퍼붓기도 해서 이를 두고 조선에서는 매우가 내지보다 1개월 후에 온다고 말하기도 하지만, 조선에 실제로 매우는 없다. 조선뿐 아니라 중국에도 없으니, 완전히 매우라는 것은 일본에 독특한 것이다. (…중략…) 같은 일본 내에서도 대만은 조선과 마찬가지여서 일본과 같은 매우는 존재하지 않는다. (…중략…) 7월경에 강우가 있는 것은 매우가 아니다. 그것은 내지에서 220일 전후로 태풍이 오는 것과 마찬가지로 조선에서도 기압 관계 상 이때 마침 강우의 시기에 이르는 것으로, 그 성질은 내지의 매우와는 완전히 상이한 것이다.[55]

매우가 중국에도 없다는 주장은 앞서 살핀 것처럼 이 말의 기원이 중국이라는 점을 몰각한 것이며, 기상학적으로 장마가 매우보다는 태풍에 더 유사하다는 주장 역시 현대과학의 견지에서는 성립하기 어려운 극론이다. 이러한 난점을 보이기는 하지만, 구보타는 나름의 기상학적 논의를 토대로 매우가 장마와 본성이 다른 일본 특유의 기상현상이라는 생각을 적어 내려가고 있다.

이것이 그만의 독특한 생각이 아니라는 점은 다른 기상학자의 설명을 통해서도 확인할 수 있다. 1929년 경성측후소 기수로 있던 이토 노보루(伊藤登)는 "매우는 일본 본토의 특질적 현상"이라는 부제를 단 글에서 다음과 같이 적었다. "내지의 매우계절에 이 (양자강 일대에서 발생

---

55 窪田次郎吉, 「梅雨の話(朝鮮には無い)」, 『朝鮮及滿洲』 176, 1922, 51~52쪽. 기사 본문 서두에 달린 제목과 달리, 이 글이 실린 잡지 『朝鮮及滿洲』 176호의 목차에는 이 글의 제목을 「梅雨に就て」라고 적어 놓았다.

하여 동북진해 옴으로써, 시베리아에서 동진하여 일본 동북방면에 위치한 고기압과의 사이에서 매우를 내리게 하는) 저기압의 진로관계로 조선반도는 완전히 그 권역 밖이 되어 비교적 비가 적게 된다. (…중략…) 딱 내지의 매우가 끝나갈 즈음이 되면 북해 방면의 고기압이 점차 남방으로 이동하므로, 그 일단이 본방의 서부를 통과하며 조선쪽으로 튀어나오게 되어, 고기압이 남하함에 따라 습기가 많은 공기가 흘러 유다치성의 큰 비가 조선반도에도 찾아든다. 이것이 조선의 우기로, 순조롭게 진행하면 7월경에 도달하게 된다."[56] 역시 매우와 장마는 서로 기원과 성질이 다른 기상현상이라는 인식이 드러난다. 또한 그 부제에 보이듯이 매우가 일본 고유의 독특한 것이라는 생각도 엿볼 수 있다.

다른 하나는 매우가 일본에만 고유한 특유의 기상현상이라는 인식을 벗어나 보다 광범위한 동북아시아적 기상현상의 일부라는 점을 인정하지만, 한반도에 대해서는 남부지역에 대해서만 그 권역 안으로 포괄하며 중부 이북의 우기는 성질이 다른 강수현상이라고 파악하는 경향이다. 앞서 인용된, 남부 지역의 우기와 중부(경인) 지역 이북의 우기를 구분했던 조선총독부 관측소장 고토의 설명이 이에 해당한다. 다음 사례들에서도 이러한 인식을 확인할 수 있다.

매우의 징후는 5월 중 오가사와라(小笠原) 섬과 류큐(琉球), 타이완 등의 섬들과, 남지나 방면에서 나타나기 시작하여, 점차 북쪽을 향해 이동하고, 6월 초순경에는 규슈 남부와 지나의 강남 지방을 잇는 지대 주변까지 나아옵니다. 7월에는 조선반도와 혼슈의 도호쿠 지방을 점차 북쪽으로 지나가는

---

56 伊藤登, 「內地の梅雨と朝鮮の雨季 : 梅雨は日本本土の特質的現象」, 『朝鮮及滿洲』 260, 1929, 61쪽.

것입니다만, 조선북부, 홋카이도 방면에서는 운천(雲天)과 우천(雨天)이 이어져도 습도의 증가는 거의 없이, 내지의 매우 상황에 비긴다면 각별히 매우라고 할 것도 없습니다. "매우 같지 않은 매우가 있다"는 정도가 아니라 간단히 "매우 없음"이라고 하는 편이 오히려 적당할지도 모르겠습니다.[57]

매우기라고 해서 온 세계에 비가 내리는 것이 아니며, 우리나라(일본)의 오위[奧羽]로부터 규슈까지, 지나의 양자강 유역에서 조선의 남부쯤까지에 한정되는 것으로, 가라후토[樺太]나 홋카이도에는 비가 오지 않습니다.[58]

이러한 설명들은 동북아시아 수준에서 혼슈 이남의 일본과 한반도의 남해연안 및 중국 양자강 유역의 매우에 대해 조선 중부 이북의 우기를 구별하는 것이라고 할 수 있다. 유사한 인식은 동아시아의 여름 우기가 일본 서부로부터 중국 동부해안과 조선, 만주를 차례로 통과한다는 설명을 했던 『조선의 기상』(1919)에서도 드러나므로,[59] 첫 번째 경향에 비해 딱히 시간의 흐름과 함께 나타난 과학적 진보의 결과라고 보기도 힘들다. 추정컨대, 전자의 인용문에도 나타나듯이, 강수양상이나 습도 등 지각가능한 수준의 특징을 바탕으로 매우와 성격을 달리하는 우기(장마 포함)를 구별한 후, 그것이 일본에만 고유한 것이 아니라는 점을 확인하는 데에서 비롯된 것이 아닌가 생각된다. 여하 간에, 이러한 견해에서도 매우와 장마의 차이에 대한 인식은 또렷이 존재하는 셈이다.

---

57 築地宣雄, 「梅雨期の天候と衛生」, 『朝鮮硏究』 6-7, 1933, 50쪽.
58 矢吹常夫, 「梅雨の話」, 『朝鮮及滿洲』 271, 1930, 62쪽.
59 平田德太郎, 앞의 책, 1919, 57~64쪽.

그렇다면 이런 논리들은 어디에서 유래하여 무엇에 복무하는 것일까. 과학이라는 것이 인간이 경험하는 자연의 객관적 실재와 함께 특정 지역의 역사 및 사회문화적 환경을 반영하며 형성되는 것이라면,[60] 이러한 서술들에는 그에 결부된 문화적 설명체계들이 세트로 결부되어 있음에 틀림없다. 이 역시 여러 가지가 있을 수 있겠으나, 이 글의 맥락에서 중요한 것은 일본의 쌀농사와 매우의 관련성에 대한 언설들이다. 이미 앞에 인용된 설명들에도 상당히 드러났지만, 그 외에도 많은 글들이 매우와 쌀농사의 관계에 대해 언급하고 있다. 매우철의 시작을 뜻하는 입매(入梅)라는 절기가 본래 망종 후 첫 임(壬)의 날인데 망종은 바로 까끄라기가 있는 곡식, 즉 벼를 심는 절기에 해당한다거나,[61] 고래 미작에 중점을 두고 있는 일본에서 매우기에 많은 강우량을 보이는 점은 일본의 농업에서 대단히 중요한 조건이라는 식이다.[62] 다음과 같은 극적인 서술도 있다.

이 비(매우)는 우리 일본인에게 특별히 내려진 신의 선물로도 생각된다. 즉 우리의 주식물인 쌀이 나는 나무, 곧 벼를 심는 것이 마침 이 계절로, 삿갓과 도롱이로 몸을 두른 농민이 비에 젖은 채 모내기 노래를 재미나게 부르며 모내기를 하는 등도 이 계절의 아름다운 그림이다. 이 비가 없었다면 우리 일본인은 쌀을 먹을 수 없었을지도 모른다. 쌀을 먹는 인간이 사는 나라에 벼를 심을 무렵 소위 매우가 찾아든다는 것이 신의 특별한 배려처럼 느껴지는 것이다.[63]

---

60 김기윤, 「생태학의 사회문화적 배경에 관한 역사적 고찰」, 『한국과학사학회지』 24-1, 2002.
61 矢吹常夫, 앞의 글, 1930, 62쪽.
62 築地宣雄, 앞의 글, 1933, 51쪽.

이미 많은 논자들이 지적하여 왔듯이, 쌀을 일본인의 마음과 결부하여 일본문화를 논하는 방식은 일본 내셔널리즘의 한 전형적인 수사가 되어 왔다.[64] 여기에서 쌀이 '일본인다움'의 문화적 상징이라면 기상학자들의 글에서 매우는 그것이 존재할 수 있게 해주는 자연환경적 토대가 되는 셈이다. 쌀과 매우를 연결시키는 이러한 언설에 의해 내셔널리즘 국가 안에서 기상학의 사회적 입지가 확대되고 또 확고한 것이 됨은 물론이다. 매우가 일본에 고유한 현상이라는 것, 혹은 조선에는 없는 신의 은총이라는 것은 이러한 문화적 상징을 활용함에 있어서 대단히 '생각하기에 좋은' 일이 아닐 수 없다.

그런 의미에서 일본의 매우는 조선의 장마와 짝을 이루는 한편으로, 아울러 일본의 매우철에 조선에 팽배한 가뭄과 짝을 이루는 것이기도 하였다. 더 나아가, '매우기의 자우(慈雨) 아래 땅에 발붙이고 근면하게 일하는 일본 농민'과, '가뭄에 시달리던 끝에 약간의 어려움에도 농토를 버리고 떠날 궁리를 하는 조선 농민'의 대조로 귀결되기도 하였다. 다음은 조선총독부 농사시험장에 근무하던 한 농학자가 적어 내려간 '조선농민론'이다.

금년 조선의 한발은 너무나도 처참하였다. (…중략…) 모내기철이었던 조선의 농민에게는 하늘에서 내리는 비가 유일하게 기댈 언덕이었던 것인

63　伊藤登, 앞의 글, 1929, 61쪽.
64　오누키 에미코, 박동성 역, 『쌀의 인류학』, 소화, 2001; 山內明美, 「自己なるコメと他者なるコメ : 近代日本の〈稻作ナショナリズム〉試論」, 一橋大學言語社會研究科2007年度紀要 『言語社會』 2, 2007; 中山大將, 「周緣におけるナショナル・アイデンティティの再生産と自然環境的差異 : 樺太米食撤廢論の展開と政治・文化エリート」, 『ソシオロジ』 163, 社會學硏究會, 2008; 니시카와 나가오, 「서구화와 회귀─내셔널 표상을 둘러싼 투쟁에 관하여」, 『쌀・삶・문명』 창간호, 2008.

데, 쩍쩍 갈라져가는 대지를 바라보면서 화가 치밀었던 것 같다. 입추와 더불어 농민의 전직(轉職)이 시작되었다. 실로 화끈해서 결단력이 화통하다면 화통하지만, 해내고야 말겠다는 욕심이 없다. (…중략…) 그들의 이사도 극히 간단하지만, 더욱이 사랑스런 대지를 버리고 흔쾌히 떠날 수 있는 마음은 그보다 더 간단하다. 자기의 직업을 마음으로부터 사랑하는 일이 심요(心要)하다. 특히 농업에서는 이러한 감이 더욱 깊어서, 그 사랑은 진지함을 필요로 한다. (…중략…) 농민은 발을 굳건히 대지에 붙이고 있지 않으면 안 된다. (…중략…) 대지에 굳건히 뿌리를 내리고 있지 않으면 안 될 터인 중요한 발이 허공에 떠서 둥실둥실 흘러 다녀서는 한심할 따름이다. 깊고 진한 그림자로 그 얼굴에 주름이 새겨져 있기는 하지만, 어딘지 될 대로 되라는 식의 무관심한 표정이 느껴진다. (…중략…) 조선의 농민 전체가 더욱 과학 등의 일과 씨름하는 데에서 구김살이 없고, 굳건히 발을 땅에 디디도록 되어준다면 얼마나 기쁠까.[65]

　여기에서 조선의 농민들은 천직으로서의 농업, 그리고 그 터전으로서의 대지에 대한 애착이 부족하여, 유리도산을 일삼고 과학을 신봉하는 마음조차 갖지 않는 것으로 설명되고 있다. 그러나 농민들을 겨냥한 이러한 탄식에도 불구하고, 재해를 입은 농민들의 도망·유리(遊離) 가속화는 농민심성의 탓이 아니라 식민농정의 직접적 결과이기도 하였다.

65 　中澤雅典, 「朝鮮農民の足」, 『朝鮮農會報』13-12, 1939, 86~87쪽. 이 글의 저자인 나카자와 마사노리는 1939년 당시 조선총독부 농사시험장 병리곤충부의 기수로 재직하였고, 이듬해 관등 승급과 함께 경주종양장으로 옮긴 것으로 확인된다. 조선의 해방 이후 일본으로 돌아가 아이치현[愛知縣] 농업시험장 등에서 근무하였으며, 병충해방제와 관련한 다수의 논저가 있다.

가령 반건조지대 조선에서 빈발하는 가뭄이 닥치면, 재래의 방식으로 심은 내한성(耐旱性)의 메밀, 피, 조의 작황은 좋았지만 벼농사는 엄청난 타격을 입었으며, 특히 산미증식계획에 의해 일본근대농법이 보급된 지역에서 그 피해가 더욱 컸다.[66] 단위면적당 생산량이 적지만 많은 비료를 필요로 하지 않고 가뭄에도 강하던 다양한 재래 벼 품종은 농정당국과 지주의 강제에 의해 소수의 소위 '우량종'으로 '개량'되었고, 품종 단순화와 비료사용의 증대에 의해 병충해 재해율도 높아졌다.[67] 18세기 후반 들어 체계적인 정리를 이루기 시작하던 재래의 지역농법[68]은 일본으로부터 수입된 일본식 근대농법 ─ 소위 메이지농법 혹은 후쿠오카농법 ─ 에 의해 일방적 · 폭력적으로 구축을 당하였고, 농민들은 스스로 짓는 농사에 대한 재량권을 잃어갔다.[69] 무엇보다도 논농사 일방의 식량증산정책으로 인해 밭과 미간지 ─ 모두가 불안정한 쌀농사를 보완하는 농민의 생계자원이었던 ─ 를 논으로 개간하여 쌀 단작화(單作化)를 밀어붙임으로써 위기에 대한 취약성이 증대되었다. 다음은 이와 관련한 조선총독부 관리 자신의 설명이다.

지주의 채산으로 따지면 밭보다 논의 경영이 유리하며, 고래 조선에서 수리불안전답이 증가한 것도 이 자본적 경향에 유래하는 것이다. 금일의 수리조합지역의 토지에 있어서도 지주 측에서 이를 보면 밭은 될 수 있는

---

66 가와타 히로시, 김용권 역, 『다카하시 노보루』, 동아일보사, 2010, 203쪽.
67 이호철, 「조선 후기 농서의 수도품종 분석」, 한국농업사학회 편, 『조선시대 농업사 연구』, 국학자료원, 54~59쪽, 2003; 소순열 · 이두순, 「일제하 수도작 기술체계의 변화와 성격」, 한국농업사학회 편, 『동아시아 농업의 전통과 변화』, 한국농촌경제 연구원, 2003, 218~226쪽.
68 염정섭, 앞의 책, 2002, 301~420쪽.
69 앞 졸저, 224~230쪽.

한 전부 개답(開畓)하여, 미작에 의해 수확을 올리는 것이 유리하다. 그러나 벼농사의 단일경영이 소작인에게 있어서 여하히 불리한지는 굳이 설명이 필요하지 않을 것이다. 이미 설정된 수리사업지구에서는 촌지(寸地)도 남김없이 개답하는 계획 아래 설계가 이루어져 있고, 심할 경우 대지(垈地)에 대해서 수세(水稅)를 부과하는 일도 있다. 이리하여 농가는 그 부근에 밭을 갖지 않게 되므로, 농가이면서도 채소를 타인의 공급에 기대며, 초생지(草生地)가 결핍되어 경우(耕牛)의 사양(飼養)이 불능상태에 빠지고, 우축(牛畜)의 노동력에 대해서도 임은(賃銀)을 지불하지 않으면 안 되는 불합리한 경영이 행해지고 있다. 또 이로 인해 노동력은 일시적으로 부족해지고 일시적으로 과잉이 되며, 부업을 하려해도 새끼 꼬기 · 가마니 짜기 등 외에는 재료생산의 여지가 없다. 연료, 퇴비, 재료의 수집도 곤란하다. 이와 같이 수리사업지의 전면 개답은 지주의 채산과 조합의 경영에는 유리하지만 소작인에게는 심히 파행적인 경영으로 되어, 결국 소작료의 태납(怠納)이 되고 벼의 도취(盜取)가 되어 드디어는 소작인의 도망을 결과하며, 그 종국에는 수리사업으로 하여금 구할 수 없는 난국에 빠져들게 하는 것이다.[70]

이렇게 단위면적당 생산량이 늘고 지주의 수입이 증가하여도 생활비와 위험성 역시 증대되어 소작농민의 삶은 도리어 악화되는 상황은, 이 글에 나타난 수리조합지대만 아니라, 식민지 조선의 농민생활 일반에서 관찰되는 양상이었다. 조선총독부의 촉탁으로 조선 각지를 돌았

---

70 船越光雄, 「不良水利事業の成因檢索」, 『朝鮮農會報』 6-11, 1932, 34쪽. 이 글의 저자인 후나코시 미츠오는 1884년 일본 효고현[兵庫縣] 출생으로 도쿄농과대학을 나왔고, 1910년 1월 강원도 기수(技手)로 임명되어 조선으로 건너왔으며, 1917년에는 종묘장 주임으로, 1927년 8월에는 조선농회 이사로 재직 중이었다.

던 일본 농촌진흥운동의 저명한 지도자 야마자키는 농사개량에 의해 늘어난 생산수입을 초과하는 소비지출이 발생하고 있다면서 "(이래서는) 미개(未開)이던 당시가 좋았다고 여기고 불편한 옛날을 그리워함도 무리가 아니다. (…중략…) 총독정치를 원망하고, 정책을 저주하며, 인심의 악화, 퇴화를 봄은 금일의 상세(狀勢)가 아닌가"라고 평한 바 있다.[71] 이 모든 이야기들이 일본의 식민통치가 전시체제기로 접어들기 이전, 공황에 따른 일본 내 쌀 소비부진으로 산미증식계획이 중단되기도 전이면서, 조선에서 수리조합설치가 한창이고 일본근대농법으로의 개량도 이미 확실히 진전을 본 시절의 기록들이다.

이러한 지적들이 쌓이는 한편 전시체제가 본격화되면서 쌀 증산을 위한 토지와 농사의 개량을 뒷받침할 수 있는 물적 기반이 취약해지자, 조선총독부의 농정은 점차 밭농사, 특히 재래 밭농사기술들을 재평가하는 방향으로 전환하게 되었다. 이에 대해서는 아마도 1934년 산미증식계획의 중단을 전후하여 밭농사의 중요성을 강조하는 언급이 늘어난다는 점으로부터 이야기를 시작할 수 있을 것이다. 1933년 10월 풍수해복구 시찰을 위해 경북 칠곡에 들른 우가키 총독은 조선에 농작물은 쌀, 임산물은 소나무밖에 없는 것처럼 생각하는 것은 편벽된 머리의 소치라면서, 종래 미작에 갇혀있던 습관을 뜯어고치자고 훈시하였다.[72] 이듬해 산미증식계획의 중단 발표에 이어 『조선농회보』는, 논을 열애하는 조선 고래의 관습이 논으로 적당하지 않은 토지까지 논으로 만들어 한발의 위험을 초래한다면서, 밭은 밭인 대로 경영하도록 궁리하자는 권두언을 실었다.[73]

71　山崎延吉,「朝鮮農事の管見(三)」,『朝鮮農會報』6-12, 1932, 4쪽.
72　저자미상,「農村中堅人物に對する總督の訓示」,『朝鮮農會報』8-1, 1934, 3쪽.

지금의 우리는, 밭과 초생지까지 남김없이 논으로 개간하면서 조선총독부가 적극 추진한 수리조합사업, 그리고 조선의 기후조건에 적합화된 품종을 다비다수성 종자로 개량해간 품종개량사업에 농민생계를 위기에 빠트린 한 주요한 원인이 있었음을 알고 있다. 따라서 앞에서 살핀 조선총독부 관리의 자성과 같은 것이 결여된 채로 이를 '조선 고래의 관습' 탓으로만 돌리는 논리는 다소 황당한 이야기로 듣게 된다. 그러나 그러한 논쟁의 결말 여하 간에 중요한 논점은, 논과 밭의 병행영농이 불가결하다는 것, 나아가 조선의 현실에서 그것이 오히려 유리한 방법일 수 있으며 이를 위해 적극적인 정책을 펼 필요가 있다는 것, 이러한 언설들을 식민지 농정의 책임 있는 당사자들이 본격적으로 거론하게 되었다는 점이다.

물론 이러한 전환이 하루아침에 일어났던 것은 아니며, 1920년대 중반 이래, 혹은 1919년 조선총독부 권업모범장 서선지장 설치 즈음부터 꾸준히 제기되어 오던 의견이 받아들여진 결과이기도 하였다. 1925년에는 총독부 식산국 농무과에서도 그간 밭작물의 개량증식예산이 모두 지방비에 맡겨짐으로써 충분한 성과를 올리지 못했다면서 각 지방청에서 연차계획을 수립하여 진행 중인 밭농사의 개량증식시책을 조사, 발표하였다.[74] 그러나 같은 과에서 1931년 발표한 자료를 보면, 여전히 총독부의 적극적인 시책이 없이 모두가 지방청에 맡겨짐으로써 밭농사의 개량증식이 충분한 성과를 올리지 못했다면서, 오래된 유행가 음반을 틀 듯 6년 전과 똑같은 '유감'을 되풀이하고 있었다.[75]

---

73 芹香生, 「卷頭言·産米增殖施設の中止と農家の覺悟」, 『朝鮮農會報』 8-7, 1934, 1쪽.
74 朝鮮總督府殖産局農務課, 「朝鮮に於ける食糧田作物の改良增殖計劃(上)」, 『朝鮮農會報』 20-8, 1925, 58~61쪽.
75 朝鮮總督府殖産局農務課, 「畑作改良增殖計劃の實施に就て」, 『朝鮮農會報』 5-4, 1931,

324 ● 조선 기록문화의 역사와 구조 2

그럼에도 불구하고 이렇게 누적되는 '유감'들이 일정한 정책의지의 표명으로는 나타나고 있는 셈이었는데, 문제는 마땅한 실행대책이 없었다는 점이다. 1930년의 전작개량계획은 우량품종의 보급과 모범작포(模範作圃), 즉 모범농장의 설치, 기술원·지도원의 배치가 그 핵심인데,[76] 무엇을 어떻게 지도할 것인지에 대해서는 전혀 명확한 내용을 담고 있지 않았다. 1931년에는 다시 전작개량증식계획이 발표되었는데, 전년의 계획과 달라진 새로운 내용은 기존의 모범작포 대신 1면 1개소의 지도포(指導圃), 즉 지도농장을 설치한다는 것이 그 요체였다.[77]

. 이러한 움직임들은 농촌현실에서 실제적으로 어떤 차이를 만들어내고 있었을까. 1930년대 조선총독부의 전작개량에 대해서, 특히 그 핵심을 이루는 지도포 설치의 실제 의의에 대해서는 아마도 다음과 같은 글들이 이해를 도울 것이다. 하나는 1937년 전작개량증식계획의 경개(更改)를 천명하며 밝힌 조선총독부 스스로의 평가이며, 다른 하나는 1920년대 이래 강원도종묘장 및 농무과에서 잔뼈가 굵어 일제 패망 당시 조선총독부 기사로 재직하던 구리스에 다다오[栗末只雄]가 적은바 지도포의 실태에 대한 탄식이다.

2~18쪽.

76 전작개량계획의 내용은 다음 5개항으로 이루어져 있었다. ①우량품종 종자보급 ②전선(全鮮) 200군에 기술원 배치 ③각도 종묘장에 품종개량에 관한 기술원(技術員) 배치 ④모범작포 설치와 함께 재배지도에 필요한 지도원(指導員)의 배치 ⑤농사시험장 서선지장에 전작품종개량 기술원(技術員) 설치(저자미상, 「畑作改良計劃」, 『朝鮮農會報』 4-12, 1930, 99쪽).

77 전작개량증식계획은 모두 3개항(①우량품종 육성 및 보급 ②보리·콩·조의 주요 재배지 200개 군도(郡島)에 1면 1개소의 지도포 설치 ③지도포를 설치한 지방에서 전작개량조합 조직)으로 이루어져있고, 여기에 지도포(指導圃) 설치의 요강 7개항이 부가되는 내용으로 되어 있었다. 저자미상, 「畑作改良增殖計劃」, 『朝鮮農會報』 5-3, 1931, 112~113쪽.

(1931년의) 전작개량증식계획은 실시한 이래 이미 6개년을 경과하여 일단 계획대로 시책을 완료하였습니다만, 장려기술원의 인선이 마땅치 않았던 경우들이 있고 또 우량품종 보급사업, 전작지도포의 운영 및 전작개량조합의 지도 등 본 계획의 가장 중요한 시책의 실시상황이 여전히 미온적인 감이 없지 않으므로[78]

"저만큼 비료를 주고 저만큼 손이 많이 가니까 지도포(指導圃)에서 많이 나는 것은 당연하다. 도저히 우리는 할 수 없다"는 말을 자주 듣는다. 이런 농가일수록 무슨 일에 대해서든 불평불만이 가득하고, 실제 해보려는 생각은 하지도 않는다. 그러나 하지 않는다고 내버려두어서는 몇 년이 지나도 증식의 실적은 오르지 않는다. 하물며 3개년을 기하여 지도포가 설치된 동리(洞里)는 물론 이를 중심으로 하는 주요 동리를 지도포 수준으로 향상시키지 않으면 안 되니 더욱 그러하다. 의논으로 지새워서는 아무것도 되지 않는다. 지도기간 3년은 지났는데 부근 일반 작포(作圃)는 의연히 구태 그대로 (…중략…) 우려되는 것은 바로 이 점이다.[79]

조선총독부에 의한 일련의 밭농사 개량 정책은 다시 1937년 발표된 전작개량증식계획의 경개(更改)를 거쳐 1940년의 전작증산계획 수립으로 이어졌다. 그러나 이 시기가 되면 밭농사 개량은 전시체제의 심화에 따른 긴급식량대책이 중심이어서, 콩과 조의 재배면적은 줄이지만 단위면적당 생산량은 줄이지 않는다든가, 보리를 쌀보리로 바꿔나가는 쌀보리주의[裸麥主義]를 표방하는 등, 정상적인 밭농사 개량의 범

---

78 저자미상, 「畑作改良增殖計劃ノ更改」, 『朝鮮農會報』 11-6, 1937.
79 栗末只雄, 「田作改良增殖上より見たる肥料問題」, 『朝鮮農會報』 6-8, 1932, 63쪽.

역을 벗어난 대책이 그 위주였다.[80]

일제말기의 밭농사 개량과 관련하여 경기지역에서의 현지조사를 통해 확인한 바에 따르면, 가장 뚜렷하게 나타났던 그 족적으로는 소위 앉은뱅이보리 품종 및 보리 광파(廣播) 농법 ─ '대량골' 또는 '개량골'이라고도 불림 ─ 의 보급을 꼽을 수 있을 것이다. 전자는 재래종보다 맛은 없지만 키가 작아서 수확이 임박해서 비가 와도 잘 쓰러지지 않는 개량품종을 가리키며, 후자는 쟁기로 켠 고랑을 폭이 좁은 고무래나 소시랑 등으로 다듬어 바닥을 넓히고 한 그루당 많은 종자를 파종하도록 하는 개량농법을 말한다. 이 두 가지의 보급은 특히 경기남부의 밭농사에 중대한 영향을 미쳤으며, 농민들로부터도 이에 대한 이야기를 많이 들을 수 있다.[81] 그러나 맥류 외의 밭작물에 대해서는 농민들로부터 개량품종보급의 영향이 뚜렷이 확인되지 않았는데, 이는 식량밭작물의 재래품종이 나름의 우수성을 지녔기 때문이기도 하였다.[82]

80　저자미상, 「畑作增産計劃」, 『朝鮮農會報』 14-10, 1940. 전시체제 아래에서 조선총독부는 정책적으로 콩 및 조의 재배면적은 줄이고 이를 면 및 고구마 재배로 돌리려는 구상을 갖고 있었다.

81　보리 광파의 의의에 대해서는 和田滋穗, 「農作物の綜合的增産に就て」, 『朝鮮農會報』 14-9, 1940, 4쪽을 볼 것. 보리 광파에 대한 경기남부 농민들의 반응은 다수확법이라는 점에서 대개 긍정적인 것이었는데, 양평 북부 지역의 경우 부정적인 설명이 있었던 것으로 보아 이에 대한 판단의 차이는 기후조건과 관련이 있는 것으로 짐작된다.

82　조선 재래 밭작물 품종의 우수성에 대한 일본인의 기록으로는 다음을 볼 것. 저자미상, 「勸業模範場昨年田作(下)」, 『韓國中央農會報』 2-6(韓文附錄第七), 1908, 6~7쪽; 野木傳三, 「勸業模範場畑作物の作況」, 『韓國中央農會報』 3-8, 1909, 13쪽; 鵜野勝之, 「朝鮮大豆の現狀と白目大豆增産の必要性」, 『朝鮮農會報』 13-4, 1939, 44~45쪽. 조선총독부 농림국 식량조사과 기수였던 우노 카츠유키[鵜野勝之]의 글은 일본시장에서 조선 콩의 경쟁상대가 없어서 조선 콩의 종자개량이 지체되었기에 이제 박차를 가해야한다는 것이 그 논지이다. 그러나 이를 뒤집어보면 우수했기 때문에 수십 년간 경쟁상대가 없었던 것이라는 점에서 조선 재래종 콩 종자의 우수성을 말해주는 것으로도 이해할 수 있다. 또한 이 글은 조선의 식민화 당시 일본 품종을 조선에 이식하려는 기본계획이었다고 적고 있으나, 위에 열거한 한말의 「한국중앙농회보」 기사나 한말 권업모범장의 실험기록은 그와 반대의 사정을 보여주기도 한다. 한편

이상과 같이 조선총독부의 밭농사 개량에 별다른 대안이 없었고 실제 별 힘을 쓰지 못했던 것은, 그만큼 조선식 밭농사가 지닌 일본식 밭농사에 대한 경쟁력을 보여주는 것이라고 할 수 있다. 나아가, 이러한 재래식 밭농사의 경쟁력은, 종자의 문제뿐 아니라 농법의 영역에서도 점차 재조명되고 있었다. 조선식 밭농사에서 윤작·간작·혼작 농법이 성행함은 종래 조선농업의 유치함을 조롱하는 상징이다시피 하였는데,[83] 이에 대한 재평가가 이루어진 것이 대표적이다. 물론 이러한 재평가 역시 하루아침에 이루어진 것은 아니었으니, 잠시 그 과정을 보기로 하자.

조선총독부 권업모범장의 기사로 1920년대 중반 서선지장장을 역임한 다케다 소시치로(武田總七郞)는 간작을 작부체계의 주요한 고리로 삼는 조선중부의 2년3작 농법에 대해 "모든 윤작법 중 가장 면밀히 궁리된 것으로 그 고심참담의 자취가 역연(歷然)하다. 요컨대 학리(學理)를 응용함에 있어서 미진한 바가 거의 없다는 점에서 전 세계에 이보다 앞서는 것은 절대로 없다"고까지 한 바 있다.[84] 우리에게는 친일파의 거두로 기억되지만 박영효 역시 1928년에 밭앞그루 수확에 이은 신속한 그루갈이 파종과 혼작 농법에 대해 "일견하면 매우 질서 업는 원시농법과 갓치 보히지마는, 비교적 재해가 만흔 토지에서는 찰아리 진

일본에 의한 식민지 조선에서의 농업개량을 총괄한 일본 농림성열대농업연구센터의 보고서에 따르면, 대부분의 밭작물에 대한 육종사업이 부진했던 가운데, 콩은 적극적인 육종에 의한 우량품종 갱신율이 밭작물 중에서 가장 높았다고 한다. 이호철, 앞의 글, 1992, 291쪽. 향후 더 정확한 분석이 있어야겠지만, 현 단계에서는 일단 그 실적에 대한 서술들이 이렇게 충돌한다는 점만으로도, 일제시기 밭작물의 품종개량 성과가 그리 대단한 것이 아니었다고 보아도 큰 무리가 없을 것이다.

83 　小林房次郞·中村彥, 『韓國土地農産調査報告 : 京畿道·忠淸道·江原道』, 農商務省, 1906, 498쪽.

84 　高橋昇, 飯沼二郞·高校甲四郞·宮嶋博史 編, 『朝鮮半島の農法と農民』, 東京 : 未來社, 1998, 82쪽.

보한 방법"이라고 평가하고 있었다. 그는 "여사(如斯)함을 불구하고 맹목적으로 신방법이 반드시 시(是)라고 하야, 사건을 단정하는 경우에는 왕왕 착오를 생(生)하는 것"이라면서, "다년의 역사를 고려치 안코, 돌연히 과학적 방법 혹은 신농법에만 준거하랴는 듯한 경향"을 질타하기도 하였다.[85]

1930년대 후반 이후가 되면 이러한 재평가의 경향은 보다 큰 흐름으로 바뀌어 여러 논자들이 재래 밭농사의 우수성을 인정하는 글을 내놓게 된다. 1913년 도쿄제국대학 농학과를 졸업하고 같은 해 9월 권업모범장 기수로 조선에 부임해서 1921년 조선총독부 농무과 기사, 1932년 곡물검사소장, 1938년 조선미곡창고주식회사 사장이 된 이시즈카 준[石塚峻]은 재래의 혼작농법이 한발지역의 구한농법(救旱農法)으로서 크게 흥미로운 것으로 콩의 품질을 양호하게 한다고 평하고 있었다.[86] 그는 유무라 신지로[湯村辰二郎]와 함께 조선총독부 미곡정책의 양웅(兩雄)으로 꼽히던 엘리트 연구자이자 정책가로 미곡문제의 권위자이기도 했다. 수원고등농림학교 교수였던 히로타 유타카[廣田豊]는 1942년 "반도의 밭에 혼작은 극히 많다. (…중략…) 작물의 종류는 참으로 다채로우며, 그 각 요구를 만족시키면서 경작지를 이용하려면 경쟁작물을 동일 경작지에서 재배하는 것이 가장 간단하고 적확하며, 또 이 외에는 방법이 없을 뿐만 아니라, 이것에 의해서 잎의 넓고 좁음, 지상부의 높고 낮음, 지하부의 깊고 얕음을 안배하여 공간과 지면과 땅속을 최대한 다대(多大)하게 이용할 수 있으며, 게다가 제초의 번잡함을 줄일 수도 있다"고 평한 바 있다.[87]

---

85 朴泳孝, 「農業改良에는 溫故而知新이 必要하다」, 『朝鮮農會報』 2-1, 1928, 3~4쪽.
86 石塚 峻, 「旱地農法と救旱に就て」, 『朝鮮農會報』 13-9, 1939, 11쪽.

더욱 흥미로운 점은, 이러한 인식의 전환이 단지 농업기술에 대한 학리적 평가의 문제에 그치는 것이 아니라, 일정하게 마음 깊은 곳에서 우러나는 정감 차원의 변화를 의미하는 것이기도 했다는 점이다. 다음은 한반도 그리고 중국 화북지역 등 건조한 환경조건 아래의 면밀한 제초노동에 대한 조선총독부 기사의 설명이다.

작물이 자란 후 토양으로부터의 증기(蒸氣)를 가능한 한 막으려는 목적과, 잡초가 아직 어린 동안에 제거하려는 목적으로, 얕은 중경(中耕), 즉 표토의 교요(攪擾)[88]가 이루어진다. 얕은 중경은 지하와 지표와의 모세관인력을 끊어 지하로부터의 수분방산을 줄이는 외에, 토양수분의 낭비와 비양분(肥養分)의 약탈을 행하는 잡초의 제거에 도움이 된다. (…중략…) 얕은 중경이 여하히 효과가 있는지는 수원에서의 표토교요의 시험성적으로부터 분명하다. 그리고 그 효과는 건조한 해일수록 현저하였다. (…중략…) 올해 평안남도의 건답(乾畓) 지대에서 본 바로는, 한발로 인해 벼가 시들시들해져있는 속에서 부부가 호미를 들고 정성스럽게 중경을 계속하는 모습을 관찰할 수 있었다. 이 의기(意氣), 이 불요불굴의 노력이 있어서 비로소 한해극복의 전망도 있는 것이라며, 그림자도 보이지 않게 될 때까지 쳐다본 일이 있다.[89]

상당히 감동적인 서술이기는 하지만, 왜 그러고 있는지 속사정을 알

87　廣田 豊,「朝鮮の營農(一)」,『朝鮮農會報』16-11, 1942, 5쪽.
88　여기서 말하는 '얕은 중경 즉 표토의 교요'란 주로 가와구치[川口淸利]의 용어로는 '풀깎기형 호미', 김광언의 용어로는 '세모형 호미'라고 불리는 호미에 의한 제초작업을 말한다. 이 호미날의 평평한 면으로 밭의 지표면을 긁으면 한편으로 잡초가 제거되고 다른 한편으로 지표의 흙이 이동되어 반반하게 다져지게 된다.
89　小野寺二郎,「朝鮮の旱害と技術的克復方案」,『朝鮮農會報』14-1, 1940, 46~48쪽.

수 없는 두 부부의 건답제초광경에 우리까지 덩달아 감격할 필요는 없을 것이다. 중요한 것은, 왜 그러고 있는지도 알 수 없는 두 부부의 제초광경에, 불과 이십 년 전에는 비슷한 광경을 보고 조선농업의 유치함을 언급하거나 구 조선정부의 학정으로 인한 농민의 팍팍한 삶을 통탄하였을 일본인들이, 이제는 "그림자도 보이지 않게 될 때까지" 넋을 놓고 쳐다보게 되었다는 점이며, 또 그러지 않을 수 없을 정도로 조선의 농업을 보는 태도 자체가 달라져 있었다는 점이다.

1944년 5월, 앞서 인용했던 다케다 소시치로[武田總七郎]를 잇는 조선 재래농법 연구의 선두주자로, 민속학적인 농촌연구로까지 보폭을 넓혀가고 있던 다카하시 노보루[高橋昇]의 조선농사시험장 기구 및 연구 개편안이 수용되었다.[90] 이에 이르는 과정에서 다카하시가 수원의 본장 장으로부터 탈선하지 않도록 주의하라는 경고를 전해 듣고, "수원의 인간들이 뭘 할 수 있다고!"라며 반발했던 것이 불과 7년 전의 일이었다.[91] 이러한 전환은 반건조지대의 자연환경이 수리사업과 논농사 일변도의 농업증산책을 무력화시키고, 반건조지대에서 논농사의 증대가 그에 따른 실농의 위기에 대처할 수 있는 밭농사의 증대로 귀결된 또 하나의 사례라고 할 수 있을 것이다. 바꿔 말하면, 이는 조선총독부의 식민지 농정이 논농사 중심의 일본식 근대농법으로의 개량과 쌀 단작화로까지 평가되는 미곡증산을 추구하던 끝에, 식민지 조선의 반건조 자연환경에 포획되어 그에 대한 적응을 이루어가는 과정이기도 하였다.

---

90 가와타 히로시, 앞의 책, 2010, 235쪽. 구미식 농학을 추구하던 권업모범장의 수원본장과 재래적인 농민의 방식을 중시하던 사리원의 서선지장 사이의 갈등 내지 노선 차이에 대해서는 1920년대 초부터 다케다 소시치로 역시 언급을 하고 있었던 것으로 보인다(같은 책, 95~104쪽).

91 위의 책, 158쪽.

맺음말

이 글은 혹자가 장마라 부르고 혹자는 매우라고 부르는 동북아시아의 여름철(늦봄) 우기를 가리키는 용어상의 차이로부터 시작하여, 식민지 경험이라는 것이 식민자와 피식민자 모두가 상호변용되는 과정이라는 점에 대한 확인으로 나아가려는 문제의식에 기반을 두고 있다. 그러한 상호변용은, 기상학이나 농학과 같은 고도의 전문적 영역으로부터, 이들이나 그 주변인물이 신문이나 잡지에 게재하는 그와 관련한 다양한 잡문들, 그리고 기상이 되었든 농사가 되었든 그것과 씨름하며 삶을 살아가지 않을 수 없는 농민의 일상경험에 이르기까지, 다기한 영역에 걸쳐있다. 그 다양한 장들에서 식민자들은 식민지의 자연환경과 피식민자의 삶이라는 날것으로서의 현실에 조우하고, 처음에는 조롱과 멸시를 퍼부으며 우월감에 도취하다가, 이윽고는 그 현실을 직시하고 이에 적응하지 않을 수 없었다.[92] 결국 이는 식민자가 들여온 기상학이나 농학 등의 학문적인 '앎'이라는 것이 식민지 그리고 피식민자

---

92 코마로프 부부는 다음과 같이 적은 바 있다. "일관되고 단일한 과정으로서의 식민주의의 이미지는 결국 풀어져 내릴 수밖에 없다. 우리가 제국의 광영(光榮)뿐 아니라 긴장들을, 식민주의의 패권적 과정뿐 아니라 내적 모순에 관심을 갖는 까닭이 여기에 있다. 이는 근대세계의 피식민자들이 겪은 야만적 지배양상을 축소시키거나, 제국의 정책이 흔히 기반을 두고 있던 오웰적 논리의 존재를 부정하거나, 혹은 식민주의의 성격을 글로벌한 운동으로 해체하려는 것이 아니다. 대신 이는 우리의 분석의 범위를 넓히려는 것이다. 그것은 오히려 그 오락가락과 뒤죽박죽의 순간들 속에서 내적인 뒤틀림과 뒤섞임을 포착하려는 것이며, 무엇보다도 오랜 시간을 두고 식민자와 피식민자를 전례 없는 복잡다단한 관계망으로 빨아들여갔던 힘들을 더 잘 이해하기 위해 그 양자의 형성과정을 문제의 틀로 삼으려는 것이다(John Comaroff and Jean Comaroff, *Ethnography and the Historical Imagination*, Boulder and Oxford : West View Press, 1992, p.183)."

의 현실과 서로 엮이며 짜여 들어가는 총체적인 양상을 그려내는 작업이라고 할 수 있다. 이를 통해 우리는 과학적·민속적 지식이나 이를 적용한 생산기술, 그리고 그 기반이자 지향점인 현실의 환경과 삶에 대한 우리의 이해를 보다 풍부한 것으로 만들 수 있을 것이다.

이러한 이해를 추구함에 있어서 이 글이 갖는 한계는 여러 가지가 있을 수 있겠으나, 여기에서는 특히 중요한 문제 한 가지만을 지적해두기로 한다. 몇 가지의 희미한 윤곽을 잡고 있지 못한 바는 아니나, 기본적으로 이 글에서 거론된 기상학자 그리고 농학자들의 학문적 계보와 그들의 상호영향 혹은 배제관계에 대한 체계적인 인식에 도달하여 있지 못하다는 점이다. 여기에서 추구된 접근은 제국 일본 내에 존재했던 다기한, 적어도 둘 이상의 경쟁적인 지식의 체계들에 대한 설명에 이를 필요가 있으며, 이 이해를 토대로 그러한 경쟁적인 흐름들이 식민지 조선에서는 어떤 식으로 배치되어 어떤 제약과 영향관계 아래 전개되었는지에 대한 파악으로 나아감이 마땅하다. 이는 필자를 포함하여 이 문제를 다루는 연구에서 추구해야할 앞으로의 과제가 될 것이다.

이 글에서 설명을 시도한 식민지에서 식민자와 피식민자의 상호변용, 그리고 그들이 무겁게 받아들이지 않을 수 없었던 식민지의 자연환경과 피식민자의 삶의 방식이라는 문제와 관련하여, 가장 핵심적인 문제의식은 반건조지대의 자연환경 아래 논농사의 증대가 밭농사의 증대를 또한 요구하게 되었고, 이 힘이 조선 후기는 물론 일제시기에도 엄연히 그 규정력을 관철하여 나갔다는 점이다. 글의 들머리에서 한반도의 강수양상이 중국 양자강 유역이나 일본열도의 그것과 동일한 패턴을 보인다는 점 못지않게 어떻게 다른지를 보이는 것이 중요하다고 적었다. 물론 유사성을 강조할 것인가 차이점을 강조할 것인가는 다분히 논지의 문제의식과 관련이 있어서, 어느 것이 옳고 어느 것이 그르다는 식의 문제가 아님은 분명하다. 그러나 현장에서 누구나 느낄 수 있는 실제양상의 차이라는 차원을 포괄하지 않는 한 결코 전체에 대한 설명에는 도달하지 못할 것이다.

한편 이러한 논의는 미야지마 히로시가 제기한 동아시아 소농사회론[93]의 다음 단계의 발전과 관련해서도 일정한 함의가 있는 것으로 생각된다. 미야지마의 논의는 동아시아사를 서구와 다른 독자적인 모델로 유형화하려는 생각이 앞선 나머지 동아시아 삼국의 동질성을 강조하는 반면 차이들에 대해서는 지나치게 단순화 또는 과소평가하였다는 지적을 받는다.[94] 기실 그의 논의 안에는 동아시아 삼국의 공통점과 함께 차이점들도 포함되어 있지만,[95] 그를 인용하는 논자들은 물론 미야지마 자신도 공통점만을 강조하는 경향이 있다는 점에 이러한 비판이 제기되지 않을 수 없는 배경이 있다.

특히 문제가 되는 것은 소위 식민지 근대화론자들이 이러한 공통점에 대한 지적을 인용하는 경우이다. 이들은 대개 조선과 일본 사이의 기후환경과 농업기술구조의 유사성을 거론하며 이로 인해 일본식 농법으로의 개량이 조선농민에게 쉽게 받아들여졌다는 주장을 전개하는 경향이 있다.[96] 그러나 단순한 구분에 기반을 둔 유형론으로부터 공통점만을 강조하다 보면, 설명은 그것이 이르러야 할 바 설명대상과의 지시관계를 위기에 빠뜨릴 뿐 아니라, 일종의 이데올로기로 전락할 소

---

93 宮嶋博史,「東アジア小農社會の形成」, 溝口雄三・濱下武志・平石直昭・宮嶋博史 編,『長期社會變動－アジアから考える』6, 東京 : 東京大學出版會, 1994, 67~96쪽.
94 배항섭,「조선 후기 토지소유구조 및 매매관습에 대한 비교사적 검토」,『한국사연구』 149, 2010, 193쪽.
95 앞 졸저, 384~388쪽 참조.
96 위의 책, 365~367쪽 참조.

지조차 생기게 된다.[97] 이 글에서 일본근대농법으로의 개량을 강요당한 조선농민들뿐 아니라 그것을 강요하는 입장에 서있던 일본인 농학자·기상학자들이 조선의 자연환경에 대해 느꼈던 이질감, 한편으로 그러한 이질감에 기반을 두고 농정책이 점진적으로 수정되어 나갔음을 부각시키려 했던 것은 이와 같은 문제의식에 근거한다.[98]

물론 모국과 다른 식민지의 특수성과 제국 판도 내에서의 다양성을 인식한다고 해서 식민주의적 인식이 아니게 되는 것은 아니다. 또 기실 어떤 식민주의는 식민지의 다양성을 충분히 인정하는 위에 그것과 식민모국의 차별화를 기하는 다양한 지식의 체계들을 구축함으로써 제국의 이해(利害)와 취향에 복무한다. 이 글에서 기상학자들의 '과학적'인 설명이 일본 농업과 농민의 우수성, 그리고 이에 대비된 조선 농업과 농민의 낙후성을 강조하는 언설들로 연결되고 있었음을 지적한 것도 이와 관련이 있다.

그러나 다른 한편으로, 그러한 특수성과 다양성에 대한 파악이 없이는 반식민주의와 탈식민주의, 나아가 지적 종속을 벗어난 서로에 대한 대등한 인식과 이해의 체계에 도달하기 어렵다. 장마와 매우의 차이, 그리고 이를 포함하는 자연환경의 영향 아래 다양한 발전궤적을 밟아간 복수의 농업기술체계들이 저마다 지닌 특수성을, 그 공통성에 대한 인식을 전제로 포착하는 것은, 이러한 점에서 새로운 시대를 향해 나아가는 동아시아의 미래를 위해서도 중대한 의의를 지닐 것이다.

논의가 조그마한 데에 비겨 맺음이 다소 거창한 이야기가 된 것으로

---

97 위의 책, 401쪽.
98 일본식 근대농법을 강요하던 식민지 농정당국 및 그 하수인들, 지주들과, 재래농법을 고수하던 농민들 사이의 갈등과 충돌, 조정의 양상에 대해서는 앞 졸저 참조. 이 글은 이 책이 지닌 문제의식의 연장선에 있다.

생각된다. 게다가 학술지에 실렸던 글을 공동연구서에 수록하기 위해 고치면서, 그것이 포괄하는 내용은 더욱 거창한 것이 되고 말았다. 이 사태의 배경을 다소 비유적으로 변명하자면, 한국농경문화론이, 나아가 한국문화론 전체가, 장마와 같은 구체적이고 직접적인 현상으로부터 출발하는 것이면서, 장마에만 기반을 둔 설명이 되지도 않고, 그렇다고 이를 매우로 환원하여 설명하는 것이 되지도 않았으면 하는 어리숙한 바람이 있었던 것으로 생각된다. 이 점에 대한 공감을 확인하려는 서툰 생각이 이 모든 일들의 배후라는 점에 대해, 독자들의 너그러운 헤아림이 있기만을 바라고 있다.

황재문, 「杜門洞 72현 일화 연구—전승의 경과와 수용의 양상을 중심으로」, 『국문학연구』 25, 2012.

이영경, 「중세국어 온도 표현 어휘의 체계와 그 형태·의미적 특성」, 어문연구 149, 2011.

박현순, 「분재기를 통해 본 15~16세기 사족층의 주택 소유와 상속」, 『역사와현실』 84, 2012.

김시덕, 「19세기 초 일본의 대(對) 러시아 전략과 전사(前史)로서의 임진왜란—『북해이담』에서 전개되는 담론을 중심으로」, 『일본역사연구』 37, 2013.

정호훈, 「18세기 君主學 학습서의 편찬과 『羹墻錄』」, 『한국사상사학』 43, 2013.

문중양, 「창조적 일탈의 상상—19세기 초 이규경의 하늘과 땅에 대한 사유」, 『한국문화』 59, 2012.

윤대원, 「19세기 변란 참가층의 사회적 관계망과 존재양태」, 『한국문화』 60, 2012.

안승택, 「장마와 매우(梅雨) 사이—기후는 식민지 조선의 농업을 어떻게 규정하였는가」, 『한국과학사학회지』 32-2, 2010.

| 연구진 소개 |

황재문(黃載文 Hwang, Jae-moon)

서울대학교 국어국문학과를 졸업하고, 동대학교 대학원에서 「장지연, 신채호, 이광수의 문학사상 비교 연구」로 박사학위를 받았다. 주요 저서로는 『안중근 평전』, 『만국사물기원역사』(역주) 등이 있다. 현재 서울대학교 규장각한국학연구원 조교수로 있다.

이영경(李玲景 Lee, Yeong-gyeong)

서울대학교 국문과를 졸업하고, 동대학교 대학원에서 국어사 전공으로 문학석사 및 문학박사 학위를 받았다. 주요 논저로 『중세국어 형용사 구문 연구』, 『조선 사람의 세계 여행』(공저), 「그림으로 본 조선」, 「국어 온도 표현 어휘의 발달에 대하여」, 「조선 후기 『소학』 언해의 활용과 보급에 대한 국어학적 연구」 등이 있다. 현재 서울대학교 규장각한국학연구원 HK연구교수로 있다.

박현순(朴賢淳 Park, Hyun-soon)

서울대학교 교육학과를 졸업하고, 동대학 대학원 국사학과에서 「16~17세기 禮安縣 士族社會 硏究」로 박사학위를 받았다. 주요 논문으로 「조선시기 鄕罰의 내용과 추이」, 「16~17세기 성균관(成均館)의 유벌(儒罰)」, 「분재기(分財記)를 통해 본 15~16세기 사족층의 주택 소유와 상속」, 「지방 지식인 黃胤錫과 京華士族의 교유」, 「영조대 到記儒生殿講에 대한 고찰」 등이 있다. 현재 서울대학교 규장각한국학연구원 조교수로 있다.

김시덕(金時德 Kim, Shi-duck)

고려대학교 일어일문학과를 졸업하고, 동대학교 대학원에서 석사 및 박사 과정을 수료했다. 주요 논저로는 『그들이 본 임진왜란―근세 일본의 베스트셀러와 전쟁의 기억』, 『규장각 새로 읽는 우리 고전 5―교감 해설 징비록』, 「조선시대 회곽묘에서 확인된 사람 정강뼈에 나타난 톱 자국에 대한 법의인류학적 고찰」, 「근대 한국어 소설 『임진병란 청정실기』에 대하여―근세 일본 임진왜란 문헌과의 비교 연구 시론」 등이 있다. 현재 서울대학교 규장각한국학연구원 조교수로 있다.

정호훈(鄭豪薰 Jeong, Ho-hun)

연세대학교 사학과를 졸업하고, 「17세기 북인계 남인학자의 정치사상」으로 박사학위를 받았다. 주요 저서로는 『조선 후기 정치사상연구』, 『경민편―형벌과 교화의 이중주로 보는 조선사회』가 있고 『朱子封事』(공역), 『선각』을 번역했다. 현재 서울대학교 규장각한국학연구원 조교수로 있다.

문중양(文重亮 Moon, Joong-yang)

서울대학교 대학원 과학사 및 과학철학 협동과정에서 「조선 후기의 수리학」으로 이학박사 학위를 받았다. 그 후 조선시대 사대부 지식인들의 우주론적 자연지식이 서양과학과의 만남 이후 어떻게 변화되었는지 그 전개의 과정을 미시적으로 연구하고 있다. 현재는 서울대학교 국사학과 교수로 재직 중이며, 규장각한국학연구원 HK사업단 사업부장을 겸하고 있다.

윤대원(尹大遠 Yun, Dae-won)

서울대학교를 졸업하고, 동 대학원에서 「대한민국임시정부의 조직 운영과 독립방략의 분화」로 박사학위를 받았다. 주요 논저로 『상해시기 대한민국임시정부 연구』, 「한·중·일 역사전쟁」, 「데라우치 마사다케 통감의 강제병합 공작과 '한국병합'의 불법성」, 「이필제난의 연구」, 「한말 일제 초기 정체론의 논의 과정과 민주공화제의 수용」, 「1910년 병합 '칙유'의 문서상의 결함과 불법성」 등이 있다. 현재 서울대학교 규장각한국학연구원 HK연구교수로 있다.

안승택(安勝澤 Ahn, Seung-taik)

서울대학교 인류학과 및 동 대학원을 인류학 박사로 졸업했다. 지역문화연구소 연구원 및 연구위원, 역사문화연구소 특별연구원, 전북대 쌀·삶·문명연구원 HK교수 등을 지냈다. 현장연구와 물질연구, 문헌연구를 병행하는 역사인류학적 연구를 추구하며, 식민지시기를 중심으로 그 전후 시기를 오가면서 식민화 이전의 재래적인 농업기술과 농민사회가 외래의 식민자들과 만나 어떤 변화를 겪어 왔는지에 대해 주로 연구해오고 있다.

18세기 후반 조선의 지식인 연암 박지원은 "법고(法古)하면서도 변통할 줄 알고 창신(創新)하면서도 능히 전아(典雅)할 수 있는" 경지를 추구했다. 옛 것에만 얽매이거나 새로운 것만 추종하는 세태를 경계했기 때문이다. 박지원이 거론한 "법고창신"의 정신은, 오늘날의 우리 학문이 처한 현실에서도 소중한 지침이 될 수 있을 것이다. 규장각한국학연구원은 이로부터 우리 학문이 나아갈 방향을 찾고자 하며, 이에 걸맞은 연구 성과를 모아 "규장각 학술총서"라는 이름으로 간행하고자 한다.

우리 연구원은 전근대로부터 근대에 이르기까지의 귀중한 기록문화 유산을 소장하고 있다. 우리 연구원에서는 이들 유산을 원형대로 보존하고 적절하게 관리하는 데 최선을 다하고 있지만, 한편으로는 이들에 대한 정밀한 연구로 우리 시대의 학문을 개척하는 것이 또한 중요한 보존이며 관리라고 판단하고 있다. 우리 연구원이 소장한 기록문화 유산은 국가의 운영, 인간의 삶과 의식 그리고 세계와의 만남에 대한 생생한 기록을 담고 있으므로, 무궁무진한 연구의 원천이 될 수 있을 것이다. 기왕의 한국학 연구가 이러한 사실을 입증하고 있는 바이거니와, "법고창신"의 학문적 전통을 만들어가고자 하는 "규장각 학술총서"는 보다 큰 학문적 성과를 통해 이를 다시 입증할 수 있으리라 기대한다.

"규장각 학술총서"에는 다양한 방식, 그리고 다양한 형태의 학술서

적이 포함될 것이다. 개인 명의가 있는가 하면 공동의 명의로 간행되는 것도 있을 것이다. 전문적인 연구서가 있는가 하면 일반 독자까지 고려한 단행본도 있을 것이며, 고전의 주석을 포함한 각종 번역서나 자료집도 포함될 것이다. 또 연구 대상으로서의 자료의 범위와 주제 또한 다양할 것이다. 이는 한국학을 선도하고자 하는 우리 연구원의 포부와 기대를 반영하는 것이다. 우리 연구원에서 추구하는 "법고창신의 학문"이 깊어질수록, 우리 총서는 더욱 다양한 모습을 지닐 수 있을 것이다. 우리 총서의 성과물 하나 하나가 한국 인문학의 성장에 기여하는 디딤돌이 될 수 있기를 기대한다.

2014년 규장각한국학연구원장 김인걸